# Redescubrir

## el

# Espíritu

# Santo

Usted no tiene que estar de acuerdo con todo lo que Michael Horton dice en este importante libro, pero las líneas principales de su pensamiento son ciertamente correctas y radicalmente transformadoras. El Espíritu Santo no es «tímido». Ni es el miembro de la Divinidad que rellena los aspectos de nuestra experiencia que el Padre y el hijo descuidaron asumir. Mostrando la labor extensa del Espíritu en la historia redentora, Horton no solo profundiza nuestra comprensión de las Escrituras, sino también nuestro entendimiento de lo que significa confesar a Dios como trino. Y eso nos lleva a una adoración más profunda.

**D.A. Carson**

Profesor de Investigaciones del Nuevo Testamento, Trinity Evangelical Divinity School, presidente del Gospel Coalition y autor de *Praying with Paul*.

Horton nos ha dado un relato magisterial de la persona y la obra del Espíritu que es también un viaje a través de toda la doctrina cristiana. Por el camino, nos ofrece perspectivas sustanciosas de las Escrituras, nos conecta con personajes importantes a través del tiempo y de las tradiciones, y se expresa en cuanto a preocupaciones contemporáneas pertinentes, señalando las implicaciones de una pneumatología bíblica y trinitaria robusta para la fe y la vida, la adoración y la misión.

Suzanne McDonald

Profesora de Teología Sistemática e Histórica, Western Theological Seminary, Holland, Michigan, autora de *Re-Imaging Election*.

*Redescubrir el Espíritu Santo* es una travesía genuina de descubrimiento teológico bajo la guía cautivadora del profesor Michael Horton. Trazando un curso fascinante a través del océano de la teología bíblica, esboza el terreno de la teología sistemática y planta los marcadores de la fe de la iglesia que confiesa «Y [creemos] en el Espíritu Santo». De camino, nos señala algunos de los panoramas y las vistas majestuosas de la persona divina del Espíritu y su actividad creadora, salvadora y consumadora. Toda esta expedición confirma la habilidad extraordinaria de Mike Horton para abordar grandes temas con originalidad y una exposición agradable. He aquí una obra a la que sus lectores regresarán y con la que se encontrarán a sí mismos, en armonía con la iglesia de cada periodo, reverenciando gratamente al Espíritu Santo junto «con el Padre y el Hijo».

Sinclair B. Ferguson

Docente titular de Ligonier Ministries y profesor visitante distinguido de Teología Sistemática en Westminster Theological Seminary, autor de *El Espíritu Santo*.

Este es un trabajo forjado cuidadosamente que conecta ideas a menudo bifurcadas mientras hace distinción de otras que se confunden con frecuencia. Esta pneumatología confronta algunas de nuestras categorías habituales porque atiende con cuidado al Espíritu Santo como ese que no solamente reconcilia y perfeciona (las secciones del Espíritu en la creación y la escatología sobresalen), sino también santifica y separa (la función del Espíritu en el juicio y la consagración se acentúa notablemente). Horton expone mucho más acerca del Espíritu Santo de lo que hemos oído en sus libros anteriores, pero lo que afirma sigue las líneas principales de su proyecto teológico: se fundamenta en la Trinidad, abarca la historia redentora y se conecta directamente con el ministerio ordinario de la iglesia.

FRED SANDERS

Profesor, Torrey Honors Institute, Biola University,
y autor de *The Trinity: New Studies in Dogmatics*

# REDESCUBRIR

## EL

# ESPÍRITU
# SANTO

# MICHAEL HORTON

*La misión de Editorial Vida es ser la compañía líder en satisfacer las necesidades de las personas con recursos cuyo contenido glorifique al Señor Jesucristo y promueva principios bíblicos.*

## REDESCUBRIR EL ESPÍRITU SANTO
Edición en español publicada por
Editorial Vida – 2017
Nashville, Tennessee

**© 2017 Editorial Vida**
Este título también está disponible en formato electrónico.

Originally published in the U.S.A. under the title:
**Rediscovering the Holy Spirit**
**Copyright © 2017 por Michael Horton**
Published by permission of Zondervan, Grand Rapids, Michigan 49530
All rights reserved.
Further reproduction or distribution is prohibited.

Editora en Jefe: *Graciela Lelli*
Traducción: *Andrés Carrodeguas*
Adaptación del diseño al español: *Mauricio Díaz*

ISBN: 978-0-8297-6801-5

CATEGORÍA: RELIGIÓN/Teología cristiana/Neumatología

*A Mark Thompson, su familia y la comunidad*
*del Colegio Teológico Moore, por su aliento,*
*hospitalidad y amistad.*

# Contenido

# Reconocimientos

Hay pocos temas que compensen tanto el tiempo y la paciencia que empleemos para explorarlos, como la persona y la obra del Espíritu Santo, y esa realidad me ha sido confirmada mientras he estado trabajando en estos capítulos a lo largo de los últimos años. El proyecto fue iniciado por la amable invitación del Colegio Teológico Moore, en Sydney, Australia, a llevarles su serie anual de conferencias. De aquí que le dedique esta obra a la facultad, y en concreto a Mark Thompson, mi amigo y director de la institución. También le estoy agradecido a Michael Allen por su valiosa contribución y sus correcciones. Y una vez más, les estoy especialmente agradecido a mi esposa e hijos por su interés en la obra y sus comentarios, y por darme ánimo en este proyecto.

# ABREVIATURAS

AB          Anchor Bible

BDAG        F. W. Danker, W. Bauer, W. F. Arndt y F. W. Gingrich, eds.
            *A Greek- English Lexicon of the New Testament and Other Early
            Christian Literature.* 3ª ed. Chicago: University of Chicago Press,
            2000.

BETL        Bibliotheca Ephemeridum Theologicarum Lovaniensium

BNTC        Black's New Testament Commentaries

*CD*        Karl Barth. *Church Dogmatics.* Eds. G. W. Bromiley y T. F.
            Torrance. Edinburgh: T&T Clark, 1957–1975.

*CTJ*       *Calvin Theological Journal*

*CTQ*       *Concordia Theological Quarterly*

*HTR*       *Harvard Theological Review*

KJV         King James Version

LNTS        The Library of New Testament Studies

LXX         The Greek Old Testament (la Septuaginta)

MT          Masoretic Text (la Biblia hebrea)

NICNT       New International Commentary on the New Testament

NKJV        New King James Version

*NPNF²*     *The Nicene and Post-Nicene Fathers,* segunda serie. Eds. P. Schaff
            y H. Wace. 14 vols. Reimpr., Peabody, MA: Hendrickson, 1996.

NSBT        New Studies in Biblical Theology

*NTS*       *New Testament Studies*

PG          Patrologia Graeca. Editada por J. P. Migne. 162 vols. París,
            1857–1886.

PNTC        Pillar New Testament Commentary

*SJT*       *Scottish Journal of Theology*

WBC         Word Biblical Commentary

WCF         Westminster Confession of Faith

*WTJ*       *Westminster Theological Journal*

# «AZULADOS, PERO DIFÍCILES DE VER»

La película de 2014 titulada *El cielo es real*, basada en el libro del mismo nombre, escrito por Todd Burpo, el cual ocupó el primer lugar entre los éxitos de venta del *New York Times* durante cuarenta semanas consecutivas, relata una presunta vislumbre del cielo durante una operación quirúrgica de emergencia. Describe en detalle a sus abuelos ya fallecidos. También a Jesús. Colton, el niño, sentado en su regazo, descubre que Jesús —con unos ojos «de color azul verdoso»— tiene un caballo con los colores del arco iris. Hasta Gabriel es descrito a todo color, junto con Dios Padre (también con ojos azules), al parecer una versión más grande del famoso ángel. En cambio, el Espíritu Santo era «medio azul».

«Medio azul, pero difícil de ver»: esa descripción bien podría ser una manera adecuada de comenzar nuestra exploración. ¿Quién es exactamente esa tercera persona de la Trinidad? ¿Por qué parece poseer menos realidad, o al menos una cantidad menor de rasgos descriptivos, que el Padre y el Hijo? ¿Es esto solo un problema en la cultura popular, y por ende, en las iglesias que han ayudado a darle forma? ¿O es el perfil del Espíritu algo borroso dentro de la fe y la práctica más amplias del cristianismo convencional? Según el teólogo puritano John Owen, nosotros disfrutamos de una «comunión diferente con cada persona de la Trinidad», y esto incluye al Espíritu Santo.[1] Ahora bien, ¿es esto así, o es que tenemos la tendencia a pensar en el Padre, el Hijo y el Espíritu Santo como una sola persona con tres nombres o «rostros» diferentes? Tal vez pensemos que el Espíritu Santo es una fuerza o energía divina a la cual nos podemos «conectar» para conseguir poder espiritual. O como el lado más

---

1. John Owen, *Communion with the Triune God*, ed. Kelly M. Kapic y Justin Taylor (Wheaton, IL: Crossway, 2007), p. 95.

bondadoso y gentil de Dios, el más delicado. ¿Pero una persona, de hecho, una persona distinta dentro de la Divinidad?

Siempre es un buen momento para reflexionar constantemente sobre la persona y la obra del Espíritu Santo, reflexión que es conocida técnicamente como *pneumatología*. Sin embargo, esto es especialmente adecuado para nuestro clima contemporáneo. «Hasta hace poco», observa Veli-Matti Kärkkäinen, «era cosa acostumbrada introducir los tratados de Pneumatología con una lamentación sobre el descuido del Espíritu». No obstante, «uno de los desarrollos más emocionantes de la teología ha sido un interés sin precedentes en el Espíritu Santo».[2] Este interés ha alcanzado diversas tradiciones. Como en el caso del interés renovado en la teología trinitaria, más general, hay oportunidades, tanto para el descubrimiento, como para la distorsión. En los últimos años abundan las percepciones cruciales procedentes de una notable variedad de tradiciones cristianas, junto con las críticas (a veces exageradas) sobre un descuido ostensible del Espíritu a lo largo de los amplios senderos de la historia cristiana, con sus consiguientes correcciones excesivas.

La teología debe alcanzar las normas académicas (legítimas) más elevadas, pero en última instancia, se hace para la Iglesia, y no para el ambiente académico. Y parece ser bastante evidente que en nuestras iglesias hay una seria polarización con respecto al Espíritu Santo. En una reacción contra los movimientos pentecostales/carismáticos, algunos cristianos se muestran desconfiados con respecto al tema. Muchos de nosotros aún recordamos al «Holy Ghost» («el Fantasma Santo») de la antigua versión inglesa del rey Jaime. En la mente de la mayoría de las personas modernas, la idea de un fantasma está más asociada con la Víspera de Todos los Santos (conocida también como «Halloween»), que con el domingo de Pentecostés. Especialmente en nuestros tiempos, se considera al Espíritu Santo (cuando se le toma en serio) como el miembro «fantasmagórico» de la Trinidad. Si estás metido en esta clase de cosas, es decir, lo paranormal y sensacional, entonces el Espíritu Santo es para ti.

Quiero desafiar esta asociación del Espíritu simplemente con lo extraordinario. Es lamentable en todos los sentidos, porque distingue su obra de una manera demasiado tajante, de la obra del Padre y del Hijo, y también porque nos distrae de la amplia gama de sus actividades en nuestro mundo y en nuestra

---

2. Veli-Matti Kärkkäinen, *Holy Spirit and Salvation: The Sources of Christian Theology*, ed. Veli-Matti Kärkkäinen (Louisville: Westminster John Knox, 2010), p. xi.

vida. En ambos lados de la divisoria pentecostal, tratamos con demasiada facilidad al Espíritu Santo como un procurador dedicado a las cosas «extra» del cristianismo. Seguro, tenemos al Padre y al Hijo, pero también necesitamos al Espíritu Santo. Habrás sido redimido, ¿pero estás bautizado en el Espíritu? La Palabra es vital, pero no debemos olvidar al Espíritu. La doctrina es importante, pero también está la experiencia.

Como consecuencia, el Espíritu queda relegado a papeles predecibles, la mayoría de ellos breves actuaciones esporádicas, en especial tomadas del libro de los Hechos, que provocan debates sobre si debemos esperar hoy las mismas señales y los mismos prodigios. Pensamos en él cuando estamos hablando acerca de la regeneración y la santificación, y cuando estamos discutiendo acerca de sus dones más controvertidos. De no ser así, lo ignoramos completamente, puesto que se considera que los dones extraordinarios ya no están en operación.

Al mismo tiempo, el teólogo pentecostal Frank Macchia observa: «A pesar de todo lo que hablan acerca de la importancia de la Pneumatología, los pentecostales aún tienen que formular su estrecho interés pneumatológico en el poder carismático/misionero dentro de un marco pneumatológico más amplio».[3] En este punto, la mayor diferencia se encuentra en lo que uno piensa de estas cosas «extraordinarias», su centralidad y la continuación de su papel dentro de la vida de la Iglesia.

Los debates sobre las manifestaciones y los prodigios han hecho más estrecho el repertorio del Espíritu. El papel del Espíritu Santo en nuestra fe y práctica se reduce hasta el extremo de asociarlo de forma exclusiva con aquello que es espectacular, sin mediaciones, espontáneo e informal. Cuando esto sucede, nos contentamos con facilidad por una falsa decisión entre el formalismo y el entusiasmo. Y cuando su importancia se reduce a la experiencia interna del individuo, nos perdemos algunos de los rasgos más interesantes y esenciales de su persona y de su obra.

Aunque se trate de una generalización, el teólogo benedictino Kilian McDonnell presenta bien este asunto:

> Tanto en el protestantismo como en el catolicismo, la doctrina sobre el Espíritu Santo, o Pneumatología, tiene que ver mayormente con la experiencia privada, no con la pública. En el protestantismo, el interés por la

---

3. Frank D. Macchia, *Baptized in the Spirit: A Global Pentecostal Theology* (Grand Rapids: Zondervan, 2006), p. 18.

Pneumatología ha estado mayormente en el pietismo, donde es una función de interioridad e introspección. En el catolicismo romano, su expresión dominante ha estado en libros sobre la espiritualidad, o sobre la renovación carismática, o cuando se ha hablado de los elementos estructurales de la Iglesia. En el occidente, pensamos esencialmente en función de categorías cristológicas, con el Espíritu Santo como un elemento extra, una añadidura, una «falsa» ventana destinada a darle simetría y equilibrio al diseño teológico. Edificamos nuestras grandes construcciones teológicas con unas categorías constitutivas cristológicas, y después, en un segundo momento no fundamental, decoramos el sistema ya construido con pequeños adornos pneumatológicos, un poco de oropel del Espíritu.[4]

De manera similar, Abraham Kuyper se lamentaba a fines del siglo xix diciendo: «Aunque honramos al Padre y creemos en el Hijo, ¡cuán escasamente vivimos en el Espíritu Santo! Hasta nos parece a veces que para nuestra santificación solamente se ha añadido el Espíritu Santo a la gran obra redentora de forma accidental».[5]

Si el Espíritu es frecuentemente un aditamento dentro de nuestra teología, no es de sorprendernos que veamos a veces que se relegue sutilmente al Espíritu en nuestras oraciones, nuestra comunicación verbal, nuestra alabanza y otros aspectos de la piedad diaria. Es evidente que el Padre es Dios, y los protestantes fieles han batallado poderosamente a favor de la divinidad plena del Hijo. En cambio, es fácil ver al Espíritu simplemente como un facilitador de nuestra relación con el Padre y con el Hijo. Ahora bien, ¿es el Espíritu Santo plenamente Dios en el mismo sentido que el Padre y el Hijo? ¿Nos señala alguna vez el Credo Niceno que nos detengamos cuando decimos que el Espíritu, «con el Padre y el Hijo recibe una misma adoración y gloria»? Si la tendencia de algunos consiste en ver al Hijo como inferior al Padre, entonces seguramente, podrán ver con facilidad a la *tercera* persona como más baja aún en la escala divina.

Aun sin llegar a estos errores, usualmente implícitos, podemos estar trayendo a cuento al Espíritu demasiado tarde. Uno de mis intereses centrales

---

4. Citado por Veli-Matti Kärkkäinen, *The Holy Spirit: A Guide to Christian Theology* (Louisville: Westminster John Knox, 2004), de Killian McDonnell, "The Determinative Doctrine of the Holy Spirit", *Theology Today* 39.2 (1982): p. 142.

5. Abraham Kuyper, *The Work of the Holy Spirit*, trad. al inglés, Henri De Vries (Nueva York: Funk & Wagnalls, 1900; reimp., Grand Rapids: Eerdmans, 1979), p. xii.

en estos capítulos es el de explorar el papel distintivo del Espíritu en todas las obras externas de la Divinidad. El Espíritu, ni es «tímido» ni opera por su cuenta; su obra no es un simple suplemento de la obra creadora y redentora del Padre en el Hijo, sino que es integral dentro del drama divino desde el principio hasta el fin. En resumen, quiero ampliar nuestra visión sobre la obra del Espíritu.

El Padre es la fuente del Hijo y del Espíritu, y de todo lo bueno que hay en la creación y la redención. Cristo es el personaje protagonista del drama bíblico, el Alfa y la Omega, desde el Génesis hasta el Apocalipsis, desde la creación hasta la consumación. «Todo ha sido creado por medio de él y para él» (Colosenses 1.16; cf. Juan 1.3, 10; 1 Corintios 8.6; Hebreos 1.2). Y sin embargo, el Espíritu es presentado también en el segundo versículo de la Biblia, desempeñando su propio papel distintivo en la creación. No podemos hablar siquiera de la persona y la obra de Cristo separadas del papel del Espíritu en su encarnación, ministerio y milagros, obediencia, muerte y resurrección. La obra del Espíritu no se puede presentar por vez primera bajo «la aplicación de la redención». Toda doctrina auténticamente bíblica sobre la creación, la providencia, la persona y la obra de Cristo, las Escrituras, la predicación, los sacramentos, la Iglesia y la escatología, debe incluir un sólido recuento de la actuación del Espíritu.

Antes de presentar un resumen de los puntos principales que destaco en este libro, sería útil hablar de dos preguntas relacionadas con nuestro contexto: la primera, ¿por qué se han convertido la persona y la obra del Espíritu (la Pneumatología) en algo central y visible en las últimas décadas? La segunda, ¿cuáles son algunos de los desafíos y de las oportunidades que presenta este interés renovado?

## Contexto: Un interés renovado en el Espíritu

A los teólogos les agradaría pensar que sus volúmenes se van abriendo paso hasta las masas y les dan forma a los mensajes y la oración de los cristianos. Sin embargo, muchas veces lo que sucede es que las tendencias teológicas surgen más como respuesta a la vida real de las iglesias y a los conceptos y experiencias de los fieles. Mucho antes de los Concilios de Nicea y de Constantinopla, los fieles eran bautizados, oraban y vivían como trinitarios. El conocimiento del Padre en Cristo y por medio del Espíritu era en primer lugar una realidad que experimentaban, aunque revelada por Dios en la historia y conservada en las Escrituras canónicas, lo cual elevaba las personas de Cristo y del Espíritu Santo como iguales y plenamente divinas junto con el Padre.[6] La teología posterior fue un intento por batallar con el drama (lo que Dios había hecho en la historia) y las doctrinas (la interpretación divina de esos acontecimientos), así como la doxología y el discipulado que se revelan en las Escrituras.[7] Ejemplo clásico de esto dentro de la Iglesia postapostólica es el tratado *Sobre el Espíritu Santo*, escrito por Basilio Magno. Hilario de Poitiers y Agustín de Hipona contribuyeron con ricas reflexiones sobre el Espíritu como el amor personal y el don del Padre y del Hijo.

En los siglos posteriores, sobre todo en el occidente, se daba con frecuencia el caso de que la obra del Espíritu se esfumaba de la vista, hasta el punto de que la extensión de su obra era transferida al control eclesiástico. El teólogo católico Yves Congar señala que, en lugar de ser vistos como medios de la actividad del Espíritu, los sacramentos eran considerados con frecuencia como eficientes de manera intrínseca y por ellos mismos, lo cual hacía que el Espíritu resultara algo irrelevante. El papa, los santos y la Virgen María también se podían convertir en «sustitutos del Espíritu Santo».[8] Como reacción a esto, surgieron diversos movimientos espiritualistas que ponían al Espíritu en oposición a la Iglesia y a su ministerio de la palabra y de los sacramentos. Así se desarrolló una brecha entre una institución jerárquica llena de abusos y unas personas carismáticas que buscaban una experiencia con Dios directa y personal por medio de visiones, milagros y éxtasis, incluso sin contar con el ministerio ordinario de la Iglesia.

No es exagerar el que digamos junto con B. B. Warfield que la Reforma constituyó un importante redescubrimiento del Espíritu Santo. Mientras que la teología medieval insistía en la gracia como una sustancia creada que era infundida en el alma para ayudarla a ascender, los reformadores proclamaban que el Espíritu increado es el don que une a los pecadores con Cristo y todos sus beneficios. A pesar de las vehementes críticas de Lutero contra los «entusiastas», su *Catecismo Menor* afirma: «Creo que por mi propia razón o mis fuerzas, yo no puedo creer en Jesucristo, mi Señor, ni acudir a él; pero el Espíritu

---

6. Gordon Fee aclara este punto de una manera provechosa en *God's Empowering Presence: The Holy Spirit in the Letters of Paul* (Peabody, MA: Hendrickson, 1994).

7. Me refiero aquí a las coordinadas que menciono en *The Christian Faith: A Systematic Theology for Pilgrims on the Way* (Grand Rapids: Zondervan, 2011), pp. 13–15.

8. Yves Congar, *I Believe in the Holy Spirit*, (Nueva York: Crossroad Herder, 1997), 1:160–66.

Santo me ha llamado por el Evangelio, iluminado con sus dones, santificado y guardado en la fe verdadera».[9]

Es ampliamente reconocido que entre los reformadores magistrales, Juan Calvino contribuyó de manera especial con las reflexiones pneumatológicas más ricas. De los reformadores, según observa el teólogo Veli-Matti Kärkkäinen, la teología de Calvino era la que estaba más llena de pneumatología, aunque él fue tan crítico como Lutero con respecto al «entusiasmo» que separa al Espíritu de la Palabra.[10] El teólogo católico romano Brian Gaybba llega incluso a afirmar que «con Calvino hubo un redescubrimiento, al menos en el occidente, de una idea bíblica virtualmente olvidada desde los tiempos de la patrística. Es la idea del Espíritu de Dios en acción».[11] El gran humanista Desiderio Erasmo le escribió una carta despectiva a Guillaume Farel, anciano colega de Calvino, reprochándole a Génova lo siguiente: «Los refugiados franceses tienen estas cinco palabras continuamente en los labios: Evangelio, Palabra de Dios, Fe, Cristo, Espíritu Santo».[12] No obstante, Calvino no estaba solo en este aspecto, cuando recordamos los nombres de otros líderes de la Reforma: no solo los más conocidos, como Bucero, Vermigli, Cranmer, Knox, Jan Łaski y Beza, sino también mujeres escritoras como Juana de Albret, reina de Navarra, y Olympia Fulvia Morata. Sin pérdida alguna de la centralidad de Cristo, las confesiones y los catecismos reformados les daban un lugar prominente a la persona y la obra del Espíritu. De hecho, en la primera respuesta del Catecismo de Heidelberg aparece una mención del Espíritu Santo.

Involucrando tanto las Escrituras como las fuentes patrísticas y medievales, la era de lo que se suele llamar ortodoxia reformada abrió de nuevo panoramas grandiosos sobre el Espíritu en las formas litúrgicas y devocionales, junto con otras exploraciones más eruditas. Los extensos tratados de John Owen sobre el Espíritu Santo solo son ejemplos de la enorme influencia de escritores puritanos como William Perkins, Richard Sibbes y Thomas Goodwin. Nos

---

9. Theodore G. Tappert, ed., «The Small Catechism (1529)», en *The Book of Concord* (Filadelfia: Fortress, 1959), p. 329.

10. Veli-Matti Kärkkäinen, *Pneumatology: The Holy Spirit in Ecumenical, International, and Contextual Perspective* (Grand Rapids: Baker Academic, 2002), p. 46.

11. Brian Gaybba, *The Spirit of Love: Theology of the Holy Spirit* (Londres: Geoffrey Chapman, 1987), p. 100. Con Matthew Levering, *Engaging the Doctrine of the Holy Spirit* (Grand Rapids: Eerdmans, 2016), 321n43, de quien descubrí esta referencia, me parece que Gaybba exagera este concepto. No obstante, la riqueza de las reflexiones pneumatológicas de Calvino se manifiesta a lo largo de todas sus reflexiones teológicas y sus comentarios exegéticos de una manera que no era típica en los tratados procedentes de fines del medioevo

12. Citado por Emile G. Leonard, *The Reformation*, vol. 1 of *A History of Protestantism*, ed. H. H. Rowley, 2 vols. (Londres: Thomas Nelson and Sons, 1965), p. 306.

vienen a la mente escoceses como Gillespie y Rutherford, y también contemporáneos suyos en el continente europeo, como el checo Jan Komenský (Juan Comenio), Boecio, Witsius, Wilhelmus à Brakel, Pierre du Moulin y Jean Taffin, por nombrar unos pocos. La influencia de fuentes como estas, así como *La obra del Espíritu Santo*, de Abraham Kuyper, se irá haciendo evidente a lo largo de todo este estudio. Cuanto olvido del Espíritu Santo pueda ser evidente en el protestantismo en general, y en los círculos reformados en particular, debe formar parte de un olvido de los ricos tesoros de nuestro propio pasado.

De la misma manera que la Reforma habría quedado limitada a debates universitarios de no haber sido por la oleada de interés popular, el interés generalizado en el Espíritu hoy ha sido guiado de manera significativa por los movimientos pentecostales y carismáticos a lo largo del siglo pasado. No creo exagerar si sugiero que unos grupos que eran considerados como sectas en años anteriores son ahora la corriente principal del crecimiento explosivo del cristianismo en la mayor parte del mundo. Mientras que el pentecostal era visto típicamente por el protestantismo establecido como una tradición ajena a ellos y con sus raíces mayormente en una forma extrema del movimiento wesleyano de avivamiento, el movimiento carismático se propagó en las iglesias católicas romanas y protestantes. Cualquiera que sea la forma en que juzguemos este impacto, quedan muy pocas dudas de que estos movimientos han influido en la fe y la práctica del cristianismo mundial, e incluso las han alterado de diversas formas.

Por consiguiente, una nueva generación de teólogos pentecostales refleja un complicado compromiso con el movimiento ecuménico, evitando las tendencias más antintelectuales del pasado. Es posible que más significativo sea aún el número de eruditos católicos romanos y ortodoxos, así como luteranos, anglicanos, presbiterianos y reformados, y bautistas, que son identificados como «teólogos de la renovación». Por ejemplo, el teólogo metodista D. Lyle Dabney animó a un número de figuras no pentecostales, como el teólogo bautista Clark Pinnock, a pensar el darle primacía al Espíritu entre todos los centros de atención de la teología sistemática.[13] Por otra parte, muchos que no

13. D. Lyle Dabney, «Why Should the Last Be First? The Priority of Pneumatology in Recent Theological Discussion», en *Advents of the Spirit: An Introduction to the Current Study of Pneumatology*, eds. Bradford E. Hinze y D. Lyle Dabney (Milwaukee: Marquette University Press, 2001), pp. 240–61. Agradezco el argumento de Dabney sobre la necesidad de que todo centro de atención deba estar enriquecido por la reflexión pneumatológica, y de hecho, decidí defender esta posición y presentarla en este libro. Sin embargo, una pneumatología sólida debe ser labor de la teología trinitaria, puesto que el Espíritu y su obra son inseparables del Padre y del Hijo. Por consiguiente, solo a base de reconocer la relación del

se identifican a sí mismos con estos nombres, muestran de todas formas este interés generalizado que hay hoy en el Espíritu Santo.

Y, sin embargo, como sucede con el avivamiento del interés en la Trinidad, la renovación del interés en el Espíritu no siempre trae claridad o coherencia con respecto a las enseñanzas cristianas históricas. No debemos dar por sentado que el Espíritu que tiene en mente la gente es el Espíritu identificado en las Escrituras. No obstante, una vez que los teólogos comienzan a hablar de nuevo acerca de Jesús como Dios encarnado, es inevitable que surja en ellos el interés por la Trinidad y, tarde o temprano, por la persona y la obra del Espíritu Santo. Este fue precisamente el curso de desarrollo en la teología antigua que llevó a la formulación del Credo Niceno–Costantinopolitano.

## PRECAUCIONES Y PREOCUPACIONES

El apóstol Pablo reprendió a los corintios por tolerar falsas enseñanzas: «Si alguien llega a ustedes predicando a un Jesús diferente del que les hemos predicado nosotros, o si reciben un espíritu o un evangelio diferentes de los que ya recibieron, a ese lo aguantan con facilidad» (2 Corintios 11.4). Los llamados grandes apóstoles proclamaban no solo a un Jesús y un evangelio diferentes, sino también a un espíritu diferente; alguien o algo diferente al Espíritu Santo. Todos los que se hallan comprometidos con la fe evangélica reconocen que las Escrituras no son la revelación de nuestra experiencia piadosa, ya sea personal o comunitaria, sino la revelación de Dios que procede de él, y que nos lleva al Padre en el Hijo por el Espíritu. Nuestras iglesias y nuestra cultura occidental tienen mucho en común con el mundo que habitaban los primeros destinatarios de las cartas de Pablo. Una de las preocupaciones que tengo es que muchas maneras contemporáneas de tratar el tema se mueven en la dirección de la despersonalización del Espíritu Santo, puesto que esta preocupación se va haciendo más implícita hasta llegar al último capítulo, me agradaría explicar lo que quiero decir.

---

Espíritu con las otras personas, tanto en las procesiones como en las misiones (de aquí, a lo largo y ancho de todos los sitios teológicos), nuestra pneumatología seguirá siendo bíblica y atada a la economía, en lugar de constituir un criterio separado, que es más susceptible de especulación.

## La despersonalización del Espíritu en la teología académica

Me parece que estamos viviendo menos en una era atea, que en una era panteísta, o al menos panenteísta.[14] El estoicismo, el platonismo y el neoplatonismo le transmitieron al pensamiento occidental la idea de un alma o espíritu del mundo, el corazón divino del cosmos que anima a la materia sin vida. Con fuertes paralelos en las religiones y filosofías orientales, este ha sido un obstinado dogma del cual las tradiciones místicas radicales en el judaísmo, el cristianismo y el islam han tenido dificultad en desprenderse, o en armonizar con sus textos y enseñanzas fundamentales.

Para el filósofo idealista G. W. F. Hegel, la tercera persona de la Trinidad era despersonalizada como el «Espíritu Absoluto», imposible de distinguir del proceso de historia que se mueve hacia una consumación totalmente inmanente. El interés renovado en la pneumatología entre los teólogos de las iglesias establecidas ha ido de la mano con una renovada fascinación ante los recursos conceptuales de Hegel. Voy a interactuar de manera más directa con este reto en el capítulo 2.

Más allá de esta influencia directa, es evidente una actitud más generalmente romántico–panteísta, tanto en la cultura académica como en la cultura popular del occidente. Hasta podríamos llegar a decir: «Todos somos "entusiastas" ahora». En diversas religiones y filosofías no cristianas, «el Espíritu», o de forma genérica, «Espíritu», se convierte en central, precisamente porque evita la particularidad de Jesús de Nazaret, el Hijo encarnado, y mucho menos de un Padre que es visto como trascendente al mundo como creador, gobernante y juez soberano. En otras palabras, el Espíritu Santo es la persona de la Divinidad que tiene mayores probabilidades de ser asimilada al mundo, ya sea al espíritu individual de cada uno, o al espíritu de la comunidad (esto es, la Iglesia), o al Espíritu del Mundo, como en el budismo, el gnosticismo y el pensamiento de la Nueva Era. Para aquellos a los que escandaliza lo específico que es el Evangelio, (el) Espíritu se convierte en la deidad preferida por aquellos que se identifican como «espirituales, pero no religiosos».

---

14. Aunque el *panteísmo* sostiene que «todo es Dios» y «Dios es todo», el *panenteísmo* enseña que todo está en Dios. A diferencia del panteísmo, el panenteísmo afirma que Dios es más que el mundo, pero a diferencia del teísmo tradicional, mantiene la interdependencia entre Dios y el mundo. Para un estudio excelente de este tema, vea en especial John Cooper, *Panentheism: The Other God of the Philosophers* (Grand Rapids: Baker Academic, 2006).

La «paternidad universal de Dios» era el dogma central de una fase temprana dentro del liberalismo protestante. Aquí, el énfasis estaba puesto en una moralidad universal y en la sensación de dependencia absoluta. Jesús puede haber sido divino «en algún sentido», pero no en el sentido confesado por los cristianos durante dos milenios, como uno en esencia con el Padre. No obstante, la confianza en «Dios Padre Todopoderoso» ha sufrido a manos de diversas escuelas teológicas que han alegado que es la fuente, no de toda bendición, sino de una opresión jerárquica (especialmente masculina). Se ha alegado además que la relación entre Padre e Hijo, sobre todo en la teología tradicional de la expiación, representa un «abuso infantil cósmico». Se nos dice cada vez con mayor frecuencia que hasta las teologías centradas en Cristo levantan el espectro de las divisiones de credo entre religiones y dentro de la religión cristiana profesa en particular. Además, el Cristo de los credos es producto de una metafísica sustancial, se nos dice, que todos conocemos, o deberíamos conocer, que es errada por alguna razón. Todo esto parece un enredo que es mejor dejar atrás, que tratar de desenredar, al menos según lo ven algunos proyectos teológicos notables del presente.

Así, el Espíritu parece la persona adecuada de la Trinidad para una era pluralista. Hoy en día, casi todo el mundo es «espiritual». Además de esto, el Espíritu, o solamente «Espíritu», está en todas partes, dándole poder a todo el mundo para aquello que no podría hacer por sí mismo, sino con grandes dificultades. No hay debates vehementes acerca de la búsqueda del Espíritu histórico. Si Cristo ha sido convertido en muñeco de cera por algunos de los eruditos supuestamente expertos en el tema, el Espíritu Santo parece más susceptible aún a la manipulación y la abstracción ideológicas y subjetivas. Por esta razón, el Espíritu se convierte en la elección obvia para una cultura que evade la particularidad del Padre y del Hijo y las asociaciones históricas relacionadas con esta particularidad.

Despersonalizado y universalizado, el Espíritu se convierte en *inmanente*; esto es, confundido con la creación. Asimilado al mundo o al espíritu interior del individuo, esos movimientos centrados en el «Espíritu» derivan con facilidad hacia un neopaganismo. En resumen, la conversación exuberante acerca del Espíritu se podría convertir simplemente en una forma más de hablar acerca de nosotros mismos. Y sin embargo, precisamente, la descripción de la labor del Espíritu consiste en impedir que esto suceda.

## La despersonalización del Espíritu en nuestras iglesias

Incluso dentro de la piedad cristiana más amplia, existe una tendencia a tratar al Espíritu Santo como una fuerza, o una fuente de poder, más que como una persona que es poderosa. Las personas están buscando el «recibir poder». Seguimos queriendo ser nosotros quienes tengamos el control de todo, aunque nos agradaría saber dónde podríamos encontrar fuentes adicionales de salud física y espiritual, para que se cumplan nuestros sueños. En los círculos cristianos hablamos de «apropiarse del Espíritu», recurrimos al Espíritu como si fuera algo parecido a una toma de corriente eléctrica o un generador que prendemos y usamos, como dice Packer.[15] Sin duda, esta tendencia forma parte inseparable de una edad obsesionada con la autonomía humana, en la cual tratamos de encontrar un lugar para Dios en la historia de nuestra razón de ser, éxito y logros personales, en lugar de permitir que seamos nosotros los que estamos reflejados y moldeados en la historia divina sobre la cruz y la resurrección.

Una tentación comúnmente extendida es la de hacer colapsar las hipóstasis de la Trinidad en una sola persona: esta herejía es conocida como *modalismo*. Si tendemos a confundir a las personas en nuestro pensamiento y nuestra oración, el peligro es especialmente visible con respecto al Espíritu Santo. Aunque sostengamos claramente en nuestro corazón la existencia de una distinción entre el Padre y el Hijo, nos resulta fácil colapsar al Espíritu dentro de «Dios» (una esencia genérica) o considerar al Espíritu como un *algo* divino (el poder o energía de Dios), y no como un *alguien* divino («Señor y dador de vida»). ¿Nos detenemos a veces cuando confesamos que el Espíritu «recibe la misma adoración y gloria» junto con el Padre y el Hijo? Es la fuerza de las buenas oraciones, tanto dichas como cantadas, para entrenar nuestros corazones en la fe trinitaria.

En el culto público, la reunión semanal de la comunión de los santos, es donde esta fe se gana o se pierde. Todo cuanto se recibe, se hace o se dice allí, le da forma a nuestra relación personal con el Padre, en el Hijo y por el Espíritu. En el siglo cuarto, Basilio de Cesarea revisó la liturgia entonces más en uso para inculcar de manera más deliberada un trinitarianismo pleno, llamando a los pastores «a mantener al Espíritu sin separarlo del Padre y del Hijo, conservando, *tanto en la confesión de fe, como en la doxología*, la doctrina que se les

---

15. J. I. Packer, *Keep In Step with the Spirit*, 2ª ed. rev. (Grand Rapids: Baker, 2005), p. 26.

enseñaba en su bautismo».[16] Un ejemplo de esto es la introducción por parte de Basilio de lo conocemos como el *Gloria Patri*: «Gloria al Padre, y al Hijo y al Espíritu Santo», el cual levantó una gran controversia entre aquellos que negaban que fuera adecuado adorar al Espíritu. No solo es *regla* de los credos el que el Espíritu Santo debe ser «adorado y glorificado» junto con el Padre y el Hijo, sino que estas liturgias nos llevan a *invocar* realmente al Padre en el Hijo por el Espíritu.

No obstante, en muchas iglesias de hoy las oraciones y los cantos han sido despojados de referencias a la Trinidad que en generaciones anteriores habían sido entretejidas en la urdimbre y trama de la adoración. No es de sorprendernos que el resultado suela ser con frecuencia una serie de oraciones extemporáneas que reflejan nuestra configuración automática de modalismo. Hasta en los círculos doctrinalmente ortodoxos se escuchan oraciones que son confusas, como si las personas de la Trinidad fueran intercambiables... o incluso tal vez fueran todas la misma persona. Al menos da la impresión de que la persona a la cual se dirigen va cambiando de un lado para otro, sin especificación alguna. A veces se le da gracias al Padre por venir al mundo a salvarnos, por morir por nuestros pecados, por habitar en nosotros, o porque es el que va a volver a venir. Con mucha frecuencia, las oraciones terminan con las palabras «en tu nombre, amén». ¿En nombre de *quién*? Las Escrituras nos enseñan a orar *al* Padre *en el nombre* de Cristo: nuestro mediador no es el Padre, ni el Espíritu; es el Hijo.

Algunos coros de alabanza contemporáneos reflejan y refuerzan esta confusión entre las personas, con unas alabanzas dirigidas al Padre por actos concretos del Hijo, o al Hijo por actos concretos que las Escrituras atribuyen al Espíritu, y así sucesivamente. Por ejemplo, en un popular coro titulado «Tú solo», se guía a los creyentes a orar como si fueran arrianos: «Tú solo eres Padre / y tú solo eres bueno. / Tú solo eres Salvador / y tú solo eres Dios».[17]

Los cantos de adoración no llevan solamente la intención de facilitar la expresión personal de los sentimientos de la persona, sino que también son para que cantemos la verdad desde lo más profundo de nuestro corazón. Pablo exhorta al respecto: «Que habite en ustedes la palabra de Cristo con toda su riqueza: instrúyanse y aconséjense unos a otros con toda sabiduría; canten salmos, himnos y canciones espirituales a Dios, con gratitud de corazón» (Colosenses

16. Basilio Magno, *De Spiritu Sancto* 10.26 (tal como aparece en *The Nicene and Post-Nicene Fathers*, segunda serie; eds. P. Schaff y H. Wace, 14 vols. repr., Peabody, MA: Hendrickson, 1996, 8:17; desde ahora, identificado como NPNF2), cursivas añadidas.
17. David Crowder Band, «You Alone», The Lime CD (Six Step Records, 2004).

3.16). Lucas nos recuerda que los primeros cristianos «se mantenían firmes en la enseñanza de los apóstoles, en la comunión, en el partimiento del pan y en *la* oración» (Hechos 2.42). Todo aquel que había sido educado en la sinagoga, habría sabido lo que significaban las palabras «la oración». Como un enrejado de soporte, las oraciones formales (dichas y cantadas) eran una forma, no solo de dirigir la adoración pública, sino de moldear la adoración informal en la familia y cuando la persona estaba sola. Somos bautizados en el nombre del Padre, del Hijo y del Espíritu Santo. Oramos al Padre, en el Hijo, por el poder del Espíritu Santo que habita en nosotros. Para esto no es necesario un libro de liturgia en particular, pero al menos, sugiere que actuamos con tanta deliberación como nuestros antepasados en cuanto a inculcar la fe trinitaria en los corazones de la generación de hoy, no solo por medio de la enseñanza explícita, sino también de nuestra comunicación con el Dios Uno y Trino en oración y alabanza.

## ¿Por qué tendemos a despersonalizar o marginar al Espíritu?

El Espíritu Santo es la persona de la Trinidad más fácil de despersonalizar, y no solo debido a fuerzas culturales. Aunque nosotros no tomáramos una dirección panteísta, nos es fácil perder de vista al Espíritu Santo, precisamente por ser quien es él, y por lo que hace, tal como nos lo revelan las Escrituras.[18] Hasta podríamos decir que, para el Espíritu, el hecho de quedar algo olvidado es un «gaje del oficio». En otras palabras, parte de nuestra confusión acerca del Espíritu Santo surge de una distorsión de ciertas verdades bíblicas genuinas.

*Primeramente, Dios es un misterio incomprensible.* Él nos ha revelado lo suficiente acerca de sí mismo para que nos lo captemos en fe, pero no conocemos su esencia interna. Hasta el término «persona» de las discusiones trinitarias es usado de forma analógica y antropomórfica. Las subsistencias de la Trinidad no son personas en el sentido que tres seres humanos son personas, con centros de conciencia, voluntades y demás detalles separados. Las Escrituras nos proveen de la revelación suficiente sobre la identidad y la misión del Espíritu, pero muchas veces nos es difícil mantenernos dentro de estos límites.

*En segundo lugar, aunque aceptemos la revelación incomprensible de Dios como Trinidad, no nos es fácil conectar al Espíritu Santo con nuestra experiencia.* Sabemos lo que es en términos humanos una relación entre Padre e Hijo, pero ¿dónde

---

18. Me voy a estar refiriendo durante toda la obra al Espíritu Santo usando el pronombre personal masculino. Por supuesto, no se trata de que lo considere un ser masculino en su sentido literal, sino por mantenerme dentro del lenguaje usado en las Escrituras y en la tradición.

encaja el Espíritu? Reuniendo la imagen familiar, a veces a María se le ha dado una categoría cercana a la de la tercera persona en la piedad popular católica romana. Algunos teólogos recientes han llegado incluso a referirse al Espíritu como Madre, para hacer que la tríada resuene mejor en nuestra experiencia familiar. No obstante, este paso carece de fundamentos exegéticos. Y aunque el Espíritu es comparado con una madre o una gallina en unos pocos versículos, esto se realiza en cuanto a la relación del Espíritu con la creación, no dentro de la Trinidad inmanente. Además de esto, en teología una noción así convertiría al Hijo en una procesión del Espíritu. Muy diferente, aunque no menos problemática, es la comparación de las relaciones del Hijo y el Espíritu con el Padre con las de un hijo y una esposa, respectivamente.[19] A pesar de los audaces intentos por identificar al Espíritu como el lazo de amor entre el Padre y el Hijo, sencillamente, no tenemos muchos pasajes acerca del papel del Espíritu en la Trinidad inmanente. Hasta en el Evangelio de Juan, donde encontramos la mayor parte de las enseñanzas del Señor acerca del Espíritu, el énfasis se centra en la relación de Jesús con su Padre como su Hijo eterno. No obstante, tenemos una gran cantidad de revelación con respecto a la misión del Espíritu en la economía de la creación y la redención, y es en ese escenario donde centraremos nuestra exploración.

*En tercer lugar, el Espíritu Santo se halla involucrado de una manera tan activa en nuestras vidas, subjetivamente, que podemos dar por sentada su presencia, o identificarlo con nuestro ser interior.* Domesticando al Espíritu a un misticismo individualista, el Espíritu Santo se convierte en la voz interior de la persona. Pero nuevamente, esto es una distorsión de una verdad. El Espíritu Santo *es* la persona que obra *dentro* de nosotros, incluso hasta el punto de habitar en nosotros e interceder en nuestro corazón. No obstante, el Espíritu Santo no es nuestro espíritu, y no debemos confundir su voz con la nuestra. El Espíritu es una persona divina que está dentro de nosotros; no una parte divina de nosotros.

*En cuarto lugar, a partir de un enfoque adecuado de Cristo, podríamos deducir inadecuadamente que el Espíritu Santo desempeña un papel de menor importancia dentro del drama bíblico.* Como sucede con los demás peligros, este error es una distorsión de la verdad, y no una contradicción abierta de ella. Al fin y al cabo, Jesús nos enseñó a leer las Escrituras teniéndolo a él mismo en el centro (Lucas 24.25–27; Juan 5.39). Jesús mismo nos enseñó que el Espíritu

---

19. Wayne Grudem, *Systematic Theology* (Grand Rapids: Zondervan, 1995), p. 257.

«testificará acerca de mí» (Juan 15.26; cf. 16.14–15). J. I. Packer compara al Espíritu Santo con un foco que ilumina de noche a una gloriosa catedral.[20] No contemplamos la luz, sino que contemplamos al Salvador por medio de esa luz. De esta manera, podemos estar seguros de dónde el Espíritu está activo: dondequiera que se mantiene en alto a Jesucristo como el Salvador de los pecadores. Por tanto, incluso cuando volvemos el foco hacia el Espíritu, lo encontramos siempre involucrado en algo relacionado con Cristo. No solo en el drama bíblico, sino incluso en nuestra propia vida, nuestra primera experiencia de Dios es con el Espíritu Santo. Y sin embargo, él es quien hace que estemos conscientes de *Cristo* y nos une a él, por medio del cual conocemos a un *Padre* misericordioso. ¡Precisamente, hasta el punto en que el Espíritu esté activo en nuestra vida, estaremos enfocados y conscientes de la presencia de algún otro!

Los apóstoles manifestaban este enfoque centrado en Cristo en los sermones suyos que recoge el libro de los Hechos y en el uso que hacían del Antiguo Testamento en sus epístolas. De hecho, la eficacia de la misión del Espíritu Santo se mide por la extensión en que nos hallamos centrados en Cristo, «el iniciador y perfeccionador de nuestra fe» (Hebreos 12.2). A lo largo de las cartas de Pablo, el Espíritu Santo es «el Espíritu de Cristo», porque la misión del Espíritu se halla inextricablemente unida a la de Cristo. El Espíritu Santo no quiere tener nada que ver con un cristianismo centrado en el Espíritu. Por tanto es comprensible que, precisamente a causa de su éxito, el ministerio del Espíritu en nuestra vida atraiga más la atención sobre Cristo, que sobre él mismo. En resumen, podemos dar por sentado al Espíritu, precisamente porque estamos dependiendo de él mientras nos estamos centrando en Cristo.

Y sin embargo, esta misma historia de promesa y cumplimiento incluye también al Espíritu Santo. La promesa no es que el Espíritu se convertiría en nuestro Redentor encarnado; y con todo, la encarnación sí se produjo por medio de la actividad del Espíritu. Junto con el Padre y el Hijo, el Espíritu se halla en el centro de la acción desde Génesis 1.2 a lo largo de toda la Biblia, hasta Apocalipsis 22.17. Ciertamente, Cristo es el que nos guía hacia el Padre, pero esto solo es posible gracias al Espíritu. Ignorar al Espíritu no solo nos priva del encuentro con una persona de la Trinidad, sino que una pneumatología (es decir, una teología del Espíritu) débil favorece de manera inevitable la distorsión de otras doctrinas importantes, incluso las relacionadas con la persona y la obra de Cristo.

---

20. J. I. Packer, *Keep In Step with the Spirit*, p. 57.

Si no nos atrevemos a despersonalizar o a marginar, también debemos mantenernos alerta en cuanto a reaccionar en exceso al darle precedencia al Espíritu sobre el Padre y el Hijo. El hecho mismo de que el Espíritu Santo habite en nosotros nos podría llevar a suponer que él es la persona íntima y accesible de la Trinidad. ¿Acaso es remoto el Padre, tal vez incluso como el padre airado al que tenemos que persuadir para que se relacione personalmente con nosotros? ¿Es remoto el mismo Hijo, demasiado distante y desentendido, en especial desde que ascendió al Padre y solo regresará corporalmente al final de esta era? ¿Significa esto que el Espíritu Santo se convierte en la persona accesible, relevante y amistosa de la Trinidad?

Aquí tenemos de nuevo una distorsión de una verdad bíblica. La relación íntima entre el Espíritu Santo y nosotros se puede interpretar de manera incorrecta en una dirección que lo va separando gradualmente del Padre y del Hijo. Tenemos necesidad de caminar por una cuerda floja: las Escrituras sí subrayan el papel del Espíritu en nuestra regeneración; en unirnos a Cristo y, en él, al Padre; de habitar en nosotros e interceder dentro de nuestro corazón; de movernos al amor y la comunión con el Padre y el Hijo, y también entre nosotros. Puesto que nuestro primer contacto con el Dios Uno y Trino es con el Espíritu Santo, que nos levanta de la muerte espiritual y habita en nosotros, podemos llegar a la conclusión equivocada de que el Espíritu es la persona accesible de la Trinidad. En lugar de esto, debemos ver esta obra del Espíritu como iniciada por el Padre, y comprada y mediada por el Hijo. *Por medio de la operación del Espíritu, las tres personas se acercan a nosotros, y nos introducen a su propia comunión.*

Por todas estas razones y otras más, necesitamos dar un paso atrás de vez en cuando para enfocarnos en el Espíritu mismo, en su persona y su obra, con el fin de reconocerlo como alguien distinto a Jesús o a nosotros mismos, mucho menos como *algo*, como si fuera solo un poder o recurso divino. Deberemos explorar el vasto territorio de las operaciones del Espíritu. Y entonces es de esperar que obtengamos de esta contemplación una nueva dependencia del Espíritu Santo en todos los aspectos de nuestra vida.

CAPÍTULO 1

# SEÑOR Y DADOR DE VIDA

El Espíritu Santo está obrando eternamente dentro de la Trinidad, descansando en el Padre por medio del Hijo. En todas las obras externas de la Trinidad —la creación, la providencia, la redención y la consumación— el Espíritu hace que las palabras del Padre en el Hijo sean eficaces para completar aquello que se halla en la intención del que habla. La palabra del Padre nunca vuelve a él sin haber hecho su efecto, porque está su Espíritu, que es quien produce dentro de la creación su «amén» a todo aquello que el Padre ha dicho que sea en y para el Hijo.

En este estudio voy a hacer hincapié en dos aspectos amplios: (1) la *distinción* de la persona y obra del Espíritu, junto a su *unidad* con el Padre y el Hijo; (2) la identificación de las operaciones del Espíritu en las Escrituras, no solo en aquello que es extraordinario, espontáneo e inmediato, sino también, y con mayor frecuencia aún, con lo que es común y corriente, ordenado y realizado por medio de seres creados. Aunque al reflexionar sobre la unidad del Espíritu con el Padre y el Hijo, quiero explorar lo distintivo y exclusivo de la persona y la obra del Espíritu Santo. Mi propia experiencia revela una tendencia a considerar al Espíritu como una figura imprecisa, relacionada de alguna manera con las otras personas, y a veces incluso desdibujada por la identidad más prominente de Jesucristo. Mucho de lo que voy a decir acerca del Espíritu en este libro se va a ajustar al desarrollo de la narrativa de las Escrituras. Sin embargo, tenemos que comenzar con algunas coordenadas doctrinales que son cruciales.

# «Señor... que con el Padre y el Hijo recibe una misma adoración y gloria»

Nosotros confesamos dos puntos principales en el artículo tercero del Credo Niceno: que el Espíritu Santo es «Señor» y que es el «dador de vida».[1] Al confesar su señorío, proclamamos que el Espíritu es uno con el Padre y el Hijo, tanto en esencia como en operaciones. No hay tres señores, sino uno solo; por consiguiente, en todo lo realizado por el Dios Uno y Trino solo hay una obra divina. Este punto se halla expresado en la antigua máxima: *Opera trinitatis ad extra indivisa sunt*, «Las obras externas de la Trinidad son indivisas», acerca de la cual diré algo más a continuación.

El Espíritu Santo es Señor exactamente en el mismo sentido que el Padre y el Hijo son el Señor. El Espíritu Santo no es una energía divina, ni un agente semidivino, sino el Señor Dios YHWH. A veces se representa al Espíritu como un aspecto más tierno de la persona única que sería Dios. El Padre (el único Dios verdadero) parece distante en su soberana trascendencia, pero el Espíritu es Dios en su forma más íntima y cognoscible. Según James D. G. Dunn, «el Espíritu de Dios» en los textos de Israel «era, como Sabiduría y Palabra, una manera de hablar de la inmanencia divina...».[2] En esta construcción, el Espíritu cae en el lado de la *revelación*, más que en el *ontológico* del libro mayor: no una persona distinta en Dios, sino una manera de subrayar la inmanencia de Dios. Sin embargo, la confesión cristiana es que el Espíritu es «adorado y glorificado» junto con el Padre y el Hijo, y comparte su soberana trascendencia e inmanente actividad en el mundo de acuerdo con sus propiedades personales exclusivas.[3]

Ansiosos por discernir la Trinidad en el Antiguo Testamento, los cristianos se han aprovechado con frecuencia de lo que dice Génesis 1.26: «Y dijo [Dios]: *"Hagamos* al ser humano a *nuestra* imagen y semejanza"*. Aunque este versículo no significara tanto como ellos sostienen, su intuición es correcta: Leer el Antiguo Testamento a la luz del Nuevo. Así es como Jesús interpretaba las Escrituras (Mateo 12.40; Lucas 24.27; Juan 5.39, etc.) y como lo hacían también los apóstoles en su predicación (Hechos 2.14–36; 3.17–18; 15.13–19;

---

1. Aunque la forma final fue fijada en el Primer Concilio de Constantinopla (año 381 A. D.) y por tanto es identificado técnicamente como el Credo Niceno–Constantinopolitano, yo me voy a referir a él llamándolo simplemente «el Credo Niceno».

2. James D. G. Dunn, *Did the First Christians Worship Jesus? The New Testament Evidence* (Louisville: Westminster John Knox, 2010), p. 126.

3. Dunn destaca lo siguiente: «Notablemente, *lo que no encontramos es indicio alguno de que se adorara al Espíritu de Dios*» (Ibíd., p. 74, cursiva en el original).

17.3; 26.23, etc.). Ahora que la revelación redentora ha alcanzado su clímax hasta el momento, porque el Padre ha enviado a su Hijo y a su Espíritu a nuestro mundo, tenemos nuevos lentes con los cuales leer las Escrituras anteriores. De aquí, por ejemplo, que Juan pudiera comenzar su evangelio con un eco explícito de Génesis 1, aclamando a Jesús como la Palabra eterna por la cual todas las cosas fueron creadas. Este tema del Logos ya estaba presente en el judaísmo temprano, precisamente porque ya estaba presente en el Antiguo Testamento, aunque fuera de una forma más latente.[4] De manera similar, el decisivo derramamiento e inhabitación del Espíritu desde Pentecostés es el punto de vista desde el cual escudriñamos el amplio campo de operaciones del Espíritu a lo largo de la historia de Israel.

Encontramos un argumento más claro a favor de la identidad del Espíritu como persona distinta dentro de la Trinidad en el segundo versículo de la Biblia: «La tierra era un caos total, las tinieblas cubrían el abismo, y el Espíritu de Dios se movía sobre la superficie de las aguas». Como en otros lugares, la frase *ruaj 'elohim* se podría traducir aquí «un viento procedente de Dios» (NRSV, por ejemplo): *ruaj* puede significar *viento* o *espíritu*. Sin embargo, está claro que Dios es el sujeto de la acción de creación y formación, y no obstante, se distingue al Espíritu de aquel que llama a la creación a la existencia con la palabra. El acto mismo, moverse o cernirse, es personal; el viento sopla, pero sonaría extraño hablar de que el viento se mueve o se cierne con una intencionalidad implícita. Además de esto, en la revelación posterior se da por sentado que el Espíritu es el dador de vida, como en Salmos 104.30: «Si envías tu Espíritu [*ruaj*], son creados». El Espíritu no es *un poder que emana*, sino *una persona enviada*.

En el Antiguo Testamento hay pasajes que indican también la personalidad distintiva del «Espíritu eterno» (Hebreos 9.14) y que identifican a esta persona diferente como Dios. Moisés realiza milagros por el Espíritu (Éxodo 8.19) y guía a los israelitas mientras atraviesan las aguas de bautismo del mar Rojo. El Espíritu les encomienda tareas especiales a ciertas personas (Éxodo 31.1–11; 36.30–35) y desciende sobre los profetas para que estos puedan hablar la palabra de Dios (2 Samuel 23.2; Isaías 59.21; Jeremías 1.2, 8, 15, 19; 2 Timoteo 3.14–17; 2 Pedro 1.21). El Espíritu no es un simple fortalecimiento para enseñar sabiduría, sino que es él mismo un maestro divino. No es simplemente la gloria de Dios que emana del templo, sino que es el Señor cuya

---

4. Daniel Boyarin, «Logos, A Jewish Word: John's Prologue as Midrash», en *The Jewish Annotated New Testament*, eds. Amy-Jill Levine y Marc Z. Brettler (Oxford: Oxford University Press, 2011), pp. 546–549.

gloria irradia desde el templo en el cual él habita. Vino al templo y se marchó de él. No es un simple poder revelador y escudriñador de Dios, sino que es el revelador y escudriñador divino (1 Corintios 2.10).

Como veremos, es especialmente en los profetas en los cuales el Espíritu se muestra tanto divino como personal. Será «derramado» en los últimos días sobre todo el pueblo de Dios, habitando en sus miembros (Ezequiel 37.1–14; 39.29; Joel 2.28–32). De la energía o del viento nos podemos escudar, pero solo una persona puede ser entristecida, como lo fue el Espíritu por la violación del pacto por parte de Israel (Isaías 63.7–14) y lo sigue siendo hoy cuando nosotros nos resistimos ante su influencia santificadora (Efesios 4.30). Identificado con el nombre divino (Éxodo 31.3; Hechos 5.3–4; 1 Corintios 3.16; 2 Pedro 1.21), al Espíritu también se le asignan los atributos divinos (omnipresencia, Salmos 139.7–10; omnisciencia, Isaías 40.13–14; 1 Corintios 2.10–11), y también las obras divinas (creación, Génesis 1.2; Job 26.13; 33.4; renovación providencial, Salmos 104.30; regeneración, Juan 3.5–6; Tito 3.5; resurrección de los muertos, Romanos 8.11). Al Espíritu Santo también se le rinde homenaje divino (Mateo 28.19; Romanos 9.1; 2 Corintios 13.14). Jesús y los apóstoles se refieren al Espíritu como el autor de las Escrituras como la Palabra misma de Dios (2 Samuel 23.2; Marcos 12.36; Hechos 1.16; Hebreos 3.7; 9.8; 10.15; 1 Pedro 1.11; 2 Pedro 1.21). De hecho, las palabras «el Espíritu dice» y «Jesús dice» son intercambiables en Apocalipsis 2.7, 11, 17, 29; 3.6, 13, 22.

De la misma manera que revela al Padre, Jesús también revela al Espíritu Santo; el Espíritu a su vez revela a Jesús como el Mediador, y al Padre como «nuestro Padre», al cual clamamos diciendo «¡Abba! ¡Padre!» (Romanos 8.15). En su discurso de despedida, Jesús les enseñó a sus discípulos que debían esperar al otro abogado (*paraklētos*) que vendría desde el cielo. El Espíritu que habría liberado a Israel, guiado al pueblo hasta la Tierra Prometida y evacuado el templo cuando la nación quebrantó el pacto, será enviado para crear una nación santa procedente de todas las familias de la tierra. En el discurso de Juan 14–16, que estudiaremos ampliamente en otro capítulo, Jesús destaca la persona igual, aunque distinta, del Espíritu, en función de sus misiones respectivas de «venir» e «ir», «enviar» y «venir de nuevo». Este venir e ir, entrando y saliendo cada uno del otro dentro de la economía de la redención revela la relación pericorética existente entre estas divinas personas en su comunión eterna sin agotar esa incomprensible relación.[5]

---

5. Vale la pena observar de pasada que según los pasajes relevantes (en especial en Juan 14–17), la

En Hechos 5, Pedro enfrenta a Ananías y Safira, diciéndoles que le han mentido «al Espíritu Santo» (v. 3); ellos «no han mentido a los hombres, sino a Dios» (v. 4). En 2 Corintios 3, el apóstol señala al Hijo y al Espíritu llamándoles *Señor*: «Pero, cada vez que alguien se vuelve al Señor [Jesús], el velo es quitado» (v. 16). Se refiere a Éxodo 33.11, donde se afirma que el Señor hablaba con Moisés cara a cara, sin velo. Después pasa a hablar del Espíritu Santo: «Ahora bien, el Señor es el Espíritu; y, donde está el Espíritu del Señor, allí hay libertad» (2 Corintios 3.17). Pablo menciona ambas personas en el versículo 18: «Así, todos nosotros, que con el rostro descubierto reflejamos como en un espejo la gloria del Señor [de Cristo], somos transformados a su semejanza con más y más gloria por la acción del Señor, que es el Espíritu». Dios Espíritu es el que nos une a Dios Hijo y nos conforma a su imagen.

Este énfasis nos aleja de la herejía del *subordinacionismo*, según la cual el Hijo, o el Espíritu, es considerado como ontológicamente inferior al Padre. Pero esta formulación clásica también descarta el *triteísmo*, la idea de que las personas en realidad son tres dioses diferentes, cuya unidad consiste simplemente en que están de acuerdo y tienen un propósito en común, en lugar de tener una esencia que comparten por igual.[6] El Espíritu Santo es *Dios*, exactamente de la misma manera y hasta el mismo punto en que lo son el Padre y el Hijo.

## «DADOR DE VIDA»

Pero lo cierto es que el hecho de que las tres personas sean un Dios, iguales en *esencia*, no nos debe llevar a la conclusión de que son la misma *persona*. Históricamente, este ha sido el peligro del *modalismo*. Conocido también como *sabelianismo*, por el presbítero Sabelio, del siglo tercero, asociado con esta herejía, el modalismo sostiene que en realidad solo hay una persona divina que se revela a sí misma en una ocasión como el Padre, en otra como el Hijo y en otra como el Espíritu Santo. Las personas son simples apariencias o «máscaras», como las «personas» que usaba un solo actor que representaba diferentes papeles. Tanto el subordinacionismo como el modalismo son herejías que destacan

---

*perijóresis* o *circumincesión*, la inhabitación mutua de las personas, no es una relación abierta, sino que se refiere estrictamente a las divinas personas en sus relaciones inmanentes. Al contrario de lo que afirma Jürgen Moltmann en su tesis (*Trinidad y Reino de Dios* [Salamanca: Ediciones sígueme, 1983], pp. 167-68), la perijóresis presupone una unidad de esencia, en lugar de ser una sustitución de esta.

6. Esta tendencia ha sido evidente en el «trinitarianismo social» reciente propuesto por Jürgen Moltmann, entre otros. Hay un solo Dios, y el Espíritu Santo es tan plenamente Dios como el Padre y el Hijo. En el capítulo 10 hallarás un resumen de este punto de vista.

la unidad de Dios a expensas de la genuina pluralidad de las personas.[7] Estas herejías han tenido sus defensores a lo largo de toda la historia de la Iglesia, pero han sido especialmente atractivas para ciertas formas radicales de protestantismo (el socinianismo, llamado posteriormente unitarianismo) y han venido a caracterizar la teología liberal bajo la influencia de las ideas de Friedrich Schleiermacher.

En medio de grandes debates, la Iglesia antigua formuló un dogma común sobre la Trinidad que evadía estas herejías. Entre otras, hubo dos distinciones importantes que entraron en juego dentro de esta formulación. La primera distingue entre las *misiones* y las *procesiones*, conocidas también como las *trinidades inmanente* y *económica*.[8] Esto no significa que en la realidad existan dos «trinidades», sino que hay una distinción entre la Trinidad en cuanto a su unidad y procesiones internas (que son necesarias), y en cuanto a la revelación de las operaciones del Dios Uno y Trino en el mundo (que son contingentes, o libres).

Lo más básico de todo es que del Padre, el Hijo es eternamente engendrado, y el Espíritu procede eternamente. Estos son actos necesarios *ab intra*; es decir, dentro de la vida de la Trinidad, sin tener en cuenta la existencia de nadie o de nada externo a esta vida (*ad extra*). En otras palabras, el Padre no existió en la soledad y después decidió engendrar al Hijo y al Espíritu. No hay Dios y nunca ha habido otro Dios que no sea el Padre, el Hijo y el Espíritu Santo: necesario, eterno, inmutable. En la película *Jerry Maguire*, estrenada en 1996, el protagonista (representado por Tom Cruise) le dice a su esposa: «Tú me completas». En cambio, en la creación no hay nada que pueda completar jamás a Dios. El Dios Uno y Trino es eterna e intercambiablemente completo en la naturaleza que comparten las tres personas, así como en su amor y gozo mutuos. Las obras externas de las personas divinas en la economía de la creación, redención y consumación no constituyen de manera alguna la identidad, ni de las personas, ni del ser divino que ellas comparten. Dios no pasa por ningún llegar a ser o ninguna autorrealización de su identidad a partir de su participación en la historia.

Pero entonces tenemos las obras externas de la Trinidad, que son hechas por libre voluntad, como la creación y la redención. Estas obras son reveladas

---

7. Esto es cierto también con respecto al *arrianismo*, una herejía cristológica que niega la divinidad de Cristo, considerándolo en cambio como la primera y más noble de las criaturas de Dios.

8. Bruce Marshall sostiene que la distinción tradicional entre las procesiones y las misiones, la distinción entre las llamadas trinidades inmanente y económica, aparece por vez primera como categoría, al menos en el siglo diecinueve con Franz Anton Staudenmaier («The Unity of the Triune God: Reviving an Ancient Question», *The Thomist* 74 (2010): p. 8.

en la economía de la creación y de la gracia. Por ejemplo, el envío del Hijo y del Espíritu «cuando se cumpliera el tiempo» se distingue cualitativamente del engendrar eterno del Hijo y de la procesión del Espíritu. Y, sin embargo, la encarnación del Hijo hecha por libre voluntad y el derramamiento del Espíritu en la historia «encajan», o son consonantes con las procesiones eternas. Puesto que es el Hijo el que es eternamente engendrado por el Padre, resulta adecuado que haya sido él, y no el Padre o el Espíritu, el que se hiciera carne por nosotros y por nuestra salvación. Pero él es eternamente lo anterior, aun en el caso de que nunca se hubiera tomado la decisión de crear un mundo o de enviar al Hijo a redimirlo. La economía, esto es, lo que Dios decide hacer en la historia, revela la verdad acerca de la vida intratrinitaria, pero no la comprende ni la agota.

Por una parte, la Trinidad inmanente es revelada realmente en la economía histórica. Las misiones (esto es, el envío del Hijo y el del Espíritu) son coherentes con la verdad acerca de Dios en cuanto a que él está en las procesiones eternas del Padre que engendra, el Hijo engendrado y el Espíritu Santo, aliento de Dios. Por otra parte, no nos podemos limitar a deducir los secretos de la Trinidad inmanente a partir de la economía. Por ejemplo, el papel formativo del Espíritu en la encarnación no conlleva el que el Hijo proceda del Espíritu. Tampoco esta afirmación de Jesús, «El Padre es más grande que yo» (Juan 14.28), implica que el Hijo sea inferior al Padre en eternidad.

La segunda máxima reconocida a lo largo del tiempo, que presenté al principio de este capítulo, es que *las obras externas de la Trinidad no están divididas*. Las obras de la Trinidad no están repartidas entre las personas. Al igual que el Padre y el Hijo, el Espíritu Santo es *Señor*; esto es, comparte exactamente la misma esencia divina y los mismos atributos. Y el Espíritu, como el Padre y el Hijo, participa en toda obra de la Trinidad. Según la doctrina de las apropiaciones, nos podemos referir al Padre como Creador, al Hijo como Redentor y al Espíritu Santo como santificador. Esto se hace para favorecer la instrucción; no es posible decirlo todo al mismo tiempo. Es frecuente que las teologías sistemáticas presenten este patrón, siguiendo el bosquejo de los credos ecuménicos. No obstante, en dicho enfoque siempre existe el peligro de romper esta regla de las obras indivisas. Como veremos en nuestra exploración, el Espíritu participa tan plenamente en la creación y la redención como en la aplicación de la redención.

Aunque las obras son tan indivisas como las personas, sin embargo, existen *tres personas*: distinción sin división. El Espíritu es Dios, pero también es de forma única la persona de la Trinidad que da vida. «Si envías tu Espíritu, son creados, y así renuevas la faz de la tierra» (Salmos 104.30); «El Espíritu de Dios me ha creado; me infunde vida el hálito del Todopoderoso» (Job 33.4). El Espíritu es el personaje insustituible en estas escenas, enviado por el Padre para crear y renovar.

Por consiguiente, debemos distinguir entre propiedades *esenciales* y *personales* (llamadas a veces atributos *comunes* y *propios*). Con respecto a los primeros, el Espíritu Santo no es menos omnisciente, eterno, inmutable, amoroso, justo y omnipotente que el Padre o el Hijo. Cuando se trata de los atributos esenciales, no hay diferencias entre las personas. En cambio, hay diferencias en cuanto a sus atributos personales.[9] Lo más obvio de todo es que el Padre no es engendrado, el Hijo es engendrado y el Espíritu procede. El Hijo y el Espíritu reciben eternamente del Padre su existencia personal. Con todo, no están esencialmente subordinados al Padre, puesto que comparten con él la misma esencia.

Lo que encontramos en el desarrollo del drama bíblico no es simplemente tres «personas», sino tres personas concretas; no es solamente tres papeles, sino tres actores. Encontramos al Padre como el *origen* de la creación, redención y consumación, al Hijo como el *mediador* y al Espíritu como *el que lleva toda obra a su conclusión*.

Existen varias maneras de formular este misterio:

- El Hijo es la imagen del Padre; el Espíritu es el lazo de amor que existe entre ellos. Por tanto, en toda obra externa de la Divinidad, el Padre es la fuente, el Hijo es el mediador y el Espíritu es el consumador. La creación existe desde el Padre, en el Hijo, por el poder del Espíritu; en la nueva creación, Cristo es la cabeza mientras que el Espíritu es el que une a él a los miembros y los renueva de acuerdo con la imagen de Cristo para gloria del Padre.
- O bien podemos decir que el Padre obra *a favor* de nosotros, el Hijo obra *entre* nosotros y el Espíritu obra *dentro* de nosotros.
- Las obras de Dios, tanto en la creación como en la nueva creación, se describen típicamente en las Escrituras como realizadas por medio del habla, de manera que también lo podemos decir de la manera siguiente: Así como el Hijo es la Palabra del Padre, y el Padre (o el Padre y el

---

9. Típicamente, los escritores reformados ortodoxos llegaban incluso a identificar esos atributos personales como «incomunicables». En otras palabras, el Hijo y el Espíritu nunca pueden ser el Padre no engendrado, ni el Padre puede proceder del Espíritu o del Hijo. Cada persona tiene un modo de existencia propio.

Hijo) envía como aliento el Espíritu, todo lo que el Padre habla en el Hijo produce el efecto que él se propone, debido a la agencia perfecta del Espíritu. Oímos la voz del Padre, pero vemos a Dios mismo en el rostro de Cristo. Jesús pudo incluso decir lo siguiente: «El Padre y yo somos uno» (Juan 10.30), y a Felipe le dijo además: «El que me ha visto a mí ha visto al Padre» (Juan 14.9). Ahora bien, es el Espíritu el que produce este reconocimiento en nuestro interior, como Jesús lo señala con tanta claridad en los versículos siguientes (vv. 15–27). En 2 Corintios 4.6 se halla implícita una referencia trinitaria: «Porque Dios [Padre], que *ordenó* que la luz resplandeciera en las tinieblas, *hizo brillar su luz en nuestro corazón* [por el Espíritu] para que conociéramos la gloria de Dios que resplandece *en el rostro de Cristo*».

- O si me permites, te presento una formulación más: en el pacto de la gracia, el Padre es el que hace la promesa (Hebreos 6.13), el Hijo es la promesa (2 Corintios 1.20) y el Espíritu hace brotar en nuestro interior el «amén» de la fe (1 Corintios 12.13).

Los ejemplos anteriores de formulaciones válidas se inclinan fuertemente hacia la trinidad económica, esto es, el papel distinto que tiene cada persona en cada operación de la Trinidad hacia el mundo. Y así es como debe ser, puesto que el peso de la revelación cae sobre las obras externas de la Trinidad «por nosotros, los hombres, y por nuestra salvación».

Ya en el siglo segundo, Orígenes exploró las operaciones distintas de las personas divinas en cada una de sus obras externas. Todos los seres humanos participan en el Padre (como Creador) y el Hijo (como Logos–Palabra–Razón). O sea que reciben de ellos su existencia y su razón, «pero el compartir en el Espíritu Santo es algo poseído, encontramos, solo por los santos».[10] «Aquí vemos mostrado de la manera más clara que no hay separación en la Trinidad, sino que esto que es llamado "don del Espíritu" es ministrado por medio del Hijo y obrado por Dios Padre». Por la obra del Espíritu, los que ya participan en el Hijo como Logos–Razón por naturaleza, ahora por gracia «se vuelven capaces de recibir nuevamente a Cristo en su carácter como la rectitud de Dios».[11] En otras palabras, es el Espíritu Santo quien nos capacita para participar en el

---

10. Orígenes, *De Principiis*, trad. al inglés por G. W. Butterworth (Gloucester, MA: Peter Smith, 1973), pp. 36–37 (1.3.7).

11. Ibíd., p. 38.

Padre y el Hijo por gracia, y de una forma cualitativamente diferente a aquella en la cual participamos en ellos por naturaleza.

Atanasio, haciendo una presentación más plenamente trinitaria, observa que «mientras que el Padre es fuente, y al Hijo se le llama río, se dice de nosotros que bebemos del Espíritu».

> Porque está escrito que «a todos se nos dio a beber de un mismo Espíritu» (1 Corintios 12.13). Pero cuando se nos da a beber del Espíritu, bebemos de Cristo, porque «tomaron la misma bebida espiritual, pues bebían de la roca espiritual que los acompañaba, y la roca era Cristo» (1 Corintios 10.4) [...] Pero cuando se nos da vida en el Espíritu, se dice de Cristo mismo que vive en nosotros: «He sido crucificado con Cristo», dice, «y ya no vivo yo, sino que Cristo vive en mí». (Gálatas 2.19–20)[12]

Las Escrituras nos dan razón suficiente para decir con seguridad que las personas, aunque distintas, son inseparables y no son diferentes en cuanto a esencia. Se nos dice que esto *es cierto*, pero no *la forma* en que lo es. «¿Cómo puede ser que cuando el Espíritu está en nosotros, se dice que el Hijo está en nosotros, y cuando el Hijo está en nosotros, se dice del Padre que está en nosotros?», dice Atanasio, y responde: «Es presunción de gente insana inquirir en estas cosas con respecto a Dios».[13] De manera similar, escribe el padre latino Ambrosio:

> De manera que tanto el Padre como el Espíritu envían al Hijo; el Padre lo envió a él, puesto que está escrito: «Pero el Consolador, el Espíritu Santo, a quien el Padre enviará en mi nombre». El Hijo lo envió, puesto que él mismo dijo: «Cuando venga el Consolador, que yo les enviaré de parte del Padre, el Espíritu de verdad». Entonces, el Hijo y el Espíritu se envían el uno al otro, como el Padre también envía, y no hay inferioridad y sujeción, sino una comunidad de poder.[14]

No se trata de *obras* diferentes, sino de *funciones* diferentes *en cada obra* que llevan a cabo las personas divinas. Esto puede ser algo así como un cambio de paradigmas, no solo en nuestra manera de pensar, sino de adorar, de vivir y de

---

12. «Cartas a Serapión acerca del Espíritu Santo», en Athanasius, trad. y ed. al inglés de Khaled Anatolios (Londres: Routledge, 2004), pp. 217–219 (1.19–20).

13. Ibíd.

14. Ambrosio, *De Spiritu Sancto* 3.1.8 (NPNF2 10:136).

desempeñar nuestra misión. Cuando comenzamos a discernir el papel distintivo que desempeña el Espíritu a lo largo y ancho de todo el lienzo de la revelación bíblica, comenzamos también a reconocer el papel distintivo que él desempeña en nuestra vida. Este énfasis se volvió especialmente formativo en la labor de los padres capadocios del siglo cuarto (Basilio, su hermano Gregorio de Nisa o Niseno y el amigo de ambos, Gregorio Nacianceno). Por ejemplo, Gregorio Niseno escribió que ninguna de las personas ejecuta obra alguna separada de las demás, «pero cada operación que se extiende desde Dios hacia la creación… tiene su origen en el Padre, y procede por medio del Hijo, y es perfeccionada en el Espíritu Santo».[15] Juan Calvino, el reformador de Ginebra, repite con frecuencia estas fórmulas de los capadocios, como cuando expresa esto con sus propias palabras: «Al Padre se le atribuye el comienzo de la acción, la fuente y causa de todas las cosas; al Hijo, sabiduría, consejo y arreglo de la acción, mientras que la energía y la eficacia de la acción son asignadas al Espíritu».[16] El impacto que produce esto en toda la teología no tiene nada de insignificante.

De nuevo, como manera de realzarlo: Tendremos una visión muy estrecha de la persona y la obra del Espíritu si lo identificamos únicamente con ciertas *obras* específicas, como la regeneración y los dones espirituales, en lugar de reconocer la *forma* concreta en que él obra en cada una de las operaciones divinas. En la creación, la redención y la consumación, el Espíritu es el dador de vida.

Permíteme sugerirte que esto representa un punto apologético de contacto, incluso con nuestra cultura postcristiana. No podemos «descender por la escalera» desde el Padre Soberano hasta Jesús, el Salvador, y después hasta el supuestamente vulnerable Espíritu en el centro del cosmos. El Espíritu es *Señor*, de la misma manera que el Padre y el Hijo. *Y con todo, es también* «el dador de vida» que ejerce su señorío divino dentro de la creación, haciéndola fructífera, rica y productiva en las capacidades inherentes con las cuales ha sido dotada por el Padre en el Hijo. De manera típica, las teologías verdes de hoy ven al Espíritu como la única persona para una era ecológica, pero esto abstrae la agencia fructificadora y perfeccionadora del Espíritu, de la del Padre como origen y el Hijo como mediador. Este mundo es la gran obra maestra formada y sostenida, así como redimida y al final restaurada, por el amor intratrinitario. La creación no es necesaria para que Dios sea o llegue

---

15. Gregorio de Nisa, sobre «No tres dioses», para Ablabio (NPNF2 5:334).

16. Juan Calvino, *Institución de la religión cristiana*, 2 t. [1968] Trad. de Cipriano de Valera (Rijswijk, Fundación Editorial de Literatura Reformada, 1981. Nueva edición: Buenos Aires-Grand Rapids, Nueva Creación-Eerdmans), 1.13.18.

a ser, pero es llamada a la existencia y sostenida por la palabra no arbitraria y sin embargo totalmente libre, del Dios Uno y Trino.

El Padre no es un monarca despótico, sino la fuente de esta empresa amorosa, y el Hijo asumió realmente en sí mismo y para siempre una realidad del mundo. Él es Emmanuel: Dios con nosotros. En su parábola actuada de Juan 13, Jesús les lava los pies a sus discípulos para enseñarles lo que él está a punto de hacer por ellos en su muerte y resurrección. En contraste con la competencia de sus discípulos por el poder, como los gobernantes gentiles, Jesús dice que esto es lo que significa decir que Jesús es Señor. Así que el Padre y el Hijo también revelan una soberanía que es opuesta a todo despotismo terrenal. El Espíritu es Señor y dador de vida en el sentido que ha sido expresado por la voluntad del Padre, en el Hijo. Y con todo, el Espíritu ejercita esta soberanía divina *dentro* de la creación, ganando el consentimiento de las criaturas y causando que las criaturas produzcan el fruto que ha sido proclamado que van a llevar por medio de la «palabra» del Padre en el Hijo. Herman Bavinck observa que como Padre, Hijo y Espíritu Santo, «nuestro Dios se halla por encima de nosotros, delante de nosotros, y dentro de nosotros».[17]

De manera que es mucho lo que se halla incluido en la confesión de que el Espíritu Santo es «Señor» y «el dador de la vida». Estas dos identificaciones nos dan nuestras coordenadas. El Espíritu Santo no es simplemente una fuerza divina, un poder o un principio; es Dios, y «con el Padre y el Hijo juntamente es adorado y glorificado». Él no es un instrumento de Dios, sino que es él mismo el Señor Dios junto con el Padre y el Hijo. Es él solo quien hace eficaz cuanto medio de las criaturas emplea. Como hizo destacar Agustín en su *De Trinitate*, Jesús *revela a Dios* porque él es Dios, al mismo tiempo que está *con Dios* (el Padre), como leemos en el prólogo de Juan. De forma similar, el Espíritu «lo examina todo, hasta las profundidades de Dios», porque es una persona distinta dentro de Dios (1 Corintios 2.10).

El Espíritu Santo es el que transforma una masa confusa en un lugar habitable en la creación, cuyo aliento anima una masa de arcilla, convirtiéndola en «un ser viviente» (*nefesh*; Génesis 2.7) de acuerdo al patrón del Hijo, el cual se va a encarnar. Es él quien está obrando dentro de la creación, dentro de nosotros, para sostenernos con vida, y es él quien les da vida espiritual a aquellos

---

17. Herman Bavinck, *Reformed Dogmatics: God and Creation*, ed. John Bolt, trad. al inglés de John Vriend (Grand Rapids: Baker, 2004), 2:260. Es necesario observar que yo estoy comentando la Trinidad a partir de los atributos, no porque la unidad de Dios sea más importante que su pluralidad, sino porque tiene sentido hablar primero de las características que comparte cada una de las personas como Dios.

que están «muertos en sus transgresiones y pecados» (Efesios 2.1). Además de esto, «si el Espíritu de aquel que levantó a Jesús de entre los muertos vive en ustedes, el mismo que levantó a Cristo de entre los muertos también dará vida a sus cuerpos mortales por medio de su Espíritu, que vive en ustedes» (Romanos 8.11). El Padre envía al Hijo y al Espíritu para diferentes fases de la misma misión. No es el Espíritu quien se encarna, carga con nuestros pecados y es levantado como Cabeza del cuerpo (la Iglesia). Y sin embargo, no es el Hijo quien se concibe a sí mismo en el seno de María, o regenera y resucita nuestros cuerpos en gloria en el último día. En un sentido muy específico, el Espíritu es «el dador de vida» en todas las obras externas de Dios. No menos que el Padre, el Espíritu crea y salva, pero de una manera diferente y con efectos también diferentes. Sin la obra del Espíritu dentro de nosotros, la obra del Padre por nosotros en su Hijo no habría quedado completa.

En los capítulos que siguen, exploramos la agencia perfeccionadora del Espíritu en todas las obras externas de la Divinidad, no solo en la redención, sino en la creación y en la consumación de esa gran obra de Dios en la era que habrá de venir.

## El Espíritu Santo lo *cambia* todo

Como ya he indicado, no debemos estar buscando *unas obras que sean hechas de forma única por el Espíritu Santo*, sino *el papel único del Espíritu Santo en toda obra*. El Espíritu Santo, como hace notar B. B. Warfield, es «el Ejecutor de la Divinidad, no solo en la creación y la sustentación de los mundos, y en la inspiración de los profetas y apóstoles, sino también en la regeneración y la santificación del alma».[18] Mejor aún es la forma en que lo expresa Abraham Kuyper: «Comenzamos con la distinción general: que en toda obra realizada por el Padre, el Hijo y el Espíritu Santo en común, el poder *para hacerla nacer* procede del Padre; el poder *para organizarla* viene del Hijo; el poder *para perfeccionarla*, viene del Espíritu».[19] Cuando exploramos la obra del Espíritu desde el Génesis hasta el Apocalipsis, desde la creación hasta la consumación, surge una conclusión común: él es la persona de la Divinidad que lleva todo a su término. El Espíritu *lo cambia todo*. Este será el *leitmotif*, el lema recurrente de nuestras exploraciones en este libro.

---

18. B. B. Warfield, «Introductory Note», en Kuyper, *The Holy Spirit*, p. xxvi.
19. Kuyper, *Holy Spirit*, p. 19.

## El Espíritu perfeccionador

El Espíritu Santo es el que convierte una casa en un hogar; un espacio creado, en un lugar de pacto donde Dios habita con los suyos. Él es quien separa las aguas en la creación de manera que haya tierra seca para esta comunión. Viene en juicio a Adán y Eva después de haber ellos transgredido este pacto. El mismo Espíritu dador de vida que se movía sobre la superficie de las aguas para hacerlas fructíferas y examinar la creación para añadirle su bendición, apareció en el huerto para examinar la situación. Más aún, bajo la luz de la revelación posterior se ve con claridad que el Espíritu Santo es identificado con el juicio y la justificación. Esta es la razón por la cual Jesús describe al Espíritu Santo como «el Consolador o Abogado» (*paraklētos*; un abogado), el cual *convencerá* al mundo de pecado (Juan 16.7–8). Esto es ya lo que el Espíritu está haciendo en el huerto después de haber sido transgredido el pacto original.

El Espíritu divide las aguas del mar Rojo, liberando a su nación al mismo tiempo que sepulta a sus enemigos en un juicio producido en medio de las aguas. Es asociado con la circuncisión, el rito de «cortar» una parte de la carne para que toda la persona no sea «cortada», excomulgada de la comunión con Dios. De manera similar, en los profetas el descendimiento del Espíritu es asociado específicamente con «los últimos días» (Joel 2.28, cumplido en Hechos 2.17–18), con el juicio venidero del cual fueron solo sombras todos los juicios anteriores. Es una indicación clave de que estamos en los últimos días es que el Espíritu ha sido derramado (Isaías 2.2; 32.15–16; Ezequiel 11.19; 36.25–27; Miqueas 4.1; Zacarías 12.10). Cada vez que aparece el Espíritu, hay una escena semejante a un tribunal. Jesús llega incluso a hablar del Espíritu Santo como «otro *paraklētos*», vocablo que se traduce de manera más precisa como «abogado» que como «consolador» (Juan 14.16).

Y ahora es el Espíritu quien nos bautiza en las aguas del juicio, crucificándonos y levantándonos junto con Cristo. Él no solo descansa sobre el tabernáculo, o sobre el arca del pacto en el templo como una nube de gloria, sino que también habita dentro de cada uno de los que forman el pueblo de Dios como piedras vivas de su santuario de los últimos tiempos. Incluso esta inhabitación misma tiene un significado de tipo judicial. Para esto, Pablo usa el término legal *arrabōn*, que se define como una promesa, o «depósito que garantiza la posesión final» (Efesios 1.14; cf. Romanos 8.23; 2 Corintios 1.22). El Espíritu nos hace testigos en el tribunal de Dios de la historia, simbolizado por las llamas que aparecieron sobre la cabeza de cada uno de los discípulos en el día de Pentecostés. Así, aunque los discípulos eran testigos oculares de la obra de Cristo, no estaban preparados para ser testigos de Cristo ante el mundo hasta que fueron dotados con el Espíritu (Lucas 24.49).

Además del aspecto legal o judicial, la obra de «separación» realizada por el Espíritu es identificada con la purificación. Dondequiera que se cierne el Espíritu, la tierra es hecha santa. Esta es la razón por la cual Moisés se sintió horrorizado por la idea de que el SEÑOR se negara a mantener su presencia con su pueblo pecador. ¿Qué los distinguiría (separaría) de las naciones, como santos? Bajo el dosel de aquella nube de gloria que se cernía sobre ellos, todo, desde las personas hasta los animales domésticos, e incluso los calderos y las ollas, era santo para el SEÑOR. Por este don del Espíritu es por el que David y sus hombres debían purificar continuamente la tierra de Dios de la serpiente y de todo lo que profana.

Fue el Espíritu quien puso en el pecho de los profetas el anhelo y la seguridad total sobre la venida de Cristo. Fue el Espíritu quien se cernió sobre las aguas del seno de María para que aquel que ella engendrara fuera «santo»; el «Hijo del Altísimo» (Lucas 1.32). No solo fue que Cristo nos dio el Espíritu; es que el Espíritu nos dio a Cristo. Además, fue el Espíritu quien preparó al Hijo para su misión como el Siervo de Isaías (Isaías 61.1 con Lucas 4.18). Fue él quien guio a Jesús al desierto para que fuera tentado por Satanás, y fue él quien sostuvo al Señor en medio de su duro juicio. Fue por el Espíritu que Cristo echó fuera demonios y realizó milagros. De hecho, atribuirle estas obras a Satanás no era blasfemar contra la divinidad de Cristo, sino contra el Espíritu Santo (Marcos 3.29).

Al enfocarnos solo en Cristo, muchas veces le hemos atribuido a la divinidad de este lo que le pertenece de manera más adecuada al Espíritu Santo. Al hacerlo, también estamos marginando el papel de la humanidad de Cristo en cuanto a ganarnos nuestra salvación. Por supuesto, él no es solamente humano, pero es tan plenamente humano como lo somos nosotros, aunque sin pecado. En lo que dijo e hizo, Jesús proclamó al Padre y se apoyó en el poder del Espíritu. Jesucristo es el Hijo del Padre, y el Espíritu Santo es el don de ambos: del Padre y del Hijo.

Y este mismo Espíritu habita en nuestro interior, de manera que nosotros le digamos nuestro «amén» a Dios en Cristo (1 Corintios 12.3), clamando «¡Abba! ¡Padre!» como hijos adoptivos y coherederos junto con Cristo (Romanos 8.15;

Gálatas 4.6). El Espíritu realiza dentro de nosotros la circuncisión del corazón que fue profetizada, al cortarnos de la edad malvada y pasajera, «la carne», y al unirnos con Cristo, obra dentro de nosotros el futo del Espíritu. Él convierte una casa en un hogar. Inmediatamente después de entrar a residir en nuestros corazones, comienza a purificarlos de la profanación causada por el pecado.

En todas estas situaciones, vemos al Espíritu como aquel que *consuma* la obra del Padre en el Hijo. Y con respecto a la nueva creación, esa es la razón por la que vemos que se derrama en «estos últimos días» mientras les da vida a las ramas muertas y las une a Jesucristo, la vid viviente. El Padre es Dios para nosotros, el Hijo es Dios con nosotros, y el Espíritu es Dios dentro de nosotros, cediendo el paso por libre consentimiento nuestro a su palabra infalible. En la escatología bíblica, las metáforas espaciales de «debajo» y «encima» se transforman en coordenadas temporales: «esta edad presente» de pecado y muerte, y «la edad que vendrá». El descendimiento del Espíritu marca la entrada de los poderes de la edad por venir a esta edad presente malvada. Ya con la resurrección–glorificación de Cristo en el poder del Espíritu Santo tenemos la inauguración de la nueva creación. Como la paloma de Noé, que regresó con la rama llena de hojas como precursora de la vida más allá de aquella tumba de agua, el Espíritu nos trae no solo presentaciones preliminares de las atracciones por venir, sino también las energías renovadoras de la edad que vendrá.

Por supuesto, los efectos visibles de esta consumación solo se harán evidentes de manera plena y universal cuando Cristo, nuestra Cabeza, regrese corporalmente. No obstante, incluso ya ahora, el Espíritu nos regenera y nos da fe para estar unidos a Cristo en espera de una resurrección segura en gloria. El veredicto futuro del último juicio ha sido proclamado en el presente. Ya hemos sido incluso «justificados en el nombre del Señor Jesucristo y por el Espíritu de nuestro Dios» (1 Corintios 6.11), puesto que es el Espíritu quien nos da fe para aceptar a Cristo y a su justicia que nos es imputada. Por su propio descendimiento en el día de Pentecostés, el Espíritu que estaba obrando en Cristo, está obrando ahora en nosotros, sus coherederos. Por medio de la predicación y los sacramentos, el Espíritu trae los poderes de la edad que habrá de venir a esta edad de pecado y de muerte (Hebreos 6.4–5). Ya hemos sido adoptados y somos renovados cada día, y conformados a la imagen del Hijo glorificado de Dios. Esta es la razón por la cual Jesús nos dice que el Espíritu no solo convence de pecado y de juicio y de justicia, sino que nos anuncia «las cosas por venir»

(Juan 16.13). «Las cosas por venir»: la terminación escatológica es atribuida de manera distintiva al Espíritu Santo.

Es el Espíritu quien nos sitúa y mantiene en la precaria intersección entre las dos edades, en esa desorientadora tensión entre el «ya» y el «aún no». El Espíritu que refresca las corrientes de gozo perdurable en el *Sabbat* eterno de Dios, es el que habita dentro de nosotros ahora, de manera que nuestra historia actualmente ha sido «cortada» de la temible genealogía del pecado y la muerte adámicos y ya ahora, nuestra humanidad es tomada junto con nuestro Salvador ascendido a los cielos para entrar en la gloria de la edad por venir. En esta maravillosa unidad y diferencia, la gloria de la santa Trinidad se convierte en la resplandeciente visión de la vida que ahora vivimos: desde el Padre, en el Hijo y por su Espíritu, «un Dios, eternamente. Amén».

### El Espíritu que habita en nuestro interior

A la luz de este sondeo bíblico–teológico, podemos llegar al menos a dos conclusiones que sacaré de nuevo a relucir en diversos momentos a lo largo de todos estos capítulos.

En primer lugar, por el hecho de que Dios es la Trinidad, sus actos externos no son simplemente la aplicación de una fuerza bruta sobre un objeto. Al menos en el mundo antiguo, un soberano gobernaba a base de decretos que exigían una respuesta determinada. Aunque el gobernante usara asistentes para hacer cumplir las órdenes, la relación entre gobernante y gobernados era sencillamente de causa y efecto. En cambio, el Dios de Israel, el Único Dios Verdadero, es tripersonal. Por supuesto, él habla. Sin embargo, sus decretos son eficaces porque tienen a su Hijo como mediador, ocupando su lugar al lado de ellos en el cumplimiento de la misión, y tienen al Espíritu como el que obra dentro de ellos para ganar su consentimiento. Ningún ministro real de un reino secular puede causar que el pueblo acepte con gozo el decreto del rey, pero el Espíritu sí puede lograr esto, porque él es el rey mismo, que nos abre a la palabra del Padre y a la obra reconciliadora del Hijo. Esta soberanía trinitaria se halla en fuerte contraste con los dioses invocados por otras religiones, ya sean politeístas o monoteístas. El Espíritu no es simplemente un siervo de Dios. Al contrario; precisamente porque es nada menos que Dios mismo, él puede hacer que se cumpla la voluntad del Padre. Y precisamente porque él es otro y no es el Padre, puede hacer esto a base de obrar en nuestro interior para ganar nuestro consentimiento. De esa manera, el poder de Dios es ejercido por una palabra que «sale» de la boca del Padre, es mediada por el Hijo, quien él mismo se convierte en parte de esa historia, y que «actúa en ustedes» (1 Tesalonicenses 2.13) por medio del Espíritu. Esto es evidente no solo en la redención (en la cual el Espíritu es el agente de la gracia santificadora), sino en la creación y la providencia, en las cuales el Espíritu obra incluso en los impíos por medio de la gracia común para contener el pecado y cumplir sus llamados comunes.

En segundo lugar, se nos dice que el Espíritu emplea ordinariamente métodos de criaturas para liberar criaturas a fin de que «produzcan» el fruto que las palabras del Padre en el Hijo han señalado que producirían. Desde el principio mismo, el Espíritu estaba obrando dentro de la realidad del mundo, moldeándolo y fertilizándolo para que produjera unas clases específicas de existencia, cada una con una vida propia y, sin embargo, aportando lo que le corresponde dentro de la sinfonía de la creación. Él se movía sobre las aguas, abrió las aguas, descendió sobre los profetas para que aquello que ellos escribieran procediera de Dios, y se cernió sobre las aguas del seno de María para que aquello que naciera de ella fuera nada menos que el Hijo de Dios. Este mismo Espíritu obra hoy por medio de los frágiles medios que tienen las criaturas: la predicación, el agua, y el pan y el vino, uniéndolos a la realidad; Cristo con todos sus beneficios. Una oposición casi agnóstica entre «espíritu» y «materia» no tiene lugar en una identificación bíblica del Espíritu y de su relación con el mundo material. La naturaleza es su paleta. Él se halla en casa en este mundo, como lo estaba en el templo y como está ahora en el santuario del final de los tiempos que está edificando y en el cual habita.

El Espíritu también ilumina a su Iglesia para que comprenda y acepte las Escrituras como palabra suya, aunque sin ejercer coerción sobre ella. La regeneración es efectiva, ni por coerción divina, ni por la voluntad libre del ser humano, sino porque el Espíritu «produce en ustedes tanto el querer como el hacer para que se cumpla su buena voluntad» (Filipenses 2.13). Y el Espíritu no hace esto a base de actuar de forma coercitiva sobre nosotros, ni tampoco limitándose a presentar la narración histórica acerca de Jesucristo, sino por medio de la gracia en las criaturas. A causa del Espíritu, Cristo mismo se halla presente en medio de nosotros a través de su palabra (Romanos 10.8) y nosotros somos lavados y alimentados durante nuestro peregrinaje por sus sacramentos.

El mismo Espíritu que vistió al Hijo con nuestra carne nos ha resucitado a nosotros de la muerte espiritual, y también levantará nuestros cuerpos y nos glorificará; de hecho, nos deificará. No se trata de una *cosa* divina que habita en nosotros como la garantía de nuestra glorificación final, sino que se trata de Dios mismo. Esta conexión con la doctrina de la salvación fue la que se convirtió en una de las defensas más importantes entre los padres de la Iglesia a favor de la divinidad del Espíritu Santo: Si el Espíritu no es Dios, entonces no nos puede glorificar a nosotros en el último día.

El Espíritu Santo lo *cambia* todo. Él es el Espíritu del futuro, del *Sabbat* perpetuo, que nos trae señales de la edad por venir. El Padre se mueve hacia nosotros en su Hijo, incluso entre nosotros, y el Espíritu está obrando dentro de nosotros para unirnos a Cristo a fin de darnos la justificación y la santificación. John Owen lo expresa de esta manera: «En toda gran obra de Dios, los actos de conclusión, terminación y perfeccionamiento le son atribuidos al Espíritu Santo».[20] Y el Espíritu realiza esto obrando, como siempre lo ha hecho, utilizando medios ordinarios de las criaturas que Cristo dispuso para entregársenos a nosotros aquí y ahora.

En los próximos capítulos va a ser un placer explorar contigo a este «Señor y Dador de vida» que es Dios y, sin embargo, es distinto al Padre y al Hijo, de manera que, con todos los santos y con las huestes celestiales, lo podamos adorar y glorificar juntos, en esta edad y en la edad por venir.

---

20. John Owen, *A Discourse concerning the Holy Spirit*, inenol. 8 de *The Works of John Owen*, ed. William H. Goold, 16 vols. (Edimburgo: Banner of Truth, 1965), pp. 93–99. Tras mostrar cómo esto es una realidad en la creación, Owen expone la tarea perfeccionadora del Espíritu en la nueva creación. Procede del amor del Padre y la mediacón de Cristo, pero <<es la tarea particular del Espíritu Santo para hacer esas cosas del Padre y del Hijo efecto en las almas de los elegidos, para la alabanza de la gloria de la gracia de Dios>> (190).

CAPÍTULO 2

# EL ESPÍRITU CREADOR

El Espíritu no es el arquitecto, ni es el marco del cosmos o de la nueva creación «en él», como la Palabra, en la cual todas las cosas se mantienen unidas (Colosenses 1.17). En cambio, sí es el constructor, que lleva consigo los planes del Padre y los materiales comprados por el Hijo mientras edifica el santuario de acuerdo con todo lo que ha recibido. ¿Cuáles son las misiones concretas del Espíritu en las obras indivisas de Dios? Cuando comenzamos con la obra del Espíritu en la *creación*, se nos amplía el lienzo de sus operaciones. Jürgen Moltmann expresa una crítica legítima de las tendencias a reducir la obra del Espíritu a la vida interior de cada creyente; básicamente, a la aplicación de la redención. «Tanto en la teología y la devoción protestante, como en la católica», afirma, «existe una tendencia a considerar al Espíritu Santo únicamente como el Espíritu de la redención. Su lugar (neutro en el original) es la Iglesia, y les da a los hombres y a las mujeres la seguridad de la bienaventuranza eterna de sus almas». Después continúa diciendo:

El Espíritu de redención es cortado, tanto de la vida corporal como de la vida de la naturaleza. Hace que las personas se aparten de este mundo y alimenten sus esperanzas de un mundo mejor más allá de esta vida. Entonces buscan y experimentan en el Espíritu de Cristo un poder que es diferente de la energía divina de vida que, de acuerdo con las ideas del Antiguo Testamento interpenetra todo lo que tiene vida. Los libros de texto de la teología hablan del Espíritu Santo en conexión con Dios, con la fe, la vida cristiana, la Iglesia y la oración, pero raras veces con el cuerpo y con la naturaleza.[1]

---

1. Jürgen Moltmann, *Spirit of Life: A Universal Affirmation* (Filadelfia: Fortress Press, 1992), p. 8.

Cuando introducimos al Espíritu Santo demasiado tarde en el relato, en la aplicación de la redención, nos perdemos gran parte de la acción. Peor aún, distorsionamos nuestra visión de la obra del Espíritu, incluso en este importante aspecto de su ministerio. La nueva creación se limita a las operaciones del Espíritu en el alma individual, visto muchas veces en contraste, y no en continuidad con la vieja creación como tal. Estas «burdas superficialidades», se queja Kuyper, «confinan las operaciones del Espíritu totalmente a los elegidos, y comenzando solo en la regeneración de estos».[2]

## LA AGENCIA DEL ESPÍRITU EN LA CREACIÓN

La doctrina de la creación *ex nihilo*, según la cual Dios lo creó todo a partir de la nada, fija para siempre la distinción ontológica entre Creador y creación. Ni divino ni demoníaco, este mundo es el teatro de la gloria de Dios. El Dios Uno y Trino, no atado a ninguna necesidad interna, ni a ninguna sed de completarse a sí mismo, creó la maravillosa mancha de polvo y agua en la que nosotros habitamos, junto con miles de millones de galaxias, solo por puro amor a todo... y amor a nosotros. Lo creó todo para su gloria, pero no necesitaba exhibir su gloria de esta manera. El amor y la gloria se vuelven virtualmente indistinguibles, como la motivación y el fin último del acto creador de Dios. La gloria de Dios es su amor, y su amor es su gloria. Aunque lejos de ser arbitrario, el acto de la creación tiene su fundamento en la palabra libre y *por tanto* amorosa de Dios: procedente del Padre, en el Hijo, por el Espíritu.

El *tohu wabohu*, «desordenada y vacía (RVR1977)» que sigue al anuncio de la creación de la materia por Dios no presenta a una deidad hipostatizada, como en los mitos sobre la creación procedentes de Babilonia, Mesopotamia y Egipto.[3] Considerada como la obra literaria más antigua de todas las que han sobrevivido, el *Poema de Gilgamesh* (2100 a. c.) presenta una fuerte semejanza con las historias bíblicas de Adán y Eva en el huerto y del diluvio de Noé.[4] Según la historia de la creación más influyente, el *Enuma Elish*, la deidad fundadora, Tiamat, diosa del océano, es la fuente de la creación. Se trata de una gigantesca serpiente, y es la personificación del estereotipo femenino:

---

2. Abraham Kuyper, *The Work of the Holy Spirit*, trad. al inglés, Henri De Vries (Nueva York: Funk & Wagnalls, 1900; repr., Grand Rapids: Eerdmans, 1979), pp. 44–45.

3. Stephanie Dalley, *Myths from Mesopotamia: Creation, the Flood, Gilgamesh and Others* (Oxford: Oxford University Press, 2000).

4. Anónimo, *La epopeya de Gilgamesh* (Barcelona: Debolsillo, 2008).

voluptuosa, pero caótica. El proceso de la creación a partir del caos es una serie de violentas escaramuzas entre los dioses, en la cual la dama–dragón original, la misma Tiamat, es asesinada.[5] Los mitos egipcios sobre la creación varían considerablemente, según el momento y el lugar. Sin embargo, con la posible excepción de la versión centrada en Tebas, las aguas del caos carente de vida eran personificadas en la teología egipcia por el dios llamado Nun.[6]

En el contexto de este medio pagano, los capítulos iniciales de la Biblia toman el aspecto de una polémica obvia. Se ha señalado con frecuencia que hay paralelos entre Génesis 1–2 y el *Enuma Elish* (sin mencionar a *Gilgamesh*). Al fin y al cabo, una buena polémica exige que haya algunos paralelos. No obstante, los contrastes no podrían ser mayores.[7]

El caos que aparece en el Génesis es simplemente agua, y los cielos y las luces que hay en los cielos solo son fenómenos naturales que un campesino puede contemplar a simple vista. Todo el que se tomara en serio estos dos capítulos del Génesis no podría seguir mirando al cielo y llamarlo por el nombre de la diosa Nut, o a la expansión llamarla Shu, o a la tierra Geb, o al sol Ra. Observa el himno de Job sobre el acto de creación de Yahvé:

> Dibuja el horizonte sobre la faz de las aguas
> para dividir la luz de las tinieblas.
> Aterrados por su represión,
> tiemblan los pilares de los cielos.
> Con un soplo suyo se despejan los cielos;
> con su poder Dios agita el mar.
> Con su sabiduría descuartizó a Rahab;
> con su mano ensartó a la serpiente escurridiza.
> ¡Y esto es solo una muestra de sus obras,
> un murmullo que logramos escuchar!
> ¿Quién podrá comprender su trueno poderoso?»
> (Job 26.10–14)

---

5. Federico Lara Peinado, *Enuma Elish: poema babilónico de la creación* (Madrid: Trotta, 2008).

6. Ver por ejemplo, Douglas J. Brewer y Emily Teeter, *Egypt and the Egyptians* (Cambridge: Cambridge University Press, 2002), esp. el cap. 6; George Hart, *Mitos egipcios* (Madrid: Akal Ediciones, 1994).

7. Lo cual solo nos sirve para recordar la tragedia de los Nuevos Ateos y los defensores de la «ciencia de la creación» por igual en cuanto a que esta literatura asombrosa y divina no tiene por tema los «días de la creación».

La primera línea es eco de la que habla del Espíritu sobre las aguas, esta vez administrando justicia y estableciendo límites con una destreza matemática. «Rahab» es un código para referirse a Egipto, «la serpiente escurridiza», cuya cosmología está tan llena de defectos como su política opresora. Solo Yahvé es soberano. «Con un soplo suyo» (*berukho*) es aquí otro ejemplo de decisión al traducir, y aunque «viento» podría ser la mejor traducción, las ideas de «poder», «entendimiento» y «viento» están asociadas muchas veces con la actividad del Espíritu en las Escrituras hebreas. Sin embargo, todas esas operaciones solo son «una muestra de sus obra». Nosotros solo logramos escuchar «un murmullo», y ni siquiera somos capaces de interpretar «su trueno poderoso».

Job continúa la polémica del Génesis, como lo hace Isaías en el contexto del juicio definitivo de Yahvé. «Tus muertos vivirán, sus cadáveres volverán a la vida. ¡Despierten y griten de alegría, moradores del polvo!». Entonces el Señor «va a salir de su morada para castigar la maldad de los habitantes del país. La tierra pondrá al descubierto la sangre derramada; en aquel día el Señor castigará a Leviatán, la serpiente huidiza, a Leviatán, la serpiente tortuosa. Con su espada violenta, grande y poderosa, matará al Dragón que está en el mar» (Isaías 26.19–27.1). Leviatán, el eco del dios–serpiente pagano, no tiene absolutamente nada de divino; no es más que una criatura, y se halla totalmente bajo el poder soberano de Yahvé (lee también los Salmos 74.12–14; 104.26). La cabeza de esta serpiente será aplastada finalmente y para siempre (Apocalipsis 12.7–9), tal como Dios lo prometió en Génesis 3.15.

Y en la creación bíblica no existe la violencia fascinante, aunque vulgar, de sus rivales. La maldad, personificada en Satanás, no es *algo*; no es una parte de la creación de Dios, siempre disputándose el dominio. Tal como noté antes, ni siquiera el caos que aparece en Génesis 1.2 es una fuerza maligna. No hay ningún significado moral en decir que había «un caos total». En aquel momento, la creación solo era una buena casa en espera de que se la convirtiera en un hogar hermoso y bien dispuesto.

La maldad no pertenece al orden ontológico, sino al moral; no es necesaria, pero es el resultado de una rebelión voluntaria. Es la corrupción de aquello que es esencialmente bueno; la depravación de agentes personales que abusan de su libertad para volverle las espaldas al Creador bueno. Hasta los demonios son (como el propio Lucifer) ángeles buenos que se han convertido en malos. Así, mientras el Dios Uno y Trino estaba haciendo planes para nuestra redención en vista de la caída, los demonios estaban reunidos en asamblea con su «Stalin» para tramar la caída del reino de Dios. Este mundo no surge de un abismo ontológico entre divinidades o fuerzas buenas y malvadas, sino de la libertad que es la adecuada para un Dios completo en sí mismo que no necesita a nada ni a nadie, porque él es quien siempre será: el Padre, el Hijo y el Espíritu Santo. Aún no hay ninguna nota discordante de tragedia, sino solo comedia, el hermoso sonido de la risa entre los compañeros de conspiración en una empresa de amor creativo.

Génesis 1 presenta el siguiente fragmento del plan:

Versículo 1: «Dios, en el principio, creó los cielos y la tierra», un resumen completo de la creación *ex nihilo*. El Padre creó el mundo por medio del Hijo, quien «sostiene todas las cosas con su palabra poderosa» (Hebreos 1.2–3). De hecho, «por la fe entendemos que el universo fue formado por la palabra de Dios, de modo que lo visible no provino de lo que se ve» (11.3).

Versículo 2: El caos. De nuevo, no se trata de algo divino, divino o demoníaco, o ambas cosas a la vez, sino precisamente de la clase de cosa que uno espera encontrar en el estudio de un artista. El caos es simplemente la creación material llamada a la existencia, y aún sin haber recibido forma para convertirse en un cosmos ordenado. El Espíritu se movía sobre las aguas, tanto para organizar y fertilizar, como también para amar aquello.

Versículos 3–10: «¡Que exista!... Y así sucedió...». Este conjunto de sucesos es adecuado a la variedad *ex nihilo*: la creación de la luz (cf. vv. 14–19), la tierra y el firmamento. Cada uno de ellos tiene su separación que convierte a los dos en algo, sin ponerlos en una oposición de tipo dualista: la luz, separada en día/noche; la tierra separada en océanos/continentes; el firmamento separado en cielos/tierra.

No obstante, a partir de este punto la narración presenta un tipo diferente de discurso–acto. Junto con el *decreto* de Dios, «¡Que exista la luz!», se encuentra el discurso continuado que hace que la creación siga reverberando con la palabra creadora de vida pronunciada por Dios en los versículos 11–25: «¡Que haya vegetación sobre la tierra...! Y así sucedió. Comenzó a brotar la vegetación...». Esto también procede de Dios, pero es diferente. Bajo este encabezamiento de «¡Que haya vegetación sobre la tierra...!» se hallan las plantas, produciendo sus propias semillas, las aguas moviéndose con manadas de cosas que se movían (literalmente en el hebreo) y las aves atravesando en su vuelo la expansión celestial. No hay indicio aquí de una creación a partir de la nada; el acto inicial ya ha tenido lugar. Al contrario, ahora, en estos discursos–actos la creación es concebida como el crecimiento y la propagación de su propia fuerza vital, aunque no del todo. Cada brote que se convierte en hoja parece ahora un nuevo milagro de Dios, aunque no es un milagro, al menos en el sentido del decreto («¡Que haya…!»); ahora es el resultado de una maravillosa obra realizada por el Espíritu dentro de la naturaleza. Ambos aspectos son resultado de las palabras de Dios, pero uno trae a un mundo *a la existencia*, mientras que el otro lo lleva a su *madurez*. Nos encontraremos con esta distinción nuevamente a lo largo de este estudio: el tipo *decreto* de palabra (un acto inmediato de creación) y el tipo de directiva «¡Que haya…!» (la obra del Espíritu dentro de la creación para producir el efecto previsto de la orden dada por el Padre, en el Hijo).

## EL ESPÍRITU DE LA CREATIO CONTINUA Y LAS CRÍTICAS POSTMODERNAS DEL DUALISMO

Las Escrituras mismas enseñan la doctrina de la *creatio continua*, el desarrollo posterior del mundo natural después del *decreto* de la creación *ex nihilo*. Las semillas no son formas eternas, o ni siquiera ideas en la mente de Dios, sino discursos–actos, las palabras sembradas en el mundo por la Palabra misma y llevadas a su fructificación por el Espíritu. Aquí estamos tratando con el Dios vivo, no con un dios muerto que simplemente aprieta un botón, pero que lucha continuamente con la creación para sacar el cosmos del caos. Como Calvino interpreta el texto, la expansión del Espíritu «sobre el abismo o la materia sin forma» demuestra «no solo que la belleza que el mundo manifiesta es mantenida por el poder vigorizante del Espíritu, sino que incluso antes que existiera esta belleza, el Espíritu estaba obrando *al amar a aquella masa confusa*». Esto constituye un testimonio a favor de la divinidad del Espíritu, añade.

No hay nada más ajeno a una criatura que el oficio que las Escrituras le atribuyen a él, y que los piadosos sienten realmente que está cumpliendo: el hecho de difundirse por todo el espacio, sosteniendo, vigorizando y dando vida a todas las cosas, tanto en el cielo como en la tierra. El simple hecho de que él no estuviera circunscrito por límite alguno lo eleva por encima del rango de las criaturas, mientras el que les transmita vigor a todas las cosas, respirando en ellas el ser, la vida y el movimiento, es sencillamente divino.[8]

---

8. Juan Calvino, *Institución*, 1.13.14–15 (cursiva añadida).

De esta manera, Calvino deriva de la *creación* una fuerte defensa de la divinidad del Espíritu. A pesar de las pretensiones de ser «científica», la cosmovisión que ha inundado al occidente moderno está más cercana a la antigua mitología pagana. Por lo general, se da por sentado que los violentos conflictos entre los humanos y la naturaleza, y entre los mismos humanos, la guerra de los sexos, guerra de clases, el racismo y demás, son naturales, que así es como son las cosas. Es la narración bíblica la que realmente naturaliza a la naturaleza, eliminando todo indicio de maldad en acecho en un asunto como este. A diferencia del caos natural de Génesis 1.2, el caos moral fue introducido con la admisión de la serpiente al santuario y la decisión del virrey de Dios de ser otro distinto al que él había sido «apalabrado» que sería por el Padre, en el Hijo y por medio del Espíritu. Ahora nada gira alrededor de la muerte como una parte natural de la obra del Espíritu para llevar a su perfección la palabra del Padre, sino alrededor de la rebelión y la muerte *sobre los emisarios del rey*, como juicio.

He dado por sentada alguna libertad al presentar al *ruaj* como el Espíritu Santo en estos pasajes, en especial en Génesis 1.2, con la frase *ruakh 'elohim*.[9] No obstante, la frase «viento procedente de dios/de los dioses» carece de poder explicativo a la luz de este trascendental momento, y además, creo que una interpretación canónica necesita de «Espíritu Santo» como la traducción adecuada.[10] Cuando leemos que Jesús sopló sobre los apóstoles y les dijo estas palabras: «Reciban el Espíritu Santo», todos los otros episodios que están en el Antiguo Testamento y tienen igual trascendencia quedan interpretados.[11]

Incluso en el acto único de la creación *ex nihilo*, el Padre habla su poderosa palabra en el Hijo, quien él mismo se convertirá en una criatura encarnada, y el Espíritu obra dentro de la creación con el fin de llevar a su realización esa palabra creativa. Es significativo que la doctrina bíblica represente la palabra viva

---

9. Ver Robert Jenson, *Systematic Theology*, 2:11–12: «Si se fuera a traducir esta frase como "viento procedente de Dios", como hacen algunas versionas modernas», observa Jenson, «de nuevo la narración sería mítica, pero una traducción así solo indica prejuicio por parte del traductor. No hay razón para creer que al hablar del *ruaj Elohim* no se estuviera señalando al Espíritu de Dios».

10. Kuyper, *Holy Spirit*, p. 29.

11. Ibíd. Kuyper está totalmente en lo cierto al decir que la misma reticencia ha sido aplicada al Hijo: ¿No es arbitrario ver en las referencias del Antiguo Testamento a la palabra (*dabar*) la persona de Jesús de Nazaret? «Y a la respuesta de que "nuestra interpretación es tan buena como la suya", respondemos que Jesús y los apóstoles son nuestras autoridades; la Iglesia recibió su confesión de los labios de ellos» (p. 28). Además, en la aplicación a la tercera hipóstasis, Kuyper hace la excelente indicación de que «hablar de un Espíritu de Dios que no es el Espíritu Santo es transferir a las Santas Escrituras una idea puramente occidental y humana» (p. 29). Este razonamiento de Kuyper es totalmente correcto. La teología cristiana no tiene razón alguna para adoptar una interpretación de *ruaj* posterior a la Ilustración, o un concepto del *logos* también posterior a la Ilustración. El Nuevo Testamento interpreta al Antiguo.

de Dios como el medio por el cual la Trinidad crea el mundo. Muy diferente a las analogías de la fuerza física aplicada a un objeto en particular, o de un relojero ingenioso, o de un mundo que se causa a sí mismo, es la analogía del Padre hablando en el Hijo y llevando a su realización el cumplimiento de ese discurso por medio de la agencia del Espíritu. Como resultado de este discurso–acto trinitario, la creación misma responde con su propia voz de alabanza:

> Los cielos cuentan la gloria de Dios,
>> el firmamento proclama la obra de sus manos.
> Un día transmite al otro la noticia,
>> una noche a la otra comparte su saber.
> Sin palabras, sin lenguaje,
>> sin una voz perceptible,
>> por toda la tierra resuena su eco,
>> ¡sus palabras llegan hasta los confines del mundo! (Salmos 19.1–4)

El salmista se mueve con facilidad de un lugar al otro, entre el testimonio de la naturaleza y el de la revelación histórica de Dios (vv. 7–14). Entonces, la relación de Dios con el mundo es análoga a una conversación entre personas. La creación no es el desbordamiento del ser de Dios, sino el efecto de la palabra de Dios. Por supuesto, el poder del discurso es asimétrico: la palabra de Yahvé nunca regresa a él sin haber realizado el propósito con el cual fue dicha (Isaías 55.11). Con todo, se trata de una relación genuina de pacto, en la cual la criatura responde adecuadamente, debido a la mediación de la Palabra eterna y las energías liberadoras y fructificantes del Espíritu que se hallan dentro de ella.

Hay otro tipo más de discurso–acto que Dios realiza en Génesis 1, y una vez más, se señala al menos de manera implícita el papel del Espíritu:

> Y dijo [Dios]: «Hagamos al ser humano a nuestra imagen y semejanza. Que tenga dominio sobre los peces del mar, y sobre las aves del cielo; sobre los animales domésticos, sobre los animales salvajes, y sobre todos los reptiles que se arrastran por el suelo». Y Dios creó al ser humano a su imagen; lo creó a imagen de Dios. Hombre y mujer los creó, y los bendijo con estas palabras: «Sean fructíferos y multiplíquense; llenen la tierra y sométanla; dominen a los peces del mar y a las aves del cielo, y a todos los reptiles que se arrastran por el suelo». (Génesis 1.26–28)

De manera que podemos distinguir estos tres tipos de discursos–actos como el *decreto* («¡Que exista... Y así sucedió»), la *fertilidad* («¡Que haya vegetación sobre la tierra... Y así sucedió») y la *fidelidad* (la capacitación del ser humano para multiplicarse, llenar, gobernar y someter como virrey de Dios). Y en todos estos discursos, el Espíritu es el agente perfecto.

El «hálito de vida» (*nishmat jayyim*) que Dios sopla en la nariz de Adán en Génesis 2.7 procede del Espíritu, pero no se debe confundir con él. John Owen lo dice de esta manera: el nombre *Espíritu de Dios* es «propio», mientras que hálito de Dios es «metafórico». El acto de soplar vida en Adán fue un acto de Dios, mientras que el Espíritu es una persona de Dios.[12] «Nuestros cuerpos son una parte esencial de nuestra naturaleza», observa Owen, «y por su unión con nuestras almas nosotros somos constituidos personas individuales». De hecho, «todo acto moral que realizamos es un acto de la persona toda».[13] Una vez más, vemos que la distinción ontológica decisiva es entre Creador y criatura, no entre espíritu y materia. El Espíritu increado sopla en la nariz de Adán el hálito de vida de la criatura para animar su gloriosa complexión.

Dentro de la concepción bíblica, no hay nada en la creación, y esto incluye a los ángeles y al alma humana, que sea divino. Existe el Dios Uno y Trino, y después, todo lo demás: el Creador y la creación, y no hay nada entre el uno y la otra. Yves Congar señala:

El *Rûah*–hálito no es en ningún sentido opuesto al «cuerpo» o lo «corporal». Hasta en el griego profano y en la lengua de la filosofía, *pneuma* identifica a la sustancia viva y generadora que se halla difundida en los animales, las plantas y todas las cosas. Es una corporeidad sutil, y no una sustancia incorpórea. El *rûah*–hálito del Antiguo Testamento no está desencarnado, sino que es lo que anima al cuerpo. Es opuesto a «carne», pero entonces, «carne» no es lo mismo que «cuerpo». «Carne» es la realidad puramente terrenal del hombre, y se caracteriza por el hecho de que es débil y corruptible... Los griegos pensaban en categorías de sustancia, pero los judíos estaban interesados en la fuerza, la energía y el principio de acción.[14]

---

12. John Owen, *A Discourse concerning the Holy Spirit*, en vol. 8 de *The Works of John Owen*, ed. William H. Goold, 16 vols. (Edimburgo: Banner of Truth, 1965), p. 101.

13. Ibíd., p. 420.

14. Yves Congar, *I Believe in the Holy Spirit*, trad. al inglés, David Smith, Milestones in Catholic Theology (Nueva York: Crossroad, 1999), 1:3.

Así, cuando el Nuevo Testamento presenta su contraste entre la carne y el Espíritu, no se trata de la diferencia entre los cuerpos materiales y la esencia espiritual o intelectual, sino de un contraste escatológico entre esta era presente bajo el dominio del pecado y la muerte, y la era venidera que Cristo ha inaugurado por medio de su resurrección de entre los muertos. La era venidera es la nueva creación, y es la era del Espíritu, porque el Espíritu Santo está llevando la realidad de las criaturas a la esfera de la vida escatológica de Cristo.

La distinción cualitativa entre Dios y el mundo, resaltada por la doctrina de la creación *ex nihilo*, asegura que el cosmos se basa en el amor y la libertad divinos, y no en una necesidad y una violencia ontológicas. La creación no es una emanación necesaria o un desbordamiento del ser desde una fuente divina, descendiendo la escalera desde los ángeles hasta las hormigas. La multiplicidad no es el resultado de una caída ontológica desde la unidad del ser: en primer lugar, porque la fuente de todo ser es el Dios Uno y Trino, con la pluralidad de personas, que es tan ontológicamente real como la unidad en esencia; en segundo lugar, porque la diversidad de las criaturas pertenece a la bendición divina («Y consideró que era muy bueno») de la creación. Cualesquiera que sean los dualismos de oposición que surjan posteriormente en la historia son resultado del voluntarioso orgullo de los seres humanos y su negación a tener su fundamento en este acto libre del amor divino y en su paz. En otras palabras, la opresión del Espíritu sobre el cuerpo, masculino sobre femenino, rico sobre pobre y demás, es ética, y no ontológica. Es blasfemo considerarlos fundamentados de alguna manera en «la manera en que son las cosas» por la acción de la santa Trinidad en la creación. Son más bien el resultado del orgullo humano en oposición al orden de Dios.

Decir que el Espíritu Santo es *el dador de vida* es afirmar que, aunque él no depende de la creación, la creación sí depende de él. El Padre trajo a la existencia la creación con la palabra; el Hijo es la imagen arquetípica de Dios, según esta semejanza nosotros fuimos creados, pero Adán se convirtió en un «ser viviente» (*nefesh jayyah*) cuando Dios sopló en su nariz «hálito de vida» (literalmente, «el aliento de las vidas»). Esta es la misma idea que encontramos en 2 Timoteo 3.16, donde se dice que las Escrituras son «inspiradas por Dios» (*theópneustos*), o cuando Jesús sopló sobre los discípulos y ellos recibieron al Espíritu Santo (Juan 20.22). Por tanto, el alma no es la parte eterna, inmortal y divina de los seres humanos, sino que es tan parte de la creación como las uñas de las manos y el hígado. La existencia de Adán como cuerpo físico precedió al momento en que fue dotado de un alma; es decir, antes que se convirtiera en un «ser viviente». Ya reconocemos al Espíritu como el que sacó orden del caos y revistió al representante humano con dignidad y belleza reales. (Más tarde, los sacerdotes serán revestidos de una manera similar, como representantes del papel que le había sido encomendado a Adán en el principio).

El Espíritu les da el beso de la vida a los mortales en su creación, los conserva en la vida natural, nos levanta de la muerte espiritual en la regeneración, y habita en nosotros y nos renueva en la vida sobrenatural. El Espíritu es el que resucitará nuestros cuerpos de entre los muertos y nos glorificará por medio de su energía perfeccionadora. La vida, tanto natural como sobrenatural, procede del Padre, en el Hijo y por el Espíritu.

## EL ESPÍRITU EN LA PROVIDENCIA

«El Espíritu de Dios me ha creado; me infunde vida el hálito del Todopoderoso» (Job 33.4). La teología de Eliú podrá ser poco digna de confianza en muchos puntos, pero aquí su confesión está de acuerdo con la interpretación que tiene Dios de la realidad. En esta conversación con Job, Eliú no está hablando de la creación, sino de su propia existencia. El Espíritu aún le sigue dando vida a todo lo que vive. Con la caída, la naturaleza, arrastrada por el hombre, se ha convertido en un templo en ruinas; aunque sigan existiendo residuos que dejen entrever su belleza original, se ha convertido en un lugar plagado de chacales: los demonios y las «fuerzas espirituales elementales del mundo» (*stoicheia tou kósmou*) que corrompen al virrey de Dios y lo llevan a adorar a la creación en lugar de adorar al Creador.

El naturalismo ateo reconoce el desarrollo, e incluso depende de él. Sin embargo, se contradice a sí mismo: basa su sistema en el azar desde principio a fin, mientras que, a pesar de esto, trata de extraer un elemento de propósito (teleología), siempre que el Logos de este desarrollo sea inmanente a la naturaleza, sin ningún Logos externo a sí mismo. Según la Épica de Gilgamesh, cuando Gilgamesh busca la vida eterna, los dioses le dicen que nunca la va a encontrar; se halla en las manos de los mortales el hacer de ellos mismos lo que quieran y, sin embargo, están sujetos al hado. Es una contradicción a la cual Gilgamesh simplemente se tiene que acomodar. Pero en el relato bíblico, el Dios Uno y Trino que sacó un cosmos del caos y ambos de la nada, no está dispuesto a abandonar a la creación en manos de los principios o espíritus elementales. Estos abominables obreros de iniquidad entran en escena más tarde en la historia como parte de la caída, y no, decididamente no, de la creación misma. Solo entran al mundo porque Adán les permite hacerlo, desde el momento en que él le concede la entrada en el santuario al mismo Príncipe de las Tinieblas. Sin embargo, ni siquiera Satanás es un dios, sino que es una criatura de una clase diferente, glorioso por naturaleza en la creación, pero corrompido por su propia voluntad.

El embrollo de origen demoníaco en la creación no va a tener la última palabra. El maligno ha sido sacado de este mundo por la muerte y resurrección de Cristo. Ahora, el Espíritu que se movía sobre las aguas en la creación, que convirtió el espacio creado en un lugar habitable para la comunión con los humanos y después los animó con la vida naturaleza les ha dado vida sobrenatural, haciéndolos entrar en una comunión más elevada con Dios y entre ellos, que la comunión que conocieron Adán y Eva antes de la caída.

Si se les hubiera permitido a Adán y Eva volver a entrar en el paraíso y comer del árbol de la vida, ellos habrían sido confirmados en una muerte eterna, y con ellos su posteridad. El desarrollo, el cambio y la «cosa nueva» que Dios hace son esenciales para que dentro de la historia haya espacio para que Dios nos traiga la redención. Pero esta no es determinista, en el sentido de que la simiente progrese de manera inevitable hasta alcanzar toda su plenitud, y esto tampoco se produce al azar. Hay un desarrollo deliberado hacia un *telos*, porque este pertenece al decreto eterno del Dios Uno y Trino. Sin embargo, más aún, en su ejecución, el Padre ha hablado y sigue hablando en su Hijo con los fieles y haciendo que fructifiquen las energías del Espíritu que obran en la creación. La palabra del Padre puede parecer moverse con lentitud, extendiéndose a lo largo de los vastos tramos de la historia, pero no va a volver a él vacía, sin realizar todos los propósitos para los cuales él la ha enviado. Esto se debe a que la Palabra se hizo carne, y el Espíritu va a llevar a su culminación los efectos de esa palabra creadora, redentora y re-creadora.

En todas estas operaciones, es evidente que el Espíritu no es el alma del mundo, ni el principio divino que se halla en el corazón del cosmos, sino que es el Señor «aviario» que *se cierne sobre* las tinieblas y el vacío para hacer que rebosen de vida y de amor. No es su esencia la que emana, sino sus energías las que calientan el frío cosmos y animan la materia inanimada. Hasta en un tronco de árbol aparentemente muerto, allí brota la vida, observa Kuyper: «Y, ¿cuál es este principio vivificador y animador, sino el Espíritu Santo? "Si envías tu Espíritu, son creados, y así renuevas la faz de la tierra; les quitas tu Espíritu y mueren". Este algo interno e invisible es el toque directo de Dios», esto es, el «principio de vida», tanto de las criaturas inanimadas, como de las criaturas animadas.[15] Sin embargo, observe aquí la importancia de la formulación hecha por Kuyper: el «principio de vida» no es el Espíritu mismo, sino el *toque* del Espíritu. El mismo Espíritu Santo «que *habita* en los corazones de los elegidos» es el que «*le da vida* a todo ser racional» y «sostiene *el principio de vida* en todas las criaturas».[16] En vista de lo que se dice en Génesis 2.3, Kuyper observa que el Padre pudo cesar en sus labores de creación, no debido a que la naturaleza estuviera completa en cuanto a su florecimiento, sino porque el Espíritu recibió la misión de completar la obra. «De manera que guiar a la criatura hacia su destino, causar que se desarrolle de acuerdo a su naturaleza, hacerla perfecta, es la obra propia del Espíritu Santo».[17]

El texto hebreo de Génesis 1.2 muestra que la obra del Espíritu Santo al moverse sobre la faz de las aguas era similar a la del ave padre o madre que se cierne con las alas extendidas sobre sus polluelos para amarlos y cubrirlos. Esta figura insinúa el que la tierra no solo existía, sino que también tenía en su interior los gérmenes de la vida, y que al impregnar el Espíritu Santo estos gérmenes, causó que brotara la vida con el fin de llevarla hacia su destino… Admitamos que la materia de la cual Dios hizo al hombre ya estaba presente en el polvo de la tierra, que el tipo de su cuerpo estaba mayormente presente en los animales, y que la idea del hombre y la imagen según la cual sería creado ya existía; sin embargo, a partir de Job 33.4 se hace evidente que él no llegó a la existencia sin una obra especial por parte del Espíritu Santo.[18]

De hecho, no solo en la primera creación, sino también en el tiempo presente, es cierto que «el Espíritu de Dios me hizo, y el hálito del Altísimo me ha dado vida».[19] Según esto, Kuyper razona:

---

15. Kuyper, *Holy Spirit*, p. 26.
16. Ibíd.
17. Ibíd., p. 21.
18. Ibíd., p. 30.
19. Ibíd., p. 31.

Si los cuerpos de los hombres y los mamíferos existentes no son creaciones inmediatas, sino que son tomados de carne y sangre, la naturaleza y clase de los seres existentes, entonces es más evidente que el moverse del Espíritu Santo sobre lo carente de forma es un acto presente; y que por tanto, su obra creativa consistía en sacar la vida ya escondida en el caos, esto es, en los gérmenes de la vida. Esto está de acuerdo con lo que se dijo al principio acerca del carácter general de su obra. «Conducir hacia su destino» es sacar a la superficie la vida escondida, causar que la belleza escondida se revele a sí misma, mover a la actividad las energías durmientes.

El Padre terminó su obra, como también lo hizo el Hijo, pero el Espíritu «completó la obra así preparada». «Estas representaciones no son indignas de Dios», es la conclusión a la que llega Kuyper. «Hay una *distribución*, no una *división*, en las actividades divinas; por esto es que Isaías declara que el Espíritu del Señor, es decir, el Espíritu Santo, a lo largo de toda la obra de la creación, desde el principio, sí, desde *antes* del principio, dirigió todo lo que habría de venir».[20]

John Owen presentaría más de dos siglos antes un punto similar, al reflexionar sobre Salmos 104.30:

La fabricación o creación de las cosas a las que aquí se hace referencia, no es la primera gran obra de la creación de todo, sino la producción diaria de criaturas en, y según su clase; porque en el versículo anterior, el salmista habla de la decadencia de toda clase de criaturas en el mundo, por un providencial corte y terminación de sus vidas… El hecho de que, bajo esta decadencia continua y la muerte de todo tipo de criaturas, el mundo no llegue a estar vacío y desolado, se debe al Espíritu de Dios, cuyo oficio y labor consisten en conservar continuamente todas las cosas, de manera que produce por su poder un nuevo suministro de criaturas que ocupan el lugar de aquellas que caen como caen las hojas de los árboles, y regresan cada día a su polvo. Y puesto que la tierra misma, la nodriza común de todas ellas, parece en la revolución de cada año estar al final de su uso y labor, cuando es llevada la muerte sobre su faz, y muchas veces entra profundamente en sus entrañas, el Espíritu de Dios, por una concurrencia influyente, la renueva otra vez, causando

---

20. Ibíd.

que todas las cosas produzcan fruto de nuevo según su clase, por lo cual su faz recibe una belleza y un ornamento nuevos.[21]

De manera que hay algo en ese amor pagano por la naturaleza, e incluso en sus mitos y rituales atados al cambio de las estaciones. No obstante, la fe bíblica fundamenta este instinto en un Dios trascendental, Uno y Trino, que está siempre activo, incluso en las regularidades de la naturaleza. Lo que es sorprendente en todas las menciones de la creación en el Antiguo Testamento es la pura *naturalidad* de la naturaleza. En la creación no hay nada que deba ser adorado, sino que su propósito es más bien llevarnos de lo artístico hasta el Artista. Es precisamente esta idea la que abrió el espacio para la observación y la investigación científicas con unas explicaciones naturales de los fenómenos del mundo a pesar de los remanentes culturales de las supersticiones paganas, la magia y la intervención arbitraria de los dioses. De hecho, hasta el naturalismo metodológico de las ciencias más rígidas es un producto de una distinción bíblica entre el Creador y la creación. El naturalismo filosófico es la clase de herejía que solo habría podido surgir en el medio de una cultura bíblicamente informada.

El cosmos no es ni divino, ni demoníaco, sino natural, pronunciado como «bueno» por su Creador Uno y Trino. El Leviatán del abismo es tal vez una ballena o un tiburón mediterráneo cuya forma es similar a la de la Vía Láctea (la constelación del Dragón) en Job 26.13: otro rechazo cósmico del cosmos pagano. El mundo no es ni siquiera el cuerpo de Dios, o la expresión externa de la «fuerza de vida» divina interna de la realidad. Sencillamente, es una materia inerte que no obstante, está impregnada con las semillas de su propia construcción, llevadas a la salud y la vitalidad bajo el aleteo del Espíritu. «Nada es más natural que el hecho de que la primavera siga al invierno, el verano a la primavera y el otoño al verano, cada cual a su tiempo», observa Calvino. «Sin embargo, en esta serie vemos una diversidad tan grande y despareja, que nos da enseguida la impresión de que cada año, mes y día es gobernado por una providencia nueva y especial de Dios».[22]

En ese caso, también en la providencia estamos tratando, no solo con un Padre que actúa sobre el mundo, sino con un Padre que sostiene el mundo *en su Hijo* y *por su Espíritu*. Así, Dios no solo es trascendente, sino también

---

21. Owen, *Discourse*, p. 99.
22. Calvino, *Institución*, 1.16.2.

inmanente. El Dios Uno y Trino está formado por el Padre amoroso cuyos propósitos son mediados en su Hijo y llevados a su culminación por su Espíritu. Como el Dios Uno y Trino, él se halla encima de nosotros, en medio de nosotros y dentro de nosotros. Y la obra del Espíritu dentro de nosotros no es solamente salvífica o individual. El Espíritu no obra solamente en los corazones de las personas individuales, sino que se cierne sobre las aguas en la creación para convertir una casa en un hogar. Esto se manifiesta como supremamente cierto en la vida tan singular de Israel en el Antiguo Testamento. Bezalel, el jefe de artistas e ingenieros, fue puesto al frente de la construcción del tabernáculo, «y lo he llenado del Espíritu de Dios», declaró Yahvé, «de sabiduría, inteligencia y capacidad creativa para hacer trabajos artísticos» con joyas y metales preciosos (Éxodo 31.3–4). Como Señor y dador de vida, el Espíritu puede requisar incluso a un asna para que le haga momentáneamente de vocero (Números 22.28). El Espíritu no solo vino sobre David para darle la victoria sobre Goliat, sino que movió los corazones de los enemigos del pueblo del pacto para que barrieran con Israel y Judá a fin de ejecutar las maldiciones del pacto, dejando desiertos tierra, pueblo y templo, y llevándose al pueblo al exilio.

Jürgen Moltmann tiene razón en su juicio en cuanto a que ha habido en la teología reciente una tendencia a suprimir la obra del Espíritu en la naturaleza. Sin duda, hay muchas razones para esto, pero yo sospecho que una de las fuentes principales es el naturalismo filosófico que se ha ido difundiendo en nuestra cultura, y la reacción excesiva entre muchos cristianos. El resultado es la polarización: o bien todas las causas son naturales, y por tanto, excluyen toda agencia divina, o bien los fenómenos naturales son atribuidos a causas sobrenaturales, de hecho, milagrosas. Con frecuencia, lo que se pierde en medio de este forcejeo es un concepto sólido de la actividad *de Dios* en el mundo *a través* de las causas naturales. Por consiguiente, se suele asociar generalmente la actividad del Espíritu, solo con lo milagroso y, de manera más específica, identificarlo exclusivamente con la aplicación de la redención, dándole poco espacio al papel del Espíritu en la creación y la providencia.

Hay una denigración más siniestra de la fidelidad del Espíritu a la creación, que se evidencia en el fundamentalismo americano a lo largo de este siglo. Movidas por la fascinación causada por los escenarios del final de los tiempos que alcanzan su clímax, no en la «restauración de todas las cosas» (Hechos 3.21), sino en una destrucción apocalíptica, las versiones populares del dispensacionalismo premilenialista se centran más en la salvación *con respecto* a este mundo. Después de vender cerca de treinta millones de ejemplares, el libro *La agonía del gran planeta Tierra*, de Hal Lindsey (1970) fue convertido en una película narrada nada menos que por Orson Welles. Este actor y director de Hollywood había aterrorizado a Estados Unidos en el año 1938 con una adaptación radial de la obra *La guerra de los mundos*, por H. G. Wells, cuyo argumento era una invasión a la Tierra por los marcianos, más altamente evolucionados que los humanos. El autor de la novela, criado en las ideas evangélicas, se convirtió en un ardiente crítico del cristianismo, y su novela fue una popularización de las doctrinas de la selección natural y de la supervivencia de los mejor dotados. Según me parece, las comparaciones son asombrosas. Ambas obras utilizan la visión de una invasión de alguien o algo extraño a la tierra, y una guerra entre un mundo superior y otro inferior, en la cual los habitantes de la tierra y la tierra misma pertenecen a este mundo inferior, y están destinados a la destrucción. A pesar de todas sus diferencias, ambos proyectos nos dejan con la sensación de que el poder o poderes reinantes, sean personales o no, carecen de simpatía por este mundo. Hay versiones religiosas y seculares de este desdén casi gnóstico por nuestro planeta, muchas veces sin darse cuenta de la similitud existente entre sus suposiciones básicas, incluso mientras se hallan enzarzadas en un combate hostil.

Hagamos un contraste entre esta imagen y la escena del Espíritu Santo moviéndose sobre el caos de la creación, «amando a las confusas masas», en descripción de Calvino; o la del Espíritu preparándole un cuerpo al Hijo por medio de la historia totalmente natural de un pueblo, Israel, y concibiendo al Hijo eterno en el seno de una mujer virgen; o con el Espíritu llenando de poder a este Mesías para su ministerio de rehacer la historia humana en su propia vida, a base de llevarse consigo a la tumba la antigua historia adámica del pecado y la muerte y de ser resucitado como el principio de la nueva creación. El Espíritu Santo no fue enviado en el día de Pentecostés para alejarnos a nosotros de este mundo, sino para enviarnos a él. Vino para habitar en unas criaturas pecaminosas y unirlas a la carne glorificada de Cristo como depósito a cuenta de su redención final, la resurrección del cuerpo. Hagamos un contraste entre esta ascensión de la supervivencia del mejor dotado, concebida ya sea en términos espirituales/morales o en términos físicos/deterministas, con el descenso de su Hijo desde la gloria hasta la pobreza, y del Espíritu de la era por venir hasta esta presente era malvada, salvándonos y sellándonos a través del medio terrenal del lenguaje humano, del pan y el vino, y de la comunión con otros pecadores. En muchos sentidos que aún no han sido suficientemente explorados, el conflicto entre el fundamentalismo y el liberalismo americanos tiene sus raíces en una rivalidad entre hermanos.[23] En muchos sentidos importantes, ambas tendencias se hallan más cercanas a la trayectoria radical de la historia de la Iglesia, que al cristianismo histórico.

Sin tener en cuenta las razones históricas, Moltmann hace notar con razón que esta tendencia no se halla limitada a los sistemas protestantes: «El gran libro de Yves Congar sobre el Espíritu Santo no dice casi nada acerca del Espíritu de la creación, o el Espíritu de la nueva creación. Tal parecería que el Espíritu de Dios es simple y sencillamente el Espíritu de la Iglesia y el Espíritu de la fe».[24] Sin embargo, hemos visto que las cosas no siempre han sido así; se le ha prestado una atención significativa al Espíritu Creador en la historia de la interpretación cristiana. Hay una considerable línea de pensamiento que va desde los padres de la Iglesia hasta el presente, y que traza un sendero entre la visión de la obra universal del Espíritu en la creación y la providencia como inherentemente redentora, y una maniqueísta entrega del mundo a Satanás.

La gracia común pertenece a la providencia general, mientras que la gracia salvadora va dirigida a la redención y la regeneración de los elegidos. No obstante, el final definitivo es el mismo. Incluso en la providencia, Cristo gobierna el cosmos entero por el bien de su Iglesia (Colosenses 1.16–18). Según los sabios consejos de la Divinidad, la obra del Espíritu dentro de la creación, dentro de la cultura y de su historia, es dirigida finalmente a la preparación y la glorificación de una novia para el Hijo y para la gloria del Padre.

Además de esto, lejos de entregarnos a nosotros mismos en piadoso aislamiento, el Espíritu nos habla a los seres humanos especialmente por medio de la palabra predicada, «sacándolos de sí mismos y conduciéndolos a Cristo», en palabras del Catecismo Mayor de Westminster (pregunta 155). Precisamente porque él es diferente a nuestro espíritu, nos llama a salir de nosotros mismos para aferrarnos a Cristo en fe, y a nuestro prójimo en amor. El Espíritu que habita en nosotros, no solo nos hace gemir internamente por nuestra redención; mucho menos, por nuestra redención con respecto al resto de la creación, sino con y por la creación (Romanos 8.26).

---

23. Una excepción notable a esta laguna es George M. Marsden, *Fundamentalism and American Culture*, 2ª ed. (Nueva York: Oxford University Press, 2006).

24. Moltmann, *Spirit of Life*, p. 8; cf. Robert K. Johnston, «God in the Midst of Life», *Ex Auditu* 12 (1996) pp. 76–93.

## ¿El Espíritu en el mundo, o el Mundo–Espíritu?

Este último punto trae a colación la cuestión del dualismo. El peligro acecha en dos direcciones en este tema. Por una parte, existe un dualismo metafísico que pone en oposición a Dios y al mundo. En lugar de la distinción cualitativa que hace la Biblia entre un Dios bueno y una creación buena, hay una guerra de tipo ontológico entre espíritu y materia. Con raíces en el platonismo, el neoplatonismo e incluso el gnosticismo, esta trayectoria del misticismo radical divide la realidad en una esfera o mundo natural, y otra sobrenatural, que corresponden al mal y al bien. Esto continuó a lo largo de la Edad Media en reductos sectarios, y los primeros anabaptistas abogaban por una oposición radical entre Dios y el mundo, con apelaciones explícitas a estas fuentes anteriores.[25]

Desde el Nuevo Testamento, la piedad cristiana se halla metida en una tensión entre el asombro, la tragedia y la esperanza. Puesto que este mundo es la creación buena del mismo Dios que «tanto amó... al mundo que dio a su Hijo unigénito», no puede haber lugar para una visión negativa del mundo como tal. La postura crítica entra en escena debido a la rebelión humana que ha deformado y continúa infectando al mundo en todos sus rincones y sus grietas. En otras palabras, la oposición entre Dios y el mundo es en realidad la existente entre Dios y los seres morales inteligentes, tanto humanos como angélicos, que se han rebelado contra él; es una oposición ética, no ontológica. La fidelidad perdurable del Espíritu a la creación, a pesar de su depravado estado, no es menor que la del Padre y la del Hijo. Así, las operaciones fructíferas del Espíritu son universales.

> Si envías tu Espíritu, son creados,
>    y así renuevas la faz de la tierra.
> Que la gloria del Señor perdure eternamente;
>    que el Señor se regocije en sus obras (Salmos 104.30–31)

Muchos de los primeros anabaptistas del siglo dieciséis compartían el dualismo metafísico radical de los agnósticos antiguos. Por ejemplo, en la Confesión de Schleitheim (1527), la antítesis maniquea entre los creyentes

---

25. Entre las numerosas fuentes de las que disponemos aquí, solo incluyo historiadores anabaptistas. Ver Werner O. Packull, *Mysticism and the Early South German-Austrian Anabaptist Movement 1525–1531* (Scottdale, PA: Herald Press, 1977), esp. pp. 20–23; Thomas N. Finger, *A Contemporary Anabaptist Theology: Biblical, Historical, Constructive* (Downers Grove, IL: InterVarsity Press, 2004), pp. 474–475, p. 563.

santos y el mundo impío es absoluta e inequívoca.[26] Un considerable cuerpo de eruditos, en el cual se incluye el de los historiadores anabaptistas, ha alegado de forma persuasiva que no se debe considerar a los primeros anabaptistas como una versión radical de la Reforma, sino como una extensión de algunas de las formas más radicales del misticismo medieval tardío.[27] La relación entre Dios y los seres humanos estaba constituida menos por la mediación del Hijo encarnado a través del Evangelio y la obra del Espíritu Santo como alguien que viene a una persona, que por la similitud ontológica entre Dios y el alma (*synteresis voluntatis et rationis*).

Thomas N. Finger, teólogo anabaptista contemporáneo, señala la influencia del misticismo medieval tardío en el movimiento. «Los anabaptistas históricos», reconoce, «exageraban con frecuencia acerca del Espíritu y degradaban a la materia. Yo atribuyo esto en gran parte a la barrera ontológica (conceptual) que impedía que ambos interactuaran».[28] Y añade: «La renovación personal completa, en la cual "todos los apetitos de la criatura son arrancados de raíz y destrozados", era un tema significativo en una predicación de este tipo. Se veía la gracia sobre todo como una sustancia divina que elevaba al creyente de la realidad de las criaturas al ámbito del Espíritu. Esta gracia divinizaba a las personas tan completamente, que pasaban más allá de lo "propio de las criaturas"».[29]

Detrás de Thomas Müntzer y otros radicales se hallaba la figura del Maestro Eckhardt, predicador dominico medieval acusado de panteísmo. «El Maestro Eckhardt fue la fuente del misticismo alemán», hace notar Werner O. Packull, especialmente con su «fuerte insistencia en la inmanencia de lo

---

26. *The Schleitheim Confession*, trad. al inglés y ed. de John Howard Yoder (Scottdale, PA: Herald Press, 1977), pp. 8–12. Existe una antítesis absoluta entre el mundo (de aquí, la iglesia visible) y los elegidos que se han «separado del mundo». Puesto que aquellos que no se han unido a comunidades anabaptistas, «son una gran abominación ante Dios, por tanto, nada más puede salir ni saldrá de ellos más que cosas abominables… Ahora bien, no hay nada más en el mundo y la creación que el bien o el mal, creer o no creer, tinieblas y luz, el mundo y aquellos que [han salido] del mundo… y ninguno va a tener parte con el otro… Además, él nos amonesta por tanto que salgamos de Babilonia y del Egipto terrenal para que no participemos en su tormento y sufrimiento, que el Señor hará caer sobre ellos».

27. Esta es una de las líneas principales de argumentación en Packull, *Mysticism*. Steven Ozment se refiere a la tesis de Alfred Hegler en 1892: «Los "radicales" desde Thomas Müntzer hasta los antitrinitarios (socinianos), afirma, fueron descritos de manera inadecuada como aquellos que solo exageraban las ideas protestantes. Más bien lo que hacen es "volver a ideas medievales… Porque lo que ha determinado más las teorías de los radicales de una forma positiva es la soteriología mística en la forma que recibió dentro del misticismo alemán durante los siglos xiv y xv"». (Steven E. Ozment, *Mysticism and Dissent: Religious Ideology and Social Protest in the Sixteenth Century* [New Haven: Yale University Press, 1973], p. 14, citando a Alfred Hegler, *Geist und Schrift bei Sebastian Franck: Eine Studie zur Geschichte des Spiritualismus in der Reformationzeit* [Freiburg i.B.: J. C. B. Mohr, 1892], p. 13).

28. Finger, Contemporary Anabaptist Theology, p. 56.

29. Ibíd., pp. 474–475.

divino en el hombre».[30] La explicación dada por Eckhardt sobre la Trinidad en función de una teoría de la creación neoplatónica basada en el emanantismo es básica para comprenderlo», afirma Packull. «La creación misma era concebida como un proceso trinitario».[31] En el momento eterno de la introspección del Padre, el Hijo fue generado de manera espontánea como un espejo en el cual él se podía contemplar a sí mismo, y el Espíritu facilita este reconocimiento de amor. Por consiguiente, el Hijo preencarnado es no solo el arquitecto de la creación, sino también el plano según el cual recibió su existencia. Y sin embargo, esto nos aleja de la creación. «Porque solo en una separación total (*Gelassenheit*) de toda condición creada se podía comprender a la "Palabra interna", "…enseñándonos a nosotros que somos *el Hijo mismo*».[32] Por otra parte, el enfoque de Eckhardt en la dignidad del alma rechaza toda idea de depravación. «Por otra parte, la dicotomía neoplatónica entre materia y espíritu forzó la llegada a la conclusión de que toda preocupación por las cosas externas y materiales era un obstáculo para la comunión del ser humano con lo Divino».[33]

En ese caso, el punto de referencia para la salvación no es un acto de desobediencia humana (esto es, la caída), sino que es «una inversión del proceso de creación, un volver a reunir toda la diversidad en una unidad por medio de la *unio mystica*».

Por medio de los poderes más elevados que se ubicaban en el alma, el hombre estaba directamente conectado con la Divinidad. Las afirmaciones más atrevidas de Eckhardt sugieren que «los poderes más nobles (racionales) del alma» eran idénticos a logos que vivía en su interior. El problema para el hombre consistía en reconocer lo divino que había en él. Esto solo se podía lograr a base de volverse hacia su interior. Los sentidos solo le comunicaban la realidad externa y por tanto, secundaria, pero la razón, el poder más noble del alma, podía abrazar a la divinidad desnuda.[34]

---

30. Packull, *Mysticism*, p. 20.
31. Ibíd.
32. Ibíd., p. 22, cursiva añadida. Observa que no hay distinción entre la naturaleza divina del Hijo y la filiación de los seres humanos por adopción. Esto perdería la sintéresis intrínseca y ontológica entre Dios y el alma. En la superficie, este diseño (bosquejado más tarde por Hegel) se parece a la formulación de la Trinidad por Agustín. No obstante, las similitudes solo se hallan en la superficie. Lo más obvio es que en Dios no hay devenir y por tanto, no existe proceso trinitario alguno de desarrollo temporal; mucho menos es esto algo que sucede entre Dios y las criaturas. De hecho, en este mismo punto es en el que se critica con frecuencia a Agustín.
33. Ibíd., p. 23.
34. Ibíd., p. 21.

Estas fuentes son importantes, no solo para la comprensión del misticismo medieval tardío, incluyendo en él las primeras manifestaciones del anabaptismo, sino también para reconocer las influencias que tuvo sobre la Iluminación y las figuras del romanticismo, en particular Schelling, Hegel, Goethe y Schleiermacher, los cuales son a su vez fuentes de importancia para los teólogos contemporáneos sobre los cuales hablo a continuación.[35]

En contraste con este dualismo metafísico, el panenteísmo contemporáneo parece afirmar de manera radical al mundo. A pesar de sus importantes diferencias, esta cosmovisión comparte con la anterior una confusión entre creador y criatura que tiene sus raíces en muchas de sus mismas fuentes, entre ellas el Maestro Eckhart, que encontró su camino hacia el mundo moderno por medio del pietista radical Jakob Boehme hacia Schelling, Hegel y otros idealistas románticos que supernaturalizaron la naturaleza y naturalizaron lo sobrenatural.[36] No obstante, mientras que la forma dualista del panteísmo dividía la realidad en las esferas espiritual y material, lo típico del panenteísmo es el esfuerzo por tratar de integrarlas.

Muy bien podría ser que el principal rival del teísmo bíblico en el presente, como en el mundo antiguo, no fuera el deísmo o el ateísmo, sino el panenteísmo, y el panteísmo abierto. A diferencia del panteísmo, el *panenteísmo* sostiene que Dios es *más que* el mundo, pero considera a Dios y el mundo como mutuamente dependientes. Rechazando muchos de los atributos tradicionalmente asignados a Dios, el panenteísmo se opone también a la doctrina de la creación *ex nihilo* por el hecho de que supone un peligroso abismo entre Dios y el mundo.

Considerando a toda la tradición cristiana como precursora de la metafísica moderna (cartesiana), una serie de críticos señalan a la religión bíblica como una fuente principal de jerarquías opresivas. Rowan Williams lo resume de esta manera: «Se nos dice» que es precisamente esta separación ontológica entre Dios y el mundo la que «sanciona o sirve de base a toda suerte de dualismos más, no solo el de espíritu y cuerpo, sino el de hombre y mujer, y humanidad y naturaleza; si *comenzamos* con una disyuntiva básica entre un compañero activo y otro pasivo, y le atribuimos un gigantesco privilegio metafísico al primero,

---

35. Otra fuente importante para estas figuras fue el pietista radical Jakob Boehme. Ve Glenn Alexander Magee, *Hegel and the Hermetic Tradition*, 2ª ed. (Ithaca: Cornell University Press, 2008); cf. Cyril O'Regan, *The Heterodox Hegel* (Albany: State University of New York Press, 1994); ídem, *Gnostic Return in Modernity* (Albany: State University of New York Press, 2001).

36. Ver también en especial M. H. Abrams, *Natural Supernaturalism: Tradition and Revolution in Romantic Literature*, 3ª ed. (Nueva York: W. W. Norton, 1973).

terminamos asociando la humanidad tecnocrática, la masculinidad, y distanciando o dominando la racionalidad con Dios».[37] Más atractiva para estos críticos es «la imagen de un Dios "encarnado" en la creación, o un Dios que "hace nacer" la creación como algo unido internamente con el ser del propio Dios».[38]

Podemos ver lo alejada que se encuentra esta línea de pensamiento ortodoxo de la crítica familiar de la religión bíblica como la introducción de un dualismo fatal que es responsable por la violencia ecológica. Este no es el lugar adecuado para un estudio detallado de este importante conjunto de críticas. Sin embargo, es relevante para nuestra discusión, al menos para aclarar la doctrina cristiana a la luz de los malentendidos más comunes. Me referiré aquí brevemente solo a cuatro de ellos.

La primera: Las críticas de este tipo presuponen una metafísica que tiene la intención de poner en oposición mutua a Dios y al mundo. Suponiendo que el ser es algo unívoco, este punto de vista describe a Dios como un ser entre otros seres, tal vez mayor (en sentido cuantitativo) que los humanos o el mundo, pero en realidad, no distinto (en sentido cualitativo) al mundo. Sin embargo, desde un punto de vista cristiano tradicional, la existencia y la agencia humanas son una analogía de las de Dios. Nosotros somos creados a imagen y semejanza de Dios, pero sin ninguna intersección idéntica en ningún punto. Por tanto, no hay negociación del ser en la cual Dios debe restringir de alguna manera el suyo propio con el fin de «hacer lugar» para las criaturas; no hay negociación de voluntades en la cual Dios deba limitar de alguna manera su libertad para darnos a nosotros el poder de decidir y actuar. Al contrario; Dios *es* ser y *nos da* a nosotros nuestra propia forma de ser. Aunque limitadas por nuestro marco como criaturas, esta existencia y esta libertad no infringen en las de Dios (ni viceversa), porque no son del mismo tipo ni se hallan en el mismo registro.

Por consiguiente, no tiene sentido criticar el teísmo cristiano como la concepción de Dios como un ser situado en la cima de una jerarquía metafísica. Incluso cuando Dios decide libremente crear el mundo e interactuar con él, se mantiene inmutable y completo en sí mismo. Dios *es* vida y *les da* a las criaturas una vida adecuada, según su sabiduría perfecta. La única razón por la cual tenemos la maravillosa clase de libertad como criaturas que tenemos es porque Dios nos ha creado como analogías suyas. Así que, aunque existe una distinción cualitativa, no hay *oposición* ontológica entre Dios y el mundo

---

37. Rowan Williams, *On Augustine* (Londres: Bloomsbury, 2016), p. 60.
38. Ibíd.

(o los seres humanos en particular), sino solo una oposición *ética* debido a nuestra rebelión voluntaria.

La segunda: A pesar de su laudable intención de darle mayor atención al papel del Espíritu en la creación y la naturaleza, la proliferación de pneumatologías panenteísticas en las décadas recientes ha tendido a despersonalizar al Espíritu, reduciendo al «Señor y dador de vida» a algo divino que existe en el mundo, en lugar de ser alguien divino que obra dentro de él. Lo típico es que esta conclusión comprenda tres movimientos clave. El primero es el de *desdibujar* la distinción entre el Espíritu por una parte, y el Padre y el Hijo por otra. El segundo consiste en *despersonalizar* y generalizar al Espíritu como algo que se encuentra en el corazón del mundo, en lugar de ser alguien que obra dentro de él. El Espíritu ya no es una persona trascendente que es inmanente al mundo, sino que es presentado como una fuerza inmanente a la propia naturaleza.

Podemos ver un ejemplo de estos movimientos en los argumentos de Mark Wallace, que identifica al mundo como el cuerpo del Espíritu, siguiendo las líneas del concepto más general presentado por Sallie McFague.[39] Él piensa que el concepto tradicional del Espíritu como «el lazo de unidad» en la vida intratrinitaria se debe ampliar «para incluir el papel *biocéntrico* del Espíritu como el poder de sanidad y renovación dentro de toda la creación».[40] Distinguiendo este punto de vista con el tradicional, en el cual el Espíritu Santo es «una entidad metafísica», Wallace califica su modelo como «pneumatología ecológica». Este modelo no comprende al Espíritu como un intelecto divino, ni como el principio de la consciencia, sino como una *forma de vida* sanadora y subversiva; como agua, luz, paloma, madre, fuego, hálito y naturaleza».[41] Así, se ve a la naturaleza como «el modo primario de ser para la obra del Espíritu en el mundo».[42]

Wallace realiza el primer movimiento (desdibujar la distinción entre el Espíritu y las otras personas) al referirse a la encarnación del Espíritu: «En un modelo del Espíritu centrado en la tierra, Dios es una realidad totalmente

---

39. Mark I. Wallace, «The Green Face of God: Recovering the Spirit in an Ecocidal Era», en *Advents of the Spirit*, eds. Bradford E. Hinze y D. Lyle Dabney, *Marquette Studies in Theology* (Milwaukee: Marquette University Press, 2001), p. 460n9. Citando a Sallie McFague, *The Body of God: An Ecological Theology* (Minneapolis: Fortress, 1993), Wallace señala su respuesta de aprobación a la descripción que hace ella de su *Fragments of the Spirit: Nature, Violence and the Renewal of Creation* (Nueva York: Continuum, 1996), pp. 139–144.

40. Mark I. Wallace, «The Green Face of God», pp. 445–446.

41. Ibíd., p. 446.

42. Ibíd., p. 447.

encarnada».[43] Esta afirmación pone en tela de juicio no solo el hecho de que Jesús sea la única encarnación de la divinidad, sino también si Jesús representa en realidad una encarnación «total» en absoluto. Al parecer, a partir del argumento de Wallace, Dios no entra libremente en nuestra historia, sino que es «una realidad totalmente encarnada» en su misma esencia. No está claro si esta «realidad encarnada» incluye la encarnación del Hijo, pero a medida que avanza en su ensayo, se ve con claridad que tiene en mente más al Espíritu que al Hijo. De manera similar, según Hendrikus Berkhof, «tan íntimo es el Espíritu con respecto a la vida del ser humano, que algunas veces sentimos que nos hallamos al borde del panteísmo».[44] El lazo más estrecho entre Dios y el mundo pasa de la encarnación (que depende del Espíritu) al Espíritu (abstraído de Cristo, a menos que Jesús mismo sea transformado en un Cristo cósmico, diferente del Jesús histórico).

La teología tradicional presenta al Espíritu Santo como la tercera persona de la Trinidad, «el Espíritu *de Dios*», mientras que Wallace se quiere centrar en el Espíritu como «el Espíritu *de la creación*».[45] De hecho, lo que él quiere es «reconcebir al Espíritu como la encarnación del poder sostenedor de Dios en la biosfera...».[46] «En tanto que el Espíritu permanece en y con todas las cosas vivas, Espíritu y tierra son *inseparables* y sin embargo, al mismo tiempo *distinguibles*».[47] «Bajo el control de esta dialéctica, la tierra es el cuerpo del Espíritu... Así como una vez Dios se convirtió en humano en el cuerpo de Jesús, también continuamente Dios se encarna a sí mismo en la realidad encarnada de la vida en la tierra».[48] Pero esto debe significar que «*Dios como Espíritu es vulnerable a pérdidas y traumas serios mientras se abuse de la tierra y se la despoje*».[49] Se vuelve hacia la obra *El Dios crucificado*, de Moltmann, con el fin de aplicarle al Espíritu la misma lógica que le aplicó Moltmann a Dios en la muerte de Jesús.

---

43. Mark I. Wallace, «The Wounded Spirit as the Basis for Hope in an Age of Radical Ecology», en *Christianity and Ecology: Seeking the Well-Being of Earth and Humans*, eds. Dieter T. Hessel y Rosemary Radford Ruether (Cambridge: Harvard University Press, 2000), pp. 51-72. Ver también Mark Wallace, *Green Christianity* (Minneapolis: Fortress, 2010); ídem, *Finding God in the Singing River: Christianity, Spirit, Nature* (Minneapolis: Fortress, 2005), e ídem, *Fragments of the Spirit: Nature, Violence, and the Renewal of Creation* (Nueva York: Continuum, 1996).

44. Hendrikus Berkhof, *The Doctrine of the Holy Spirit* (Richmond, VA: John Knox, 1964), p. 95. Y sin embargo, Berkhof acepta el modalismo, con el Espíritu como una de las formas en las cuales la persona única («Dios») se revela a sí misma (pp. 116–117).

45. Wallace, «Green Face of God», p. 449.

46. Ibíd., p. 450.

47. Ibíd., p. 451.

48. Ibíd.

49. Ibíd.; cursiva en el original.

«Así como la muerte de Jesús en la cruz le trajo muerte y pérdida a Dios mismo, también el Espíritu está sufriendo con los continuos traumas ambientales que engendran una agonía crónica en la Divinidad».[50] «Entonces Dios está tan internamente relacionado con el universo, que el espectro del ecocidio hace surgir el riesgo del deicidio: los estragos ambientales que causamos en la tierra significan que estamos corriendo el riesgo de hacerle un daño irreparable al Amor y Misterio al que llamados Dios».[51]

A esto sigue el segundo movimiento, la despersonalización. Puesto que Dios (Espíritu) y el mundo son interdependientes, razona Wallace, nuestra violencia ecológica le puede hacer «un daño irreparable, incluso fatal al Misterio que llamamos Dios».[52] De hecho, podría llevar a «la destrucción definitiva de la misma vida divina».[53] El «Espíritu» (o el «Espíritu» indiferenciado) resulta ser simplemente el aspecto divino del cosmos. Por esta razón, Wallace puede llegar incluso a invitarnos a «adorar a la naturaleza».[54] Ahora bien, el Espíritu no puede ser el «*Señor* y *dador* de vida» si *es* el principio inmanente a la vida cósmica misma. En una línea similar de pensamiento, Pannenberg concibe al Espíritu como un «campo de fuerza dinámico».[55] Según Veli-Matti Kärkkäinen, «el mismo Espíritu de Dios *que participó* en la creación sobre las caóticas aguas primarias (Génesis 1.2) es también *el principio de la vida humana* (Génesis2.7)».[56] Por supuesto, estas expresiones son mucho más radicales que otras como «lazo de amor», «compañerismo» y «comunión», aunque la tendencia sea la misma: identificar al Espíritu como *algo*, y no como *alguien*.

La identidad concreta del Espíritu en esta versión es opaca, como se hace evidente en el ensayo de Wallace.[57] Por una parte, el Espíritu parece ser una persona divina: se utiliza el pronombre personal «ella» junto con «la cual».[58] Por otra parte, Wallace dice de forma explícita que él considera al Espíritu «no como una entidad metafísica, sino como una fuerza de vida sanadora que engendra el florecimiento humano, así como el bienestar del planeta».[59] Ambas definiciones

---

50. Ibíd., p. 452.
51. Ibíd.
52. Wallace, *Fragments of the Spirit*, p. 138.
53. Ibíd., p. 144.
54. Ibíd.
55. Wolfhart Pannenberg, «The Spirit of God and the Dynamic of Natural Occurrence», *Systematic Theology*, 3 vols. (Grand Rapids: Eerdmans, 1994), 2:76–115.
56. Kärkkäinen, *Holy Spirit*, p. 5 (cursiva añadida).
57. Wallace, «Green Face of God», pp. 444–460.
58. Ibíd., p. 444.
59. Ibíd., p. 446.

llegan incluso a aparecer dentro de la misma oración gramatical: «En este ensayo mi tesis es que la esperanza de una tierra renovada se funda mejor en la creencia en el Espíritu como *la fuerza divina* que se halla dentro del cosmos, *quien* obra continuamente para sostener todas las formas de vida».[60]

La plausibilidad de este modelo se apoya extensamente en la credibilidad de los materiales panenteístas proporcionados por McFague y Moltmann, puesto que Wallace aplica básicamente al Espíritu sus reflexiones acerca de Dios en general. Como he señalado en otro lugar, la interpretación de McFague en cuanto al mundo como el cuerpo de Dios, parece amenazar no solo la libertad divina, sino también la realidad de la agencia de las criaturas.[61] El panenteísmo, típico de la teología moderna (mucho antes de Hegel), da por sentado una univocidad del ser en el cual el ser de Dios «trasciende» al ser de las criaturas de forma cuantitativa, más que cualitativa. «El mundo existe en Dios, pero Dios es más que el mundo», es la forma usual de distinguir el panenteísmo del panteísmo. No obstante, esto hace interdependientes a la agencia divina y la humana, de manera que no se puede decir de Dios que haya intervenido milagrosamente nunca; y sin embargo, al mismo tiempo, todos los actos humanos son también actos divinos.[62]

El concepto (no metafórico) del mundo como el cuerpo de Dios exacerba en realidad el dualismo cartesiano que trata de superar. Irónicamente, es la relación entre Dios y el mundo concebida por el panenteísmo la que es más susceptible de sufrir la violencia y la opresión que preocupan a los antidualistas. Por ejemplo, ¿acaso el concepto del mundo como el cuerpo de Dios no nos anima a idear una creación material pasiva sobre la cual actúa simplemente una inteligencia divina, como un alma del mundo?[63] Si todos los movimientos de las criaturas, desde el susurro de una hoja hasta el surgimiento de un imperio, son movimientos de Dios, de la misma manera que el alma anima al cuerpo para que actúe, entonces surge la pregunta, no solo de si existe un Creador, sino también de si hay criaturas. Invocar la metafísica

---

60. Ibíd., p. 445.

61. Ver Michael Horton, *Covenant and Eschatology: The Divine Drama* (Louisville: Westminster John Knox, 2002), pp. 73–92.

62. David Ray Griffin observa que la teología del proceso en realidad sostiene una participación divina mayor en todos los sucesos, que el teísmo abierto. Ver Griffin, «Process Theology and the Christian Good News», en *Searching for an Adequate God: A Dialogue between Process and Free Will Theism*, eds. John B. Cobb Jr. y Clark H. Pinnock (Grand Rapids: Eerdmans, 2000), p. 13.

63. Entre los numerosos argumentos a favor de la analogía del mundo como el cuerpo de Dios, ver Sallie McFague, *Life Abundant: Rethinking Theology and Economy for a Planet in Peril* (Minneapolis: Fortress, 2001), p. 30.

de un suceso sobre la metafísica de una sustancia no nos acerca más a ser coherentes en este punto. En cualquiera de los dos casos, la agencia de las criaturas, y por tanto, del ser mismo del mundo, parece imaginaria y, a pesar del esfuerzo por sostener el acosmismo del mundo, se convierte en la conclusión más probable.

Algunos de los teólogos pentecostales más prominentes de la actualidad se sienten atraídos hacia este paradigma panenteísta.[64] Además de ellos, también los teólogos de las líneas principales del cristianismo inclinados al panenteísmo se suelen inclinar a identificarse a sí mismos como luteranos, reformados, metodistas, anglicanos, católicos o bautistas «pentecostales». Su meta es un nuevo enmarcamiento total de la teología sistemática desde un punto de vista pneumatológico, para entender tanto la creación como la salvación como dones del Espíritu.[65] Philip Clayton cree que necesitamos una teología que combine «una comprensión panenteísta de la relación entre Dios y el mundo con una teoría más fértil sobre la naturaleza del espíritu que es compartido por los humanos y Dios...».[66] «El espíritu es como el agua en la cual habitan los peces; como el medio mismo en el cual se da la vida, es invisible, precisamente porque lo llena todo».[67]

---

64. Ve D. Lyle Dabney, «Saul's Armor: The Problem and the Promise of Pentecostal Theology Today», *PNEUMA: The Journal for the Society of Pentecostal Studies* 23.1 (2001): pp. 128–140; ídem, «Otherwise Engaged in the Spirit: A First Theology for a Twenty-First Century Church», en *The Future of Theology: Essays in Honor of Jürgen Moltmann*, ed. M. Volf, C. Krieg, T. Kucharz (Grand Rapids: Eerdmans, 1996), pp. 154–163; Andrew K. Gabriel, *The Lord is the Spirit: The Holy Spirit and the Divine Attributes* (Eugene, OR: Pickwick, 2011), esp. pp. 6–8 para una concisa declaración sobre la meta de su proyecto; Amos Yong, *The Spirit Poured Out on All Flesh: Pentecostalism and the Possibility of Global Theology* (Grand Rapids: Baker Academic, 2005); ídem, *The Spirit and Creation: Modern Science and Divine Action in the Pentecostal-Charismatic Imagination*, Pentecostal Manifestos 4 (Grand Rapids: Eerdmans, 2011); ídem, *The Cosmic Breath: Spirit and Nature in the Christian-Buddhism-Science Trialogue*, Philosophical Studies in Science and Religion 4 (Leiden: Brill, 2012).

65. Son bien conocidas las afinidades con Hegel que se encuentran en Moltmann, Pannenberg, y la teología del proceso. Sin embargo, la atracción hacia Hegel o hacia fuentes hegelianas es cada vez más dominante en la reflexión pneumatológica en las diferentes tradiciones. Por tomar una medida (difícilmente científica), la importante colección *Advents of the Spirit*, eds. Bradford E. Hinze y D. Lyle Dabney (Milwaukee: Marquette University Press, 2001), el índice de nombres incluye no menos de veintitrés números de página para Hegel y dieciséis para Joachim de Fiore. En cambio, hay una para Ireneo, diez para Basilio, el gran teólogo patrístico del Espíritu, y cuatro para Wesley (a pesar del carácter fuertemente wesleyano del pentecostalismo histórico). Para ser justos, hay que decir que le dedica cuarenta y siete a Agustín.

66. Philip Clayton, «Philosophical Resources for the Doctrine of the Spirit», en Hinze and Dabney, *Advents of the Spirit*, 196. Se trata de un provechoso tratado para comprender la utilidad de Hegel para las pneumatologías panenteístas y la razón por la cual sus defensores la consideran una atrayente alternativa a las comprensiones tradicionales sobre el Espíritu.

67. Ibíd., p. 202. Para un estudio más completo dentro de los mismos lineamientos, ver Philip Clayton, *Adventures in the Spirit: God, World, and Divine Action* (Minneapolis: Fortress, 2008).

Dada esta suposición de una univocidad del ser, no es de sorprendernos que los atributos incomunicables de la teología cristiana clásica sean vistos como los que generan la relación «dualista» entre Dios y el mundo que ha sido la primera causante de las jerarquías fatales y violentas. El teólogo bautista evangélico Stanley Grenz sugiere que «hasta nos permite imaginarnos al mundo como un universo en relación que evoluciona dentro de la vida de relación de Dios. Podríamos hablar así de un panenteísmo que es trinitario».[68]

Tenemos un ejemplo de migración a partir de una posición evangélica tradicional, conservadora de hecho, hasta llegar a una teología centrada en el Espíritu dentro de una construcción ampliamente hegeliana en la obra *Flame of Love: A Theology of the Holy Spirit* («Llama de amor: Una teología del Espíritu Santo»), escrita por Clark Pinnock. Una teología centrada en Cristo «ha hecho difícil aseverar la actividad del Espíritu en toda la creación y la historia, limitándola al ámbito en el cual se ha confesado de manera explícita a la Palabra encarnada».[69] Sin embargo, puesto que el Espíritu está obrando incluso antes de la encarnación, y también después de ella, dice Pinnock, la salvación no se halla limitada a aquellos que confían en Cristo.[70]

¿Cómo serían las cosas si todas nuestras doctrinas, desde la creación y la providencia hasta la salvación, desde la Iglesia y las misiones hasta la escatología, fueran interpretadas a través de este lente? Pinnock dice que una diferencia evidente sería el enfoque en «el poder que transforma la vida humana», y no en «el Salvador y Mesías», o «el Creador y fundamento de todo lo que existe».

---

68. Como sucede con otros defensores del panenteísmo trinitario, Grenz ve al Espíritu como el que no solo nos une a Cristo, sino que nos hace entrar en algo que a veces parece ser la vida inmanente de la Divinidad misma. Stanley J. Grenz, *Rediscovering the Triune God: The Trinity in Contemporary Theology* (Minneapolis: Augsburg Fortress, 2004). También ídem, «Holy Spirit: Divine Love Guiding Us Home», *Ex Auditu* 12 (1996): pp. 1–13.

69. Clark Pinnock, *Flame of Love: A Theology of the Holy Spirit* (Downers Grove, IL: InterVarsity Press, 1996), pp. 196–197. Cf. Moltmann, *Spirit of Life*, pp. 8–10.

70. Veli-Matti Kärkkäinen coincide: «Pinnock sostiene con razón que el acceso a la gracia es menos un problema para una teología de las religiones con bases pneumatológicas, que para una apoyada de una manera exclusiva por la cristología. Aunque la encarnación del Hijo se limitó a un lugar específico del tiempo y de la historia, sus efectos universales por medio del ministerio del Espíritu se pueden transmitir hasta los confines más lejanos de la tierra. Un concepto realmente revolucionario de Pinnock consiste en afirmar que las religiones, en lugar de ser intentos humanos inútiles por alcanzar a Dios (los conservadores) o unos verdaderos obstáculos para llegar a un conocimiento salvador e Dios (el joven Barth), pueden ser señaladores usados por el Espíritu como medios de hacer contacto con Dios» (Veli-Matti Kärkkäinen, *Pneumatology: The Holy Spirit in Ecumenical, International, and Contextual Perspective*, [Grand Rapids: Baker Academic, 2002], p. 235). Para un ejemplo de una teología de las religiones más universal, diversa y abierta desde el punto de vista pneumatológico, ver Samuel Solvan, «Interreligious Dialogue: An Hispanic American Pentecostal Perspective», en *Grounds for Understanding Ecumenical Responses to Religious Pluralism*, ed. S. Mark Heim (Grand Rapids: Eerdmans, 1998), pp. 37–45.

Reconociendo la importancia de la obra *Advents of the Spirit* («Advenimientos del Espíritu»), por D. Lyle Dabney, Pinnock sugiere que el hecho de tener al Espíritu como punto de partida podría reorientar toda nuestra teología.[71] «Podría ayudar a la Iglesia a orientarse en el mundo y realizar su misión de una manera más adecuada a esta época. El hecho de darle prioridad al Espíritu nos ofrece (según piensa Dabney) un ángulo de visión sobre nuestra misión en el mundo. Esto ayudaría a la Iglesia a concebir de una forma nueva la relación entre el Evangelio y la sociedad».[72]

Al mismo tiempo, *Flame of Love* es menos un compromiso constructivo con estas voces procedentes de una tradición clara y bien definida en sí misma, que una especie de mezcla en cierto modo ecléctica. Por una parte, él usa la gramática tradicional acerca de la entrada del Espíritu a nuestras vidas, la capacitación y otros efectos de su agencia personal. Por otra parte, él se quiere mover en una dirección más panteísta en la cual esa terminología sea vista como mitológica, antropomórfica y contradictoria en cuanto a nuestras intuiciones modernas. Aunque esté uno interesado en una formulación de la teología cristiana centrada en el Espíritu, una teología ecuménica debe ofrecer alguna explicación sobre el hecho de que el Espíritu Santo al mismo tiempo se relaciona con el Padre y el Hijo, y se halla relacionado con ellos, pero yo no pude encontrar ni siquiera un solo intento por darla dentro del lineamiento de este libro.

Los dos movimientos que sugerí anteriormente como intrínsecos al paradigma panenteísta son evidentes en *Flame of Love*. Recuerda que el primer movimiento consiste en colapsar, o al menos tender a colapsar al Padre y al Hijo en el Espíritu, al identificar la divinidad (la esencia divina) de manera casi exclusiva con el Espíritu. El segundo movimiento consiste en colapsar, o tender a colapsar al Espíritu Santo en la creación.

El primer movimiento se hace de diversas maneras. ¿Por qué es el Espíritu «la llama de *amor*»? Yendo más allá de la formulación hecha por Agustín, Pinnock representa al Espíritu como el único portador de todos los atributos restantes de la esencia adivina. Por presentar este asunto sin rodeos, Pinnock ha identificado a una *persona* (el Espíritu) con la *esencia* divina y, por consiguiente, lo ha despersonalizado. Esta tendencia se presenta a todo lo largo del libro. Podríamos detectar un modalismo implícito (ayudado por la omisión de los artículos determinados) en declaraciones como la que sigue: «Si Padre

---

71. D. Lyle Dabney, «Why Should the Last Be First?», en Hinze y Dabney, *Advents of the Spirit*, pp. 240–261.

72. Pinnock, *Flame of Love*, p. x.

señala hacia realidad definitiva e Hijo proporciona la pista sobre el misterio divino, Espíritu es epítome de la cercanía del poder y la presencia de Dios».[73] ¿Son «Padre», «Hijo» y «Espíritu» solamente indicativos del «misterio divino», o diferentes personas de ese misterio? «Espíritu», dice él, «es el éxtasis de la vida divina, la superabundancia de gozo que hace nacer el universo y que siempre obra para producir la plenitud de la unidad».[74]

A lo largo de todo el libro, el Espíritu es a veces «ella» y a veces «ello», o bien se omite el artículo determinado, como en la cita anterior. «Lo más esencial», dice Pinnock, «es que Espíritu es trascendente y divino, no simple carne; es *en sí mismo la energía de la vida*».[75] En esta afirmación se hacen ambos movimientos: los atributos esenciales de todas las personas son distintivos del Espíritu, mientras que el Espíritu se convierte ahora en simplemente «Espíritu», en contraste con «simple carne». Inmediatamente después de su elevación, el Espíritu mismo es degradado a «la energía misma de la vida», y en otro lugar, al «poder que nos capacita para conocer a Dios».[76] Pero en algún momento se tiene que escoger entre el trinitarianismo cristiano y el panenteísmo: Si el Espíritu es la energía misma de la vida, entonces no puede ser el Señor y *dador de vida*; de hecho, aunque esté en una parte central del mundo, es difícil incluso afirmar, con el panenteísmo, que es en ningún sentido significativo, *más que* el mundo.

En ese caso, ¿cómo podríamos reconcebir la relación del Espíritu con el mundo natural? Por ser *el Señor*, el Espíritu Santo comparte de manera idéntica la misma esencia del Padre y del Hijo. El Espíritu no está sujeto a ningún devenir, sino que se halla totalmente completo en sí mismo, independiente del mundo, inmutable, omnisciente y omnipotente. Porque él es Señor precisamente de esta manera, es libre para involucrarse de la manera más íntima con la creación a partir del amor y no de la carencia; de la generosidad, y no de la necesidad. Como *el Dador de vida*, el Espíritu Santo es una persona única con propiedades incomunicables, que nunca emprende sus propias operaciones por iniciativa propia, sino que se halla siempre amorosamente comprometido en todas las obras de la Divinidad. El Padre origina la palabra creativa y redentora, mientras que el Hijo es el mediador. Pero solo el Espíritu puede llevar esa palabra a su consumación.

---

73. Ibíd., p. 9.
74. Ibíd., p. 48.
75. Ibíd., p. 14 (cursiva añadida).
76. Ibíd., p. xx.

No hay otro Espíritu Santo más que la tercera persona de la Trinidad, quien llenó el templo de Israel en Jerusalén con su gloria, habló por los profetas, unió al Hijo con nuestra humanidad tanto en alma como cuerpo, resucitó a Jesús, y actualmente está creando en él «una Iglesia, santa, católica y apostólica», hasta ese día en el cual resucite a los muertos y consume el reino. Por consiguiente, entristece al Espíritu el que lo celebren como alguien o algo distinto a aquel que nos lleva al Padre por medio de Cristo. El Espíritu Santo no es algo divino, sino alguien en Dios.

Los defensores de las pneumatologías panenteístas afirman que son llevados de manera casi ineludible a sus conclusiones por el paso moderno de la metafísica de la sustancia a la metafísica del sujeto, pero aquí no se está hablando del destino. Nos podría ayudar el que recordemos que el panenteísmo es solo otro relato, con su propia historia de recepción. Ya hemos visto todo esto antes, aunque haya sido formulado de maneras diferentes. Richard Muller afirma que los llamados libertinos del siglo dieciséis «sostenían la doctrina aparentemente panteísta de que hay un solo Espíritu divino que es la única sustancia de todas las cosas».[77] Contra los «libertinos» ingleses, Roger Hutchinson sostuvo en 1550 que el Espíritu Santo es una persona divina, «no una simple inspiración, un afecto o una cualidad».[78] Como afirmaba Pedro Mártir Vermigli, fue una persona la que se nos dio en Pentecostés, no solo una energía, una inspiración o un poder divino. Jesús prometió: «El Espíritu Santo... les enseñará todas las cosas...» y «dirá solo lo que oiga», algo que no se puede decir de una simple «inspiración y moción de la mente».[79] El «hálito de vida» que Dios sopló en la nariz de Adán no era el Espíritu Santo, sino el hálito creado por medio del cual el Espíritu animó su cuerpo e hizo del hombre «un ser viviente». Todo

---

77. Richard A. Muller, *Post-Reformation Reformed Dogmatics: The Rise and Development of Reformed Orthodoxy*, ca. 1520 a ca. 1725, 2ª ed., 4 vols. (Grand Rapids: Baker Academic, 2003), 4:334, citando a Calvino, *Against the Libertines*, pp. xi, xiii, en *Calvin, Treatises against the Anabaptists and against the Libertines*, trad. al inglés y ed. Benjamin Wirt Farley (Grand Rapids: Baker, 1982), pp. 230–233, 238–241.

78. Muller, *Post-Reformation Reformed Dogmatics*, 4:336, citando a Roger Hutchinson, *Image of God or Laie Mans Book, in Which the Right Knowledge of God Is Disclosed* (Londres: John Day, 1550), xxiv (pp. 134–39). Muller observa, citando a Herman Witsius (*Exercitationes*, 13.3), que con respecto a las menciones bíblicas del «espíritu», los reformados ortodoxos solían distinguir entre tres categorías con respecto a su uso: tomado esencialmente (para referirse a Dios como sustancia espiritual, como en Juan 4:24), personalmente (para referirse al Espíritu Santo) y metonímicamente (para referirse a algún significado de los efectos de las operaciones del Espíritu Santo, como «hálito», y a aquellos dones que fueron prometidos por los profetas) (*Post-Reformation Reformed Dogmatics*, 4:341).

79. Pedro Mártir Vermigli, *Commonplaces*, 1.12.7, citado en Muller, *Post-Reformation Reformed Dogmatics*, 4:344–45.

el cosmos es sostenido por las energías del Espíritu, y florece gracias a ellas, y no por emanación alguna de la esencia del Espíritu.

La doctrina de la creación *ex nihilo* sigue siendo el Rubicón, no solo entre el Creador y la criatura, sino también entre el panteísmo y el panenteísmo en todas sus formas, y el cristianismo. El Espíritu que se mueve sobre la creación, poniendo orden y edificando, y obra en las criaturas para llevarlas a aquello a lo que han sido ordenadas por la palabra del Padre en su Hijo es antitético a toda noción del Espíritu como alma, principio de vida o energía del mundo.

Lo que muchas teologías del proceso y la liberación parecen estar buscando hoy es un «Espíritu» que no es «el Señor» y cuyo papel como «dador de vida» está asimilado al proceso inmanente de esta era presente («la carne»). Y por benevolente que sea, un espíritu que sea afín al alma del mundo no puede rescatar a un mundo que está esclavizado a los poderes de la muerte y la destrucción. A pesar de todo lo lleno de esperanza que es lo que dicen las teologías panenteístas del Espíritu que quieren llevar a la creación a un destino escatológico de *shalom*, es difícil saber con exactitud de qué manera es posible siquiera una condición así. Al fin y al cabo, según este paradigma, es tan cierto que el Espíritu (o simplemente «Espíritu») depende de nosotros, como lo es el que la consumación de la creación depende de Dios. En sus versiones más radicales, la existencia misma del Espíritu se halla en peligro, debido a nuestra violencia ecológica.[80] Se trata menos de saber cómo nos puede salvar Dios a nosotros, que cómo podemos nosotros salvar a Dios.

Pero me pregunto si aquellos que se detienen antes de llegar a este punto con una especie más mansa de teísmo abierto, reconocen que la diferencia entre un «Espíritu herido» y un Espíritu asesinado es solamente cuestión de grado. Sin embargo, es precisamente porque el Espíritu es trascendente por necesidad, por lo que puede ser inmanente con libertad. Podemos estar agradecidos más allá de las palabras porque el Espíritu Santo no sea el miembro «vulnerable» de la Trinidad. El Espíritu es el Señor Soberano y dador de vida, «que con el Padre y el Hijo es adorado y glorificado».

Muy diferente del panenteísmo pneumatológico es la concepción bíblica en la cual el Espíritu Santo, como Señor, es independiente del mundo en el que a pesar de esto, él se deleita en habitar libremente en amor, según le place. La libertad de las criaturas es real, porque aunque deriva su existencia de la Palabra de Dios, tanto el agente como la agencia son cualitativamente

---

80. Wallace, «The Wounded Spirit», pp. 51–72; cf. ídem, *Fragments of the Spirit*, p. 138.

diferentes con respecto a Dios y a los seres humanos. El Espíritu no actúa *sobre* el mundo, en la analogía de un Primer Motor, sino *dentro* del mundo; con todo, el Espíritu lo hace de una manera tal, que la tierra realmente produce su propio fruto en su propia manera como criatura, y por tanto, finita. Y precisamente porque el Espíritu es independiente del mundo, inmutable, omnisciente, omnipotente, puede salvar al mundo, en lugar de depender de los rebeldes seres humanos para su propia salvación. Romanos 8 nos asegura que toda la creación va a compartir la gloria de la resurrección. Esta convicción no se imagina ni por un momento que nuestros pecados «puedan terminar resultando en lesión permanente para la vida divina misma».[81]

Esta seguridad cristiana en el Espíritu se puede tomar en una dirección pasiva, en la cual nosotros renunciamos ahora a nuestra responsabilidad en la esperanza de que Dios se ocupe algún día de las cosas. Sin embargo, dadas las serias etapas de ecocidio que documenta Wallace, el desespero parecería ser la única respuesta inteligente si el Espíritu Santo no fuera una persona metafísica de la Divinidad que es y siempre será el Señor *y dador de vida* a pesar de la rebelión humana. Aunque nosotros no podemos asesinar al Espíritu, sí lo podemos entristecer con nuestra violencia ecológica. Sorprendería a algunos críticos saber que algunas de las oposiciones más incisivas a esta violencia proceden de fuentes cristianas, de convicciones teológicas intrínsecas a la fe bíblica.[82]

Al mismo tiempo, la teología evangélica debe estar en una mayor sintonía con los propósitos de la Divinidad, no solo en cuanto a hacer nuevas todas las cosas por el Espíritu, sino también en cuanto a conservar por el Espíritu el orden natural. El Espíritu es «el dador de vida», no solo en la creación y la redención, sino también en la providencia. Si el redentor del mundo es el mismo que su creador, entonces no tenemos justificación para pensar acerca de nuestras almas como que de alguna manera se escapan a las garras del mundo natural para ser salvas. Creado en la libertad del amor y no por necesidad, el mundo fue amado por el Espíritu, incluso cuando era solo una masa confusa. Él no va a

---

81. Wallace, «Green Face of God», p. 452.

82. Por supuesto, los que han pensado como Francis Bacon han sido legión, y han apelado a la creación de los seres humanos a imagen de Dios como justificación para la explotación de la naturaleza. Lo que esto significaba para Francis Bacon, por ejemplo, era que la naturaleza era menos un huerto que atender con cuidado, sabiduría y una inteligencia respetuosa, que un recurso que saquear. Este violento lenguaje es evidente en todo el *Novum Organum* de Bacon, pero se encuentra en especial en *New Atlantis*, donde compara la naturaleza a una mujer que es «puesta en la rejilla» y obligada a divulgar sus secretos. Pero los contemporáneos puritanos de Bacon se ofendieron mucho ante esta orientación, tal como ha documentado Thomas Keith en *Man and the Natural World: Changes in England*, 1500–1800 (Oxford: Oxford University Press, 1996).

permitir que nosotros lo destruyamos sino que nos convence de nuestro pecado, y es mejor que no nos atrevamos a sofocar su juicio cuando escudriñe nuestros corazones y nuestras acciones. Debemos seguir adelante en nuestra santificación personal a pesar de las posibilidades aparentemente abrumadoras en nuestra contra, porque estamos seguros de que aquel que comenzó una buena obra, la va a terminar. Esto incluye nuestra mayordomía en cuanto al ambiente.

Solo cuando esta carga de la salvación del mundo nos sea quitada de los hombros, podremos comenzar a vivir responsablemente ahora a la luz de la promesa de Dios, aunque de lo contrario alzaríamos las manos con desesperación. Precisamente porque este Espíritu no forma parte del mundo mismo, ni siquiera como alma suya, la creación nunca se halla a la merced de sus propios principios inmanentes, con los cuales fue dotada originalmente. Las ciencias empíricas pueden señalar cuál será el caso, dadas las leyes y las ecuaciones que definen el desenvolvimiento ordinario de la naturaleza, pero no pueden tener la última palabra. No menos en la creación y en la providencia que en la redención, «donde está el Espíritu del Señor, allí hay libertad» (2 Corintios 3.17).

Como alega Kuyper, junto con numerosos teólogos reformados más, siempre existe la sutil tentación marcionita de imaginarnos que el Dios de la creación es distinto de alguna forma al Dios de la redención, y que tal vez este último nos salve del primero. Sin embargo, esto va en contra de la narración bíblica, donde el Padre redima su propia creación, el Hijo asume su existencia misma y el Espíritu transforma un desierto estéril (a causa del pecado) en un floreciente huerto (a causa de la gracia). Los dones del Espíritu en la nueva creación sobrepasan a los de la antigua, pero existe una conexión orgánica. La gracia no destruye la naturaleza, sino que la restaura y la convierte en el descanso consumado del *Sabbat*. Aunque la nueva creación es inconcebiblemente *nueva* en su condición, es *este mundo* el que es redimido y va a ser renovado. *El mundo será diferente*, pero no será un mundo *distinto*. Tomando como indicio la resurrección de Cristo, debemos cuidarnos de poner la creación y la redención en oposición entre sí. Sin embargo, diferente en condición y en excelencia, el Cristo que resucitó era la misma persona que el hijo mortal de David que se alimentó en los pechos de María.

El mismo Espíritu nos resucitará a nosotros de entre los muertos, junto con toda la creación. El mismo Espíritu que se movía sobre las aguas de la creación, amando a la materia confusa, la va a renovar. Pero se entristece cuando los seres humanos, creados a imagen de Dios, convierten su mayordomía en violencia tiránica. En las Escrituras, es el suelo mismo el que grita con horror y en juicio contra la sangre que cae en él por medio de la violencia humana (Génesis 4.9–11; cf. Hebreos 12.24); la tierra fue «sometida a la frustración» por la rebelión de los seres humanos contra Dios (Romanos 8.20). Dios es el que impide que la creación, ahora caída, sea totalmente destruida por los seres humanos en su pecado. ¿Qué significa para nosotros «mantenernos al mismo paso del Espíritu» en su providencial obra de ordenar, conservar, limitar y fructificar la realidad de las criaturas hasta que se convierta en lo que el Padre ha indicado con su palabra que sea cada especie, en su Hijo como el mediador de la creación? El Espíritu es también el Señor de la era por venir. Él es el Espíritu, no de la destrucción del mundo, sino de su consumación. En ese día, los montes batirán palmas ante la revelación de los hijos de Dios.

# CAPÍTULO 3

# LA PREPARACIÓN DE UN CUERPO: EL ESPÍRITU EN LA HISTORIA DE LA REDENCIÓN

Por eso, al entrar en el mundo, Cristo dijo:

> «A ti no te complacen sacrificios ni ofrendas;
> en su lugar, me preparaste un cuerpo;
> no te agradaron ni holocaustos
>     ni sacrificios por el pecado.
> Por eso dije: "Aquí me tienes
>     —como el libro dice de mí—.
> He venido, oh Dios, a hacer tu voluntad"».

Primero dijo: «Sacrificios y ofrendas, holocaustos y expiaciones no te complacen ni fueron de tu agrado» (a pesar de que la ley exigía que se ofrecieran). Luego añadió: «Aquí me tienes: He venido a hacer tu voluntad». Así quitó lo primero para establecer lo segundo. Y en virtud de esa voluntad somos santificados mediante el sacrificio del cuerpo de Jesucristo, ofrecido una vez y para siempre. (Hebreos 10.5–10)

El escritor de la epístola a los Hebreos entiende la encarnación y la activa obediencia del Hijo como el sacrificio de grato olor de alabanza y acción de gracias que la humanidad había sido creada para elevar hasta la nariz de

Dios. En los cinco primeros versículos nos dice que los sacrificios sangrientos de animales no se pueden llevar la culpa; al contrario, son memoriales perpetuos de nuestras transgresiones. La conciencia nunca está en paz, aun a pesar de que estos sacrificios cubren la culpa hasta el advenimiento del verdadero Cordero de Dios. En el capítulo anterior, el escritor añade que Cristo ofreció su sangre como sacrificio propiciatorio «por medio del Espíritu eterno», precisamente con el fin de «purificar nuestra conciencia de las obras que conducen a la muerte, a fin de que sirvamos al Dios viviente» (9.14).

En otras palabras, Jesús presentó una ofrenda de acción de gracias, el sacrificio vivo de la alabanza obediente *y* la ofrenda por la culpa en nuestro nombre. Estos dos tipos de sacrificios se han identificado tradicionalmente con la obediencia activa y pasiva de Cristo. Porque Cristo ha satisfecho toda justicia y absorbido nuestra culpa, ahora nosotros podemos participar en él como hijos agradecidos; en vista de sus misericordias y no con el fin de apaciguar la justicia de Dios por nuestras culpas, nosotros nos ofrecemos como «sacrificios vivos» de acción de gracias (Romanos 12.1–2).

Aquí tenemos una intersección importante, para este capítulo y para los que le siguen. Ciertamente, una forma de resumir toda la Biblia es la preparación de un cuerpo; un cuerpo humano, animado por el Espíritu. Hay una progresión desde Adán a Israel, a María y a Cristo, y después a su cuerpo eclesial en el mundo entero.

## LA PREPARACIÓN DE UN CUERPO: DESDE ADÁN HASTA ISRAEL

El Antiguo Testamento es, como observó Lutero, el pesebre en el cual es puesto el niño Jesús. Esto lo vemos en la preparación de un cuerpo, primero en la creación de Adán, cuando Dios sopló el «hálito de vida» (*nishmat jayyim*) en él, y se convirtió en un «ser viviente» (*nefesh jayyah*; Génesis 2.7). Este se expande hacia fuera para incluir a toda la familia de Adán y Eva, aunque ya con Caín aparece el primer asesino de los profetas y perseguidor de la Iglesia (ve Lucas 11.50–51). Reemplazando a Abel, Set y su linaje son distinguidos por medio de un anuncio: «Desde entonces se comenzó a invocar el nombre del SEÑOR» (Génesis 4.26).

Finalmente, el mundo termina llenándose de corrupción y el Espíritu se entristece. «Mi espíritu no permanecerá en el ser humano para siempre, porque no es más que un simple mortal; por eso vivirá solamente ciento veinte años»

(Génesis 6.3). En mi opinión, es más exacta la tradición antigua de la RVR1977: «*No contenderá* mi espíritu con el hombre para siempre...». La obra del Espíritu en la gracia común no consiste en habitar en los malvados, sino en limitarlos y en fertilizar las semillas naturales de la verdad, la bondad y la belleza que el Padre ha sembrado a través de la mediación de su Hijo. El punto esencial de este pasaje como preludio del diluvio es que los seres humanos llegaron a tener la conciencia tan cauterizada, que desestimaban voluntariamente los impulsos limitadores del Espíritu. Es significativo que el apóstol Pablo identifique la raíz del pecado en la humanidad, diciendo que es la ingratitud: «A pesar de haber conocido a Dios, no lo glorificaron como a Dios ni le dieron gracias, sino que se extraviaron en sus inútiles razonamientos, y se les oscureció su insensato corazón» (Romanos 1.21). Recientemente, N. T. Wright sostuvo que la raíz de los problemas es que los seres humanos han rechazado su vocación, sometiéndoles a los ídolos la autoridad que les dio Dios como mayordomos suyos.[1] Era mejor limitar sencillamente la duración de su vida. Pronto, hasta la familia de Noé se había puesto en peligro. Pero Dios seguía decidido aún a preparar un cuerpo: una persona humana que tuviera al fin una vida agradecida, la respuesta adecuada de un siervo del pacto que ya lo ha recibido todo de la mano de un buen Padre. Dios llamó a Abram, y por medio de su promesa evangélica, siguió preparando un cuerpo a partir de los lomos del propio patriarca y del estéril seno de la anciana Sara.

Siglos más tarde, Dios cumplió su juramento, sacando a su pueblo de Egipto para llevarlo a la tierra de promesa con el Espíritu moviéndose encima de él para guiarlo y proveerlo en sus necesidades. En el monte Sinaí, la Iglesia se convirtió en una nación, y una vez en Canaán, el Espíritu tomó residencia, una residencia que terminaría siendo permanente, en el templo. El humo de los holocaustos subía al cielo, proporcionando solamente una cobertura temporal y tipológica para los pecados, hasta que llegara el Cordero de Dios. Con una lectura canónica reconocemos que hay una estrecha asociación entre la nube celestial y el Espíritu Santo (Nehemías 9.19–20; Isaías 63.11–14; Hageo 2.5; Hechos 2), lo cual ya se podría entrever en Génesis 1.2. Sin embargo, cuando el reino del norte y el del sur le volvieron las espaldas a Yahvé como rey, el Espíritu se marchó del santuario y levantó a unos enemigos que se llevaran al cautiverio al pueblo dividido: Israel a Asiria y más tarde, Judá a Babilonia.

---

1. Este es un tema principal en N. T. Wright, *The Day the Revolution Began* (San Francisco: HarperOne, 2016).

Sin embargo, a través de los profetas, el Espíritu Santo seguía preparando un cuerpo. Toda la historia de Israel era el destino de la simiente de la mujer, la simiente de Abraham y David, que en numerosas ocasiones, la serpiente trató de eliminar.

Así, lejos de estar a distancia de este mundo y de su historia, la trama de las Escrituras que se va desarrollando se concentra en la preparación de un cuerpo dentro del espacio y del tiempo, con el fin de liberar a todo lo que tiene en sí hálito de vida, humanos y animales, desde el pacto con la muerte a la cual se ha sujetado la humanidad por su pecaminosa rebelión. No solo la meta, sino también los medios, son tomados de la realidad de las criaturas. El Espíritu Santo santifica gente, lugares y cosas comunes y corrientes para sus operaciones extraordinarias. Aunque él nunca está atado, se ata libremente a esos medios creados que lo hacen accesible a nosotros: la vara de Moisés, la columna y la nube, la serpiente de bronce en el desierto, el tabernáculo y el templo; el arca del pacto, los panes de la proposición y el incienso; el aceite usado por Samuel para ungir y los sacrificios sangrientos. Dondequiera que el Espíritu reside, toda la tierra florece con abundancia de alimentos y de vino; cuando él se marcha del santuario, la tierra deja de ser santa para ser ordinaria.

En todos estos caminos vemos el lazo inextricable entre la forma en que el Espíritu obra en la creación, y la forma en que lo hace en la nueva. «Y si no hubiera entrado el pecado», observa Kuyper, «podríamos decir que esta obra es realizada en *tres* etapas sucesivas: la primera, la *fecundación* de la materia inanimada; la segunda, la *animación* del alma racional; la tercera, *su inhabitación* en el hijo elegido de Dios. Pero entró el pecado, esto es, apareció un poder destinado a apartar al hombre y a la naturaleza *de su destino*».[2] La meta no consiste en destruir la creación y crear de nuevo, sino en recuperar la creación, e incluso levantarla a una gloria mayor que nunca antes. «Por tanto, la redención no es una *nueva* obra *añadida* a la del Espíritu Santo», añade Kuyper, «pero que es idéntica con ella». «Él se dedicó a llevar todas las cosas a su destino, o bien sin la perturbación causada por el pecado, o *a pesar de ella*, a base de salvar a los elegidos, y después, de restaurar todas las cosas en el cielo y en la tierra cuando regrese el Señor Jesucristo».[3] Este es el fin para llegar al cual la inspiración de las Escrituras y la preparación del cuerpo de Cristo son medios.[4]

---

2. Kuyper, *Holy Spirit*, p. 24.
3. Ibíd.
4. Ibíd., p. 25.

## La preparación de un cuerpo: el Espíritu de revelación

La revelación del misterio uno y trino se va desarrollando de manera progresiva a lo largo de la historia del pacto de la gracia. Gregorio Nacianceno explica: «El Antiguo Testamento proclamó abiertamente al Padre, y al Hijo de una manera más oscura. El Nuevo Testamento manifestó al Hijo y sugirió la divinidad del Espíritu. Ahora, el Espíritu mismo habita en medio de nosotros y nos proporciona una demostración más clara de sí mismo».[5] Sin embargo, todo el tiempo era el Espíritu escondido detrás de la escena el que iba manteniendo viva la promesa, moviéndose adelante sobre las profundas trincheras y el alambre de púas que los seres humanos habían puesto a su paso, y preparando un cuerpo para el Hijo en la carne de Israel.

Como lo analizaré a continuación, el Espíritu nos dio a Jesús en la encarnación. No obstante, incluso antes de preparar el seno de la virgen, estaba preparando a Israel como pesebre suyo por medio de los profetas. El ministerio del Espíritu que consiste en la proclamación de Cristo no comenzó en Pentecostés; ni siquiera en la anunciación a María, sino que se remonta a Génesis 3.15. Ya entonces, el Espíritu estaba tomando lo que le pertenece al Hijo y convirtiéndolo en fondo común de los santos. Israel estaba esperando a su libertador ungido por el Espíritu, porque el Espíritu había estado desplegando sus alas de revelación sobre su pueblo, fertilizando las simientes de la esperanza.

La máxima trinitaria y cristológica de «distinción sin separación» se hace evidente en la forma en que las Escrituras hablan de su propio carácter como divinas y humanas. El Espíritu sin ataduras se ata a sí mismo libremente con los medios de las criaturas, separando y uniendo. En la creación, el Espíritu estaba obrando con el medio que era el agua, separándola de la tierra con el fin de proporcionar un ambiente acogedor para la comunión del pacto. En la providencia, es enviado por el Padre para sostener la creación y para «renovar la faz de la tierra» (Salmos 104.30). Así, nada de la creación que él toma para usarlo como instrumento suyo le es ajeno; es ya producto de su agencia perfecta. Él no solo conoce cómo funciona todo ser o persona creados, sino que también es el que los hace funcionar. Por supuesto, él podría haber obrado de forma inmediata, sin molestarse con el uso de estos medios creados, pero no es esa su forma ordinaria de actuar.

---

5. Gregorio Nacianceno, *On the Holy Spirit*, p. 26 (NPNF2 7:325–26).

El Espíritu es el que superó la tendencia de los profetas y los apóstoles a suprimir la verdad y apagar su luz, no a pura fuerza, sino a base de liberarlos de la esclavitud e inclinar dulcemente sus corazones hacia su voluntad. Hay una analogía legítima entre la humillación del Hijo en la encarnación y la inspiración del Espíritu. «Por el gozo que le esperaba», el Logos eterno estuvo dispuesto a echar a un lado su gloria para asumir nuestra naturaleza, la forma de siervo, por lo cual fue exaltado por encima de todo nombre (Hebreos 12.2; Filipenses 2.5–11). De una manera análoga, el Espíritu no se avergonzó de descender hasta nuestro nivel a base de unir su inefable comunicación con la pobreza comparada del lenguaje humano, y en el proceso, creó una obra de prosa sencilla, y en algunos casos rústica incluso, que es exaltada por encima de todo el resto de la literatura.

Las Escrituras mismas son el producto de ambos tipos de actos de conversación. Se encuentra el decreto *ex nihilo* objetivo, «¡Que exista!… Y así sucedió…» (el equivalente a las palabras «Esto dice el SEÑOR»). Pero también existe el efecto subjetivo que produce la fructificación («¡Que haya vegetación sobre la tierra!… Y así sucedió…»). Por supuesto, el Espíritu Santo obra de ambas formas, pero su obra es especialmente evidente en la última. Es el Espíritu quien cumple la palabra que se origina en el Padre. Por ejemplo, en la inspiración de las Escrituras, el Espíritu no actúa solamente *sobre* los escritores humanos, ni tampoco *con* ellos, para traerles a la mente el contenido central (la Palabra en las palabras), sino también *dentro* de ellos. El Espíritu no subvierte las palabras de ellos, sino que las santifica, utilizando sus idiosincrasias lingüísticas, culturales, sociales y personales ordinarias, que él mismo ha producido en su actividad providencial a lo largo de la vida de ellos hasta ese punto.

Así, el Espíritu utiliza muchos métodos en el proceso de inspirar a los oráculos sagrados, hablando «muchas veces y de varias maneras» (Hebreos 1.1). Es cierto que encontramos en algunos lugares el discurso divino directo, e incluso ejemplos de dictado desde Dios hacia los humanos. «Esto dice el SEÑOR» corresponde al acto hablado «¡Que exista!...» en la creación. Pero la mayor parte de la Biblia consiste en unos tipos de revelación no menos inspirados al estilo del «¡Que haya vegetación sobre la tierra!...» que nos indican los aspectos orgánicos y naturales del proceso. Por ejemplo, no se menciona ninguna visión ni orden directa del Señor a Lucas, ni en su evangelio ni en el libro de los Hechos. Lucas se limita a decir: «Yo también, excelentísimo Teófilo, habiendo investigado todo esto con esmero desde su origen, he decidido escribírtelo ordenadamente» (Lucas 1.3; cf. Hechos 1.1). Es difícil que haya algo más típico de las criaturas, más corriente, que entrevistar a unos testigos presenciales para recopilar un informe compuesto. Se necesita un mayor milagro para «producir» un texto inerrante a partir de unos profetas y apóstoles pecadores, que si se hubieran suspendido sus propias personalidades y agencias, convirtiéndolos en simples secretarios que estarían copiando un dictado del Espíritu.

Y sin embargo, esta mediación de una criatura no disminuye en nada el hecho de que es Dios quien habla: «No serán ustedes los que hablen, sino el Espíritu Santo» (Marcos 13.10–11); «Toda la Escritura es inspirada por Dios» (2 Timoteo 3.16). Los tesalonicenses son elogiados por haber aceptado la proclamación apostólica «no como palabra humana, sino como lo que realmente es, palabra de Dios, la cual actúa en ustedes los creyentes» (1 Tesalonicenses 2.13). «Porque la profecía no ha tenido su origen en la voluntad humana, sino que los profetas hablaron de parte de Dios, impulsados por el Espíritu Santo» (2 Pedro 1.21).

Recordando sin duda las palabras de Jesús, según las cuales el Espíritu «les enseñará todas las cosas y les hará recordar todo lo que les he dicho» (Juan 14.26) y «los guiará a toda la verdad» (Juan 16.13), Pedro escribe:

> Los profetas, que anunciaron la gracia reservada para ustedes, estudiaron cuidadosamente esta salvación. Querían descubrir a qué tiempo y a cuáles circunstancias se refería el Espíritu de Cristo, que estaba en ellos, cuando testificó de antemano acerca de los sufrimientos de Cristo y de la gloria que vendría después de estos. A ellos se les reveló que no se estaban sirviendo a sí mismos, sino que les servían a ustedes. Hablaban de las cosas que ahora les han anunciado los que les predicaron el evangelio por medio del Espíritu Santo enviado del cielo. Aun los mismos ángeles anhelan contemplar esas cosas. (1 Pedro 1.10–12)

Pablo explica que los apóstoles «exponemos el misterio de la sabiduría de Dios, una sabiduría que ha estado escondida y que Dios había destinado para nuestra gloria desde la eternidad» (1 Corintios 2.7), añadiendo:

> Ahora bien, Dios nos ha revelado esto por medio de su Espíritu, pues el Espíritu lo examina todo, hasta las profundidades de Dios. En efecto, ¿quién conoce los pensamientos del ser humano sino su propio espíritu

que está en él? Así mismo, nadie conoce los pensamientos de Dios sino el Espíritu de Dios. Nosotros no hemos recibido el espíritu del mundo, sino el Espíritu que procede de Dios, para que entendamos lo que por su gracia él nos ha concedido. Esto es precisamente de lo que hablamos, no con las palabras que enseña la sabiduría humana, sino con las que enseña el Espíritu, de modo que expresamos verdades espirituales en términos espirituales. (1 Corintios 2.10–13)

En ese caso, no nos debería sorprender que muchas, si no la mayoría de las menciones del Espíritu Santo hechas por los primeros padres de la Iglesia se presenten dentro del contexto de la discusión sobre la naturaleza de las Escrituras y su inspiración. En las palabras del Credo, «creemos en el Espíritu Santo... quien habló por los profetas». De hecho, la inspiración de las Escrituras se convirtió en argumento a favor de la plena divinidad del Espíritu. Así como nuestra salvación exigía que solo Dios y ningún otro nos regenerara, santificara y glorificara, también no podríamos tener certeza de que las Escrituras representen la palabra de Dios para nosotros, a menos que el que las inspiró haya sido Dios mismo.

## La promesa del Espíritu en los profetas

El Espíritu descendió sobre Moisés en los momentos indicados para guiar al pueblo del pacto hacia la promesa. También hubo otros que recibieron esta unción especial para la tarea que debían realizar. Dios señaló a Bezalel de Judá como el supervisor de los artistas y artesanos en la construcción del tabernáculo. «Y lo he llenado del Espíritu de Dios», le dice Yahvé a Moisés (Éxodo 31.3; cf. 35.31). Este mismo Espíritu era el que había guiado a su pueblo a través del desierto por medio de una columna de nube por el día, y una columna de fuego por la noche, y quien había extendido sus alas sobre la confusa masa en la creación para convertir una casa en hogar, erigiendo una copia terrestre del templo celestial. Con el empleo de todo un elenco de personajes humanos, el Espíritu edifica y hermosea los hogares en los que él habita. Así como estaba marcando límites y transformando el caos en un cosmos ordenado durante la creación, también llenó de poder a Bezalel para que construyera el tabernáculo de acuerdo a la palabra del Padre, y el contenido de ese tabernáculo era en última instancia nada menos que Jesucristo. El Señor ya se estaba preparando un cuerpo para sí mismo, un fiel hijo del pacto cuya obediencia sería mejor que los sacrificios, y el tabernáculo dirigía la fe hacia aquel que «se hizo hombre y habitó [*eskēnōsen*] entre nosotros» (Juan 1.14).

Cuando el pueblo se quejó contra Moisés (y en última instancia, contra Yahvé), en lugar de barrer con el campamento, el SEÑOR condescendió, indicándole a Moisés que nombrara setenta ancianos:

Después [Moisés] juntó a setenta ancianos del pueblo, y se quedó esperando con ellos alrededor de la Tienda de reunión. El SEÑOR descendió en la nube y habló con Moisés, y compartió con los setenta ancianos el Espíritu que estaba sobre él. Cuando el Espíritu descansó sobre ellos, se pusieron a profetizar. Pero esto no volvió a repetirse. Dos de los ancianos se habían quedado en el campamento. Uno se llamaba Eldad y el otro Medad. Aunque habían sido elegidos, no acudieron a la Tienda de reunión. Sin embargo, el Espíritu descansó sobre ellos y se pusieron a profetizar dentro del campamento. Entonces un muchacho corrió a contárselo a Moisés: —¡Eldad y Medad están profetizando dentro del campamento! Josué hijo de Nun, uno de los siervos escogidos de Moisés, exclamó: —¡Moisés, señor mío, detenlos! Pero Moisés le respondió: —¿Estás celoso por mí? ¡Cómo quisiera que todo el pueblo del SEÑOR profetizara, y que el SEÑOR pusiera su Espíritu en todos ellos! (Números 11.24–29)

Surgen tres puntos dignos de ser tenidos en cuenta a la luz de la revelación posterior. En primer lugar, no se dice aquí que el Espíritu habitara en Moisés ni en los ancianos, sino que estaba sobre ellos para que desempeñaran su oficio. En segundo lugar, se les dio a los ancianos una porción de la presencia del Espíritu que había sobre Moisés, en contraste con Jesús, a quien le fue dado el Espíritu, y que es a quien «Dios mismo le da su Espíritu sin restricción» (Juan 3.34). En tercer lugar, Moisés reconoce que la razón de que el pueblo estuviera tan obstinado era la dureza de sus corazones; se estaban resistiendo al Espíritu Santo (lo cual se describe como «afligir a su santo Espíritu» en Isaías 63.10 y en Salmos 78.40). Su añoranza por un Pentecostés señala la debilidad del pacto antiguo en comparación con el nuevo.

En medio de la idolatría de Israel bajo Acab y Jezabel, Dios levantó a Elías. Inmediatamente antes que el Señor se lo llevara al cielo en el torbellino, Elías le dice a Eliseo: «¿Qué quieres que haga por ti antes de que me separen de tu lado?». Y Eliseo le respondió: «Te pido que sea yo el heredero de tu espíritu por partida doble» (2 Reyes 2.9). Los carros y caballos de fuego que derrotaron a Acab (1 Reyes 22) envuelven ahora a Elías. Rompiendo en dos partes su propia ropa, Eliseo toma el manto de Elías y enseguida abre las aguas del Jordán como inauguración de su misión dotada por el Espíritu, y después cruza el río (2 Reyes 2.9–14). Esta clase de episodios son un preludio del ministerio profético de Cristo, como veremos. Con todo, el punto que quiero presentar hasta ahora es que el Espíritu está preparando un cuerpo, Israel, del cual vendrá el Mesías del mundo.

Además de estar asociado a la profecía, el Espíritu está asociado a la realeza. Dios le indica a Samuel que unja a David como rey. «Entonces el Espíritu del Señor vino con poder sobre David, y desde ese día estuvo con él» (1 Samuel 16.13). En cambio, «El Espíritu del Señor se apartó de Saúl, y en su lugar el Señor le envió un espíritu maligno para que lo atormentara» (v. 14). Es sugestivo que el primer rey de Israel buscara el poder con sus propias fuerzas y se convirtiera en un hombre perturbado, lleno de odio y violencia hacia el ungido del Señor. En cambio, David se enfrenta a Goliat solo con una honda, «Todos los que están aquí reconocerán que el Señor salva sin necesidad de espada ni de lanza. La batalla es del Señor, y él los entregará a ustedes en nuestras manos», les dice a su amenazador contrario (1 Samuel 17.47). Fue debido al Espíritu que había venido sobre David con poder cuando Samuel lo había ungido (1 Samuel 16.13) cómo a un agente tan común y corriente, e incluso improbable, por ser un joven pastor, le fue dada la victoria a través del medio ordinario y también improbable que era una piedra lanzada con una honda.

Y sin embargo, ni siquiera David dejó de entristecer al Espíritu, tal como él confesó en el salmo 51, redactado después de su adulterio y de su asesinato, en el que suplicaba: «No me alejes de tu presencia ni me quites tu santo Espíritu» (v. 11). Y aunque sus descendientes no fueron todos ellos malos, no llegaron a la altura de lo que David sentía por el Señor, y no oímos decir nada acerca de que el Espíritu «viniera con poder» sobre los reyes de Judá.

A medida que el enfoque en estos que ocuparon esas posiciones se estrecha, toda la concentración se fija sobre un siervo ungido, en el cual se unirán los tres oficios de profeta, sacerdote y rey. Esto se vuelve especialmente evidente en el ministerio de Isaías. En sus días, Judá mismo había sucumbido ante la incredulidad, la idolatría, la falta de rectitud y la injusticia. Sin embargo, al igual que la respuesta que David le dio a Goliat, Isaías les asegura a los sucesores de David que Dios traerá juicio y liberación. Solo que esta vez, el juicio caerá sobre el pueblo del pacto, aunque la liberación incluirá a un remanente de Judá, junto con el de todas las demás naciones. «Del tronco de Isaí brotará un retoño; un vástago nacerá de sus raíces» (Isaías 11:1). En todos los lugares en que encontremos la promesa de fructificar, debemos esperar que encontraremos también al Espíritu, y eso es precisamente lo que encontramos en el versículo siguiente: «El Espíritu del SEÑOR reposará sobre él: espíritu de sabiduría y de entendimiento, espíritu de consejo y de poder, espíritu de conocimiento y de temor del SEÑOR». Porque el espíritu estará sobre él, este Siervo «se deleitará en el temor del SEÑOR» y juzgará la tierra con justicia hasta que todo el mundo esté en paz (vv. 3–9).

En Isaías 32 se ve la Tierra Santa desolada, como el huerto del Edén después de la caída; estéril, porque el cosmos regresa al caos. Las mujeres se deben golpear el pecho, «por el suelo de mi pueblo cubierto de espinos y de zarzas» (v. 13).

> La fortaleza será abandonada, y desamparada la ciudad populosa; para siempre convertidas en cuevas quedarán la ciudadela y la atalaya; convertidas en deleite de asnos, en pastizal de rebaños, *hasta que desde lo alto el Espíritu sea derramado sobre nosotros*. Entonces el desierto se volverá un campo fértil, y el campo fértil se convertirá en bosque. La justicia morará en el desierto, y *en el campo fértil* habitará la rectitud. El producto de la justicia será la paz; tranquilidad y seguridad perpetuas serán su fruto. Mi pueblo habitará en un lugar de paz, en moradas seguras, en serenos lugares de reposo. (vv. 14–18, cursiva añadida)

El pasaje clave sobre el Siervo y el Espíritu es Isaías 42.1, que Jesús se atribuyó a sí mismo en Lucas 4.18–19: «Este es mi siervo, a quien sostengo, mi escogido, en quien me deleito; sobre él he puesto mi Espíritu, y llevará justicia a las naciones». Esta asociación entre el que unge y el que es ungido aparece en todas las profecías de Isaías. Yahvé promete que derramará su Espíritu en el capítulo 44.3: «Regaré con agua la tierra sedienta, y con arroyos el suelo seco; derramaré mi Espíritu sobre tu descendencia, y mi bendición sobre tus vástagos». De nuevo, más adelante: «Acérquense a mí, escuchen esto: Desde el principio, jamás hablé en secreto; cuando las cosas suceden, allí estoy yo. Y ahora el SEÑOR omnipotente me ha enviado con su Espíritu» (48.16). El que habla, y que no es identificado, es el Siervo lleno del Espíritu, lo cual significa que en esta escena se encuentran las tres personas de la Trinidad: El Padre que hace la promesa, el Hijo Siervo y el Espíritu, que también es enviado sobre el nuevo Rey–Pastor.

«El Redentor vendrá a Sión; ¡vendrá a todos los de Jacob que se arrepientan de su rebeldía! —afirma el SEÑOR—. En cuanto a mí —dice el SEÑOR—, este es mi pacto con ellos: Mi Espíritu que está sobre ti, y mis palabras que he puesto en tus labios, no se apartarán más de ti, ni de tus hijos ni de sus descendientes, desde ahora y para siempre —dice el SEÑOR». (59.20–21)

A partir de esto, se le da nuevo aliento a Israel con la visión de las naciones que se dirigen hacia la luz que ha resplandecido en medio de él (cap. 60). El Padre está preparando un cuerpo para su Hijo por medio de su Espíritu. El profeta vuelve a hablar de la fidelidad de Dios en el capítulo 63, con numerosas menciones del Espíritu Santo, como persona ofendida y también como el Dios misericordioso:

Pero ellos se rebelaron y afligieron a su santo Espíritu. Por eso se convirtió en su enemigo, y luchó él mismo contra ellos. Su pueblo recordó los tiempos pasados, los tiempos de Moisés: ¿Dónde está el que los guio a través del mar, como guía el pastor a su rebaño? ¿Dónde está el que puso su santo Espíritu entre ellos, el que hizo que su glorioso brazo marchara a la derecha de Moisés, el que separó las aguas a su paso, para ganarse renombre eterno? ¿Dónde está el que los guio a través del mar, como a caballo en el desierto, sin que ellos tropezaran? El Espíritu del SEÑOR les dio descanso, como a ganado que pasta en la llanura. Fue así como guiaste a tu pueblo, para hacerte un nombre glorioso. (vv. 10–14)

Observa aquí que la meta central del drama bíblico, la habitación de Dios en medio de su pueblo, dándole descanso en todas partes, se identifica de manera especial con el Espíritu Santo. El Espíritu desciende periódicamente desde el *Sabbat* eterno hacia las pruebas de la semana de trabajo que se halla en las garras del pecado y de la muerte, para seguir moviendo la historia hacia la promesa de su descanso perdurable (Hebreos 4.1).

Ahora bien, el nuevo pacto que tiene en mente el escritor de Hebreos es mucho mayor que el antiguo en cuanto a su visión. Dios, no solo va a habitar en

medio de su pueblo por medio del ministerio tipológico asociado con el tabernáculo y el templo, sino que el Hijo eterno estará con nosotros; de hecho, será
uno de nosotros, como el templo vivo. Y con todo, a pesar de lo grandioso que
es esto, la presencia de Dios sigue siendo externa a nosotros, como un maravi-
lloso monumento histórico, hasta que sea derramado el Espíritu. Entonces, él
nos unirá con Cristo, convirtiéndonos en piedras vivas, con Cristo como piedra
del ángulo; miembros de su cuerpo, del cual él es la cabeza. El Espíritu que
estaba sobre los profetas, y sobre Jesús, el Siervo, «sin medida», habitará dentro
de todos los suyos (Juan 3.34).

Alrededor de dos siglos más tarde, Ezequiel, compartiendo el destino de
Judá en el exilio, repite las profecías sobre el derramamiento del Espíritu: «Les
daré un nuevo corazón, y les infundiré un espíritu nuevo; les quitaré ese corazón de piedra que ahora tienen, y les pondré un corazón de carne. Infundiré
mi Espíritu en ustedes, y haré que sigan mis preceptos y obedezcan mis leyes»
(Ezequiel 36.26–27). Después encontramos la visión del valle de los huesos
secos, que representa a Israel. Al profeta se le indica que profetice, o predique,
sobre los huesos secos, por medio de lo cual, Dios mismo ordena que entre en
ellos la vida:

> «Así dice el Señor omnipotente a estos huesos: 'Yo les daré aliento de
> vida, y ustedes volverán a vivir… Y, cuando haya abierto tus tumbas y
> te haya sacado de allí, entonces, pueblo mío, sabrás que yo soy el Señor.
> Pondré en ti mi aliento de vida, y volverás a vivir. Y te estableceré en tu
> propia tierra. Entonces sabrás que yo, el Señor, lo he dicho, y lo cum-
> pliré. Lo afirma el Señor'». (Ezequiel 37.5, 13–14)

Más adelante, Dios hace esta promesa: «Ya no volveré a darles la espalda,
pues derramaré mi Espíritu sobre Israel. Yo, el Señor, lo afirmo». (Ezequiel
39.29). Las profecías de Ezequiel tienen su punto culminante en la salida del
Espíritu del templo (10.18–11.23) y el regreso del Espíritu al santuario de los
últimos tiempos en el capítulo 43. En ambos casos, el movimiento se produce
en la puerta que da al oriente, como la puerta guardada por los querubines en
el huerto del Edén, a través de la cual Adán y Eva fueron enviados «al oriente
del jardín» (Génesis 3.23–24). Ezequiel contempla una visión:

Y vi que la gloria del Dios de Israel venía del oriente, en medio de un ruido ensordecedor, semejante al de un río caudaloso; y la tierra se llenó de su gloria... y la gloria del Señor entró al templo por la puerta que daba al oriente. (Ezequiel 43.2, 4)

Aquí, Dios promete habitar para siempre en medio de su pueblo (vv. 7–9). Desde debajo del umbral oriental del templo sale agua hacia el este, hasta convertirse en un gran río cuyas aguas frescas dan vida a los árboles, y las redes de los pescadores se rompen con lo que han atrapado. Las hojas de los árboles «no se marchitarán, y siempre tendrán frutos. Cada mes darán frutos nuevos, porque el agua que los riega sale del templo. Sus frutos servirán de alimento y sus hojas serán medicinales». (47.1–12). Toda esta serie de visiones nos lleva de vuelta a Génesis 1–2 y hacia delante, al glorioso templo de Apocalipsis 21–22, con el Espíritu como la presencia vivificante y fertilizante de Dios en la capital de la nueva creación. El Espíritu que se había marchado del templo, regresará a él, solo que ahora será más grandioso que el templo de Salomón en sus días de gloria.

Después del exilio, Nehemías reconoce ante el Señor:

«Y a pesar de que se hicieron un becerro de metal fundido y dijeron: "Este es tu dios que te hizo subir de Egipto", y aunque fueron terribles las ofensas que cometieron, tú no los abandonaste en el desierto porque eres muy compasivo. Jamás se apartó de ellos la columna de nube que los guiaba de día por el camino; ni dejó de alumbrarlos la columna de fuego que de noche les mostraba por dónde ir. Con tu buen Espíritu les diste entendimiento. No les quitaste tu maná de la boca; les diste agua para calmar su sed». (Nehemías 9.18–20)

Los profetas esperaban un cierto grado de restauración bajo Ciro, el rey de Persia, pero también, muy lejos de esos momentos, esperaban un día más glorioso. Será un día, no de restauración de la nación geopolítica de Israel, o de la reconstrucción de un santuario terrenal, sino de la edificación del templo de los tiempos del fin, hecho sin manos. Con esto en mente, Joel pronunció su famosa profecía:

Después de esto,
    derramaré mi Espíritu sobre todo el género humano.

Los hijos y las hijas de ustedes profetizarán,
tendrán sueños los ancianos
y visiones los jóvenes.
En esos días derramaré mi Espíritu
aun sobre los siervos y las siervas.

En el cielo y en la tierra mostraré prodigios: sangre, fuego y columnas de humo. El sol se convertirá en tinieblas y la luna en sangre antes que llegue el día del SEÑOR, día grande y terrible. Y todo el que invoque el nombre del SEÑOR escapará con vida, porque en el monte Sión y en Jerusalén habrá escapatoria, como lo ha dicho el SEÑOR. Y entre los sobrevivientes estarán los llamados del SEÑOR. (Joel 2.28–32)

Hay quienes piensan que el profeta se está refiriendo aquí al final de esta era. No obstante, yo me inclino a ver estos ominosos portentos, «en el cielo y en la tierra mostraré prodigios», sangre, fuego y columnas de humo, el sol convertido en tinieblas y la luna en sangre, como un lenguaje típicamente apocalíptico en el cual se toman las metáforas de momentos cruciales en la *historia* que la *naturaleza* señala con cataclismos. Solo unas imágenes tan impresionantes pueden señalar el hecho de que la era antigua está desapareciendo y, con la resurrección de Cristo y el derramamiento del Espíritu en Pentecostés, está amaneciendo una nueva era.

Hageo profetiza la gloria del templo futuro: «Mi Espíritu permanece en medio de ustedes» (Hageo 2.5). ¿Cómo puede ser esto? No había evidencia alguna de que esto fuera cierto. El remanente había regresado para reconstruir las ruinas, y por medio de Hageo, Dios lo llama a reconstruir el templo. Ahora bien, ¿cómo podía estar el Espíritu presente ya «en medio» de su pueblo, sin el templo y sin la restauración de la teocracia en la tierra?

«Mi Espíritu permanece en medio de ustedes, conforme al pacto que hice con ustedes cuando salieron de Egipto. No teman, porque así dice el SEÑOR Todopoderoso: "Dentro de muy poco haré que se estremezcan los cielos y la tierra, el mar y la tierra firme; ¡haré temblar a todas las naciones! Sus riquezas llegarán aquí, y así llenaré de esplendor esta casa —dice el SEÑOR Todopoderoso—. Mía es la plata, y mío es el oro —afirma el

Señor Todopoderoso—. El esplendor de esta segunda casa será mayor que el de la primera —dice el Señor Todopoderoso—. Y en este lugar concederé la paz", afirma el Señor Todopoderoso». (2.5–9)

## La Encarnación

No es posible encontrara un ejemplo mayor de la obra del Espíritu por medio de las criaturas, que la encarnación misma. Lejos de obrar encima de la naturaleza por medios inmateriales, el Espíritu obra dentro de un complejo misterio de genética y gestación sobre el cual él ha presidido desde el principio, uniendo al Hijo eterno a nuestra carne. Por medio del poder del Espíritu, el Hijo asume por completo nuestra humanidad, no solo en cuerpo, sino también en alma. Él es más que Adán, pero no menos que él. Mientras la historia se va acercando a la aparición del Mesías, el enfoque se va estrechando desde Israel en general hacia la tribu de Judá, y desde Judá hasta el linaje de David. El Espíritu está preparando un cuerpo, pero ese cuerpo en realidad ha sido limitado a una persona literal, el verdadero Israel, en el cual todas las familias de la tierra serán bendecidas. De aquí que el cuerpo se limita a una persona, pero después crece desde esa persona para incluir a otros, «gente de toda raza, lengua, pueblo y nación» como la verdadera nación de «reyes y sacerdotes» (Apocalipsis 5:9; cf. 5:10).

El ángel le explica a María en el Evangelio de Lucas: «El Espíritu Santo vendrá sobre ti, y el poder del Altísimo te cubrirá con su sombra. Así que al santo niño que va a nacer lo llamarán Hijo de Dios» (1.35). La descripción de la venida del Espíritu «sobre» (*epi*) María como el «poder» (*dýnamis*) del Altísimo para «cubrirla con su sombra» (*episkiasei*) evoca las numerosas ocasiones en que el Espíritu ha obrado a lo largo de la historia. Recordamos al Espíritu «moviéndose» (MT: *merakhepet*; LXX: *epephéreto*) sobre las aguas en la creación (Génesis 1.2). En el Cántico de Moisés, se compara al Señor con «un águila que agita el nido y *revolotea sobre* sus polluelos, que despliega su plumaje...» (Deuteronomio 32.11). En el desierto, la nube «cubrió la Tienda de reunión, y la gloria del Señor llenó el santuario. Moisés no podía entrar en la Tienda de reunión porque la nube *se había posado* [LXX: *epeskiazen*] en ella y la gloria del Señor llenaba el santuario» (Éxodo 40.34–35).

El mismo verbo griego (*episkiazō*) usado en la versión de los LXX para este último pasaje es el usado por Lucas para describir la anunciación. Como el caos total y las tinieblas (MT: *tohu wabohu*) de Génesis 1.2, el seno de María carecía de todo potencial inherente para generar vida. La propia virgen reconoce esto (Lucas 1.34). Pero el Espíritu de Dios se movería (daría vueltas, se cerniría, se movería: *episkiasei*) sobre las aguas de manera que aquello que ella concebiría, sería nada menos que «el Hijo de Dios» (v. 35). La virgen contesta: «Que él haga conmigo como me has dicho» (v. 38) porque el mismo Espíritu que estaba obrando en su seno ya estaba obrando en su corazón para producir su «amén» a las palabras de la promesa. Dondequiera que vemos, no solo encontramos que el Padre habla en el Hijo, sino también que el Espíritu produce palabras inspiradas en los testigos humanos, y amanece la nueva creación. El Espíritu prepara un cuerpo para el Hijo.

Aun antes de la concepción de la Palabra, el Espíritu ha concebido la fe en el corazón de María. Esta refleja la orientación del fiel siervo del pacto hacia el Espíritu. «Que él haga conmigo como me has dicho», le contesta a Gabriel. Ya antes incluso de la palabra-decreto en la encarnación misma, ese «que él haga...», el Espíritu ha «producido» el fruto de una apertura llena de fe hacia él, que ha preparado a María para este trascendental anuncio del evangelio. Aun antes de moverse sobre el seno de María, el Espíritu se movió sobre su corazón, para ganar su gozoso consentimiento, aunque ella se halle abrumada por el asombro. Esta es la fe que dice con el apóstol Pablo: «Ya no vivo yo, sino que Cristo vive en mí. Lo que ahora vivo en el cuerpo, lo vivo por la fe en el Hijo de Dios, quien me amó y dio su vida por mí» (Gálatas 2.20). Este es el primer milagro de la historia de la Navidad: que un ser pecador se volviera en fe a las palabras de la promesa por medio del poder del Espíritu.

Como confirmación, «Elisabet [fue] llena del Espíritu Santo» cuando saludó a María como bendita ella, y bendito el hijo que daría a luz (Lucas 1.42), como lo fueron también Zacarías (v. 67) y Simeón (2.25–26). En cada uno de estos casos, la mención de que la persona está llena del Espíritu es la base para la profecía que ella pronuncia con respecto a la salvación que ha amanecido en Cristo. Después de cuatro siglos sin revelación, hay una pequeña corriente de palabras inspiradas por el Espíritu, pequeña, pero prodigiosa. El Espíritu está preparando un cuerpo por su palabra.

La concepción de Jesús fue de la misma variedad *ex nihilo*: «¡Que exista la luz!». Y la luz llegó a existir (Génesis 1.3). En cambio, su gestación y su parto fueron normales, aunque no menos dependientes de la Palabra y del Espíritu: pertenecieron al tipo de acto–palabra «¡Que haya vegetación sobre la tierra!... Y así sucedió. Comenzó a brotar la vegetación» (Génesis 1.11-12). Jesús no fue un niño prodigio: «El niño crecía y se fortalecía; progresaba en sabiduría»; estas cosas son típicas asociaciones de la obra del Espíritu en la preparación de los profetas del Antiguo Testamento (Lucas 2.40). «Y la gracia de Dios lo acompañaba... Jesús siguió creciendo en sabiduría y estatura, y cada vez más gozaba del favor de Dios y de toda la gente» (Lucas 2.40, 52). «Aunque era Hijo, mediante el sufrimiento aprendió a obedecer» (Hebreos 5.8). No había nacido fuera del tiempo o de nuestra naturaleza humana, sino que había nacido «cuando se cumplió el plazo» (Gálatas 4.4).

Vemos una vez más que no debemos poner al Espíritu Santo en contraposición con la naturaleza. Incluso cuando sus operaciones trascienden las posibilidades naturales, siguen siendo actos extraordinarios dentro de la naturaleza y por medio de ella. Así, ya en la encarnación, Jesús comienza a ganar nuestra redención. El Espíritu descenderá sobre María, declara el ángel, y «al santo niño que va a nacer lo llamarán Hijo de Dios» (Lucas 1.35). La preservación de «nuestro Mediador» por el Espíritu con respecto al pecado original en su concepción como «santo» nos consuela con la noticia de que él «con su inocencia y su santidad perfecta cubre ante la vista de Dios mi pecado, en el cual yo fui concebido y nací».[6] Jesús no fue concebido bajo Adán como cabeza, ni le fue imputado el pecado original, puesto que vino a la tierra como el Hijo eterno, para ser el nuevo Adán y nuevo cabeza de su pueblo.[7] El pecado original no es esencial a la naturaleza humana, sino simplemente accidental; el Hijo pudo asumir, y asumió nuestra humanidad en toda su plenitud, aunque sin heredar la culpa y la corrupción de Adán.

Y una vez más vemos aquí el impacto del dualismo metafísico en los radicales del siglo dieciséis. La antítesis Dios–mundo era tan marcada, que muchos anabaptistas sostenían una forma de docetismo, en la cual creían que el Hijo había asumido una «carne celestial» en lugar de una humanidad verdadera procedente de la virgen María en el poder del Espíritu.[8] Siguiendo la doctrina de Kasper Schwenkfeld y Melchior Hoffman, Menno Simons sostenía que «no hay nada que encontremos en todas las Escrituras según lo cual la Palabra haya asumido nuestra carne...».[9] John à Lasco, teólogo reformado polaco, estuvo al frente del cambio con respecto a esta postura tal como la enseñaba

---

6. Catecismo de Heidelberg, Pregunta 36.
7. Kuyper, *Holy Spirit*, p. 87.
8. Cita sobre este tema y sobre las ideas opuestas de Lasco y Calvino.
9. Menno Simons, «The Incarnation of Our Lord», en *The Complete Works of Menno Simons*, trad. al inglés por L. Verduin, ed. J. C. Wenger (Scottsdale, PA: Herald Press, 1956), p. 829.

Menno Simons y la criticaba Calvino en la *Institución*, acusándola de ser una confusión gnóstica (específicamente maniquea) del pecado con la cualidad de humanidad, e invocando la regla patrística antiapolinarista, según la cual, todo aquello que el Hijo no asumió, no lo salvó.[10] Aunque esta doctrina había tenido una recepción ambivalente entre los seguidores de Menno, el historiador menonita Leonard Verduin sostiene que tenía su base en una división más profunda entre Dios y el mundo, que incluía una «discontinuidad en el aspecto de la cristología».[11] En opinión de Verduin, la doctrina reflejaba la oposición más general entre Dios y el mundo (en el que se incluía a la Iglesia visible).[12]

Ciertamente, el hecho de restarle importancia a la encarnación es una forma de socavar la importancia del Espíritu Santo. A pesar del énfasis retórico en cuanto al *Espíritu* sobre la realidad de las criaturas, en realidad, lo que tiene en mente este tipo de piedad es la realidad *espiritual*. ¿Para qué se necesita al Espíritu Santo en la encarnación, si el Hijo todo lo que hizo fue tomar una naturaleza casi humana procedente de un material celestial? Ahora bien, existen formas más ortodoxas de restarle importancia a la humanidad de Cristo, y por tanto, a la importancia del Espíritu. Comparto este veredicto de Sinclair Ferguson: «Este aspecto del ministerio del Espíritu ha sufrido de un considerable abandono en la historia de la teología, a pesar de unas excepciones dignas de ser mencionadas. Abraham Kuyper tenía razón cuando escribió que "la Iglesia nunca ha confesado de manera suficiente la influencia que ejerció el Espíritu Santo sobre la obra de Cristo". Desde muy temprano, en la descripción del Mesías hecha por Isaías, aquel había sido visto como el Hombre del Espíritu *por excelencia* (Isaías 11.1; 42.11; 61.1) ».[13] Dado el hecho de que la misión del Espíritu consiste en centrar la atención en Cristo, no es de sorprendernos que la teología cristiana haya puesto su mayor peso en la cristología. Sin embargo, alejada de una fuerte pneumatología, hasta la misma cristología sufre, puesto que el significado salvador de la humanidad de Cristo queda eclipsado por un énfasis totalmente centrado en su divinidad.

Es importante que veamos que, incluso desde su concepción, Jesús fue dotado con unos dones extraordinarios que no se debían de forma específica a su divinidad, la gloria de la cual él se había apartado, sino a la rica dotación

---

10. Calvino, *Institución*, 2.13.4.
11. Leonard Verduin, *The Reformers and Their Stepchildren* (Grand Rapids: Eerdmans, 1964), p. 256.
12. Ibíd., p.256.
13. Sinclair Ferguson, *The Holy Spirit, Contours of Christian Theology* (Downers Grove, IL: InterVarsity Press, 1997), p. 37.

que le dio el Espíritu Santo. Jesús era débil, como lo somos nosotros, pero su rostro estaba totalmente vuelto hacia el Padre, como una flor que atara su vida con el sol. «Mi alimento es hacer la voluntad del que me envió y terminar su obra —les dijo Jesús» (Juan 4.34). No solo en su encarnación, sino también en su vida y ministerio, Jesús siempre dependió del Espíritu mientras iba cumpliendo la palabra de su Padre (Mateo 12.31). Ciertamente, es verdad que sus milagros revelan su divinidad, como lo reconocían sus discípulos: «¿Qué clase de hombre es este, que hasta los vientos y las olas le obedecen?» (Mateo 8.27). Sin embargo, esas maravillas también identifican a Jesús como el Siervo dotado por el Espíritu y presentado por los profetas.

No solo los dones, sino también el Dador mismo le fue dado a Jesús por el Padre, tal como el Señor mismo hizo saber: «El enviado de Dios comunica el mensaje divino, pues Dios mismo le da su Espíritu *sin restricción*» (Juan 3.34). Los profetas recibieron el Espíritu en diversas medidas. Eliseo le suplicó a Elías que le concediera ser «el heredero de tu espíritu por partida doble» (2 Reyes 2.9). En cambio, Jesús recibiera al Espíritu Santo de una manera total. Por supuesto, él no es solamente profeta, pero sí es un profeta, el profeta más grande que Moisés, y no se debe mezclar lo que recibió con las relaciones eternas dentro de la Trinidad inmanente. Se trata de un suceso histórico–redentor que habilita a Jesús como el Siervo del Señor para que cumpla su ministerio terrenal a favor nuestro. Aunque había dejado a un lado la gloria debida a su divinidad, Jesús ya estaba recibiendo dones *sobre su humanidad* con el fin de enriquecernos a todos nosotros. Además de esto, Jesús ejerció estos dones y fue recibiendo unas bendiciones cada vez mayores por su obediencia. Aumentó en sabiduría, en entendimiento, en consejo y en el temor del Señor (las mismas características que identificarían al Mesías dotado por el Espíritu, según Isaías 11.2–3) y aprendió aquellas Escrituras que hablaban de él (Lucas 2.52). «Aunque era Hijo, mediante el sufrimiento aprendió a obedecer» (Hebreos 5.8).

Cuando recibió el bautismo de Juan, Jesús ya estaba comenzando a «cumplir con lo que es justo» (Mateo 3.15), no solo en cuanto a sí mismo, sino en cuanto a aquellos que él representaba:

> Tan pronto como Jesús fue bautizado, subió del agua. En ese momento se abrió el cielo, y él vio al Espíritu de Dios bajar como una paloma y posarse sobre él. Y una voz del cielo decía: «Este es mi Hijo amado; estoy muy

complacido con él». Luego el Espíritu llevó a Jesús al desierto para que el diablo lo sometiera a tentación. (Mateo 3.16–4.1; cf. Marcos 1.12–13)

La versión de Lucas dice: «Jesús, lleno del Espíritu Santo, volvió del Jordán y fue llevado por el Espíritu al desierto. Allí estuvo cuarenta días y fue tentado por el diablo» (Lucas 4.1–2a). El verbo traducido aquí [*anēchthē*], y traducido como «llevado» en realidad indica una acción más fuerte: «sacar a la fuerza», o «hecho zarpar», como un barco. El Espíritu llevó a Jesús al desierto para recapitular la prueba de Adán y de Israel durante cuarenta días y cuarenta noches, y lo sostuvo durante esta prueba. En lugar de exigir el alimento que necesitaba, Jesús soportó la prueba invocando la palabra de Dios en el poder del Espíritu (vv. 10–11; cf. Lucas 4.8–13).

El Espíritu no llevó a Jesús por encima de la vida natural con su exposición a peligros, pruebas, tentaciones y sufrimientos, sino que lo fue haciendo entrar en ella cada vez más profundamente. Nos aprovecharía pensar en esto durante nuestras propias pruebas y tentaciones. Tal vez pensemos que el Espíritu es el que obra de manera milagrosa, por encima de este mundo y de sus peligros, para impedir que tengamos que atravesar «el valle tenebroso» (Salmos 23.4). Sin embargo, ni siquiera en esta vida única del Salvador sin pecado, la vida ungida por el Espíritu fue una vida de pasar por encima de la existencia común y corriente en el mundo. El Espíritu llevó al Salvador al desierto, donde este experimentó no solo los poderes y principados demoníacos que actuaron sin restricciones de ninguna clase, como piratas dedicados al pillaje y la destrucción, sino que tuvo que vérselas personalmente con su mismo capitán. Y esto lo hizo *por nosotros*, sin amigo alguno, pero con la comunión de su compañero eterno, para librarnos a nosotros y a su mundo de todo lo que nos profana.

John Owen hace notar que, al principio de la vieja creación,

El Espíritu Santo vino y cayó en las aguas, amándolas totalmente, y comunicándoles una cualidad prolífica y vivificadora, como un ave, o en particular una paloma, que se mueve con sus patas hasta que, con su calor generador y por medio de él, les ha comunicado un calor vital; así ahora, al comienzo de la nueva creación, viene como paloma sobre ellas el que ha sido el autor inmediato de ellas, y virtualmente las ha comprendido en sí mismo, llevándolas adelante por virtud de su presencia con ellas.[14]

---

14. Owen, *Discourse*, p. 75.

Owen apela a una antigua liturgia bautismal siria en la cual se incluía esta conexión. El bautismo de Jesús también es eco de «la paloma que le trajo a Noé la noticia de que el diluvio había cesado... y proclamó la paz para aquellos que quisieran regresar a Dios por medio de él, el gran pacificador», (Efesios 2.14-17).[15]

Los reyes del Antiguo Testamento eran ungidos como siervos designados por Dios con aceite, símbolo del Espíritu. En cambio el Mesías, el Ungido, sería ungido con el Espíritu sin medida. Esta profecía es especialmente clara en Isaías 61.1–2, como ya hemos visto. Aquel que finalmente cumple la promesa del Año de Jubileo será identificado por esta unción del Espíritu. Y es precisamente este texto el que Jesús lee en la sinagoga al principio de su ministerio público, anunciando: «Hoy se cumple esta Escritura en presencia de ustedes» (Lucas 4.16–21). Puesto que sus oyentes comprendieron claramente lo que Jesús estaba proclamando, estuvo a punto de que lo lanzaran desde un despeñadero (vv. 29–30). Como parte del evangelio mismo, Pedro proclama «cómo lo ungió Dios [a Jesús] con el Espíritu Santo y con poder, y cómo anduvo haciendo el bien y sanando a todos los que estaban oprimidos por el diablo, porque Dios estaba con él» (Hechos 10.38).

La respuesta no está en restarle importancia a la divinidad de Cristo, en especial teniendo en cuenta los siglos de moralismo arriano, sino en reintegrar el hilo pneumatológico y el cristológico a lo largo de toda la extensión de nuestra teología, desde la antropología hasta la eclesiología. Cuando le atribuimos todos los milagros de Jesús exclusivamente a su divinidad, por ejemplo, un sutil nestorianismo nos empuja a imaginar que Jesús pasaba de su naturaleza divina a la humana cuando se encontraba cansado, hambriento o falto de conocimiento, y después volvía a cambiar a su naturaleza divina cuando sanaba o realizaba otros milagros. Esto no les hace justicia ni a la humanidad plena de Cristo y la unidad de su persona divino–humana, ni al Espíritu Santo, «el Señor y dador de vida» en relación con Jesucristo. Los atributos de su divinidad nunca fueron transferidos a su humanidad. Y aun así, su persona es plenamente divina y plenamente humana.

En Jesús, tenemos a *Dios* asumiendo la naturaleza y la misión de la humanidad en la creación, de manera que pudiera hacer llover sobre sus compatriotas las riquezas que él alcanzaba en nuestra naturaleza, como nuestro representante humano y en el poder del Espíritu Santo. Jesús es Dios. Pero es también el primer ser humano que finalmente, no se resiste al Espíritu Santo.

---

15. Ibíd.

Lo que hace es obedecer la palabra del Padre en plena conformidad con el poder del Espíritu, y lo hace todo *por nosotros*, en nuestro nombre, como nuestra nueva cabeza adámica. Él da el Espíritu sin medida, porque posee él primeramente el Espíritu también sin medida, y por medio de la unión con él, nosotros también somos ungidos como profetas, sacerdotes y reyes.

A lo largo de todos los Evangelios, los prodigios que realiza Jesús no son distintos a muchos de los realizados por profetas antiguos cuando el Espíritu venía sobre ellos. Resucitó a la hija de Jairo en Marcos 5 en una escena que recuerda a Elías resucitando al hijo de la sunamita en 2 Reyes 4. Jesús no solo es el Señor del pacto que ordena, sino también el Siervo del pacto que obedece en el poder del Espíritu Santo. Es más que el profeta lleno del Espíritu que anhelaba Moisés, pero podemos estar seguros de que no es menos que él. Jesús mismo dice que atribuir sus milagros a Satanás es blasfemia, no contra su divinidad, sino contra el Espíritu Santo (Marcos 3.29; cf. Mateo 12.31–32; Lucas 12.10).

La dependencia del Señor con respecto al Espíritu en cuanto a su misión se hace evidente también en la escena de la transfiguración. Así como el Espíritu guio a los hebreos a través del mar Rojo por medio de la resplandeciente columna de nube, ahora envuelve a Jesús y a sus discípulos en la nube celestial, junto con Moisés y con Elías, con los que él hablaba acerca de «la partida [griego: *exodos*] de Jesús, que él estaba por llevar a cabo en Jerusalén» (Lucas 9.31). No obstante, la reacción de Pedro, en busca de un refugio con respecto a la majestad gloriosa, señala que se trata de una sombra previa y temporal de una transfiguración más grandiosa que va a envolver a Cristo junto con sus santos en la era por venir. La reacción de Pedro, aunque típica de él, no es injustificada. La nube *es* simplemente el reino de los cielos traído a la tierra, y su gloria emana del Espíritu. El otro único momento en el que esto sucede también, es en la propia ascensión: «Habiendo dicho esto, mientras ellos lo miraban, fue llevado a las alturas hasta que una nube lo ocultó de su vista» (Hechos 1.9). En ambos casos, la nube envuelve a Jesús mientras él está hablando.

En defensa de la humanidad plena de Cristo, Gregorio Nacianceno estipulaba: «Porque aquello que él no ha asumido, no lo ha sanado; pero aquello que está unido a su Divinidad, también está salvado».[16] De manera similar, podemos decir que todo cuanto él no hizo como el siervo del pacto dependiente del Espíritu, ha quedado sin hacer. Es digno de observar que Cristo se ofreciera a sí mismo «por medio del Espíritu eterno… sin mancha a Dios» (Hebreos 9.14),

---

16. Gregorio Nacianceno, *Letters* 101 (NPNF2 7:440).

y «según el Espíritu de santidad fue designado con poder Hijo de Dios por la resurrección» (Romanos 1.4). «Él sufrió la muerte en su cuerpo, pero el Espíritu hizo que volviera a la vida» (1 Pedro 3.18). Y el hecho de que nosotros seamos elevados a la gloria celestial en Cristo es igualmente dependiente de este mismo Espíritu. Owen afirma: «Fue el Espíritu Santo quien glorificó la naturaleza humana de Cristo, y la preparó en todo sentido para que residiera eternamente a la diestra de Dios, y se convirtiera en patrón de la glorificación de los cuerpos de aquellos que creen en él. Aquel que primero hizo *santa* su naturaleza, ahora la hizo *gloriosa*».[17] El Espíritu es el Señor y dador, no solo de la vida biológica, sino también de la escatológica (2 Corintios 3.6).[18] El mismo Espíritu que resucitó a Jesús, nos resucitará a nosotros en el último día (Romanos 8.11).

Dada esta dependencia del Hijo encarnado en el Espíritu Santo en cuanto a su persona y su obra, podemos llegar con el teólogo ortodoxo John Zizioulas a la conclusión de que el ministerio terrenal de Cristo no solo estaba condicionado a la actividad del Espíritu, sino que estaba constituido por esa misma actividad. Por decirlo de una manera diferente, el Espíritu no solo aplica la redención, sino que fue un agente principal de ella. Él fue el que revistió al Redentor de nuestra humanidad, lo guio y sostuvo en su ministerio, y lo levantó de entre los muertos como primicia escatológica. Por ser él quien es, y por haber hecho lo que hizo en el poder del Espíritu, y porque ese mismo poder es el que nos une a su persona y su obra, Cristo ya no es para nosotros un personaje más dentro de la historia de esta era pasajera, sino el *adán* que representa a su nueva humanidad; él es cabeza de su cuerpo, que es la Iglesia.[19]

¿Cómo es posible que un personaje de la historia se convierta para nosotros en esta cabeza federal de la nueva humanidad? Orígenes y sus herederos teológicos presuponen un mapa cosmológico en el cual esta pregunta ni siquiera se suscita. La historia, los cuerpos y las cabezas federales pertenecen todos, en la línea de pensamiento que desciende de Orígenes, al mundo inferior del cual las

---

17. Owen, *Discourse*, p. 182.

18. La prosa de Basilio se vuelve poética al resumir este punto. ¿De dónde viene la vida? ¿Es del advenimiento de Cristo? El Espíritu es precursor. El obrar milagros y los dones de sanidad son por medio del Espíritu Santo. Los demonios son echados fuera por el Espíritu de Dios. El diablo ha sido convertido en nada por la presencia del Espíritu. La remisión de pecados fue por el don del Espíritu, porque «fueron lavados, fueron santificados... en el nombre del Señor Jesucristo, y en el santo Espíritu de nuestro Dios». Hay una relación estrecha con Dios por medio del Espíritu, porque «Dios ha enviado al Espíritu de su Hijo a nuestros corazones, clamando Abba, Padre». La resurrección de los muertos es realizada por la operación del Espíritu... (*On the Holy Spirit* 19.49 [NPNF2 8:30–31]).

19. John Zizioulas, *Being as Communion: Studies in Personhood and the Church* (Crestwood, NY: St Vladimir's Seminary Press, 2002), p. 110.

almas deificadas buscan emanciparse. En cambio, esta pregunta sí surge una y otra vez en Ireneo, con su énfasis en la recapitulación («reencabezamiento») de la humanidad por Cristo. Es el Espíritu quien crea esta unión: primero la de la divinidad del Hijo con nuestra humanidad, y después la de cada creyente con Cristo. Zizioulas lo explica así:

> Aquí el Espíritu Santo no es alguien que nos *ayuda* a salvar la distancia existente entre Cristo y nosotros, sino la persona de la Trinidad que realiza realmente en la historia eso que llamamos el Cristo, esa entidad absolutamente relacional, nuestro Salvador. En este caso, nuestra cristología está condicionada de forma *esencial* por la pneumatología, no solo de forma secundaria, como en el primer caso; de hecho, es *constituida* de una manera pneumatológica.[20]

Porque el Padre nos da el Hijo a nosotros en y por el Espíritu, el Hijo nos lleva a una relación con del Padre por la cual nosotros también, y por ese mismo Espíritu, podemos clamar: «¡Abba! ¡Padre!» y dirigirnos a Dios como «nuestro Padre del cielo». Así como el Logos solo se pudo hacer carne por obra del Espíritu, nosotros no podemos decir «"Jesús es el Señor" sino por el Espíritu Santo» (1 Corintios 12.3). No solo es el Espíritu Santo el don del Hijo, sino que el Hijo encarnado es en primer lugar, el don del Espíritu (junto con el Padre).

Aun después de pasarse tres años junto a Jesús, la comprensión de los discípulos acerca de la persona y la obra de Cristo, y mucho más aún su testimonio a favor de él, dependían de que descendiera del cielo otro testigo, el Espíritu Santo. Puesto que Jesús aún tiene una historia, también la tenemos nosotros, y porque él tiene un lugar, también lo tendremos nosotros: donde él está. Y él va a venir de nuevo para llevarnos a ese lugar. Mientras tanto, el que se haya marchado abre una fisura en la historia donde el Espíritu, por vez primera en la historia de la redención, no solo va a dirigir, guiar e iluminar al pueblo–templo, sino que va a habitar de manera permanente dentro de los miembros de ese pueblo. Jesús dijo: «Yo le pediré al Padre, y él les dará otro Consolador para que los acompañe siempre: el Espíritu de verdad… No los voy a dejar huérfanos» (lee Juan 14.16–18).

---

20. Ibíd., pp. 110–111

# CAPÍTULO 4

# El Espíritu del juicio del último día y de poder

¿Cuáles son las imágenes que nos vienen de inmediato a la mente cuando pensamos en el Espíritu Santo? ¿No es cierto que lo asociamos primeramente con una delicada brisa, un susurro, la paz, el amor y una dulce paloma? Como veremos, esas imágenes consoladoras están presentes. No obstante, lo que nos debería sorprender enseguida acerca de lo que dice Jesús sobre él es la forma en que asocia el derramamiento del Espíritu con el juicio y el poder, la justificación y la renovación. Antes de explorar las palabras de Jesús, es bueno que rastreemos estas dos funciones del Espíritu a lo largo de toda la historia de la redención.

## El Espíritu de juicio

La teología moderna ha sido especialmente alérgica a los énfasis de tipo judicial o forense. Lo típico es que la ubicación de las teorías alternas haya sido la cristología, con Jesús considerado mayormente como un simple mortal con el grado más elevado de conciencia divina y el elemento forense sumergido en el misticismo (como es el caso de Schleiermacher) o el moralismo (como en Ritschl). Esta es una tendencia teológica que ha continuado en diversos campos, entre ellos el de los estudios bíblicos, como en la obra de C. H. Dodd, W. D. Davies, E. P. Sanders y muchos otros.[1] De maneras diversas, estos eruditos

---

1. Lee Mark Seifrid, «In What Sense is "Justification" a Declaration?» en *Churchman* 114 (2000): pp. 123–136.

se han manifestado cautelosos en cuanto a la propiciación y otros aspectos judiciales de las enseñanzas cristianas. En lugar de considerar que la obra de Cristo comprende la satisfacción de la justicia divina, la han tratado como una afirmación de solidaridad entre Dios y la humanidad, y sus intentos por superar unas relaciones y estructuras sociales torcidas.

Sin embargo, ha surgido una nueva crítica de las enseñanzas tradicionales entre los teólogos pietistas y pentecostales en estos últimos años. Algunos, como Stanley Grenz, han seguido buscando construcciones alternas en la cristología.[2] En cambio, otros apelan a la pneumatología como un correctivo de las categorías forenses.[3] Aun en el caso de que se conceda que existe un cierto grado de verdad en el argumento de que una soteriología centrada en Cristo resalta el tema del juicio y de una redención que se halla unida a la particularidad de Jesús, una teología centrada en el Espíritu le sirve de contrapeso. Según Clark Pinnock, el énfasis en el Espíritu «ayuda a la teología a hablar de la salvación en términos "de relación y afecto", en lugar de forenses y judiciales», además se permite una «amplitud en la misericordia de Dios» con respecto a otras religiones.[4] «El acceso a la gracia es menos problemático para la teología cuando la consideramos desde el punto de vista del Espíritu», añade, «porque mientras que Jesús denota particularidad, Espíritu denota universalidad».[5]

No obstante, incluso algunos de los defensores de las teologías centradas en el Espíritu reconocen la asociación del Espíritu con el juicio en la Biblia. Mark Wallace escribe acerca del «rostro doble del Espíritu al estilo del dios Jano, porque tanto sana como empeora la situación de las víctimas dentro de las historias de la Biblia», y sostiene que a menos que nos enfrentemos con estos textos (y al parecer, los suprimamos), estaremos perpetuando «la ignorancia estudiada del "lado oscuro" del Espíritu dentro de la teología contemporánea».[6]

En la discusión que sigue, yo sostengo que este supuesto «lado oscuro» del Espíritu es el juicio que conduce a la salvación. También pongo en tela de juicio toda oposición entre el Hijo y el Espíritu, ya sea en función de la oposición

---

2. Stanley Grenz, *Revisioning Evangelical Theology: An Agenda for the 21st Century* (Downers Grove, IL: IVP Academic, 1993).

3. Ver por ejemplo Frank D. Macchia, *Justified in the Spirit* (Grand Rapids: Eerdmans, 2010). Considero que esta misma tendencia es central en la obra de Veli-Matti Kärkkäinen.

4. Clark Pinnock, *Flame of Love: A Theology of the Holy Spirit* (Downers Grove, IL: InterVarsity Press, 1999), p. 149.

5. Ibíd., 188.

6. Mark I. Wallace, «The Green Face of God: Recovering the Spirit in an Ecocidal Era», en *Advents of the Spirit*, eds. Bradford E. Hinze y D. Lyle Dabney, *Marquette Studies in Theology* (Milwaukee: Marquette University Press, 2001), 462n17.

entre un patrón supuestamente relacional, contra otro forense, o bien un alcance particular contra un alcance universalista. Desde un punto de vista bíblico–teológico, podemos ver la grandeza de las operaciones judiciales *del Espíritu*.

En las Escrituras se identifica al Espíritu con «estos días finales» (Hebreos 1.2) y con «las últimas cosas», porque su papel consiste en completar la obra del Padre en el Hijo. Su presencia es la señal de las «cosas por venir» (Juan 16.13): la consumación. Esto era cierto en el Edén, e incluso antes (Génesis 1.2), cuando el Espíritu se movía sobre las aguas, sondeando y separando. Al igual que un capataz que inspecciona los cimientos y vuelve con su informe al arquitecto y al contratista, el Espíritu unió su juicio al del Padre y del Hijo: «Es muy bueno».

La Creación solo fue el principio. Como cabeza federal de la raza humana, Adán debía imitar a su Creador por medio de una prueba de seis días, y después entrar en la consumación del *Sabbat* de Dios como el representante público de todos nosotros. El Espíritu es la garantía y el guardián de esta consumación, representada de manera sacramental por el árbol de la vida. Él es quien termina la obra de convertir un caos en un cosmos (Génesis 1.2) y la obra de hacer del hombre «un ser viviente», al soplar en Adán «el hálito de vida» (2.7). Después aparece «al aire del día» (RVR1977), esto es, en juicio, para enjuiciar a Adán y Eva por haber quebrantado el pacto y así haber perdido la entrada a la gloria del *Sabbat* (3.8).

El papel del Espíritu como testigo divino (un papel judicial ante el tribunal) es central en esta historia.[7] Sin embargo, queda oscurecido por la frecuencia con que se traduce *ruaj* como viento o aire en estos versículos (Génesis 1.2; 3.8). Este es el caso en particular en Génesis 3.8. Si parece tener poco sentido el que se mencione al viento natural dentro del contexto de un proceso judicial, tiene menos sentido aún el que llegara el juez divino «cuando el día comenzó a *refrescar* [*ruaj*]». En lugar de esto, dadas las asociaciones del «día del Señor» (*yom yhwh*) con el juicio, esta frase se debería traducir «en el Espíritu del día». Apenas han quebrantado el pacto, la pareja real se da a la fuga; no con respecto a una suave brisa, sino con respecto al Espíritu del juicio. Esta es la razón por la cual Jesús describe al Espíritu Santo como el «Consolador», *paraklētos*, un abogado que va a convencer al mundo de pecado

---

7. Estoy en deuda con Meredith G. Kline en muchos de estos puntos. Puedes leer su disertación «The Holy Spirit as Covenant Witness» (ThM diss., Westminster Theological Seminary, 1972); ídem, *Kingdom Prologue: Genesis Foundations for a Covenantal Worldview* (Eugene, OR: Wipf & Stock, 2006); e ídem, *Images of the Spirit* (Grand Rapids: Baker, 1980; repr., Eugene, OR: Wipf & Stock, 1999).

(Juan 16.7–8). Esto es lo que el Espíritu ya está haciendo en el huerto después de que fuera quebrantado el pacto original.

En los profetas, la visitación del Espíritu va inseparablemente conectada con el día del Señor, que es un día de juicio: «¡Ay de los que suspiran por el día del Señor! ¿De qué les servirá ese día si va a ser de oscuridad y no de luz? Será como cuando alguien huye de un león y se le viene encima un oso... ¿No será el día del Señor de oscuridad y no de luz? ¡Será por cierto sombrío y sin resplandor!» (Amós 5.18–19). Isaías profetiza diciendo: «Un día vendrá el Señor Todopoderoso contra todos los orgullosos y arrogantes... Los hombres se meterán en las cuevas de las rocas, y en las grietas del suelo, ante el terror del Señor y el esplendor de su majestad, cuando él se levante para hacer temblar la tierra» (2.12a, 19). Sin embargo, en ese mismo capítulo comienza la visión de las naciones que subirán a Sión «en los últimos días» (v. 2). El día del Señor es identificado, tanto con el Día de Jubileo, cuando los presos son puestos en libertad, como con el juicio final y la paz perdurable. Y se puede ver con claridad el papel desempeñado por el Espíritu en ambos aspectos de este acontecimiento (Isaías 42.1; 48.16), particularmente en Isaías 61, texto del cual anunció Jesús que se cumplía en él (Lucas 4.18–21). Sin embargo, es interesante que Jesús omita la segunda mitad de la profecía, «y el día de la venganza de nuestro Dios», puesto que esta parte de la profecía debía esperar su regreso en gloria.

Miqueas repite la profecía de Isaías 2 casi al pie de la letra, según la cual el día del Señor trae juicio, justicia perdurable y paz a la tierra (Miqueas 4.1–5). Finalmente, en Joel, el día del Señor se convierte en el tema que aparece una y otra vez. De las dieciocho veces que estas palabras aparecen en los profetas (Isaías 13.6, 9; Jeremías 46.10; Ezequiel 13.5; 30.3; Amós 5.18–20; Abdías 15; Sofonías 1.7, 14; Malaquías 4.5), cinco aparecen en Joel. El derramamiento del Espíritu en los últimos días no solo traerá consigo convicción, reivindicación y justificación, sino que, a causa de esto, transformará la experiencia de Dios que tienen los creyentes (busca por ejemplo Joel 2.28–32, texto que cita Pedro en su sermón del día de Pentecostés).

El carácter del Espíritu como testigo divino está estrechamente relacionado con «el ángel de su presencia» (Isaías 63.9; cf. Éxodo 32.34; 33.2).[8] Por tanto, el pacto no es algo a lo que llegamos solamente en el Sinaí, o en el mejor de los casos, con Abraham; toda la narración acerca de la creación abunda en imágenes y fórmulas relacionadas con el pacto, que se harían más claras en

---

8. Kline, *Images of the Spirit*, p. 16.

la economía mosaica, y más claras aún en el Nuevo Testamento. El Espíritu Santo daba testimonio en la nube a favor de los israelitas y contra el faraón y sus huestes. «Y al ver los israelitas el gran poder que el SEÑOR había desplegado en contra de los egipcios, *temieron al SEÑOR y creyeron en él y en su siervo Moisés*» (Éxodo 14.31, cursiva añadida). Recordaremos estas palabras cuando Jesús promete la venida del Espíritu, el cual convencerá al mundo de juicio y llevará a su pueblo a la fe en su Siervo Jesús.

El anuncio al cual me he referido va seguido por el Cántico de Moisés. En él, este profeta y mediador del pacto adorna la historia de la recreación con un lenguaje tomado de Génesis 1.2. Las aguas del diluvio se agitaban con furia:

> Pero con un soplo [*ruaj*] tuyo se los tragó el mar; ¡se hundieron como plomo en las aguas turbulentas!... Por tu gran amor guías al pueblo que has rescatado; por tu fuerza los llevas a tu santa morada... Tú los harás entrar, y los plantarás, en el monte que te pertenece; en el lugar donde tú, SEÑOR, habitas; en el santuario que tú, SEÑOR, te hiciste. ¡El SEÑOR reina por siempre y para siempre! Cuando los caballos y los carros del faraón entraron en el mar con sus jinetes, el SEÑOR hizo que las aguas se les vinieran encima. Los israelitas, sin embargo, cruzaron el mar sobre tierra seca. (Éxodo 15.10, 13, 17–19)

El Espíritu es el testigo divino ante el pueblo de su pacto, no solo en defensa de ellos, sino también en testimonio contra ellos. Él desciende en su nube, y cubre con ella el Sinaí: «Y el SEÑOR le dijo [a Moisés]: "Voy a presentarme ante ti en medio de una densa nube, para que el pueblo me oiga hablar contigo y así tenga siempre confianza en ti...". El monte estaba cubierto de humo, porque el SEÑOR había descendido sobre él en medio de fuego» (Éxodo 19.9, 18). En este pacto, Israel jura guardar la ley, y Moisés lo rocía con sangre para confirmar su juramento. Es una dramática escena de tribunal, que aterra incluso al propio Moisés (cf. Hebreos 12.21). La meta de su venida en la nube de gloria es producir convicción, con el fin de hacer que su palabra sea accesible para el pueblo, y de certificar a Moisés como el mediador.

La nube de gloria se cierne, resplandeciente con la luz del fuego. Sin embargo, este Espíritu que da testimonio, juzga y justifica siempre se está moviendo en su carro–trono, «impulsado por los seres alados», como observa Kline. Este añade que la nube en realidad es «un vehículo del juicio divino, que se mueve con la velocidad de la luz para ejecutar la sentencia del Rey... También, la formación de doble columna asumida por la nube de Gloria como columna de nube y columna de fuego es conceptualizada en la Biblia como los pies de Dios, que se presentan como testimonio divino».[9] «El arca del pacto, situada debajo de la gloria entronizada es llamado en conformidad "el lugar donde reposan" los pies de Dios (Isaías 60.13)».[10]

Se vuelve evidente, en especial a partir de la súplica de Moisés en Éxodo 33.14-17, que la presencia divina (representada en la nube) tiene una función judicial de distinguir a Israel de las naciones, sin mencionar la de certificar el liderazgo de Moisés, impugnado con tanta frecuencia. Cuando la nube descansaba en algún lugar a lo largo de su viaje por el desierto, el campamento de Israel descansaba; cuando la nube se levantaba y se comenzaba a mover de nuevo, el pueblo comenzaba de nuevo a marchar con Judá a la cabeza. En todos estos detalles vemos una flecha que nos apunta al futuro desde la promesa a su cumplimiento en el León de la tribu de Judá, con el Espíritu como garantía de esa promesa.

El Espíritu, al tomar residencia en el templo terrenal, envuelto en su nube de gloria, siguió siendo un testigo a favor y en contra de Israel. *Moviéndose, cubriendo, llenando*; estos son los «verbos fuertes» asociados con la obra del Espíritu en la historia, y estos verbos le hacen una justicia mayor a la condición de persona del Espíritu, que el «lazo de amor». El Espíritu no tiene nada de pasivo, ni de tímido o vulnerable, y mucho menos de ser un benigno consolador. Él es el Señor soberano que ejecuta convicción, juicio y justificación.

El Espíritu está asociado con la purificación por medio del juicio, que se hallaba con frecuencia dentro del contexto de los sacrificios por el pecado:

> De la presencia del Señor salió un fuego, que consumió el holocausto y la grasa que estaban sobre el altar. Al ver esto, todo el pueblo prorrumpió en gritos de júbilo y cayó rostro en tierra. (Levítico 9.24)

> Cuando Salomón terminó de orar, descendió fuego del cielo y consumió el holocausto y los sacrificios, y la gloria del Señor llenó el templo. (2 Crónicas 7.1)

---

9. Kline, *Images of the Spirit*, pp. 18–19.
10. Ibíd., 19n16.

En ese momento cayó el fuego del Señor y quemó el holocausto, la leña, las piedras y el suelo, y hasta lamió el agua de la zanja. (1 Reyes 18.38)

Con espíritu de juicio y espíritu[a] abrasador, el Señor lavará la inmundicia de las hijas de Sión y limpiará la sangre que haya en Jerusalén... Por sobre toda la gloria habrá un toldo. (Isaías 4.4–6)

Con el recuerdo de estos sucesos, es con el que pudo decir el escritor de Hebreos: «¡Cuánto más la sangre de Cristo, quien por medio del Espíritu eterno se ofreció sin mancha a Dios, purificará nuestra conciencia de las obras que conducen a la muerte, a fin de que sirvamos al Dios viviente!» (Hebreos 9.14).

Subrayando el paralelismo existente entre el pacto con Adán y el pacto del Sinaí, el relato del cántico de Moisés en Deuteronomio 32 tiene enfocado en su juicio más el futuro de Israel, que su pasado en Egipto. Primeramente, se remonta hasta la creación, con la obra del Espíritu de dividir, someter y llenar. «Cuando el Altísimo dio su herencia a las naciones, cuando *dividió* a toda la humanidad, les *puso límites* a los pueblos según el número de los hijos de Israel. Porque la porción del Señor es su pueblo; Jacob es su herencia asignada» (vv. 8–9, cursiva añadida). Dios no necesitaba un terreno, porque su pueblo era su lugar: «Lo halló en una tierra desolada, en la rugiente soledad del yermo. Lo protegió y lo cuidó; lo guardó como a la niña de sus ojos» (v. 10). «Como un águila que agita el nido y revolotea sobre sus polluelos, que despliega su plumaje y los lleva sobre sus alas», él los llevó a lugar seguro (v. 11). Por si la imagen de la creación no estuviera lo suficientemente clara, es instructivo saber que el único lugar del Pentecostés, además de este, en el cual se usa la palabra hebrea traducida en el versículo 10 como «desolada», es Génesis 1.2.

Así como Yahvé les dio a Adán y Eva una tierra de generosa abundancia, también Israel recibió una abundante prosperidad. «Lo hizo cabalgar sobre las alturas de la tierra y lo alimentó con el fruto de los campos... ¡Bebió la sangre espumosa de la uva!» (Deuteronomio 32.13–14). Sin embargo, el cántico se torna oscuro; el festín celebrado con Dios se convierte en lamento cuando Israel «engordó y pateó... Abandonó al Dios que le dio vida y rechazó a la Roca, su Salvador» (v. 15). Al presentar las acusaciones en esta demanda relacionada con el pacto, Yahvé anula las bendiciones, lo cual es un eco de Génesis 3. En lugar de que el pueblo disfrute de la prosperidad de su presencia, Yahvé enviará «a que los consuman el hambre, la pestilencia nauseabunda y la plaga mortal» (v. 24). Hasta los animales que Dios había puesto bajo el dominio del ser humano se rebelarán por orden de Yahvé: «Lanzaré contra ellos los colmillos de las fieras y el veneno de las víboras que se arrastran por el polvo» (v. 24).

Vemos el ministerio judicial del Espíritu en el ministerio de los profetas, abogados acusadores en el caso de Yahvé contra Israel. Así como el Espíritu se movía sobre las aguas en juicio, dividiendo y distribuyendo límites y criaturas que reinaran sobre cada ámbito; así como se movía sobre Israel en la columna de nube y de fuego, controlando la experiencia de Israel en cuanto al día y la noche, como sol y luna de Jacob, de igual manera se levanta en la columna del testigo y en la nube del juicio, tanto para juzgar como para defender. Y, al igual que Adán, Israel se negaba a seguir a la nube para entrar al descanso del *Sabbat* de Dios. Tal como Oseas profetizaría: «Son como Adán: han quebrantado el pacto, ¡me han traicionado!» (Oseas 6.7). Una vez más, el reposo del *Sabbat*, aunque esta vez de manera solamente tipológica, fue abortado por la infidelidad del compañero de pacto. El mismo Espíritu cuya presencia separa judicialmente al pueblo como su nación escogida, testifica ahora en cuanto al hecho de que ese pueblo ha quebrantado su pacto, retirándole su presencia.

En realidad, el exilio no comenzó cuando el pueblo fue llevado a Babilonia, sino cuando aún se dedicaba a su vida diaria, violando el pacto, y el Espíritu se había marchado del santuario. Mientras el Espíritu se hallaba allí, toda la tierra tenía paz y provisiones en abundancia. En cambio, cuando el pacto fue violado por completo, la salida del Espíritu dejó aquel grandioso edificio convertido en un simple cascarón de su gloria anterior; nada más que un edificio público común que sería habitado por la maleza y los chacales.

Y aun así, aunque Israel ha violado la ley, Yahvé sorprende al prometer: «Mi Espíritu permanece en medio de ustedes» (Hageo 2.5). Su presencia equivale a juicio, pero también a consuelo. Él «¡hará temblar a todas las naciones! Sus riquezas llegarán aquí» (Hageo 2.5–9).

En la recreación del nuevo éxodo, Jesús, el último Adán y el Israel fiel, ciertamente el templo verdadero de la presencia de Dios con nosotros, es bautizado, y el Espíritu desciendo sobre él en forma de ave (como el águila en el Éxodo). Moviéndose sobre las aguas, el Espíritu se une al Padre en la confirmación de la identidad de Jesús como Hijo, y de su misión mesiánica. Tiene una importancia crucial el que inmediatamente después de esto, y de hecho es tratado como una consecuencia de su unción bautismal, «el Espíritu llevó a Jesús al desierto para que el diablo lo sometiera a tentación» (Mateo 4.1). No se podría haber hecho una conexión más estrecha entre el Espíritu y el juicio; en concreto, la prueba del pacto. Se vuelve a repetir la escena de Adán, aunque esta vez en reversa. En lugar de comenzar con la abundancia y terminar con una maldición, esta vez el Siervo del pacto comienza compartiendo el hambre y las privaciones, pero guarda la palabra de Dios sin hacer caso de los halagos de Satanás destinados a lograr que él escogiera el camino de la glorificación de sí mismo, en lugar de la obediencia.

Finalmente, en Apocalipsis 10 encontramos una instantánea de la consumación misma:

> Después vi a otro ángel poderoso que bajaba del cielo envuelto en una nube. Un arco iris rodeaba su cabeza; su rostro era como el sol, y sus piernas parecían columnas de fuego. Llevaba en la mano un pequeño rollo escrito que estaba abierto. Puso el pie derecho sobre el mar y el izquierdo sobre la tierra, y dio un grito tan fuerte que parecía el rugido de un león. (vv. 1–3a)

Dadas las imágenes que se presentan, es difícil imaginarse que este pudiera ser otro distinto al ángel del Señor que aparecía en las teofanías del Antiguo Testamento. Este personaje está envuelto en el Espíritu (la nube), debajo del símbolo del juramento de paz hecho por Dios (el arco iris), y es un león cuyo rostro resplandece como el sol, y unas piernas como columnas de fuego. ¿Acaso las imágenes apocalípticas no señalan al Hijo del Hombre «que viene en las nubes» al final de la era, en juicio y venganza por su pueblo? (Busca Mateo 24.29–31; 25.31–32). Los versículos siguientes de Apocalipsis 10 señalan que esta figura angélica puso un pie en el mar y el otro en la tierra, al mismo tiempo que levantaba la mano para hacer un juramento solemne (confirmado de forma sacramental por el arco iris). Esta escena sugiere nada menos que al Salvador ascendido recibiendo a su pueblo en el *Sabbat* eterno que él le ha ganado.[11]

La función judicial del Espíritu en este gran drama judicial también es destacada en Romanos 1.4: Cristo Jesús «según el Espíritu de santidad fue designado con poder Hijo de Dios por la resurrección…». Es común asociar el título de «Hijo del Hombre» con la humanidad de Jesús, y el de «Hijo de Dios» con su divinidad. Sin embargo, en el contexto judío las connotaciones eran exactamente las opuestas. El «Hijo del Hombre» en Daniel y en la

---

11. Kline, *Images of the Spirit*, p. 19.

literatura del Segundo Templo es nada menos que una persona divina (como en 2 Esdras), mientras que «Hijo de Dios» era un título mesiánico.[12]

Jesús es Dios, eternamente uno con el Padre, y sin embargo, el papel desempeñado por el Espíritu en su resurrección de entre los muertos tiene que ver de manera específica con su humanidad, y es de tipo judicial. Por supuesto, Pablo enseñaba que Jesús es el Hijo eterno, y que se le ha de adorar como tal. Sin embargo, la glorificación a la que él se refiere en Romanos 1.4 es resultado del hecho de haber sido reivindicado por el Espíritu como el último Adán, y por tanto, el comienzo de la nueva creación. En otro lugar, llega incluso a situar la resurrección–reivindicación de Jesús por el Espíritu como un elemento de un credo: «No hay duda de que es grande el misterio de nuestra fe: él se manifestó como hombre; fue vindicado por el Espíritu, visto por los ángeles, proclamado entre las naciones, creído en el mundo, recibido en la gloria» (1 Timoteo 3.16).

Entre ecos de Génesis 2.7, el Señor resucitado sopla sobre los discípulos en Juan 20 para que reciban el Espíritu Santo:

> Al atardecer de aquel primer día de la semana, estando reunidos los discípulos a puerta cerrada por temor a los judíos, entró Jesús y, poniéndose en medio de ellos, los saludó. —¡La paz sea con ustedes! Dicho esto, les mostró las manos y el costado. Al ver al Señor, los discípulos se alegraron. —¡La paz sea con ustedes! —repitió Jesús—. Como el Padre me envió a mí, así yo los envío a ustedes. Acto seguido, sopló sobre ellos y les dijo: —Reciban el Espíritu Santo. A quienes les perdonen sus pecados, les serán perdonados; a quienes no se los perdonen, no les serán perdonados. (Juan 20.19–23)

Esta aparición posterior a la resurrección se produce en el primer día de la semana, y no en el último, puesto que se trata del comienzo de la nueva creación. La semana de duro trabajo bajo la maldición ha quedado ahora detrás de Jesús. Sin embargo, todo lo que él logró, lo hizo por nosotros. La escena de Apocalipsis 10, con el ángel poderoso, al cual cubre el arco iris como un halo, y que tiene la mano levantada para hacer un juramento de paz eterna, encaja bien con este episodio de Juan 20. Con el fin de confirmar esto y prepararlos

---

12. Ver Craig A. Evans, «Jesus's Self-Designation "The Son of Man" and the Recognition of His Divinity», en *The Trinity: An Interdisciplinary Symposium on the Trinity*, eds. Stephen T. Davis, Daniel Kendall y Gerald O'Collins (Nueva York: Oxford University Press, 1999), pp. 30–39.

para que sean sus embajadores de paz, sopla al Espíritu Santo en ellos, como coherederos de la nueva humanidad llena del Espíritu que él ha inaugurado.

El principal efecto no es que ellos fueran hacedores de milagros, o que tuvieran poder sobre las naciones, sino que les estaba entregando el poder de las llaves para perdonar y retener los pecados en su nombre. Recuerda la respuesta que les dio Jesús a los setenta y dos que regresaron para informarle de su victoria sobre los demonios en nombre de él. «Yo veía a Satanás caer del cielo como un rayo —respondió él—… Sin embargo, no se alegren de que puedan someter a los espíritus, sino alégrense de que sus nombres están escritos en el cielo» (Lucas 10.17–20).

Así como la nube de gloria en el templo terrenal envolvía al concilio judicial de la Trinidad y las huestes celestiales, los apóstoles llenos del Espíritu pronunciarán su paz hasta los extremos de la tierra. En ese caso, definitivamente, llevar la imagen de Dios es llevar su cetro como virreyes, pero esta vez no a base de someter la creación y gobernarla desde una capital geopolítica, sino con la función judicial de absolución y disciplina en el templo siempre en expansión que solo el Espíritu puede edificar.

La ascensión–exaltación del Señor es mucho mayor que una simple confirmación de su divinidad. Esta solo nos podría instruir a nosotros. Sin embargo, en este suceso, es en su humanidad que él comparte con nosotros en la que ha sido glorificado, como el principio de la resurrección de entre los muertos. Y así como la obra del Espíritu constituyó su identidad encarnada en su humillación, ahora su obra de reivindicación escatológica constituye su identidad en su exaltación. Al unirnos a Cristo, la obra del Espíritu es constitutiva de nuestra identidad como seres humanos que compartimos la nueva creación. El Espíritu nos une, no a la divinidad de Cristo, sino a esa humanidad gloriosa que es inseparable de la única persona divino–humana que él es.

En una formulación trinitaria explícita, Pedro proclama en el día de Pentecostés: «Exaltado por el poder de Dios [a causa de su obediencia], y habiendo recibido del *Padre* el *Espíritu Santo* prometido, [*el Hijo encarnado*] ha derramado esto que ustedes ahora ven y oyen» (Hechos 2.33). A continuación, cita Salmos 110.1: «Dijo el Señor a mi Señor: "Siéntate a mi derecha, hasta que ponga a tus enemigos por estrado de tus pies"» (vv. 34b–35). Y el apóstol explica además que David no podía haber dicho esto acerca de sí mismo, puesto que él nunca ascendió al cielo. La única respuesta adecuada consiste en arrepentirse y bautizarse en el nombre de Jesucristo «para perdón de sus pecados... y recibirán el don del Espíritu Santo» (v. 38).

De todas estas formas diversas, se está apelando a la historia del pacto antiguo en cuanto a la investidura real, que comienza en el Edén con el hálito de vida del Espíritu, y es seguida por toda la imaginería sacerdotal de vestiduras gloriosas y el acontecimiento en el cual Cristo sopló sobre sus discípulos. «Cuando se usa la figura de la investidura», escribe Kline, «aquello de lo que "se reviste" es el hombre nuevo creado a imagen de Dios (Efesios. 4.24; Colosenses 3.10), o Cristo, el Señor (Romanos 13.14; Gálatas 3.27; cf. Efesios 2.15; 4.13), o la gloria de resurrección de la inmortalidad (1 Corintios 15.53; 2 Corintios 5.2ss.)... En el vocabulario de Pedro, llegar a tener parte en la naturaleza divina expresa una renovación realizada a imagen de Dios (2 Pedro 1.4)».[13]

La profecía de Joel acerca del derramamiento del Espíritu «en esos días» es otro componente clave del sermón de Pedro en el día de Pentecostés, y es inequívocamente de tipo judicial. Hasta la acusación de los observadores de que estaban ebrios nos recuerda a Jeremías, quien fue llamado como abogado de Dios para ejecutar las maldiciones del pacto contra los falsos profetas: «En cuanto a los profetas: Se me parte el corazón en el pecho y se me estremecen los huesos. Por causa del SEÑOR y de sus santas palabras, hasta parezco un borracho, alguien dominado por el vino» (Jeremías 23.9).

Raymond Dillard señala que Joel 3.1–5 (2.28–32 en nuestras traducciones) es reflejo directo de Números 11.1–12.8. Escribe al respecto:

> El Espíritu de Dios en el Antiguo Testamento es primordialmente el Espíritu de la profecía. En Números 11, el deseo de Moisés de tener ayuda con sus cargas (11.11, 17) lleva a Dios a enviar su Espíritu a setenta de los ancianos... Cuando pasamos a Joel vemos que aparecen de nuevo varios de estos temas. La oración de Moisés será respondida: Dios derramará su Espíritu sobre todo Israel, y todo el pueblo de Yahvé se convertirá en un pueblo de profetas. El vocabulario clave tomado de Números 11–12 se encuentra en Joel 3.1–5. El pueblo de Dios va a profetizar (Números 11.25–29; Joel 3.1): los métodos de revelación que caracterizan a los profetas (sueños y visiones, Números 12.6) se convertirán en la experiencia de todo el pueblo de Dios (Joel 3.1); el derramamiento del Espíritu

---

13. Kline, *Images of the Spirit*, 29.

de Dios ya no será la experiencia de los menos (Números 11.25; 12.6), sino al contrario, la experiencia de todos (Joel 3.1)... Ambos contextos reflejan también una función judicial en la posesión del Espíritu. Los setenta ancianos deberán ser los sustitutos de Moisés, y funcionar como jueces (Números 11.17; cf. Éxodo 18.13–27); en Joel, el derramamiento escatológico de la dotación profética va unido a la venida del Señor para juzgar a las naciones (Joel 3.4; 4.12). Las multitudes no acuden a tomar una decisión, sino a escuchar lo que ha decidido Dios (4.14)... Ambos contextos también contienen una teofanía de fuego que aparece para juzgar (Números 11.1–3; Joel 1.19–20; 2.3, 5; 3.3). En cada uno de los derramamientos del Espíritu vemos que se halla dentro de un contexto que incluye el juicio de algunos en Israel (Números 11.31–35; 12.9–15; Joel 3.5); no todos sobreviven.[14]

Sin embargo, en Pentecostés, Dios se manifiesta, no en un fuego *devorador*, sino como una llama de testimonio encima de cada creyente con respecto a la palabra misma que proclama Pedro (Hechos 2.3–4).

El Espíritu ha regresado al santuario, pero no al complejo de edificios que se halla a solo unos pasos del sitio donde tuvo lugar la manifestación de Pentecostés. Ahora, el Espíritu es derramado sobre cada uno de los testigos, y toma residencia en el interior de ellos. Esta ocupación personal de individuos por la gloria de Dios, el Espíritu que divide y que une, era desconocida en el pacto antiguo. La presencia divina no va a habitar sobre el Lugar Santísimo, sino en el interior de los que forman su pueblo, y que se han convertido en su templo (Hechos 2.3; 1 Corintios 3.16–17; 6.19; 2 Corintios 6.16; Efesios 2.19–22). Esto a su vez da lugar al surgimiento de la «cualidad profética de todos los creyentes», señala Dillard.[15] Y añade:

En el material juanino, el Espíritu es de manera preeminente el Consolador que vendría, el agente de la regeneración. En el corpus paulino, el Espíritu es de manera preeminente el poder de la nueva era y la era venidera. Sin embargo, en Lucas/Hechos es donde encontramos al Espíritu de Dios en su papel más frecuente en el Antiguo Testamento, como el Espíritu de la

---

14. Raymond B. Dillard, «Intrabiblical Exegesis and the Effusion of the Spirit in Joel», en *Creator, Redeemer, Consummator: A Festschrift for Meredith G. Kline*, eds. Howard Griffith y John R. Muether (Greenville, SC: Reformed Academic Press, 2000), pp. 90–91.

15. Ibíd., p. 92.

profecía. Por tanto, no nos tiene que sorprender que cuando Lucas relata las palabras de despedida dirigidas por Jesús a sus seguidores, les promete que van a recibir poder para dar testimonio cuando el Espíritu Santo descienda sobre ellos (Hechos 1.8).[16]

Solo a causa de lo que Cristo ha realizado, es posible que el pacto antiguo sea llamado «el ministerio de muerte» y «el ministerio de condenación», simbolizado por la gloria que llevaba Moisés en el rostro cuando descendió del Sinaí con las tablas de la ley, y que se fue desvaneciendo (2 Corintios 3.7–9). En contraste con esto, el nuevo pacto es «el ministerio del Espíritu» y «el ministerio de justicia» (también los vv. 7–9). Aunque no le atribuyo demasiado peso a este concepto, tiene sentido el que traduzca la justicia (*dikaiosynē*) aquí como «justificación», puesto que Pablo la yuxtapone con la «condenación» (v. 9). En todo caso, esta es precisamente la misión judicial que Jesús revela como central a la obra del Espíritu en estos últimos días. El Jesús resucitado sopla al Espíritu Santo, el otro abogado divino, sobre los discípulos, con el fin de prepararlos como instrumentos suyos para esta misión judicial.

Es este contraste entre «letra» y «Espíritu» señalado en 2 Corintios 3.6 el que las sectas entusiastas han interpretado de manera errónea como el mundo externo contra el interno. Sin embargo, dentro de su contexto se ve con claridad que no se trata de un contraste entre la predicación o las Escrituras, por una parte, y un «mundo interior» por otra; tampoco es un contraste entre el sentido literal de las Escrituras y su significado espiritual más profundo. Lo que nos quiere decir Pablo es lo mismo que dijo el Señor con estas palabras: «El Espíritu da vida; la carne no vale para nada. Las palabras que les he hablado son espíritu y son vida» (Juan 6.63). Puesto que sus palabras son espíritu y son vida, el contraste se presenta entre la gracia soberana del Espíritu Santo, y los intentos de los seres humanos muertos en el pecado por tratar de salvarse a sí mismos.

La «letra» no mata porque sea *escrita*, sino porque la ley de Moisés en sí misma no es salvífica; no nos puede *declarar* justos, ni tampoco nos puede *hacer* justos. No nos puede liberar de la culpa del pecado, ni de su dominio. En cambio, el «ministerio del Espíritu» realiza ambas cosas. Gracias sean dadas a Dios porque el pacto del Sinaí era temporal, y ahora «ya se está extinguiendo», de manera que nos podamos unir a Dios en un pacto que «permanece»

---

16. Ibíd.

(2 Corintios 3.11). Esta misma idea es la presentada en la conclusión sobre el argumento inicial de Pablo en Romanos cuando este alcanza su punto más elevado en 3.20–22.

Los creyentes del Antiguo Testamento fueron justificados de la misma manera que nosotros, «no por las obras de la ley» (Gálatas 2.16), pero los términos de la ley mosaica misma son precisos y prometen bendiciones temporales a condición de que se cumplan sus preceptos. A través de su legislación cúltica, Dios proporcionó unos sacrificios temporales para el pecado, pero como el escritor de la carta a los Hebreos hizo evidente, solo se trataba de un simple «cubrir» los pecados que solo pudo ser eliminado para siempre por Jesucristo (Hebreos 10.11–12). Además de esto, el perdón no solo se puede hallar únicamente en el evangelio, sino que la nueva obediencia puede aparecer solo cuando el Espíritu escribe su ley en nuestros corazones, tal como fue profetizado en Jeremías 31. Hasta en el propio Deuteronomio hay un fascinante contraste entre la orden dada a los israelitas de circuncidar sus propios corazones (10.16) y la promesa divina, al profetizar que Israel es incapaz de hacer esto: «El Señor tu Dios quitará lo pagano que haya en tu corazón y en el de tus descendientes, para que lo ames con todo tu corazón y con toda tu alma, y así tengas vida» (30.6). Se trata de un sorprendente augurio de la promesa del nuevo pacto dentro del contexto de la propia ley mosaica.

Por consiguiente, la función judicial del Espíritu no solo está relacionada con la justificación, sino también con la santificación y la glorificación. La tercera persona de la Deidad es no solo el Espíritu de juicio, sino también de poder. Estos dos aspectos del ministerio del Espíritu se superponen entre sí, con el último presuponiendo el primero, de la misma forma que la santificación presupone la justificación. «Ahora bien, el Señor es el Espíritu; y, donde está el Espíritu del Señor, allí hay libertad. Así, todos nosotros, que con el rostro descubierto reflejamos como en un espejo la gloria del Señor, somos transformados a su semejanza con más y más gloria por la acción del Señor, que es el Espíritu» (2 Corintios 3.17–18).

Vemos aquí la estrecha conexión entre la función judicial del Espíritu y el concepto de la imagen de Dios. A causa del ministerio del Espíritu, los creyentes ven «la gloria de Dios» y son transformados por esta visión, mientras que el evangelio está «encubierto… para los que se pierden» (2 Corintios 4.3). En los versículos que siguen, escuchamos el eco del discurso de despedida de Jesús:

El dios de este mundo ha cegado la mente de estos incrédulos, para que no vean la luz del glorioso evangelio de Cristo, el cual es la imagen de Dios. No nos predicamos a nosotros mismos, sino a Jesucristo como Señor; nosotros no somos más que servidores de ustedes por causa de Jesús. Porque Dios, que ordenó que la luz resplandeciera en las tinieblas, hizo brillar su luz en nuestro corazón para que conociéramos la gloria de Dios que resplandece en el rostro de Cristo. (vv. 4–6)

Más allá de la glorificación de los santos, se halla la reivindicación de Dios mismo por medio del juicio final encomendado a Cristo, aunque no sin la ayuda del poder del Espíritu omnipotente. «Este punto de vista descarta el que consideremos la obra del Espíritu como solamente la salvación de los redimidos», observa Kuyper. «Nuestro horizonte espiritual se amplía, porque lo principal no es que los elegidos sean plenamente salvos, sino *que Dios sea justificado en todas sus obras* y glorificado por medio del *juicio*».[17] Así, el ministerio del Espíritu no es menos judicial que el del Hijo encarnado, y no está menos interesado en la salvación de los elegidos de Dios: «A los que predestinó, también los llamó...» (Romanos 8.30).

## EL ESPÍRITU DEL PODER ESCATOLÓGICO: EL ORDEN DE LA NUEVA CREACIÓN, ESTABLECIDO A PARTIR DEL CAOS

Además de su oficio judicial, el Espíritu es identificado a lo largo de las Escrituras con un poder renovador y transformador. No solo da testimonio a favor y en contra de los pecadores de manera interna, sino que también transforma sus corazones. Él viene de lo alto, esto es, del futuro, *de la edad por venir*, donde habita eternamente en el gozo del *Sabbat* con el Padre y el Hijo.

El Espíritu corta, divide y distribuye, actividades asociadas con operaciones judiciales, sin embargo, con el propósito mismo de llenar y liberar la creación con el poder de su energía fructificadora.

El Espíritu no vino solamente sobre los profetas como abogados de su pacto, sino también sobre los reyes ungidos para que gobernaran, y sobre los guerreros de Israel para que obtuvieran la victoria en su santa guerra. «El Espíritu del SEÑOR vino sobre Otoniel, y así Otoniel se convirtió en caudillo

---

17. Abraham Kuyper, *The Work of the Holy Spirit*, trad. al inglés de Henri De Vries (Nueva York: Funk & Wagnalls, 1900; repr., Grand Rapids: Eerdmans, 1979), p. 9.

de Israel y salió a la guerra» (Jueces 3.10). Lo mismo se dice de los guerreros Gedeón (6.34), Jefté (11.29), Sansón (14.6, 19), e incluso Saúl (1 Samuel 11.6) y Balán (Números 24.2).

Ciro el Grande, quien formó el imperio más grande de la historia hasta sus tiempos, también fue llamado «ungido» de Dios (Isaías 45.1); es el único que no era judío, y que recibió este título mesiánico. Dios había tomado su mano derecha «para someter a su dominio las naciones» y «para abrir a su paso las puertas y dejar abiertas las entradas» (v. 1).

> Por causa de Jacob mi siervo, de Israel mi escogido, te llamo por tu nombre y te confiero un título de honor, aunque tú no me conoces. Yo soy el Señor, y no hay otro; fuera de mí no hay ningún Dios. Aunque tú no me conoces, te fortaleceré, para que sepan de oriente a occidente que no hay ningún otro fuera de mí. Yo soy el Señor, y no hay ningún otro. Yo formo la luz y creo las tinieblas, traigo bienestar y creo calamidad; Yo, el Señor, hago todas estas cosas. (Isaías 45.4–7)

Los exiliados no se debían avergonzar de que su Dios ungiera a un rey pagano para redimirlos. «Levantaré a Ciro en justicia; allanaré todos sus caminos. Él reconstruirá mi ciudad y pondrá en libertad a mis cautivos, pero no por precio ni soborno. Lo digo yo, el Señor Todopoderoso» (v. 13).

Sin embargo, se ve con claridad que Ciro es simplemente una sombra precursora del gran rey libertador. Como el zapato de Cenicienta, las profecías terminan sirviendo solamente en los pies de Jesús. De manera repetida, se habla del único Mesías como del linaje de David y, sin embargo, «se le darán estos nombres… Dios fuerte» (9.6). Además de esto, él salva a Israel por medio de su muerte y resurrección sustitutas para su justificación (cap. 53).

Al volver a Isaías 45, descubrimos alusiones a la creación en el pasado, y a la consumación en el futuro. Primeramente, Dios explica que él «creó los cielos» y «formó la tierra»; «que no la creó para dejarla vacía, sino que la formó para ser habitada» (v. 18). Esta última declaración es eco de Génesis 1.2, con su conexión a la energía fertilizante del Espíritu. Dios hizo toda la creación, no como un lugar vacío, sino como un ámbito lleno de criaturas, dirigidas por sus criaturas–reyes respectivos en agradecido desfile para que les pase revista el Gran Rey. En segundo lugar, el Señor declara que su pueblo «será salvado por el Señor con salvación eterna; y nunca más volverá a ser avergonzado ni humillado» (v. 17). En tercer lugar, por tanto,

«Vuelvan a mí y sean salvos, todos los confines de la tierra, porque yo soy Dios, y no hay ningún otro. He jurado por mí mismo, con integridad he pronunciado una palabra irrevocable: Ante mí se doblará toda rodilla, y por mí jurará toda lengua. Ellos dirán de mí: "Solo en el Señor están la justicia y el poder"». Todos los que contra él se enfurecieron ante él comparecerán y quedarán avergonzados. Pero toda la descendencia de Israel será vindicada y exaltada en el Señor. (vv. 22–25)

Con la profecía sobre el nuevo templo que aparece en Zacarías 4.6, Yahvé le da una tranquilidad a su pueblo: «Esta es la palabra del Señor para Zorobabel: "No será por la fuerza ni por ningún poder, sino por mi Espíritu", dice el Señor Todopoderoso». Él es el Espíritu de juicio y de poder.

Al hacer resaltar su poderosa agencia para llevar a cabo toda palabra del Padre en el Hijo, se describe al Espíritu como la mano de Dios. Por medio de esta mano, la ley fue escrita en las tablas de Éxodo 31.18. Los magos del faraón, incapaces de imitar la producción de mosquitos durante las plagas de Yahvé, declararon con horror: «En todo esto anda la mano de Dios» (Éxodo 8.19). A la luz de esto, Jesús declaró: «Pero, si expulso a los demonios con el poder de Dios, eso significa que ha llegado a ustedes el reino de Dios (Lucas 11.20). Solo en Cristo todas las cosas permanecen unidas, ya sea en la creación en general, o en la Iglesia en particular. Pero es el Espíritu el que une a él todas esas cosas. Procedente del Padre y en el Hijo, el Espíritu no solo comparte el declarar lo correcto, sino también el hacer lo correcto. Tanto en el juicio como en el poder para renovar, él es *la mano de Dios*.

# CAPÍTULO 5

# UN INTERCAMBIO DE LUGARES: EL DISCURSO DE DESPEDIDA

«Suéltame, porque todavía no he vuelto al Padre. Ve más bien a mis hermanos y diles: "Vuelvo a mi Padre, que es Padre de ustedes; a mi Dios, que es Dios de ustedes"» (Juan 20.17). Desde esta primera aparición a María después de la resurrección, Jesús está deshabituando ya a sus discípulos de su presencia corporal en la tierra, tal como observa John Owen, precisamente para que «busquen la promesa del Espíritu Santo y confíen en ella». Y continúa diciendo: «De aquí que diga nuestro apóstol: "Aunque antes conocimos a Cristo de esta manera, ya no lo conocemos así" (2 Corintios 5.16); porque aunque haya sido un gran privilegio conocer a Cristo en este mundo según la carne, con todo, ha sido un privilegio mucho mayor disfrutar de él en la dispensación del Espíritu».[1] Jesús realizó la redención pero es aquel que debía permanecer en el cielo «hasta que llegue el tiempo de la restauración de todas las cosas, como Dios lo ha anunciado desde hace siglos por medio de sus santos profetas» (Hechos 3.21). La gran obra del Espíritu es la proclamación del evangelio y la persuasión interna de su veracidad.

El discurso de despedida de Jesús se refiere a un intercambio de funciones (Juan 14–16). A medida que se va desarrollando, comenzamos a ver con una claridad cada vez mayor lo importante del impacto del Espíritu y de quién *es* en la obra que comparte con Jesús. Jesús estampa en los corazones de sus confusos y temerosos discípulos la idea de que su partida es una ganancia neta.

---

1. John Owen, «A Discourse concerning the Holy Spirit», en el vol. 8 de *The Works of John Owen*, ed. William H. Goold, 16 vols. (Edimburgo: Banner of Truth, 1965), p. 25.

Necesitamos a Jesucristo, en el trono de nuestra humanidad glorificada, a la diestra del Padre, sometiendo a los enemigos de su reino e intercediendo por nosotros. Pero también necesitamos al Espíritu Santo para que realice lo que solo él puede realizar: obrar en nuestro interior para producir el arrepentimiento y la fe, y para interceder desde nuestro interior, de manera que nos relacionemos con el Padre llenos de gozo como hijos adoptivos suyos, y no por medio del temor (Romanos 8.15).

## EL DON DEL PADRE EN EL HIJO

Antes de su ascensión, Jesús les dice a sus discípulos que esperen en Jerusalén «la promesa del Padre, de la cual les he hablado... Dentro de pocos días ustedes serán bautizados con el Espíritu Santo... Cuando venga el Espíritu Santo sobre ustedes, recibirán poder» (Hechos 1.4–5, 8; cf. Lucas 24.49). No tenemos necesidad de especular sobre lo que los discípulos oyeron decir a Jesús con respecto al Espíritu Santo. Cualquier otra cosa que él haya dicho acerca del Espíritu debe haber sido una explicación más amplia de lo que les había dicho en el discurso de despedida.

Aunque Juan se centra en el sermón, más que en la Cena, el discurso de Jesús se produce en el aposento alto durante la Pascua y la institución de la Cena del Señor, tal como nos lo informan los evangelios sinópticos: «Esto es mi sangre del pacto, que es derramada por muchos para el perdón de pecados» (Mateo 26.28). Y esto es motivado en especial por el anuncio que hace Jesús de su partida. Este marco señala ya la importancia de la Eucaristía como una intersección congestionada entre la cristología y la pneumatología, y donde la edad por venir irrumpe en medio de esta edad presente de maldad.

Ahora bien, la escena nos plantea un problema, que era un obstáculo casi insuperable en aquellos momentos para los discípulos. ¿Cómo podía Cristo prometer que estaría presente siempre en medio de su pueblo, al mismo tiempo que anunciaba su partida? Si no nos enfrentamos con franqueza a la ausencia real de Jesús desde su ascensión, nos perdemos una oportunidad crucial de valorar el significado de su presencia real en el poder del Espíritu. Es de una gran importancia el que el sermón que predica Jesús *al instituir la Cena* hable de este «intercambio de lugares», puesto que es de manera especial el propósito de esta comida sacramental que *nos* coloca en esa precaria intersección entre las dos edades.

—¿Y a dónde vas, Señor? —preguntó Simón Pedro. —Adonde yo voy, no puedes seguirme ahora, pero me seguirás más tarde. —Señor — insistió Pedro—, ¿por qué no puedo seguirte ahora? Por ti daré hasta la vida. —¿Tú darás la vida por mí? ¡De veras te aseguro que antes de que cante el gallo, me negarás tres veces!" (Juan 13.36–38).

Entonces intervino Tomás. «—Señor, no sabemos a dónde vas, así que ¿cómo podemos conocer el camino? —Yo *soy* el camino, la verdad y la vida —le contestó Jesús—» (Juan 14.5–6, cursiva añadida). No obstante esto, Felipe le suplica: «Señor..., muéstranos al Padre» (14.8). La pregunta de Felipe es la última gota de agua. Jesús parece estar exasperado ante el hecho de que sus discípulos no puedan comprender que él es el camino. «¡Pero, Felipe! ¿Tanto tiempo llevo ya entre ustedes, y todavía no me conoces? El que me ha visto a mí ha visto al Padre. ¿Cómo puedes decirme: "Muéstranos al Padre"?» (v. 9). Felizmente, y para nuestro bien, esas preguntas provocaron que Jesús diera la explicación más amplia de la que disponemos con respecto a la misión del Espíritu. «¡Levántense, vámonos de aquí!», les dice (v. 31). Se acerca la hora, y su éxodo se halla en el ambiente. Él va a realizar su propio éxodo, asumirá su trono vencedor y enviará al Espíritu para que distribuya el botín de la victoria.

Escuchamos aquí ecos de la transición del ministerio de Elías al de Eliseo. «Cuando se acercaba la hora en que el Señor se llevaría a Elías al cielo en un torbellino», varios miembros de la comunidad de profetas le preguntaron a Eliseo: «¿Sabes que hoy el Señor va a quitarte a tu maestro, y a dejarte sin guía? —Lo sé muy bien; ¡cállense!» (2 Reyes 2.1–3). Entonces Eliseo le juró a Elías: «Tan cierto como que el Señor y tú viven, te juro que no te dejaré solo» (v. 4). Pero Elías le dijo a Eliseo que le hiciera una última petición «antes que me separen de tu lado» (v. 9). Eliseo le contestó: «Te pido que sea yo el heredero de tu espíritu por partida doble» (v. 9). Después de esto, observó con angustia cómo Elías era separado de él por un poderoso viento (v. 11). Agarrando sus ropas y rasgándolas, se puso el manto de Elías «golpeó el agua [del río Jordán] con el manto y exclamó: «¿Dónde está el Señor, el Dios de Elías?». En cuanto golpeó el agua, el río se partió en dos, y Eliseo cruzó» (2 Reyes 2.12–14). Se trata de un pequeño éxodo, en el cual un Eliseo abatido descubre lo que quería decir su mentor que ya había partido cuando él le decía: «Te juro que no te dejaré solo». Y la herencia del Espíritu «por partida doble» fue un pequeño Pentecostés.

La respuesta a las ansiosas preguntas de los discípulos (Juan 14.1–14) no consiste en restarle importancia a la realidad de su partida hasta que regrese en la carne, sino en prometerles el Espíritu Santo (14.15–31). ¿Dónde está el Dios de Elías... y de Jesús? Sabrán la respuesta completa en el día de Pentecostés. Jesús no solo nos *muestra* el camino, sino que él mismo *es* ese camino. Ellos no lo pueden seguir ahora hasta donde él va. Pero van a estar unidos a él después de su ascensión de una manera nueva, pero incluso más íntima, después de Pentecostés. Así como Jesús fue solo a la cruz y fue alzado sobre ella también solo, ahora ascendería solo al Padre. Únicamente él podría realizar aquellas obras. Y sin embargo, no las realizó solamente como una persona privada, sino como *nuestro* representante público. Solo cuando llegara el Espíritu con poder, tanto ellos como nosotros entraríamos a participar en el éxodo de Jesús.

Muy pronto, los discípulos ya no se limitarían a caminar junto a Jesús, y comer y beber comidas en común con él «según la carne» (2 Corintios 5.16, RVR1977). El Espíritu los unirá a Cristo como las ramas a la vid (Juan 15.1–5). Gracias a la obra realizada por él, ellos van a estar realmente en capacidad de comer su carne y beber su sangre para vida eterna, como él lo había prometido en Juan 6. Los discípulos ya están limpios porque le pertenecen a él; ya son ramas con fruto, porque pertenecen a la vid. Jesús les dice que ya no los llamará siervos, sino amigos. «No me escogieron ustedes a mí, sino que yo los escogí a ustedes y los comisioné para que vayan y den fruto, un fruto que perdure. Así el Padre les dará todo lo que le pidan en mi nombre» (15.16). El fruto es el amor, particularmente de forma mutua en la comunión de los santos (v. 17). Ellos van a constituir una nueva familia, alrededor de la cual crecerá una nueva humanidad.

El Espíritu es la respuesta a la ansiedad que ellos sienten con respecto a la partida de Jesús. ¿Por qué los habría de abandonar Jesús en esa hora, en la cual ellos están a punto de establecer al Mesías en el trono de su padre David en Jerusalén? El patrón del curso seguido por Jesús a lo largo de los días siguientes es una recapitulación de una historia que les es familiar a los discípulos: la historia de Israel en el éxodo, la conquista y la distribución de la herencia entre las doce tribus. Sin embargo, no se trata de una nueva presentación de unos episodios del pasado. Es más bien la realidad de la cual el patrón del pacto antiguo era solamente un avance del espectáculo a punto de suceder.

## OTRO ABOGADO

Jesús identifica al Espíritu como «otro abogado», otro *paraklētos* (Juan 14.16). Los comentaristas, e incluso los mismos traductores, han tratado con frecuencia de distinguir al Espíritu con respecto a Jesús, a base de identificar al primero como «consolador», y no como «abogado». Ya a principios del siglo tercero, Orígenes hacía la observación de que «en griego [*paraklētos*] tiene ambos significados».[2] Sin embargo, «con respecto al "paráclito" Salvador, parece tener el sentido de intercesor... En cambio, cuando se usa para referirse al Espíritu Santo, se debe entender el vocablo "paráclito" como "consolador" puesto que él es el que les da consuelo a las almas para las cuales él abre y revela una conciencia del conocimiento espiritual».[3]

Aunque léxicamente posible, la traducción como «consolador» no capta con tanta claridad la imagen tomada de los tribunales con la cual está asociado con frecuencia este término. En la literatura rabínica se transliteraba la palabra griega al hebreo y se usaba como palabra prestada del griego para dar el sentido de «abogado» o «defensor», en contraste con «acusador».[4] La mayoría de las traducciones presentan la palabra «abogado» como traducción de *paraklētos* en 1 Juan 2.1. Además de esto, Orígenes parece haber pasado por alto el texto de Romanos 8.26–27, donde Pablo le atribuye al Espíritu la labor de interceder por los creyentes. Al fin y al cabo, el apóstol le aplica también el papel de intercesor al Espíritu en estos versículos.

Por tanto, la decisión a favor de la traducción como «consolador» al referirse al Espíritu está determinada por el interés teológico en distinguir la obra de Cristo de la obra del Espíritu. Creo que esta distinción es errónea, y que le abre la puerta a la clase de contrastes peligrosos que nos hemos encontrado ya, entre un evangelio de intimidad relacional, ostensiblemente centrado en el Espíritu, y un evangelio de salvación por medio del juicio, centrado en Cristo. En el capítulo anterior vimos que el Padre y el Hijo están dedicados a la misma operación judicial, y esta realidad es vista con una claridad más precisa aún en este discurso. Jesús mismo dijo que el Espíritu Santo es *«otro* abogado» (*allos paraklētos*), y el papel que él le atribuye al Espíritu es evidentemente legal (Juan 14.16; ver 16.7–8). Si el ministerio del Espíritu es tan judicial como el de

---

2. Orígenes, *First Principles*, traducido al inglés por G. W. Butterworth (Gloucester, MA: Peter Smith, 1973), p. 119.
3. Ibíd.
4. Cf. BDAG p. 519.

Cristo, entonces también es cierto que el de Cristo no es menos consolador que el del Espíritu. Lejos de excluir la idea de un «consolador», la traducción como «abogado» nos proporciona una base más profunda y concreta para que la usemos. Precisamente porque tenemos a Dios mismo dedicado a nuestra defensa legal, es por lo que experimentamos su presencia consoladora.

En ese caso, la diferencia entre Cristo y el Espíritu no la debemos buscar en la distinción entre el juicio legal y el consuelo de una relación. Más bien la debemos hallar en el hecho de que el papel de Cristo ante el tribunal es ejercido a nuestro favor, y fuera de nosotros, mientras que el del Espíritu es ejercido desde nuestro interior, al llevarnos a reconocer nuestra culpa y recibir el perdón en Cristo antes que él vuelva para juzgar en el último día. Además de esto, es significativo que Jesús represente al Padre como aquel que envía al Espíritu. Jesús, por ser el mediador, le pide al Padre que lo haga (Juan 14.16), pero el Padre va a enviar al Espíritu en *nombre de Jesús* (v. 26). Esto destaca el punto de que todas las obras externas de la Deidad proceden del Padre, en el Hijo y por el Espíritu. En este aspecto del discurso de Jesús, la llegada del Espíritu va a provocar juicio.

En primer lugar, tenemos el juicio de *la iglesia* por *el mundo* (Juan 16.2). Jesús ya les había advertido en este discurso que así como el mundo lo acusaba a él falsamente, también haría lo mismo con sus discípulos (15.18–20). A pesar de que la obra del Espíritu en la gracia común es maravillosa, su gracia salvadora está asociada con el hecho de llevar a aquellos que él ha escogido, a la unión con el Hijo por medio del evangelio. Aquí hay poco apoyo para la idea de que una soteriología centrada en el Espíritu es más universalista que la particularidad unida a la fe en Jesucristo y al hecho de formar parte de su cuerpo eclesial. Él les dará «el Espíritu de verdad, *a quien el mundo no puede aceptar* porque no lo ve ni lo conoce. Pero ustedes sí lo conocen, porque vive con ustedes y estará en ustedes» (14.17, cursiva añadida). De manera sorprendente, al menos para los discípulos sin duda, Jesús identifica aquí al «mundo» con el Israel incrédulo. Sus discípulos serán excomulgados, expulsados de las *sinagogas* y perseguidos, incluso asesinados (cf. Apocalipsis 2.8–10). La iglesia apóstata va a expulsar a la Iglesia verdadera, llegando hasta considerar esta persecución como un acto de devoción religiosa, un «servicio» hecho a Dios (*latreia*; Juan 16.2). (Obvio ejemplo de esto será el celo de Saulo de Tarso: Hechos 8.3; Filipenses 3.6). El odio del mundo y sus falsas acusaciones contra

Cristo y los suyos son evidencia de que el Espíritu está obrando en la Iglesia, como lo estaba en el ministerio terrenal del Señor de esta.

En segundo lugar, Jesús promete que *su Espíritu* va a juzgar *al mundo*. No se trata del juicio final, el cual es puesto en las manos de Jesús cuando este regrese corporalmente. Más bien, este juicio ejecutado por el Espíritu se realiza en nuestro interior, al convencernos de nuestra culpa y de la justicia de Cristo, de manera que la recibamos por medio de la fe. Los que reciban el juicio de Espíritu *ahora*, serán justificados y por tanto, podrán comparecer sin temor alguno delante de este gran tribunal futuro. Esta es la razón por la cual la obra judicial del Espíritu es tan esencial, y tan particularmente adecuada, a esta fase presente de la redención. Solo él puede obrar en el interior de los seres humanos para levantarlos de la muerte espiritual y unirlos a Cristo, de manera que puedan comparecer sin temores en el momento del juicio final. Como Pablo también explica: «Por lo tanto, ya no hay ninguna condenación para los que están unidos a Cristo Jesús, pues por medio de él la ley del Espíritu de vida me ha liberado de la ley del pecado y de la muerte» (Romanos 8.1–2).

De manera que la obra del Espíritu en la Iglesia por medio de la Palabra se convertirá, afirma Jesús, en la ansiosa espera del gran juicio que se producirá en el futuro. El Espíritu no solo los uniría al Jesús del pasado, sino también al Jesús del presente y del futuro. El mismo Espíritu que le dio entrada en esta edad presente de maldad a la resurrección futura de los muertos al resucitar a Cristo, también resucitará a los muertos espiritualmente en espera de su resurrección corporal en el último día. El futuro ha llegado, *pero de manera paradójica, solo cuando Jesús se marche*, seremos llevados en su desfile triunfal cuando él sea entronizado en la edad por venir (lee también 1 Juan 2.1–2).

La «hora» de Jesús (que se refiere al momento de la crucifixión a lo largo de todo el Evangelio de Juan) significa su derrota en lo que respecta a sus enemigos, pero en realidad, designa su victoria. Ni siquiera los mismos discípulos comprenden esto ahora, pero lo comprenderán cuando el Espíritu les traiga a la mente las palabras de Jesús. No tenían por qué preocuparse cuando él estaba con ellos, porque no sería tomado prisionero hasta que él lo decidiera. Pero ahora es la «hora», primero para él, y después para ellos. No solo tienen miedo de perder a su amigo y señor, sino de perder sus propias vidas cuando este se marche.

Pero él les enviará a «otro abogado», otro *paraklētos* (Juan 14.16). Cuando venga este otro abogado, Jesús les dice que este «convencerá al mundo de su error en cuanto al pecado, a la *justicia* y al *juicio*» (16.8). Lo va a «convencer» (*elenxei*), lo cual significa descubrirlo como culpable. Satanás ya ha sido juzgado (vv. 10–11). Por medio de la victoria de Jesús, el perseguidor de la Iglesia es derrotado, de manera que el acusador del mundo y justificador de los creyentes pueda comenzar su misión de recuperación. El «hombre fuerte» ya está atado, de manera que Jesús y sus seguidores, con el poder del Espíritu, puedan saquear su patrimonio cruel y poner en libertad a sus prisioneros (lee Mateo 12.28–29 y textos paralelos: Marcos 3.27 y Lucas 11.21–22).

En Pentecostés vemos precisamente aquello a lo que Jesús se estaba refiriendo al decir que el Espíritu «convencería al mundo de su error en cuanto al pecado». El sermón de Pedro en el día de Pentecostés, recogido en Hechos 2, revela todos los aspectos de la obra que Jesús le atribuye aquí al Espíritu como el testigo interior de su palabra exterior. Pedro presenta la acusación contra ellos («ustedes lo mataron», v. 23), al mismo tiempo que proclama la justicia de Dios («Sin embargo, Dios lo resucitó», v. 24) y su juicio («era imposible que la muerte lo mantuviera bajo su dominio», v. 24). De manera que, por medio de la palabra externa de convicción, justicia y juicio, el Espíritu Santo crea convicción y seguridad internas. Sin esta obra interna del Espíritu, la proclamación externa no habría conducido hasta su profundo efecto: «Cuando oyeron esto, todos se sintieron profundamente conmovidos y les dijeron a Pedro y a los otros apóstoles: —Hermanos, ¿qué debemos hacer?» (v. 37). «Y aquel día se unieron a la iglesia unas tres mil personas» (v. 41).[5] Todo lo que Jesús les prometió a Pedro y a los demás discípulos en su discurso, fue cumplido en realidad en el día de Pentecostés, y se sigue cumpliendo hasta el día de hoy.

Este es el papel de los profetas: dar testimonio de la justicia de Dios y de la violación de lo estipulado en el pacto por sus socios. Esta es la razón por la cual la obra de los profetas siempre va precedida por un relato en el que el profeta es llevado ante el Espíritu, del cual él ha recibido su misión y su autoridad; su poder de abogado para hablar en el nombre de Dios. No nos ha de extrañar que al Espíritu se le llame «el Espíritu de la profecía» (Apocalipsis 19.10). «Porque la profecía no ha tenido su origen en la voluntad humana, sino que los profetas hablaron de parte de Dios, impulsados por el Espíritu Santo» (2 Pedro 1.20–21). Es la misma predicación de la Iglesia la que Pablo dice que trae convicción sobre todos, en especial sobre los no creyentes que se hallan presentes (1 Corintios 14.24). También debemos recordar los sucesos que se repitieron a

---

5. Sinclair Ferguson, *The Holy Spirit, Contours of Christian Theology* (Downers Grove, IL: InterVarsity Press, 1996), p. 70.

lo largo del ministerio de Moisés cuando Dios hablaba sus palabras en la nube. En el Sinaí, Dios le dijo al profeta: «Voy a presentarme ante ti en medio de una densa nube, para que el pueblo me oiga hablar contigo y así tenga siempre confianza en ti» (Éxodo 19.9). Dada la identificación del Espíritu con la nube de gloria, se establece una conexión inseparable entre el Espíritu y la palabra que Dios habla. Los profetas hablan «en el Espíritu». En Apocalipsis 1.10–11 se oyen ecos de Éxodo 19: «En el día del Señor vino sobre mí el Espíritu, y oí detrás de mí una voz fuerte, como de trompeta, que decía: "Escribe en un libro lo que veas y envíalo a las siete iglesias..."».

Jesús les dice a los discípulos que ellos se hallan calificados para ser testigos apostólicos, «porque han estado conmigo desde el principio» (Juan 15.27). A diferencia de los falsos pastores de Jeremías 23, los cuales proclaman unas palabras procedentes de Dios que nunca han recibido, los Doce han estado en la presencia inmediata del Dios encarnado. No obstante, Jesús también enseña aquí que el Espíritu ha estado con él «desde el principio» en un sentido mucho más primordial; de hecho, eterno. Jesús no es ahora primordialmente un testigo, sino aquel con respecto al cual se da testimonio. Él enviará al mundo a aquellos que le han conocido desde el principio de su ministerio terrenal, pero no lo hará sino hasta que ellos sean «revestidos del poder de lo alto» (Lucas 24.49; cf. Hechos 1.4–5, 8) por el Espíritu que ha estado con él desde toda la eternidad. Jesús ha sido enviado por el Padre por la poderosa obra del Espíritu Santo. El Siervo ha sido dotado con el Espíritu prometido. «Ahora voy a enviarles lo que ha prometido mi Padre» (Lucas 24.49). El Espíritu es el testigo divino que va a hacer de los discípulos de Cristo unos testigos que llegarán hasta los confines de la tierra, y se asegurará de que sus elegidos escuchen la voz de Cristo.

El ministerio del Espíritu no consiste en añadirle algo a la obra de Jesús, sino en recordarles a los discípulos lo que Jesús ha dicho (Juan 16.13). Esto es la base del Nuevo Testamento, tal como lo revelan las Escrituras. Estas palabras les fueron dichas por vez primera a los Doce; no a la Iglesia entera. Así como Jesús no hablaba con autoridad propia, sino que hablaba lo que su Padre le decía, así también el Espíritu hablará la palabra de Cristo y mantendrá a la Iglesia en la verdad. La comunión trinitaria es obvia: el Padre envió al Hijo, y el Hijo tomó lo que le pertenecía al Padre para dárselo a su pueblo; el Hijo regresó entonces al Padre y envió al Espíritu, el cual «tomará de lo mío y se lo dará a conocer a ustedes» (v. 14). Entonces sus discípulos, admitidos en la comunión de la Trinidad, serán enviados en el poder del Espíritu como testigos en el tribunal de Dios.

Por consiguiente, podemos estar seguros de dónde está activo el Espíritu en su poder: dondequiera que se proclame a Cristo en su oficio salvador para el perdón de los pecados, la justificación y una herencia en la nueva creación. Como observa Gordon Fee: «De esta manera, la "alta cristología" de Pablo no comienza con la reflexión doctrinal, sino con una convicción producto de la experiencia... Los que han recibido el Espíritu de Dios han sido capacitados para ver la crucifixión bajo una nueva luz de origen divino. Los que caminan "según el Espíritu" ya no pueden seguir mirando a Cristo desde su antiguo punto de vista "según la carne" (2 Corintios 5.15–16). Ahora lo conocen como el Señor exaltado, siempre presente a la diestra del Padre, haciendo intercesión por ellos (Romanos 8.34)».[6] Por tanto, el Espíritu Santo es la primera persona de la Deidad que experimentamos en nuestra vida... y a pesar de esto, cuando viene a habitar en nuestro interior, es a Jesús al que confesamos, para la gloria del Padre (1 Corintios 12.3).

Pentecostés significa una diferencia cualitativa. Incluso con Jesús en medio de ellos, los discípulos se encuentran en el lado del pacto antiguo ante la gran división entre las dos edades. Jesús distingue entre la presencia del Espíritu ahora («él habita *con* ustedes») y su presencia después del día de Pentecostés («estará *en* ustedes»: Juan 14.17). Este es el día prometido por el Señor a través de los profetas: «Infundiré mi Espíritu en ustedes...» (Ezequiel 36.27). Jesús habla en tiempo futuro acerca de la inhabitación del Espíritu en todo el pueblo de Dios. De hecho, les promete: «No los voy a dejar huérfanos; volveré a ustedes» (Juan 14.18). Como observa Ferguson, Jesús se refiere aquí al día de Pentecostés, y no a su resurrección ni tampoco a su Segunda Venida. «Es tan completa la unión entre Jesús y el Paráclito, que la venida de este último es la venida de Jesús mismo en el poder del Espíritu».[7] Jesús estará con los suyos de una forma más íntima que antes después de su ascensión, porque su Espíritu vivirá dentro de ellos y los unirá a Cristo.

El Espíritu se encontraba al margen, esperando el grito: «¡Todo se ha cumplido» (19.30). Primero debía resucitar y glorificar al templo verdadero, y después llenaría a sus piedras vivas, comenzando por aquellos que se reunirían en el aposento alto. Antes del juicio final, ejecutará a escala mundial la

---

6. Gordon D. Fee, *God's Empowering Presence: The Holy Spirit in the Letters of Paul* (Grand Rapids: Baker Academic, 2009; reimpr., Peabody, MA: Hendrickson, 1994), p. 62.

7. Ferguson, *Holy Spirit*, p. 56.

presentación de cargos, la convicción y la justificación de los pecadores, santificándolos en la anticipación de compartir la gloria de Cristo.

## CRISTO Y EL ESPÍRITU: DISTINCIÓN SIN SEPARACIÓN

Al relacionar al Hijo y al Espíritu, hay dos peligros que debemos evitar: *confundirlos* y *separarlos*. Ciertamente es verdad que el Hijo y el Espíritu existen eternamente en una inefable unión de esencia. También hay una inhabitación perijorética mutua entre las personas, como lo enseña Jesús en este discurso, y también en la oración de conclusión, en Juan 17. Es notable que Jesús enseñara que los suyos van a compartir por gracia esta inhabitación mutua que las personas divinas comparten por naturaleza. «En aquel día ustedes se darán cuenta de que yo estoy en mi Padre, y ustedes en mí, y yo en ustedes» (Juan 14.20; cf. 17.21–23). Hagamos un alto para absorber esta impresionante verdad: las personas de la Deidad viven y se mueven cada cual en las demás. El Hijo descansa en el seno del Padre con el Espíritu, y este mismo Espíritu nos da reposo a nosotros en el Padre por medio del Hijo. A causa del Hijo, nosotros estamos en Cristo y Cristo está en nosotros, de la misma manera que las personas divinas están cada una en las demás. Los creyentes no van, ni irán nunca, más allá del límite entre la criatura y el Creador. La inefable perijóresis de las personas divinas nunca será compartida de manera unívoca con los creyentes; no obstante, hay una participación analógica real en la energía increada de Dios.

En este punto del sermón, el énfasis no se encuentra en las relaciones eternas de la Trinidad inmanente, sino en la asociación del Espíritu con Jesús en la economía... en «aquel día». Los dos están dedicados a una misión, aunque de manera diferente, como es adecuado a sus distintas personas y sus papeles diferentes. El Espíritu Santo es «el Espíritu de Cristo», pero no con minúscula, como si se tratara de identificar a la tercera persona con el alma de Jesús, o con su divinidad. Al mismo tiempo que sigue siendo una persona distinta a Cristo, con todo, la presencia del Espíritu en estos últimos días es la presencia de Cristo. Pero ambos tienen descripciones distintas en cuanto a su labor, tal como es adecuado a sus personas distintas. Jesús dice: «Cuando venga el Consolador, que *yo* les enviaré de parte del *Padre*, el *Espíritu* de verdad que procede del Padre, él testificará acerca de mí. Y también ustedes darán testimonio porque han estado conmigo desde el principio» (15.26–27, cursiva añadida). El Espíritu nunca se confunde a sí mismo con Jesús. Al contrario, a base de enfocar su ministerio en la obra de Cristo, es como se demuestran, tanto la diferencia entre el Espíritu y él, como la unidad del Espíritu con él. Sin embargo, precisamente al hacer esto, la presencia del Espíritu es identificada como la presencia de Cristo mismo. Si el Espíritu nunca se confunde a sí mismo con Jesús, también nos equivocamos al imaginarnos que la Iglesia esté reemplazando a Jesús. Al contrario; es la diferencia entre Jesús y el Espíritu la que hace posible de una manera paradójica el que nosotros estemos unidos a Cristo de la forma más íntima posible, y es la diferencia entre Cristo por una parte y el Espíritu por otra, con la Iglesia, la que permite que el cuerpo de Cristo pueda ser redimido y renovado. El anuncio de la ascensión de Jesús, su partida real, es precisamente el que causó que el Señor pronunciara su discurso más centrado en el Espíritu.

Por tanto, no debemos apresurarnos a pasar la ascensión y dirijirnos al Pentecostés. ¿Dónde está Jesús? Ha ascendido corporalmente a la diestra del Padre, desde donde regresará al final de esta era para juzgar a los vivos y a los muertos. La misma lógica docética que ve al Hijo tomando su humanidad del cielo, y no de la virgen María, convertirá al Cristo exaltado en un fantasma cósmico diferente a «este mismo Jesús, que ha sido llevado de entre ustedes al cielo», pero que «vendrá otra vez de la misma manera que lo han visto irse» (Hechos 1.11). Como sostiene Douglas Farrow, si damos explicaciones simplistas sobre su partida real en la carne, se estará perdiendo toda particularidad de Jesús. La pregunta «*¿Dónde* está Jesús?» no es especulativa. Es determinante en otra pregunta más amplia: «*¿Quién* es Jesús?». Si la respuesta a la primera pregunta es «en todas partes», entonces la respuesta a la segunda debería ser «todo». Un enfoque así, que se estaría proclamando similar al de Ireneo, encarnacional y antignóstico, se sitúa en realidad mucho más cerca del gnosticismo. «Sus principales características se deben encontrar en su universalismo, su sinergismo y su panenteísmo, todo lo cual justifica el que lo clasifiquemos como origeniano, y no como seguidor de las ideas de Ireneo».[8]

Todo cuanto Jesús les había enseñado a los discípulos en el aposento alto antes de su muerte, ahora está a punto de cumplirse. Y sin embargo, precisamente en este momento, en el cual ellos están preparados para vencer, con el Josué más grande como líder, Jesús se marcha.

---

8. Douglas Farrow, *Ascension and Ecclesia: On the Significance of the Doctrine of the Ascension for Ecclesiology and Christian Cosmology* (Edimburgo: T&T Clark, 2004), pp. 220–221.

Habiendo dicho esto, mientras ellos lo miraban, fue llevado a las alturas hasta que una nube lo ocultó de su vista. Ellos se quedaron mirando fijamente al cielo mientras él se alejaba. De repente, se les acercaron dos hombres vestidos de blanco, que les dijeron: —Galileos, ¿qué hacen aquí mirando al cielo? Este mismo Jesús, que ha sido llevado de entre ustedes al cielo, vendrá otra vez de la misma manera que lo han visto irse. (Hechos 1.9–11)

Aquellos atónitos discípulos se deben haber sentido como si los hubieran despojado una vez más de su Maestro. Nos debemos unir a los discípulos en su ansiedad sobre la repatriación del Señor al cielo antes de poder experimentar todo el impacto del advenimiento del Espíritu. Raymond Brown comenta: «El Paráclito es la presencia de Jesús cuando Jesús está ausente» de hecho, es «otro Jesús».[9] Estoy de acuerdo con su proposición principal. El Espíritu Santo es realmente el vicario de Cristo. Los apóstoles eran embajadores, pero el Espíritu es el que no solo representa a Cristo, sino que lo hace presente a él, y hace que nosotros estemos presentes ante él. Sin embargo, en cuanto a la cláusula secundaria, «otro Jesús», estaría suprimiendo un importante aspecto de mi argumento. Precisamente, lo que no necesitamos es «otro Jesús». Necesitamos al mismo Jesús que vivió, murió, resucitó y ascendió, y que sea él quien regrese en la carne. Lo necesitamos en el presente en el lugar de toda autoridad y todo poder, gobernando e intercediendo. El Espíritu no se encarnó, no nos ganó nuestra redención, ni reclama su gloria como el mediador entre Dios y los seres humanos. Nosotros no necesitamos otro Jesús, sino «otro abogado», un abogado diferente, un abogado que presente su caso en nuestro interior, al mismo tiempo que Jesús lo hace fuera de nosotros, como uno de nosotros.

En un sentido, Jesús está ausente, y la Iglesia tiene que aceptar plenamente esta realidad. No podemos evadir su partida en la carne y hablar de la Iglesia como su encarnación que continúa, ni del papa como vicario suyo, o el Espíritu como su reemplazante, o «Jesús en mi corazón». Su ausencia de entre nosotros en la carne subraya la diferencia entre la cabeza y sus miembros en esta nueva comunidad. Ni siquiera su divinidad omnipresente nos puede salvar del anhelo por su regreso corporal. En lugar de mirar en sentido contrario al Jesús ausente, que nos fue arrebatado en la nube, debemos contar plenamente con esta

---

9. Raymond Brown: «The Paraclete in the Fourth Gospel», *NTS* 13:2 (1967): p.128.

realidad, a fin de poder valorar la humanidad glorificada que compartimos con él por medio de la obra exclusiva del Espíritu Santo.

No obstante, en otro sentido, Jesús está presente, y no simplemente en su divinidad omnipresente; menos aún en una humanidad omnipresente. Una vez más, estas son también maneras de eludir la realidad de la ascensión que les resta importancia, tanto a la verdadera humanidad de Cristo, como a la obra del Espíritu. Sería necesario que el Espíritu descendiera en el día de Pentecostés para que los discípulos se dieran cuenta del consuelo que significa la instrucción que Jesús les había dado anteriormente: «No los voy a dejar huérfanos; volveré a ustedes. Dentro de poco el mundo ya no me verá más, pero ustedes sí me verán. Y porque yo vivo, también ustedes vivirán. En aquel día ustedes se darán cuenta de que yo estoy en mi Padre, y ustedes en mí, y yo en ustedes» (Juan 14.18–20). La promesa hecha a Eliseo en cuanto a una doble porción del Espíritu que estaba sobre Elías, ha sido excedida con creces, «porque [el Espíritu] vive con ustedes *y estará en ustedes*» (v. 17).

En Pentecostés, los discípulos llegarían a conocer a Jesús de una forma que antes los había eludido por completo. Conocerían a Jesús no solo como un individuo único, sino como la vid escatológica, cabeza, piedra del ángulo y primicias de la nueva creación en la cual eran partícipes. Jesús puede decir incluso: «Volveré a ustedes» (Juan 14.18), *porque* el Espíritu Santo es el que «tomará de lo mío y se lo dará a conocer a ustedes» (Juan 16.14). Aunque se marchó en la carne, está presente, no solo en su divinidad, sino también en el poder de su Espíritu que habita en nosotros y nos une a su humanidad glorificada en el cielo.

Una vez que aceptamos la verdadera diferencia entre el Salvador ascendido y el Espíritu que nos inhabita, la unidad real entre ellos y entre sus obras se vuelve visible en las cosas diferentes que ellos hacen dentro de una y misma obra de salvación. El Espíritu es el responsable, tanto de la partida del Hijo en la nube, como de unirnos a nosotros con el Hijo que ha partido, de una forma nueva que nunca ningún discípulo había experimentado hasta este punto.

Esta relación íntima que divulga Jesús en el discurso de despedida que aparece en el Evangelio de Juan, se manifiesta también en el corpus paulino. Hablando de forma estricta, Jesús no habita en los creyentes. Y sin embargo, Jesús y el Espíritu Santo se convierten en las epístolas en personajes de alguna manera intercambiables. El Espíritu por medio del cual el Hijo fue encarnado, también estaba presente en la cruz, aunque de manera diferente al Padre y al

Hijo. No somos redimidos por el sacrificio del Espíritu, sino por «la sangre de Cristo, quien *por medio del Espíritu eterno* se ofreció sin mancha a Dios...» (Hebreos 9.14, cursiva añadida). El Espíritu resucitó a Jesús de entre los muertos (Romanos 1.4; 1 Timoteo 3.16; 1 Pedro 3.18). De nuevo, las obras externas de la Deidad se mantienen indivisas: la resurrección de Cristo es atribuida también al Padre (Hechos 2.32; 17.31; Romanos 6.4; 8.11; 1 Corintios 15.15) e incluso al mismo Hijo (Juan 2.19-21; 10.17-18). Sin embargo, cada uno de ellos es responsable por la resurrección de acuerdo con sus propios atributos y acciones distintivas. El papel del Espíritu en la resurrección consistió en hacer de la humanidad de Jesús las primicias vivificantes de la nueva creación (Romanos 1.4). Adán se convirtió en «un ser viviente» por el soplo del Espíritu, pero el último Adán es para nosotros «el Espíritu *que da vida*» (1 Corintios 15.45–47). Es el Espíritu quien crea un cuerpo para Cristo, la cabeza escatológica. De lo contrario, sería una cabeza sin cuerpo, un precursor sin equipo, unas primicias sin cosecha, un esposo sin una esposa.

Sinclair Ferguson observa con respecto a Romanos 8.9–10: «Aquí, claramente, las afirmaciones siguientes: "el Espíritu de Dios vive en ustedes", "tienen el Espíritu de Cristo" y "Cristo está en ustedes" son tres formas de describir una sola realidad, que es la inhabitación del Espíritu».[10] La humanidad de Cristo, que ya no es un cuerpo de muerte, se ha convertido en un cuerpo de gloria (Filipenses 3.21). Ahora es «espiritual», no en oposición a lo físico, sino como glorificado y como espíritu vivificante. «Es tal la plenitud del Espíritu en la cual entró Jesús en su resurrección, que Pablo puede decir que "el último Adán, [se convirtió] en el Espíritu que da vida" (1 Corintios 15.45)».[11] «De manera que, tener el Espíritu es tener a Cristo, y tener a Cristo es tener al Espíritu», señala Ferguson.[12] Al respecto escribe:

En este sentido, por medio de la resurrección y la ascensión, Cristo «se convirtió en espíritu vivificante». La explicación de esto se encuentra en otra afirmación más notable aún: «Ahora bien, el Señor [el antecedente es "Cristo", 2 Corintios 3.13] es el Espíritu; y, donde está el Espíritu del Señor, allí hay libertad. Así, todos nosotros, que con el rostro descubierto reflejamos como en un espejo la gloria del Señor, somos transformados a su semejanza con más y más gloria por la acción del Señor, que es el

10. Ferguson, *Holy Spirit*, p. 37.
11. Ibíd., pp. 53–54.
12. Ibíd.

Espíritu». (2 Corintios 3.17–18)... Al efecto, Pablo está enseñando que por medio de su vida y su ministerio, Jesús llegó a estar en una posesión tan completa del Espíritu, al que recibía y experimentaba «sin restricción» (Juan 3.34), que él es ahora «Señor» del Espíritu (2 Corintios 3.18). Con respecto a la economía de su ministerio hacia nosotros, el Espíritu ha quedado «impreso» en el carácter de Jesús. Esto es precisamente lo que significa que Jesús lo enviara como *allos paraklētos*.[13]

Pablo pide en su oración al *Padre* «que, *por medio del Espíritu* y con el poder que procede de sus gloriosas riquezas, los fortalezca a ustedes en lo íntimo de su ser, para que por fe *Cristo* habite en sus corazones» (Efesios 3.16–17, cursiva añadida). Solo al reconocer la partida de Cristo, y la diferencia entre él y el Espíritu, podremos reconocer su inseparable unidad en la misión común de la salvación. Jesús no habita en nosotros de manera inmediata, pero a causa de que el Espíritu nos une a él, se dice de Jesús que habita en nosotros *por medio de su Espíritu Santo*.

A partir de ahora, el Espíritu moldea la identidad del Hijo; el ministerio del Hijo encarnado moldea la identidad del Espíritu, y ahora nosotros somos moldeados a semejanza de Cristo por el Espíritu «con más y más gloria» (2 Corintios 3.17–18).[14] Aunque la Deidad permanece inmutable en su esencia, las relaciones en la economía han cambiado. El Padre recibe a su Hijo cuando regresa con una procesión triunfal, y de una manera que sobrepasa incluso a la gloria de la que ellos disfrutaban juntos antes de todos los tiempos. Ahora el Hijo ha ocupado el trono que le corresponde por derecho, no solo como Dios, sino también como uno de nosotros, como el Siervo fiel, al mismo tiempo que como el Señor del pacto. Y fue el Espíritu quien lo revistió de nuestra humanidad, lo preparó a lo largo de toda la ejecución de su misión, incluso en el ofrecimiento de sí mismo por nuestros pecados, y lo resucitó y glorificó en nuestra naturaleza.

El Espíritu ha cambiado para siempre la identidad del Hijo, no a base de cambiar su naturaleza divina, sino a base de revestirlo de la nuestra y después glorificar su humanidad como cabeza de nuestro pacto. Sin embargo, al hacer esto, la identidad del Espíritu es ahora inseparable para siempre con respecto al ministerio de Jesucristo. Además, nuestra identidad ha quedado cambiada

---

13. Ibíd.
14. Ibíd.

para siempre; ya no somos individuos aislados que se pueden juntar con otros individuos en un club o un grupo de afinidad, sino que somos piedras vivas en un templo, miembros de un solo cuerpo, ramas de una sola vid. El Padre tiene una familia humana adoptiva, el Hijo tiene una esposa, y la esposa está unida a su esposo. Gracias a la obra del Espíritu que nos unió en amor, Cristo no se considera a sí mismo completo como una cabeza separada de su cuerpo, y nosotros no nos podremos considerar plenamente «humanizados» hasta que seamos glorificados con él. El Espíritu completará la obra que el Padre comenzó y que el Hijo realizó.

# CAPÍTULO 6

# LA ERA DEL ESPÍRITU

En espera del Mesías, los rabinos de los tiempos de Jesús (al menos los fariseos) dividían el tiempo en dos edades: «esta edad» y «la edad por venir». Jesús se refirió a esta división de la historia (Mateo 12.32; Marcos 10.30; Lucas 18.30; 20.34–35), y también lo hicieron Pablo (1 Corintios 10.11; Efesios 1.21; 2 Timoteo 3.1; Tito 2.12), Pedro (1 Pedro 1.20) y el escritor de la carta a los Hebreos (Hebreos 1.2; 9.26). Haciéndose eco del discurso de Jesús en el monte de los Olivos, Juan advierte: «Queridos hijos, esta es la hora final, y así como ustedes oyeron que el anticristo vendría, muchos son los anticristos que han surgido ya. Por eso nos damos cuenta de que esta es la hora final» (1 Juan 2.18).

En resumen, esta es la edad del Espíritu: «esta es la hora final» de «esta presente edad de maldad». La «edad por venir» tuvo su amanecer cuando el Espíritu Santo resucitó a Jesús de entre los muertos, y a su vez, fue derramado sobre la tierra por el Rey ascendido. Por tanto, la historia está dividida no solo por la misión mesiánica de Jesús, sino también por la venida del Espíritu. Él trae juicio, pero en esta fase ese juicio es una convicción interna que lleva al arrepentimiento y a la fe, hasta que regrese el Hijo del Hombre, envuelto en la nube de gloria. Hasta la comunidad de Qumrán parece haber tomado de los profetas significativos hilos de esta división radical entre las dos edades. No solo se refirieron a esta distinción, sino que proclamaron que eran el nuevo Adán, que se preparaba para convertirse en el nuevo Edén a partir de su riguroso código moral. «Por presuntuosas que nos parezcan sus afirmaciones», observa John Levison, «no titubearon en arrancarles esas afirmaciones de sus hermanos y hermanas judíos con el fin de reclamar la exclusividad de la creencia según la cual el espíritu de santidad purifica e incorpora a los individuos, llena la comunidad del templo y purificará al fiel como precursor de la inevitable nueva creación».[1]

Los apóstoles fueron a la vez más pesimistas y más optimistas que sus compatriotas de Qumrán. Eran más radicales en cuanto a su convicción de que era imposible entrar en la edad por venir por medio de la obediencia a la Torá, pero también eran más radicales en su seguridad de que Dios había regresado a su pueblo exiliado y a su tierra en la persona del Hijo encarnado y con la plenitud del Espíritu en el verdadero santuario del final de los tiempos en el día de Pentecostés. La creación posterior a la caída, esta edad malvada presente, no tiene poder para recrearse a sí misma, como ninguno de nosotros tiene poder para resucitar a los muertos. A pesar de toda la pompa y toda la propaganda, esta presente edad malvada se está desmoronando, en plena decadencia, agoniza y se desvanece. ¿Cómo lo sabemos? Porque los profetas predijeron que el Espíritu sería derramado «en los últimos días», y Pedro anunció el cumplimiento de esta predicción en el día de Pentecostés. De igual manera que nuestros cuerpos repletos de pecado y de muerte deben morir y ser sepultados, esta edad presente, la historia de Adán, debe morir antes de la resurrección final de todas las cosas en la nueva creación. En esta era, el Espíritu está edificando un templo que está *en este mundo*, pero *no pertenece a esta edad*. Es mucho más glorioso, y tiene a Cristo como piedra angular.

## La experiencia del Espíritu en el Antiguo Testamento

Si el Espíritu Santo es Señor y dador de vida, ¿obra de la misma forma a través de toda la historia de la redención? Si hay diferencias, concretamente entre su obra en el Antiguo Testamento y su obra en el Nuevo Pacto, ¿son esas diferencias cualitativas, o simplemente cuantitativas? Después de responder estas preguntas, este capítulo explora nuestra relación hoy con Pentecostés y con la iglesia, tal como aparece en el libro de los Hechos.

### Espíritu y pacto

De primordial importancia en la comprensión del papel desempeñado por el Espíritu antes de la venida de Cristo, es la identificación del contexto del pacto en el cual él estaba operando. Tal como lo indica Pablo, hay «dos pactos»

---

1. John Levison, *Filled with the Spirit* (Grand Rapids: Eerdmans, 2009), G217.

(Gálatas 4.24) que dominan el horizonte del Antiguo Testamento: el pacto con Abraham y el pacto del Sinaí; «la promesa» y «la ley». La teología reformada (federal) distingue entre el pacto de obras, hecho con la humanidad en Adán, y el pacto de gracia, con Cristo como mediador.[2] Sin embargo, la cuestión está en el punto hasta el cual el pacto del Sinaí exhibe las características de un pacto de obras (o ley) a diferencia de la promesa hecha por Dios a Abraham, puramente por gracia, cumplida en Cristo y dispensada a nosotros en el nuevo pacto. En este punto en particular ha habido numerosos debates en la historia de la reflexión reformada, así como en otras tradiciones. Yo mismo me he visto involucrado en estas controversias exegéticas.[3] No obstante, tanto en el texto que sigue como en las notas, solo voy a resumir algunas de mis conclusiones que afectan de manera directa a este tema.[4]

Como hemos visto, el Espíritu se hallaba en el centro de las acciones judiciales asociadas al pacto hecho con Adán (Génesis 3.8), y esto mismo es cierto con respecto al pacto del Sinaí. La nube de gloria guio al pueblo del pacto a través de las aguas por tierra seca, a través del desierto hasta el Sinaí, y del Sinaí hasta Canaán, donde tomó residencia primero en el tabernáculo, y después en el templo. Sin su presencia, Israel es como cualquier otra nación, tal como lo reconoce Moisés en su súplica para que el Señor no les retire su presencia (Éxodo 33.15). Dondequiera que el Espíritu toma residencia, hay *aprobación judicial* (separación de las naciones como la nación santa de Dios) y

---

2. Este consenso está reflejado en la *Confesión de Westminster*, capítulo 7. Hallarás un contexto más amplio y una descripción en Richard Muller, *After Calvin: Studies in the Development of a Theological Tradition* (Nueva York: Oxford University Press, 2003); ídem, *Post-Reformation Reformed Dogmatics: The Rise and Development of Reformed Orthodoxy, ca. 1520 to ca. 1725*, 2ª ed., 4 vols. (Grand Rapids: Baker Academic, 2003), esp. volumen 1, *Prolegomena to Theology*.

3. Michael Horton, *Introducing Covenant Theology* (Grand Rapids: Baker, 2009), entre otros lugares.

4. El pacto del Sinaí es una administración del pacto de la gracia. Esto es, que se hizo en servicio a la promesa que Dios les hizo a Adán y Eva después de la caída, a Abraham con respecto a un heredero en el cual fueran benditas todas las familias de la tierra, y al nuevo pacto. El pacto del Sinaí nunca fue un camino alterno hacia la salvación: por la ley y no por la promesa. En realidad, no tenía nada de camino para la salvación. Era más bien una parada temporal entre el desierto y Sión, mientras la iglesia se convertía en una nación geopolítica como parte del plan más amplio de Dios de llevar la salvación hasta los confines de la tierra. El ministerio de Moisés, como el drama dentro de otro drama, se identifica en las Escrituras simplemente como «la ley», y es un paréntesis dentro del desarrollo más amplio de la promesa abrahámica. Sus leyes, ritos de purificación, sacerdocio y cultos por medio de sacrificios forman un vasto sistema tipológico que señalaba hacia Cristo en el futuro. Sin embargo, como tipológico, no hay nada en este sistema *por él mismo* que se lleve realmente los pecados, regenere u otorgue el Espíritu. El pacto del Sinaí es estrictamente temporal y condicional, un tratado geopolítico entre Yahvé y una nación en la tierra de Canaán. El pacto del Sinaí le prometía «larga vida» a la nación en la tierra de Canaán bajo la condición de la obediencia a la ley por medio de la mediación de Moisés, pero no «vida eterna» en el reino celestial de Dios por medio de la mediación de Cristo. Por tanto, los creyentes del Antiguo Testamento obtenían la vida eterna a base de la promesa (abrahámica), y no de la ley (mosaica), tal como nos sucede a nosotros hoy.

*poder creativo* (la tierra fluye leche y miel, junto con justicia, paz y larga vida). Donde él ejecuta las sanciones de las maldiciones, hay juicio (*lo' 'ammi*, «no mi pueblo») y muerte (la tierra se convierte en un rebelde páramo, un *tohu wabohu*, sin forma y vacía). «Son como Adán [los israelitas]: han quebrantado el pacto...» (Oseas 6.7) y también como Adán, fueron exiliados de la tierra después de que el Espíritu se marchara del templo.

Como el Nuevo Testamento interpreta al Antiguo, el nuevo pacto anticipado por los profetas no es una continuación del pacto del Sinaí. Más bien, vemos serias diferencias, particularmente en la serie de juicios del Señor cuando pronunció las maldiciones del pacto («ayes») sobre los líderes religiosos de la nación en Mateo 23 y, de hecho, sobre la nación misma, profetizando la destrucción del templo en el capítulo 24.

Como en el pacto con Abraham, el mediador del nuevo pacto no es un simple profeta como Moisés, sino Dios mismo: el Hijo eterno de Dios que es también descendiente de Abraham (Gálatas 3.20; Hebreos 3.1–6).[5] Existen otras diferencias significativas: las bendiciones del Sinaí son temporales, condicionales y limitadas a una nación geopolítica en particular, mientras que las bendiciones del pacto de Abraham/nuevo pacto son permanentes, incondicionales y mundiales. Estos contrastes sirven de base para el contraste apostólico entre «la ley» (es decir, los términos del pacto del Sinaí, jurado por el pueblo, con Moisés como mediador) y «la promesa» (el juramento unilateral de Dios en Cristo, el Mediador). Como dice el apóstol Pablo, «Ley» y «promesa» tienen que ver con «dos pactos» representados por dos mediadores diferentes, dos madres diferentes (Agar y Sara) y dos montes diferentes (el Sinaí y el monte de Sión; Gálatas 4.23–26). El escritor de la carta a los Hebreos elabora el punto de que la ley de Moisés, y todo lo relacionado con ella (la tierra, el templo, los sacrificios y los mandatos que gobernaban la vida individual y social en la teocracia) eran una sombra tipológica. «Pero el servicio sacerdotal que Jesús ha recibido es superior al de ellos, así como el pacto del cual es mediador es superior al antiguo, puesto que se basa en mejores promesas» (Hebreos 8.5–6). Es el mismo concepto expresado en el primer capítulo del Evangelio de Juan: «Pues la ley fue dada por medio de Moisés, mientras que la gracia y la verdad nos han llegado por medio de Jesucristo» (Juan 1.17).

Cuando los profetas presentan el caso de Dios contra Israel como teocracia nacional, la base del exilio es el pacto del Sinaí. Sin embargo, más allá de esto,

---

5. Ver S. M. Baugh, «Galatians 3:20 and the Covenant of Redemption», *WTJ* 66 (2004): pp. 49–70.

miran al pasado, a la segunda promesa que Dios le hizo a Abraham y también al presente, a un nuevo pacto que «no será un pacto como el que hice» con el pueblo en el Sinaí (Jeremías 31.32). Dios circuncidará de manera unilateral los corazones de los suyos, el Espíritu habitará dentro de ellos (y escribirá la ley en sus corazones), y todo esto a partir de la base del perdón de sus pecados. El pueblo de su pacto «recibirá la tierra como herencia» (Mateo 5.5), no solo un pedazo de tierra; de hecho, la distinción entre el cielo y la tierra va a desaparecer (Apocalipsis 11.19; 21.22).

El pacto de la ley (del Sinaí) es designado ahora como «el pacto antiguo». «Al llamar "nuevo" a ese pacto, ha declarado obsoleto al anterior» (Hebreos 8.13). Nosotros no hemos acudido al monte Sinaí, sino al monte de Sión, la Jerusalén celestial (Hebreos 12.22). Esto es lo que señala el contraste entre la letra y el Espíritu en 2 Corintios 3.

Los creyentes del Antiguo Testamento añoraban la redención de la maldición que la ley era incapaz de superar, y un derramamiento del Espíritu que transformaría la faz de la tierra. La añoranza de Moisés en Números 11 por el día en que el Espíritu fuera derramado sobre todo el pueblo de Dios resonó *con gran fuerza* en los profetas cuando anunciaban la «cosa nueva» que Dios haría «en los últimos días».

Esta esperanza de Moisés fue la que Pedro vio cumplida, no solo en miles de judíos que se convirtieron (entre ellos algunos sacerdotes), sino en la conversión de los gentiles. Fue él quien rechazó de manera decisiva a la secta de la circuncisión en el Concilio de Jerusalén, declarando que Dios estaba cumpliendo su promesa «que por mi boca los gentiles oyeran el mensaje del evangelio y creyeran. Dios, que conoce el corazón humano, mostró que los aceptaba dándoles el Espíritu Santo, lo mismo que a nosotros. Sin hacer distinción alguna entre nosotros y ellos, purificó sus corazones por la fe» (Hechos 15.7–9). Pedro llega incluso a identificar a los partidarios de la circuncisión con la generación infiel del desierto: «Entonces, ¿por qué tratan ahora de *provocar a Dios* poniendo sobre el cuello de esos discípulos un yugo que ni nosotros ni nuestros antepasados hemos podido soportar? ¡No puede ser! Más bien, como ellos, creemos que somos salvos por la gracia de nuestro Señor Jesús» (Hechos 15.10–11, cursiva añadida).

Por tanto, gracias a la promesa hecha por Dios a Adán y Eva después de la caída, y a Abraham y Sara, tenemos esperanza de una presencia salvadora de Dios, en lugar del juicio. Los santos del pacto antiguo, viendo a Cristo desde lejos, creyeron en realidades que ellos mismos no habían experimentado. En realidad, ellos solo podrían disfrutar de las bendiciones celestiales junto con nosotros; esto es, con el amanecer del nuevo pacto (Hebreos 11.40). Justificados por medio de la fe, fueron conservados y guardados por el Espíritu. En este nivel, la diferencia parece más cuantitativa que cualitativa. Sin embargo, la presencia del Espíritu también estaba condicionada en *el nivel teocrático nacional* por la naturaleza provisional, temporal y contingente del pacto del Sinaí.

Aunque estaba en Moisés, el Espíritu guio de manera corporativa a todo el pueblo hasta la Tierra Prometida por medio de la columna y la nube. El Espíritu llenó el templo terrenal, esparciendo sus rayos santos por toda aquella tierra. El Espíritu vendría sobre los profetas, sacerdotes y reyes en diversos momentos con el fin de darles el poder necesario para que cumplieran misiones significativas. No obstante, la presencia del Espíritu, como el mismo pacto del Sinaí, siempre dependió de la obediencia de la nación. Cuando se le entristecía, se retiraba, como lo hizo con Saúl. En la confesión de su pecado, David también oró para que el Señor no le quitara su santo Espíritu (Salmos 51.11). No se trataba de que David temiera perder su salvación, sino más bien que temía perder la unción del Espíritu para su oficio real. Además de esto, el Espíritu se retiró del templo cuando la nación violó por completo el tratado del Sinaí.

Sin embargo, este no era el final de la historia. El Espíritu que agrupó las aguas e hizo aparecer la tierra seca en la creación, en la «nueva creación» después del diluvio y en el éxodo de Egipto, lo hará de nuevo de una vez por todas en el futuro. Habrá un nuevo éxodo y una nueva conquista.

En Isaías 34 se nos dice que habrá un día de «confusión y vacío» para los malvados, términos que nos recuerdan el relato sobre la creación. Pero Dios promete en este pasaje llevar todos los animales, cada cual con su pareja, a la nueva creación por su Espíritu: «El Señor mismo ha dado la orden, y su Espíritu los ha de reunir... Ellos los poseerán para siempre» (vv. 16–17).

Pero este derramamiento futuro del Espíritu depende del advenimiento del Mesías:

«Este es mi siervo, a quien sostengo, mi escogido, en quien me deleito; sobre él he puesto mi Espíritu, y llevará justicia a las naciones. No clamará, ni gritará, ni alzará su voz por las calles. No acabará de romper la caña quebrada, ni apagará la mecha que apenas arde. Con fidelidad hará justicia; no vacilará ni se desanimará hasta implantar la justicia en la tierra. Las costas lejanas esperan su ley». Así dice Dios, el Señor, el que creó y desplegó los cielos; el que expandió la tierra y todo lo que ella produce; el que da aliento al pueblo que la habita, y vida a los que en ella se mueven:

«Yo, el Señor, te he llamado en justicia; te he tomado de la mano. Yo te formé, yo te constituí como pacto para el pueblo, como luz para las naciones, para abrir los ojos de los ciegos, para librar de la cárcel a los presos, y del calabozo a los que habitan en tinieblas… Canten al Señor un cántico nuevo, ustedes, que descienden al mar, y todo lo que hay en él; canten su alabanza desde los confines de la tierra, ustedes, costas lejanas y sus habitantes. (Isaías 42.1–7, 10)

En un pasaje notablemente trinitario, el Cristo preencarnado dice: «Acérquense a mí, escuchen esto: Desde el principio, jamás hablé en secreto; cuando las cosas suceden, allí estoy yo. Y ahora el Señor omnipotente me ha enviado con su Espíritu» (Isaías 48.16). En unas palabras que Jesús se aplicará a sí mismo, Isaías profetiza diciendo: «El Espíritu del Señor omnipotente está sobre mí, por cuanto me ha ungido para anunciar buenas nuevas a los pobres… a pregonar el año del favor del Señor» (Isaías 61.1). De manera que vemos aquí la estrecha relación existente entre el Espíritu y la unción para la sagrada tarea de dar testimonio de Dios y de sus planes. Y entonces, el Padre que envió al Hijo también enviará al Espíritu a petición del Hijo.

Ezequiel profetiza más ampliamente aún acerca del derramamiento del Espíritu: el Señor los rociaría «con agua pura» y les daría «un nuevo corazón». «Infundiré mi Espíritu en ustedes, y haré que sigan mis preceptos y obedezcan mis leyes» (Ezequiel 36.25–27). La ley no va a ser un simple mandato, sino que irá acompañada por el evangelio y por la obra regeneradora del Espíritu en los corazones de todos los que forman el pueblo de Dios, desde el más pequeño hasta el mayor. En Ezequiel especialmente, el sonido de la voz de Dios es «como el estruendo de muchas aguas» (Ezequiel 1.24; 43.2). Se produce un ruido casi ensordecedor de un viento recio mientras la nube de gloria, repleta de querubines y serafines, desciende. «Entonces el Espíritu de Dios me levantó, y detrás de mí oí decir con el estruendo de un terremoto: "¡Bendita sea la gloria del Señor, donde él habita!". Oí el ruido de las alas de los seres vivientes al rozarse unas con otras, y el de las ruedas que estaban junto a ellas, y el ruido era estruendoso» (Ezequiel 3.12–13). A lo largo de todos los libros de los profetas, y en especial en Joel 2 (texto que cita Pedro en su sermón de Pentecostés), la venida del Espíritu «en esos días» últimos es algo nunca oído en la historia anterior de Israel.

El Espíritu Santo ya se había presentado en el ministerio de Jesús. Cuando este comenzó, Jesús anunció que él es el Siervo ungido por el Espíritu que cumple la tipología del Año de Jubileo (Lucas 4.16–21). Más tarde (Lucas 10), envía a los setenta a proclamar las buenas nuevas por los poblados vecinos, yendo delante de él, de dos en dos. Se espera de nosotros que recordemos el nombramiento de los setenta ancianos para ayudar a Moisés, en Números 11.25. Una porción del Espíritu que estaba sobre Moisés les sería dada a los ancianos. De manera similar, aquí el Espíritu está sobre los setenta discípulos, y ellos regresan con el informe de que hasta los demonios se les sujetan a ellos en el nombre de Jesús. Sin embargo, esto solo era un anticipo del derramamiento del Espíritu en el día de Pentecostés.

De manera que, por una parte, debemos afirmar que los creyentes de la antigüedad no solo estaban bajo el ministerio de Moisés en el antiguo pacto, sino que ellos (incluyendo al propio Moisés) eran también hijos espirituales de Abraham, solo por medio de la fe (Romanos 4.11–12; Gálatas 3.6–14, 23–29). Especialmente en su controversia continua con los anabaptistas, la teología reformada ha insistido en la unidad del único pacto de la gracia. Este punto de vista me parece a mí totalmente adecuado como base para pensar en la historia de la redención. No hay pausa alguna en el pacto *abrahámico* de la promesa a lo largo de los dos testamentos.

Por otra parte, sí hay una clara discontinuidad, e incluso contraste, entre el pacto del Sinaí y los pactos abrahámico y nuevo. El pacto antiguo es el ministerio de «la letra que mata», «el ministerio de condenación», «el ministerio de muerte», mientras que el nuevo pacto es el ministerio «del Espíritu que da vida», «el ministerio de justicia» (2 Corintios 3.6–9). «Si es glorioso el ministerio que trae condenación, ¡cuánto más glorioso será el ministerio que trae la justicia!... Y, si vino con gloria lo que ya se estaba extinguiendo, ¡cuánto mayor será la gloria de lo que permanece!» (vv. 9, 11).

Este contraste es el núcleo mismo del argumento de Pablo en Gálatas, que entra en un crescendo en Gálatas 3.17–18: «Lo que quiero decir es esto: La ley, que vino cuatrocientos treinta años después, no anula el pacto que Dios había ratificado previamente; de haber sido así, quedaría sin efecto la promesa. Si la herencia se basa en la ley, ya no se basa en la promesa; pero Dios se la concedió gratuitamente a Abraham mediante una promesa». Es sorprendente que encontremos ambos puntos, la continuidad del pacto de la gracia y la discontinuidad entre el pacto antiguo y el nuevo, en los mismos dos pasajes (Romanos 4 y Gálatas 3 y 4). Este punto de contraste no es único de Pablo. Jeremías dice que el «nuevo pacto» no será «como el que hice con sus antepasados» en el Sinaí, y «ellos lo quebrantaron» (Jeremías 31.31–32). En el nuevo pacto, Dios es el que hace las promesas: él va a escribir su ley en los corazones. «Yo seré su Dios, y ellos serán mi pueblo... Yo les perdonaré su iniquidad, y nunca más me acordaré de sus pecados» (vv. 33–34).

Esta línea de argumentación no es diferente al testimonio del propio Juan el Bautista en cuanto a la dignidad incomparablemente mayor de Jesús. El cuarto evangelio usa un participio presente para el anuncio del Bautista de que Jesús «es el que bautiza con el Espíritu Santo» (Juan 1.33); esto forma parte de la identidad del Mesías, en distinción con respecto al ministerio de Juan, que aún pertenecía al orden antiguo.[6]

Por tanto, la pregunta clave en cuanto a la interpretación no es si aceptar la continuidad o la discontinuidad en abstracto, sino determinar el sentido en el cual existen una continuidad (la promesa abrahámica/el nuevo pacto) y una discontinuidad (la ley del Sinaí/el pacto antiguo). Un énfasis adecuado sobre la unidad del plan salvador de Dios no nos debería impedir el reconocer las claras discontinuidades que se presentan en su desarrollo histórico, tal como lo indican las Escrituras.

## Las diferencias entre la presencia del Espíritu en el Antiguo y Nuevo Testamento

Por tanto, las dos coordenadas principales para discernir la novedad de la obra del Espíritu desde Pentecostés son el *pacto* y la *escatología*. Una vez que hemos distinguido los pactos, pasamos ahora a los puntos de inflexión escatológicos de los tiempos. La simple repetición por parte de los profetas de la promesa de Dios en cuanto a «derramar» su Espíritu en los últimos días (Isaías 32.15; 44.3; Ezequiel 39.28–29; Joel 2.28) indica la presencia de una manifestación cualitativamente nueva del Espíritu en el futuro. Elías le habrá dado a Eliseo una doble porción del Espíritu que estaba sobre él (2 Reyes 2.9), pero

6. John Stott, *Baptism and Fullness*, IVP Classics (Downers Grove, IL: InterVarsity Press, 2006), pp. 30–31.

Jesús recibió el Espíritu «sin restricción» (Juan 3.34). Y, tal como el bautismo señala y sella visiblemente, nosotros somos partícipes en la unción de Cristo. Tal como nos instruye el Catecismo de Heidelberg, Jesús es «Cristo» porque es el ungido por el Espíritu como Profeta, Sacerdote y Rey, y nosotros hemos recibido el nombre de «cristianos» porque por medio de nuestra fe, somos «partícipes de su unción».[7]

No obstante, hasta el mismo Jesús recibió esta unción antes de la plenitud escatológica del derramamiento e inhabitación del Espíritu que su resurrección y exaltación obtuvieron para nosotros. Antes que el Espíritu pudiera ser derramado para crear las piedras vivas del santuario que se levantaría al final de los tiempos, Jesús, la piedra angular, tenía que ser glorificado él mismo. Así que en el día de Pentecostés se experimentó algo fundamentalmente nuevo que no había aparecido en el ministerio de Jesús en la tierra. Incluso vemos que Jesús les puede prometer a sus discípulos que ellos harán «obras aún mayores» que las señales que él estaba realizando, precisamente porque él iba al Padre en su gloria exaltada, y les enviaría del Padre el Espíritu (Juan 14.12). Los efectos explosivos de la misión apostólica, que aún reverberan hasta los confines de la tierra, son confirmación de esta promesa asombrosa.

La venida del reino está asociada, no solo con la venida del Rey, sino también con el envío del Espíritu. Inmediatamente después de relatar el bautismo de Jesús (cuando Jesús vio «que el cielo se abría y que el Espíritu bajaba sobre él como una paloma» [Marcos 1.10]) y con las tentaciones posteriores («En seguida el Espíritu lo impulsó a ir al desierto» [v. 12]), Jesús comenzó su ministerio público anunciando «las buenas nuevas de Dios. Se ha cumplido el tiempo —decía—. El reino de Dios está cerca. ¡Arrepiéntanse y crean las buenas nuevas!» (vv. 14–15). La unción del Señor por el Espíritu inaugura el reino en poder (Juan 3.34; Hechos 10.38), pero el óleo se desliza por su cuello y llega a todo su cuerpo, ungiendo a todos los suyos, a partir del día de Pentecostés.

Hemos visto ya que el verbo usado por Marcos en el relato acerca de la tentación, es particularmente fuerte: Jesús es «sacado» (*ekballei*); ni siquiera «echado fuera» sería una traducción exagerada, y esto lo hace el Espíritu (Marcos 1.12). Como hace notar Ferguson:

---

7. *Domingo 12*, Preguntas 31 y 32.

Sus pruebas se produjeron dentro del contexto de una guerra santa en la cual entró en los dominios del enemigo, rechazó sus ataques y lo hizo retroceder (Mateo 4.11, y concretamente, Lucas 4.13). En el poder del Espíritu, Jesús avanzó como el guerrero divino, el Dios de las batallas que pelea a favor de los de su pueblo y para la salvación de estos (cf. Éxodo 15.3; Salmos 98.1). Su triunfo demuestra que «el reino de Dios está cerca» y que el conflicto mesiánico ha comenzado.[8]

Jesús es echado fuera por el Espíritu para que entre en batalla a fin de sacar a la serpiente antigua del huerto de Dios. Hasta los demonios parecen saber que su reinado libre en el mundo está a punto de terminar (Mateo 8.29). Cuando el Hijo del Hombre echa fuera a los demonios, sabemos que el reino ha llegado (Mateo 12.25–29). El hombre fuerte (Satanás) ha sido atado, para que su castillo tenebroso pueda ser saqueado, sus mazmorras vaciadas, y los despojos distribuidos entre sus antiguas víctimas (Mateo 12.29). Esta es la fuerza que tienen esas palabras proféticas que Jesús asumió para él mismo, tomándolas de Isaías 61.1: «El Espíritu del Señor está sobre mí...» (Lucas 4.18). Sin embargo, está claro que solamente con su ascensión, «exaltado por el poder de Dios», Cristo, «habiendo recibido del Padre el Espíritu Santo prometido», ahora en el día de Pentecostés «ha derramado esto que ustedes ahora ven y oyen» (Hechos 2.33).

Además de lo que les ha enseñado Jesús, los apóstoles interpretan Pentecostés como el cumplimiento de las profecías del Antiguo Testamento, y no como una simple continuación, o incluso una elevación, de la obra del Espíritu en tiempos pasados. El Espíritu Santo descenderá en poder cuando el Rey glorificado dé la palabra. Como deja claro la teología de Pablo sobre la ascensión en Efesios 4, solo con la entrada triunfal del Rey Guerrero en la sala del trono celestial, se podrán distribuir con generosidad los despojos entre aquellos a quienes el Padre ha escogido como coherederos suyos. Y bajo esta luz, hasta el mandato del amor toma un nuevo aspecto como consecuencia de la transformación de los tiempos:

Queridos hermanos, lo que les escribo no es un mandamiento nuevo, sino uno antiguo que han tenido desde el principio. Este mandamiento antiguo es el mensaje que ya oyeron. Por otra parte, lo que les escribo es

8. Sinclair Ferguson, *The Holy Spirit, Contours of Christian Theology* (Downers Grove, IL: InterVarsity Press, 1997), pp. 48–49.

un mandamiento nuevo, cuya verdad se manifiesta tanto en la vida de Cristo como en la de ustedes, *porque la oscuridad se va desvaneciendo y ya brilla la luz verdadera*. (1 Juan 2.7–8, cursiva añadida)

No se trata sencillamente de que el Espíritu nos traiga la comunión con Cristo, y por tanto, con sus miembros, sino de que se está produciendo un giro escatológico en la historia. El amor no es solamente un mandato más, sin el poder para llevarlo a cabo; es una *realidad viva* que «se manifiesta tanto en la vida de Cristo como en la de ustedes, *porque*» está amaneciendo la nueva era del Espíritu. Aquí nos viene a la mente Juan 15, donde Jesús fundamenta su mandamiento de amarnos entre hermanos en la realidad presente de que ya estamos unidos en una vid. Debemos tener presente que esta sección no era un sermón separado, sino que pertenece al discurso sobre la venida del Espíritu. La comunión de los santos en esta era es una realidad que va más allá de los lazos de pacto que tenían los israelitas como teocracia nacional. El amor es posible en esta edad de una forma y a un grado que no se hallaban al alcance de los santos de la antigüedad.

Tal vez nos preguntemos por qué este derramamiento único del Espíritu se produjo en «estos últimos días». ¿Por qué no se produjo mucho antes? ¿Por qué el Padre no envió al Espíritu de esta manera cuando Moisés clamó pidiéndoselo? ¿O cuando Juan le estaba preparando el camino… o al menos, cuando Jesús proclamó su reino? La elección del momento oportuno no fue arbitraria. Así como Jesús murió «en el tiempo señalado», esto es, cuando «éramos incapaces de salvarnos», aún «malvados», aún «pecadores», aún «enemigos» (Romanos 5.6–10), así también el Espíritu fue derramado en el momento preciso. Tenemos un número considerable de indicaciones acerca de qué hizo que aquel fuera el momento correcto. Al fin y al cabo, el Espíritu es el agente perfeccionador de las obras de Dios. El Espíritu primero tenía que unir al Hijo a nuestra carne de manera que hubiera uno que se mantuviera en leal obediencia al Padre a nombre nuestro, cargara con nuestra culpa y fuera resucitado y glorificado para nuestra justificación y glorificación. El Espíritu no nos une a su divinidad eterna, sino a su humanidad glorificada. Como lo confirma Efesios 4.8–10, el Rey exaltado tenía que entrar en su gloria antes de poder distribuir los despojos de su victoria.

Juan 7.37–39 presenta este mismo argumento. En el momento climático de la Fiesta de los Tabernáculos, la ceremonia en la cual se sacaba agua para celebrar la milagrosa provisión de agua procedente de la roca en medio del desierto, Jesús se identifica a sí mismo como esa Roca (cf. 1 Corintios 10.4). De la misma manera que se entrega a sí mismo como comida y bebida verdaderas (Juan 6), ahora añade que «de aquel que cree en mí, como dice la Escritura, brotarán ríos de agua viva. Con esto se refería al Espíritu que habrían de recibir más tarde los que creyeran en él. Hasta ese momento *el Espíritu no había sido dado, porque Jesús no había sido glorificado todavía*» (Juan 7.38–39). El texto dice literalmente: «porque el Espíritu aún no era, porque Jesús aún no había sido glorificado». De manera adecuada, los traductores suelen insertar el verbo implícito, pero la escueta forma del texto original sirve para subrayar el contraste entre la obra del Espíritu después de que Jesús fuera glorificado, y su obra antes de que esto sucediera. «Y ¿cómo entender esta frase del evangelista: *Aun no había sido dado el Espíritu Santo, porque Jesús aún no había sido glorificado* sino en el sentido de que aquella dádiva o misión del Espíritu Santo, en el futuro había de comunicarse después de la glorificación de Cristo, como jamás lo había sido antes?».[9]

Tan tarde dentro de la narración como en su discurso de despedida, Jesús les dijo a los discípulos que el Espíritu Santo ya estaba «con ellos», pero en el futuro, estaría «en ellos» (Juan 14.17).[10] De hecho, les promete: «Volveré a ustedes», refiriéndose al día de Pentecostés, como ya hemos visto (Juan 14.18). De manera que ni siquiera durante su ministerio hasta ese punto se había producido una plenitud del derramamiento del Espíritu como la que vemos en el día de Pentecostés. No se trata simplemente de una intensificación gradual de la presencia del Espíritu, como lo fue en el ministerio de Jesús. En realidad, Pentecostés inaugura una era cualitativamente nueva. Es tan nueva, que ni siquiera los Doce están listos para ser testigos de Cristo hasta ese día, y Jesús les dice que esperen a que llegue. Debido a este nuevo modo de presencia por parte del Espíritu, habrá también una intimidad sin precedentes con Jesús... y también con aquel al que ahora tenemos derecho a dirigirnos en él y con él como «Padre». Todo este nivel de la experiencia de una intimidad con el Dios Uno y Trino es algo nuevo en la historia de la redención. Es diferente, no solo por su extensión (todo el pueblo se convirtió ahora en profetas, sacerdotes y reyes ungidos), sino también en su intensidad (más allá de la cercanía que experimentaron Abraham, Moisés y David).

---

9. Agustín, *The Trinity: Introduction, Traducción y notas*, 2ª ed., trad. al inglés de Edmund Hill; ed. John E. Rotelle, *Works of Saint Augustine: A Translation for the 21st Century* (Hyde Park, NY: New City Press, 2012), 4.29.

10. Ferguson, *Holy Spirit*, p. 68.

Jesucristo es el Señor, el victorioso y exaltado Hijo del Padre, que reina sobre la historia. Previamente, él mismo se había beneficiado de la obra del Espíritu, pero ahora, él es el benefactor, el que envía (con el Padre) al Espíritu desde su trono celestial. Por tanto, las misiones del Hijo y del Espíritu son mutuamente dependientes. La ascensión de Cristo no es un simple signo de admiración puesto a la resurrección, sino que es un nuevo acontecimiento histórico–redentor por derecho propio. Según Lucas, Juan y Pablo, la ascensión-glorificación de Cristo fue la base para el envío del Espíritu Santo. Primero Cristo tenía que ser hecho como nosotros en todos los aspectos (menos en el pecado) y en esa naturaleza, cumplir toda justicia para convertirse en las primicias escatológicas. Una vez que hubo cumplido esta misión por nosotros en el poder del Espíritu, el tiempo fue el correcto no solo para los judíos, sino también para que el remanente de todas las naciones fuéramos unidos a Cristo como su cuerpo redimido.

Ahora estamos más cercanos de responder la pregunta acerca de la continuidad entre la obra del Espíritu antes de Pentecostés y después. Seguramente, los episodios en los cuales se dice del Espíritu que está «sobre Cristo» (Mateo 12.18; Lucas 4.18) o que une su bendición a la del Padre en el bautismo de Cristo, o le da poder a Cristo de palabra y de obra, son por lo menos un avance de tipo cuantitativo en cuanto a la entrega del Espíritu en el pasado. Y con toda seguridad, el suceso de Juan 20.22–23 es significativo: «Acto seguido, sopló sobre ellos y les dijo: —Reciban el Espíritu Santo. A quienes les perdonen sus pecados, les serán perdonados; a quienes no se los perdonen, no les serán perdonados». Es significativo que Jesús hiciera esto después de su resurrección. Porque ahora ya no era sencillamente un hombre más (*adam*), que como el primero era «un ser viviente» que había muerto; ahora Cristo es el postrer Adán, el Espíritu escatológico dador de vida (1 Corintios 15.45). No solo recibe del Espíritu el hálito de vida, tal como lo había recibido el primer hombre (Génesis 2.7), sino que es la fuente de la vida de resurrección para todos.

El que esta escena de Juan 20 sea un servicio de ordenación, es algo que parece implícito en el hecho de que a ellos se les encomienda ahora oficialmente el poder de las llaves: ya no son simples discípulos, sino que son los apóstoles. Andrew Lincoln sostiene que el Evangelio de Juan comprime en un solo día todos los sucesos que Lucas distribuye de forma más amplia con detalles cronológicos (la resurrección, la ascensión y Pentecostés).[11]

---

11. Andrew Lincoln, *The Gospel according to Saint John*, BNTC (Londres: Continuum, 2005), p. 500.

Aunque esta interpretación es plausible, me parece más bien que Juan 20 nos presenta un episodio distinto en el cual los Doce son el núcleo exclusivo de testigos en anticipación a los círculos concéntricos cada vez más amplios que incluyen a todos los fieles. Antes, Jesús perdonaba los pecados de manera directa, sin pasar por el templo, con lo que provocaba la ira de los líderes religiosos (Marcos 2.7). Pero ahora, les está entregando su autoridad a los Doce. Más tarde, con Pentecostés, encontramos el derramamiento prometido del Espíritu en todos, y el ministerio de las llaves ejercido por medio de pastores y ancianos comunes y corrientes, aunque de manera indirecta, por medio del llamado de la iglesia, y no de forma inmediata por llamado directo de Cristo.

En estos pasajes se insinúa la llegada de algo nuevo, un don que excede a todo lo que ha existido en eras anteriores. No podemos menos que sentir que con Pentecostés se produce un cambio de tipo *cualitativo*. Este cambio no solo distingue al pacto nuevo del antiguo, sino que también distingue la dotación de los discípulos por el Espíritu en Juan 20 de la que ellos reciben todos juntos con todo el pueblo del Señor en Pentecostés. De hecho, después de que el Espíritu fue derramado, trayendo convicción interna de pecado y de fe en Cristo, la proclamación del Evangelio va a tener un éxito mucho mayor del que tuvo durante el ministerio terrenal de Jesús. Por eso, Jesús los prepara, incluso ahora (en Juan 20), autorizándolos a atar y desatar en su nombre. En este momento, el verdadero Israel se hallaba al borde de la mayor de sus conquistas. Era necesario para nuestra salvación que él fuera exaltado y entrara en su gloria. Y era igualmente necesario que el Espíritu nos fuera dado, con el fin de unirnos a nosotros con él como copartícipes de sus bienes.

El Espíritu no había sido dado, ni siquiera durante el ministerio de Jesús, de la manera en que sería «derramado» en Pentecostés. Puesto que la esperanza de Moisés de que el Espíritu fuera derramado sobre todo el pueblo se repite tan tarde como en los profetas menores (por ejemplo, Joel 2) sin que se apele a unos tiempos anteriores de un derramamiento y una inhabitación semejantes del Espíritu, no tenemos razón para creer que Dios no respondiera a la petición de Moisés hasta el día de Pentecostés. Dios fue más allá de lo que él le había pedido, poniendo su Espíritu dentro, no solo sobre todo su pueblo. Como lo explica Cirilo de Alejandría: «Ciertamente, los santos profetas recibieron en abundancia la luz y la iluminación del Espíritu, capaz de instruirlos en el conocimiento de las cosas futuras y en la comprensión de los misterios; no obstante, nosotros confesamos que en los fieles a Cristo hay, no solo una iluminación, sino también la inhabitación y la permanencia misma del Espíritu».[12]

Dada esta conexión entre la entrega del Espíritu y el perdón de los pecados, una forma de rastrear la continuidad y la discontinuidad de lo primero es comparándolo con lo segundo. En el siglo cuarto, Cirilo de Jerusalén hizo notar esta asociación estrecha del don del Espíritu con el perdón de los pecados. Sin embargo, distingue el bautismo de Juan como un rito que otorgaba «solamente la remisión de los pecados», citando Romanos 6 como la culminación de los dones del Espíritu en el bautismo.[13] Al igual que Cirilo, Calvino dice que los dones del Espíritu «derramados sobre aquellos que han recibido el bautismo de Juan difieren de la gracia de regeneración».[14] Yo no estoy en desacuerdo. No obstante, según mi punto de vista, la diferencia no está en los dones que son dados, esto es, el perdón sin la presencia interna del Espíritu. Como los sacrificios, el «bautismo de arrepentimiento» solo trajo el perdón de los pecados en virtud de la fe en el Mesías que vendría: esto es, solo de manera tipológica, en vista de que Juan es el precursor de Jesús. El testimonio del propio Juan sobre Jesús como el que bautiza con el Espíritu sugiere que este don, junto con la remisión de los pecados, solo se realiza plenamente en el ministerio de Cristo que culmina en el día de Pentecostés.

Hay pasajes muy claros en los cuales se indica que «el perdón de los pecados» es exclusivo del nuevo pacto («nunca más me acordaré de sus pecados», Jeremías 31.34). Esto no se debe a que los santos del Antiguo Testamento se hallaran bajo la ira de Dios, sino a que Dios pasó por alto sus pecados; los cubrió por medio del sistema de sacrificios. Pienso que esto es lo que quiere decir Pablo en Romanos 3.25, refiriéndose a Cristo, de quien dice: «Dios lo ofreció como un sacrificio de expiación que se recibe por la fe en su sangre, para así demostrar su justicia. Anteriormente, en su paciencia, Dios había pasado por alto los pecados». Les eran perdonados verdaderamente, pero solo por

---

12. Cirilo de Alejandría, *In Ioannem 5*, de PG 73.757, citado por Aidan Nichols, *Figuring Out the Church: Her Marks, and Her Masters* (San Francisco: Ignatius, 2013), p. 159.

13. San Cirilo de Jerusalén, *Lectures on the Christian Sacraments: The Procatechesis and The Five Mystagogical Catecheses*, ed. F. L. Cross (Crestwood, NY: St Vladimir's Seminary Press, 1986), p. 62: «El bautismo de Juan solo otorgaba la remisión de los pecados. No, sabemos muy bien que en cuanto que purga nuestros pecados, y nos otorga el don del Espíritu Santo, así también es la contrapartida de los sufrimientos de Cristo. Por esta causa Pablo, como acabamos de leer, grita y dice: "¿Acaso no saben ustedes que todos los que fuimos bautizados para unirnos con Cristo Jesús en realidad fuimos bautizados para participar en su muerte? Por tanto, mediante el bautismo fuimos sepultados con él en su muerte"».

14. Juan Calvino, *Commentaries on the Acts* Vol. 1, traducción al inglés, John King (Grand Rapids: Baker, 1996), pp. 451–452, sobre Hechos 10.44.

anticipación, y aún no habían sido propiciados debidamente en la historia. El pacto antiguo tuvo éxito solamente hasta el punto en que dirigió la fe y la esperanza hacia Cristo, pero en sí mismo, no pudo llevar esta realidad a la historia. Aquellos sacrificios nunca pudieron «llevarse los pecados» de una vez y para siempre. Había necesidad de ofrecerlos repetidamente, lo cual servía para que el adorador estuviera consciente de sus transgresiones (Hebreos 10.1–4). «Pero este sacerdote, después de ofrecer por los pecados un solo sacrificio para siempre, se sentó a la derecha de Dios, en espera de que sus enemigos sean puestos por estrado de sus pies. Porque con un solo sacrificio ha hecho perfectos para siempre a los que está santificando» (vv. 12–14). Después de esto, el escritor cita Jeremías 31.33, texto que he citado antes, y que enlaza el perdón con el don del Espíritu.

Si esto es exacto, entonces los creyentes del Antiguo Testamento eran perdonados y justificados por medio de su fe en aquel al cual señalaban los sacrificios (continuidad); sin embargo, los sacrificios no le podían proporcionar a la conciencia por ellos mismos esta seguridad de experiencia (discontinuidad). Al contrario, el pacto mosaico por sí mismo solo podía mantener al pueblo del pacto bajo supervisión hasta que alcanzara su madurez y pudiera heredar los bienes por promesa (Gálatas 3.24–25). Kuyper parece confirmar esta conclusión. Él sostiene que las energías del Espíritu obraron en el día de Pentecostés de forma retroactiva en la vida de los santos del pacto antiguo.[15]

Con todo, la analogía de los sacrificios tipológicos no da cuenta de todas las diferencias, tanto cualitativas como cuantitativas, pero podría proporcionar una pista importante para comprender cómo era que los creyentes del Antiguo Testamento experimentaban la regeneración, y esto a pesar de que carecían de la plenitud del Espíritu que Dios había prometido para los últimos días.

El Espíritu estaba presente en toda la nación, pero de forma representativa, a través de los profetas, sacerdotes y reyes ungidos. La forma más evidente de esto, es que el Espíritu habitaba en el interior del templo. En cambio, ahora el Espíritu está presente, no solo en un sentido colectivo, por medio de los oficiales representativos, y en una capital terrena, sino que habita en el interior de todo creyente. Porque nosotros somos de Cristo, y el Espíritu que lo ungió a él también nos ungió a nosotros en él, somos profetas, sacerdotes y reyes. Esta oportunidad también le había sido presentada a Israel

---

15. Abraham Kuyper, *The Work of the Holy Spirit*, trad. al inglés de Henri De Vries (Nueva York: Funk & Wagnalls, 1900; repr., Grand Rapids: Eerdmans, 1979), p. 51.

como nación. Inmediatamente antes de entregarle a Moisés la ley, Dios le dice que le anuncie al pueblo lo siguiente: «Si ahora ustedes me son del todo obedientes, y cumplen mi pacto, serán mi propiedad exclusiva entre todas las naciones. Aunque toda la tierra me pertenece, ustedes serán para mí un reino de sacerdotes y una nación santa» (Éxodo 19.5–6). Aquello era una meta, no una posesión presente, y era condicional. En cambio, Pedro declara: «Pero ustedes *son* linaje escogido, real sacerdocio, nación santa, pueblo que pertenece a Dios, *para que* proclamen las obras maravillosas de aquel que los llamó de las tinieblas a su luz admirable. Ustedes *antes ni siquiera eran pueblo*, pero *ahora son* pueblo de Dios; antes *no habían recibido* misericordia, pero *ahora ya* la han recibido» (1 Pedro 2.9–10).

Si vemos la entrega del Espíritu como algo inextricablemente enlazado con el perdón de los pecados en el nuevo pacto, tenemos garantías cuando decimos que, por una parte, los santos del Antiguo Testamento disfrutaron de la presencia del Espíritu, así como recibieron el perdón de Dios: así como los tipos y las sombras los guiaron por fe hasta la realidad.

Sin embargo, más allá y, ciertamente subyacente a la vida nacional de Israel, también se hallaba la continuación de la promesa hecha a Abraham, con la elección de personas particulares dentro de la comunidad santa para que heredaran la promesa eterna. Yo considero que este es el argumento básico de Romanos 9–11. John Owen señala que «la condición de todos los seres humanos, como no regenerados, es absolutamente la misma» desde la caída; por consiguiente, lo mismo sucede con la condición de los regenerados. «Los hombres podrán ser más o menos santos, más o menos santificados, pero no pueden ser más o menos regenerados».[16]

En ese caso, yo estoy de acuerdo con la conclusión de John Stott según la cual los creyentes del Antiguo Testamento fueron justificados (Romanos 4.1–8, basado en Génesis 15.6 y Salmos 32.1–2), lo cual presupone la regeneración. Además, «ellos afirmaban amar la ley de Dios (p.e., Salmos 119.97). Puesto que la naturaleza sin regenerar es hostil a Dios y se resiste ante su ley (Romanos 8.7), ellos parecen haber poseído una nueva naturaleza. Nosotros cantamos los salmos en la adoración cristiana porque reconocemos en ellos el lenguaje de los que han sido regenerados».[17] Y, aun así, Stott añade que «el

---

16. John Owen, *A Discourse concerning the Holy Spirit*, en el vol. 8 de *The Works of John Owen*, ed. William H. Goold, 16 vols. (Edimburgo: Banner of Truth, 1965), p. 215.

17. John Stott, *Baptism and Fullness*, 35n5.

Espíritu Santo descendía sobre personas especiales para que desempeñaran ministerios especiales en momentos también especiales». Continúa diciendo:

> Pero ahora su ministerio es más amplio y profundo de lo que llegó a ser jamás en los días del Antiguo Testamento... En primer lugar, todos los creyentes de toda carne comparten ahora las bendiciones del Espíritu. En segundo lugar, aunque los creyentes del Antiguo Testamento conocían a Dios y experimentaban un nuevo nacimiento, ahora existe una inhabitación del Espíritu que ellos nunca conocieron, y que pertenece al nuevo pacto y al reino de Dios, y que tanto los profetas como el Señor Jesús prometieron (Jeremías 31.33; Ezequiel 36.26–27; Juan 14.16–17; Romanos 14.17). En tercer lugar, la obra distintiva del Espíritu Santo en la actualidad se relaciona esencialmente con Jesucristo.[18]

Aunque comparto las conclusiones básicas de Stott, pienso que Sinclair Ferguson presenta de una forma más clara la tensión entre la continuidad y la discontinuidad. Por una parte, él rechaza la idea de que «hay una dicotomía mayor entre el ministro del Espíritu en el antiguo pacto y en el nuevo».[19] Aunque Nicodemo no comprendió lo que significaba el nuevo nacimiento (Juan 3.4), Jesús le dijo que él debía haber tenido algún conocimiento de él, en especial a partir de la expectación profética de la obra regeneradora del Espíritu en el nuevo pacto. Por otra parte, Ferguson alerta contra «allanar los contornos de la historia de la redención, y socavar la diversidad y el desarrollo genuinos desde el pacto antiguo hasta el nuevo». Continúa diciendo: «Las enseñanzas de Pablo en 2 Corintios 3 indican que hay un desarrollo que definió las épocas del antiguo pacto y del nuevo, precisamente en función del ministerio del Espíritu».[20] En cuanto al Hijo, «existe una inconclusión en cuanto a la revelación del Espíritu en el Antiguo Testamento...».[21] Ferguson escribe:

> El Espíritu había estado activo en medio del pueblo de Dios, pero su actividad era enigmática, esporádica, teocrática, selectiva, y en algunos aspectos, externa. Los profetas ansiaban que hubiera días mejores. Moisés anhelaba, aunque no pudo ver, una venida más plena y universalmente

---

18. Ibíd., p. 36.
19. Ferguson, *Holy Spirit*, pp. 25–26.
20. Ibíd.
21. Ibíd., p. 30.

distribuida del Espíritu en el pueblo de Dios (Números 11.29). En cambio, en el nuevo pacto tan esperado, el Espíritu sería derramado de una manera universal, y habitaría en ellos de manera personal y permanente (cf. Joel 2.28ss.; Ezequiel 36.24–32). Este principio tiene un contenido mayor del que pudiera parecer a primera vista. Porque no es solo *a causa* de Cristo que nosotros llegamos a conocer más plenamente en Cristo, sino que en realidad, esto se produce en Cristo.[22]

Ferguson añade además:

El bautismo que recibió Jesús en el río Jordán y el bautismo que él inicia en el día de Pentecostés pertenecen a diferentes épocas, aunque están íntimamente relacionados… lo que no pudo comprender Juan el Bautista por sí mismo fue que el «fuego» del cual él había hablado, caería sobre el propio Mesías, en el juicio–abandono de la cruz [ver Lucas 12.49–50]. De hecho, Juan expresaría más tarde sus dudas acerca del sentido del ministerio de Jesús, al parecer porque le faltaba «fuego» (Lucas 7.18–23). Las investigaciones de Lucas no carecían de nada entonces, cuando en su relato sobre las palabras de Jesús a sus discípulos después de la resurrección acerca de que serían bautizados con el Espíritu Santo, no hace mención alguna del fuego. Sus llamas se habían agotado en Cristo. Parte del simbolismo de las «lenguas de fuego» que vieron los discípulos en el día de Pentecostés (Hechos 2.3) podría muy bien insinuar que se trata de un bautismo de un poder lleno de bondad, y no destructivo, a causa del juicio que había soportado Cristo de manera vicaria en su pasión.[23]

John Owen se refiere a «los tiempos del evangelio» esperados por los profetas. «Pero dondequiera que se mencionen, se está hablando del momento, estado y gracia del evangelio, porque el Señor Cristo es "en todo el primero", Colosenses 1.18; y por tanto, aunque Dios había dado su Espíritu en cierta medida antes, no lo derramó hasta que él fuera ungido primero en su plenitud». Anteriormente, el Espíritu había sido dado de diversas formas, «pero no

---

22. Ibíd.
23. Ibíd., pp. 58–59. Yo añadiría a esta última afirmación que la mención según la cual Jesús bautiza «con el Espíritu y con fuego» abarca también el juicio final, cuando aquellos que no han confiado en Cristo deberán sufrir la ira de Dios.

de la forma y manera que él tenía ahora la intención de concederlo».[24] De una manera algo más específica, Owen añade:

> Todo cuanto el Espíritu Santo había hecho de una manera eminente bajo el Antiguo Testamento, de forma general y en su mayor parte, si no de forma absoluta y siempre, una relación con el Señor Jesucristo y el Evangelio; y de esa manera, era una preparación para la finalización de la gran obra de la nueva creación en y por él... porque el mayor privilegio de la iglesia antigua solo fue escuchar noticias sobre las cosas que ahora nosotros disfrutamos, Isaías 33.17.[25]

De la misma forma que el objeto de la fe de Abraham es el mismo que el nuestro, aunque borrosamente comprendido desde su punto de vista dentro de la historia de la redención, Owen alega que los santos regenerados del Antiguo Testamento comprendían mucho menos la regeneración. Jesús reprendió a Nicodemo, no porque este no supiera nada sobre una «reforma de la vida», algo muy estimado por los deístas con ideas moralistas de los tiempos de Owen (y de los nuestros), sino porque él, a pesar de ser maestro en Israel, no estaba consciente de lo que era el nuevo nacimiento.[26] Y sin embargo, «aunque la obra de regeneración realizada por el Espíritu Santo se producía bajo el Antiguo Testamento, e incluso desde la fundación del mundo, y la doctrina sobre ella estaba recogida en las Escrituras, su revelación era tan oscura en comparación con la luz y las evidencias con que se la presenta en el Evangelio».[27] Además, Owens añade que «se hacía partícipes de esta obra de misericordia a más personas que en los tiempos antiguos...».[28]

Con todo, en Pentecostés se da algo que va más allá de la regeneración. Owen continúa diciendo:

> Pero esta dispensación del Espíritu Santo sobre la cual ahora procedemos a hablar, es tan peculiar al Nuevo Testamento, que el evangelista, al hablar de ella, dice: «Hasta ese momento el Espíritu no había sido dado, porque Jesús no había sido glorificado todavía», Juan 7.39; y aquellos que

---

24. Owen, *Discourse*, p. 114.
25. Ibíd., p. 126.
26. Ibíd., p. 210.
27. Ibíd.
28. Ibíd., p. 212.

eran instruidos en la doctrina de Juan el Bautista solamente, «ni siquiera hemos oído hablar del Espíritu Santo», Hechos 19.2.[29]

Según el antiguo pacto, los padres, de acuerdo a Hebreos 11.13, 39, «vivieron por la fe, y murieron sin haber recibido las cosas prometidas», es decir, que las cosas prometidas no se manifestaban realmente en sus días, aunque ellos habían oído la promesa acerca de ellas, como se dice de forma expresa con respecto a Abraham, 7.6.[30] Owen dice también:

> Por tanto, la promesa en sí misma fue dada al Señor Cristo, y recibida realmente por él en el pacto del mediador, cuando se dedicó a la gran obra de la restauración de todas las cosas, para la gloria de Dios; porque en ella él tenía la promesa del Padre de que el Espíritu Santo sería derramado sobre los hijos de los hombres, para hacer efectiva en sus almas toda la obra de su mediación; por tanto, se dice ahora de él que «recibe esta promesa», porque a causa de él, y por él ya exaltado, entonces se cumplió de manera solemne en la Iglesia y para ella.[31]

Incluso en el ministerio de Jesús, el Espíritu está activo en un grado superior a lo que estuvo en la historia anterior, y sin embargo, Jesús mismo introduce una distinción cualitativa entre antes y después de Pentecostés. Hasta su acto de soplar sobre los discípulos para que recibieran el Espíritu Santo no era sino un precursor del don del Espíritu. Cuantas sean las continuidades que afirman las Escrituras, no pueden pasar por alto el hecho de que Pentecostés fue, y de una manera muy literal, la gran línea divisoria de la historia. El río de la vida aún tendría que brotar de sus manantiales celestiales, puesto que «hasta ese momento el Espíritu no había sido dado, porque Jesús no había sido glorificado todavía» (Juan 7.39). Jesús dijo: «[El Espíritu Santo] *vive con* ustedes y *estará en ustedes*» (Juan 14.17). Solo en el día de Pentecostés se dice esto señalando que ya está presente: «Todos fueron llenos del Espíritu Santo» (Hechos 2.4).

---

29. Ibíd., p. 152.
30. Ibíd., p. 192.
31. Ibíd.

## Pentecostés: Cómo pueden cambiar las cosas en un solo día

Tal como ya hemos visto, a los discípulos se les hizo difícil comprender las palabras de Jesús, incluso en el discurso de despedida, no porque fueran menos inteligentes que nosotros, sino porque estaban trabajando con un paradigma distinto. En su mayor parte, los profetas concebían la venida del Siervo Sufriente, el don del Espíritu, la resurrección de los muertos, el juicio final y el reinado mesiánico eterno como un solo acontecimiento. Es comprensible también que Juan el Bautista sentado en la prisión esperando a ser decapitado, estuviera confundido. Por eso le envió algunos de sus discípulos a Jesús para que le preguntaran directamente: «¿Eres tú el que ha de venir, o debemos esperar a otro?» (Mateo 11.3).

En un sentido crucial, las expectativas de Juan eran exactamente las correctas: estos resultados del ministerio del Mesías son todas las fases de una misma operación. Hasta la resurrección de los muertos ha comenzado con Jesús como las «primicias»; el juicio final ha sido inaugurado al realizar el Espíritu su obra de convicción y de justificación, y la edad por venir ha amanecido ciertamente en esta edad malvada del presente. No obstante, como Jesús enseñó claramente en su discurso del monte de los Olivos (Mateo 24), entre sus dos advenimientos hay un período intermedio en el cual el Espíritu les da poder a sus testigos y a aquellos que los han escuchado, para entrar al reino de Dios, aun si son gentiles, antes del día temible del Señor.

Hay otra piedra de tropiezo para la comprensión de los discípulos. En los Evangelios está suficientemente claro que los evangelistas veían la obra de Jesús como un cumplimiento del patrón de éxodo–conquista–reposo bajo el liderazgo de Moisés y de Josué. Este patrón había sido eco de la creación en el pasado, y señalaba hacia la era mesiánica en el futuro. Y no obstante esto, solo después pudieron interpretar el ministerio de Jesús como su cumplimiento. De hecho, hasta que Jesús se presentó como resucitado, los discípulos manifestaron la desilusión que Albert Schweitzer le atribuía al propio Jesús (Lucas 24.13–16).[32] «Pero nosotros abrigábamos la esperanza de que era él quien redimiría a Israel», le dijeron al Señor, al cual no habían reconocido aún (v. 21). Más aún; había rumores de que Jesús había resucitado... aquello era todo muy confuso. «—¡Qué torpes son ustedes —les dijo—, y qué tardos de corazón para

---

32. Me refiero al argumento de Albert Schweitzer, *The Quest of the Historical Jesus*, traducción al

creer todo lo que han dicho los profetas! ¿Acaso no tenía que sufrir el Cristo estas cosas antes de entrar en su gloria?» (vv. 25–27).

Después de dárseles a conocer al partir el pan (aquí se presenta la misma fórmula gramatical que en la institución de la Santa Cena), Jesús les abrió el corazón para que comprendieran que su muerte no era suya únicamente, sino que él los había sustituido, y que su resurrección era en realidad el comienzo de la nueva creación. Y cuando el Espíritu descendió en el día de Pentecostés, todo encajó en su lugar. El patrón éxodo–conquista–descanso que se manifestó en la creación y se repitió en lo acontecido durante la fundación de la nación era sombra y predicción de un éxodo–conquista–reposo mayor que la prosperidad temporal en el Edén, o en Israel. Ellos eran testigos presenciales del nacimiento nada menos que de la nueva creación.

Las alusiones a la entrega de la ley en el monte Sinaí que aparecen en Hechos 2 son obvias, con «su repetida insistencia en el *sonido*, y en el descenso de Dios sobre ellos en fuego», según hace notar Luke Timothy Johnson.[33] A pesar de lo anterior, en lugar de aterrar a la gente del pacto, de manera que tuvieran que suplicar que no se dijera ni una sola palabra más, el descenso del Espíritu en Pentecostés trae consigo consuelo, poder para testificar y unidad en el evangelio, lo cual prepara a los discípulos a fin de que realicen su testimonio en el mundo. Nosotros no hemos venido al monte Sinaí, sino a la Jerusalén celestial (Hebreos 12.18–29). De ahora en adelante, los seguidores de Cristo no solo van a escuchar con agrado la palabra, sino que la van a proclamar gozosos, incluso hasta el punto del martirio. Sin embargo, desde mi punto de vista, los ecos de Ezequiel son aquí más pronunciados aún. Como en las visiones de este profeta, aparece Dios regresando a su santuario de los últimos tiempos, del cual se había marchado. «Y vi que la gloria del Dios de Israel venía del oriente, en medio de un ruido ensordecedor, semejante al de un río caudaloso; y la tierra se llenó de su gloria» (Ezequiel 43.2). También mira hacia el futuro, a la visión de la adoración celestial de Apocalipsis 14.2, donde se canta «un himno nuevo»: «Oí un sonido que venía del cielo, como el estruendo de una catarata y el retumbar de un gran trueno».

---

inglés de W. Montgomery, J. R. Coates, Susan Cupitt y John Bowman (Minneapolis: Fortress, 2001). Por supuesto, Schweitzer estaba consciente de los relatos sobre la resurrección y del discurso en el monte de los Olivos, pero según su punto de vista, estos eran tradiciones tardías de enseñanzas que trataban de superar los datos procedentes de la muerte inútil sufrida por Jesús.

33. Luke Timothy Johnson, *The Acts of the Apostles* (Collegeville, MN: Liturgical Press, 1992), p. 46.

Las profecías acerca de la reunión en Jerusalén de los israelitas dispersos alcanzan su cumplimiento, no en la restauración de una teocracia geopolítica, sino en la construcción del santuario de los últimos tiempos. En Pentecostés, el Espíritu anunció su advenimiento decisivo con viento y fuego, aunque no era un viento destructivo, ni un fuego consumidor. Las llamas de fuego aparecieron sobre cada uno de los creyentes, como una columna de testimonio, haciendo testigos de Cristo a todos los que formaban aquella comunidad. Ellos no solo están envueltos por la nube de gloria, sino que el Espíritu habita en ellos y los llena de poder. ¿Y cuál es la consecuencia de este derramamiento escatológico? Los apóstoles proclaman a Cristo. Llenos del Espíritu, «comenzaron a hablar en diferentes lenguas, según el Espíritu les concedía expresarse» (Hechos 2.4).

## El don de lenguas: ¿Qué era?

Antes que preguntemos si el don de lenguas continúa existiendo en nuestros días, no deberíamos dar por sentado que estamos de acuerdo en lo que este don era en primer lugar. La religión griega conocía de afirmaciones extáticas; es decir, personas que hablaban como estando en un trance, con sonidos incomprensibles, pero el vocablo *glōssai* («lenguas») se refiere a lenguajes conocidos. Lucas dice que en el día de Pentecostés, los creyentes hablaron «en *diferentes* lenguas» (Hechos 2.4) y quienes les oían, se maravillaron, no de que estuvieran pronunciando unas palabras incomprensibles, sino de algo distinto, y por eso preguntaron: «¿Cómo es que cada uno de nosotros los oye hablar en su lengua materna?» (Hechos 2.8).

Desde los tiempos de Sócrates, el maestro de Platón, la inspiración divina era asociada con el éxtasis. En la medida en que el espíritu (*daimonion*) poseía a alguien, como en el caso de las profetisas de Delfos, la agencia de la propia persona quedaba suspendida. Platón dice que según el punto de vista de Sócrates, «las mayores de las bendiciones nos vienen por medio de la locura, cuando esta nos es enviada como un regalo de los dioses», en contraste con lo que la persona habla cuando está «en sus cabales».[34] El que posee a la persona es «un espíritu entusiasta (*pneuma enthousiastikon*)», según Estrabón, Plutarco y otros escritores, tanto griegos como romanos.[35]

En un fuerte contraste, Levison hace notar que «no hay sino pequeños restos de éxtasis, si es que hay alguno, en la memoria colectiva de Israel». Esto

---

34. Gayo Julio Fedro 244A–B, citado por Levison, *Filled with the Spirit*, p. 155.
35. Ibíd., pp. 155–156, 161, 173.

aparece un poco en Filón, Josefo y 4 Esdras, pero en especial en el *Liber antiquitatum biblicarum*, bajo una fuerte influencia grecorromana.[36] Ahora bien, los apóstoles, como también los profetas de Israel, no eran llevados a un trance ni dominados por el Espíritu. Más bien lo que sucede es que el Espíritu les daba poder para proclamar el mensaje inteligible del evangelio. Esteban era un «hombre lleno de fe y del Espíritu Santo» (Hechos 6.5), y el resultado fue que proclamó el evangelio a partir de la historia de Israel, llevándola hasta Cristo. Levison continúa diciendo:

> En breve, estos hombres son los herederos de Bezalel, a quien Dios llenó con espíritu, sabiduría, inteligencia y conocimiento (Éxodo 31.3); de Josué, quien estaba lleno del espíritu de sabiduría (Deuteronomio 34.9); de Daniel, quien tenía espíritu a la enésima potencia, y sabiduría como la sabiduría de Dios (Daniel 5.11), y del escriba Ben Sirá, quien había sido llenado de un espíritu de comprensión por medio de la ardua labor del estudio, la oración y la meditación (Sirá 39.6). Entonces, aquí es donde se encuentra en la iglesia de Jerusalén un vestigio auténtico del punto de vista bíblico de que un espíritu disciplinado en su interior produce una cosecha de sabiduría.[37]

En el Antiguo Testamento, el Espíritu es el dador de vida, pero también de conocimiento y sabiduría. Lejos de suspender su juicio y su raciocinio, el Espíritu aumenta sus dones naturales y les revela verdades a sus mentes. Es asombrosa la cantidad de menciones del Nuevo Testamento que se centran en el Espíritu como maestro (Lucas 12.12; Juan 14.25–26; 15.26; 16.13; Hechos 20.23; 1 Corintios 2.6–16; Efesios 3.5; Hebreos 9.8; 10.15).

Además de esto, el Espíritu preparó a los apóstoles, y después a la comunidad entera, para que fueran testigos de Cristo. «El testimonio de Jesús es el espíritu que inspira la profecía» (Apocalipsis 19.10), tal como lo prometió Jesús en su discurso de despedida: «él testificará acerca de mí» (Juan 15.26). Ustedes saben que el Espíritu está presente cada vez que se predica y confiesa el evangelio, dice Juan: «En esto pueden discernir quién tiene el Espíritu de Dios: todo profeta que reconoce que Jesucristo ha venido en cuerpo humano es de Dios; todo profeta que no reconoce a Jesús no es de Dios, sino del anticristo. Ustedes han oído que este viene; en efecto, ya está en el mundo» (1 Juan 4.2–3).

---

36. Ibíd., p. 219.
37. Ibíd., pp. 242–243.

Entonces, ¿qué son esas «lenguas diferentes» de Pentecostés? Son lenguas conocidas por los que las escuchan, aunque no por los que las hablan.[38] Levison señala la similitud existente entre las palabras *heterais glōssais* («otras lenguas», Hechos 2.4) de Lucas y el prefacio del nieto de Ben Sirá a la traducción de su abuelo Sirac del hebreo al griego, «usando las palabras *eis heteran glōssan* dentro del contexto de describir las dificultades de traducción».[39] Además, en Hechos 10.46 Pedro y sus acompañantes judíos escucharon a los gentiles (entre ellos Cornelio) alabando a Dios en lenguas. «Tiene que haber existido una dimensión comprensible en esta forma de hablar en lenguas, porque Pedro y sus acompañantes fueron capaces de reconocer que la capacidad para hablar en lenguas estaba asociada con el acto comprensible de alabar».[40]

Lucas evitó «hacer del hablar en lenguas extáticas el *sine qua non* de la Iglesia en sus primeros tiempos», dice Levison, «porque la introducción del hablar en lenguas el día de Pentecostés en lugar de hablar en otros dialectos habría atraído de manera exclusiva la atención hacia la dimensión extática de la inspiración, y tal vez habría llevado a los lectores de Lucas a trazar una línea conceptual directa desde Pentecostés hasta la práctica de hablar en lenguas que había en Corinto».[41] Dice también a continuación: «Aunque es posible que los corintios hayan considerado que esas lenguas consistían en hablar como los ángeles, ciertamente utilizaron esa práctica para crear un infierno comunal en el cual un don que, según Pablo, tenía el propósito de elevar a toda la iglesia, se convirtió en el eje sobre el cual giraban las jerarquías espirituales».[42]

La explicación que da Pablo acerca de las lenguas en 1 Corintios se debe interpretar dentro del contexto de una carta disciplinaria. Los corintios eran inmaduros, soberbios, caóticos en su manera de adorar, e indisciplinados en su vida. Sus represiones señalan hacia el hecho de que hablar en lenguas en la adoración pública estaba contribuyendo a este conjunto de problemas. «Si

---

38. Levison observa: «Hasta la comprensión de los escribas que anotaron lo que Esdras les dictaba, aumentó, porque "el Altísimo les daba comprensión a los cinco hombres, y ellos escribían por turno lo que se les dictaba, en unos caracteres que ellos no conocían" (4 Esdras 14.42)» (*Filled with the Spirit*, p. 200).

39. Ibíd., p. 341n13.

40. Ibíd., p. 341.

41. Ibíd., pp. 337–338.

42. Ibíd. Levison añade aquí: «Incluso la analogía de los instrumentos musicales que presenta Pablo: las flautas, las arpas y las trompetas, todas preparadas para dar notas distintas (1 Corintios 14.7–8), tiene un parecido familiar a la analogía adoptada por Cleombrotus, personaje de Plutarco en el *De Defectu Oraculorum* 431B, para explicar la desaparición de Delfos: "Cuando los semidioses se alejan y abandonan a los oráculos, estos yacen ociosos e inarticulados como los instrumentos de los músicos"».

hablo en lenguas humanas y angelicales, pero no tengo amor, no soy más que un metal que resuena o un platillo que hace ruido» (1 Corintios 13.1).

La profecía es mejor, afirma, porque edifica a la iglesia (14.5). Como en el Antiguo Testamento, para Pablo el Espíritu se halla asociado con el conocimiento, la comprensión y la sabiduría, centrados en Cristo como sabiduría de Dios. El Espíritu inspira a los testigos apostólicos y llena de poder a los miembros de la comunidad como testigos del evangelio. Así, la inteligibilidad es esencial al ministerio del Espíritu, lo cual es algo notable cuando recordamos que los griegos (y los romanos) se enorgullecían en la razón y, sin embargo, terminaban recurriendo a unas sandeces ininteligibles para que estas determinaran su destino. «Hermanos, si ahora fuera a visitarlos y les hablara en lenguas, ¿de qué les serviría, a menos que les presentara alguna revelación, conocimiento, profecía o enseñanza?» (v. 6). De lo contrario, habría un ruido caótico, en lugar de existir unos instrumentos que tocan con «sonidos distintos» (vv. 7–8). «Así sucede con ustedes. A menos que su lengua pronuncie palabras comprensibles, ¿cómo se sabrá lo que dicen? Será como si hablaran al aire» (v. 9).

Los corintios parecen haber confundido el don de lenguas con el éxtasis pagano. La similitud de las lenguas aquí con las «lenguas diferentes» de Pentecostés parece evidente: «¡Quién sabe cuántos idiomas hay en el mundo, y ninguno carece de sentido! Pero, si no capto el sentido de lo que alguien dice, seré como un extranjero para el que me habla, y él lo será para mí. Por eso ustedes, ya que tanto ambicionan dones espirituales, procuren que estos abunden para la edificación de la iglesia» (vv. 10–12). El problema de las lenguas carentes de interpretación es que un extraño no sabe qué se ha hablado.

Está muy claro que al menos en la adoración pública no se debe hacer nada que sea ininteligible, y que no comunique verdades a la mente. Cuando Pablo dice: «Porque, si yo oro en lenguas, mi espíritu ora, pero mi entendimiento no se beneficia en nada» (v. 14), no está presentando una definición positiva de las lenguas. Más bien está hablando de que no son adecuadas para la adoración pública. «¿Qué debo hacer entonces? Pues orar con el espíritu, pero también con el entendimiento; cantar con el espíritu, pero también con el entendimiento» (v. 15).

Para Pablo es algo inconcebible que un acto de adoración evada el conocimiento, o suspenda la actividad de la mente del adorador. «De otra manera, si alabas a Dios con el espíritu, ¿cómo puede quien no es instruido decir "amén" a tu acción de gracias, puesto que no entiende lo que dices? En ese caso tu acción de gracias es admirable, pero no edifica al otro» (vv. 16–17). Nosotros no venimos a la iglesia para dedicarnos juntos a nuestras devociones privadas, sino para edificarnos mutuamente y darles testimonio a los de fuera. «Doy gracias a Dios porque hablo en lenguas más que todos ustedes», escribe Pablo. «Sin embargo, en la iglesia prefiero emplear cinco palabras comprensibles y que me sirvan para instruir a los demás que diez mil palabras en lenguas» (vv. 18–19).

Pablo está prohibiendo las actuaciones virtuosas para manifestar una espiritualidad personal. La meta de todos los dones espirituales es la sabiduría pública que edifica; no los éxtasis privados que ensoberbecen. «¿Acaso la palabra de Dios procedió de ustedes? ¿O son ustedes los únicos que la han recibido? Si alguno se cree profeta o espiritual, reconozca que esto que les escribo es mandato del Señor. Si no lo reconoce, tampoco él será reconocido» (vv. 36–38). Las personas que él tenía en mente se consideraban a sí mismas como parte de la élite espiritual, cuando en realidad eran inmaduras, orgullosas y amigas de divisiones. «Hermanos, no sean niños en su modo de pensar. Sean niños en cuanto a la malicia, pero adultos en su modo de pensar» (v. 20).

Precisamente en este punto, Pablo introduce un punto acerca de la importancia histórico–redentora de las lenguas:

En la ley está escrito: «Por medio de gente de lengua extraña y por boca de extranjeros hablaré a este pueblo, pero ni aun así me escucharán», dice el Señor. [Isaías 28.11–12]. De modo que el hablar en lenguas es una señal no para los creyentes, sino para los incrédulos; en cambio, la profecía no es señal para los incrédulos, sino para los creyentes. (1 Corintios 14.21–23)

Al recordar Isaías 28.11–12, Pablo está identificando las lenguas como señal de un juicio temporal. En Romanos 11, alega que se ha producido un endurecimiento temporal entre sus hermanos judíos «para que Israel sienta celos». Cuando llegue la plenitud de los gentiles, entonces el Espíritu ablandará los corazones de los miembros del pueblo judío, y «si su fracaso ha enriquecido a los gentiles, ¡cuánto mayor será la riqueza que su plena restauración producirá!» (vv. 11–12).

Entonces, por el momento, las lenguas son una señal de juicio, en especial en el sentido de que los extranjeros, los gentiles, están predicando el evangelio, incluso a los mismos judíos, un evangelio que ellos deberían haber abrazado primeramente. Pentecostés no tuvo por resultado una conversión en gran escala del pueblo judío, pero sí puso en marcha la reunión de un remanente de Israel y de las naciones para los últimos tiempos. Ahora, los creyentes judíos serían testigos ante los gentiles, y junto con ellos, proclamarían el evangelio en unas lenguas previamente desconocidas para ellos. Pero, añade Pablo, esta es precisamente la razón por la cual la profecía (esto es, la predicación) es la que se debe usar en la adoración pública, y no el hablar en lenguas extrañas. De lo contrario, si «entran algunos que no entienden o no creen, ¿no dirán que ustedes están locos?» (1 Corintios 14.23). En cambio, cuando oigan una predicación y una enseñanza de la palabra comprensibles, sentirán convicción y creerán en esa palabra: «Así que se postrará ante Dios y lo adorará, exclamando: "¡Realmente Dios está entre ustedes!"» (v. 25).

Sea cual sea la importancia de hablar en lenguas, Pablo dice que no debe evadir el uso de la mente y que no debe tomar lugar en la adoración pública si no hay una interpretación. «Porque Dios no es un Dios de desorden, sino de paz» (v. 33) y «todo debe hacerse de una manera apropiada y con orden» (v. 40). Cualquiera que sea el caso, el don de hablar en lenguas es inferior a la profecía y a la enseñanza. (En la lista de dones espirituales de 1 Corintios 12, que comienza por el ministerio de la Palabra, aparece en el último lugar, y en la lista de Romanos 12 ni siquiera se hace mención de él). En vista de lo que dicen los versículos 10 y 11, yo me inclino a pensar que Pablo también pensaba en las lenguas como la presentación inteligible *del evangelio* en lenguas reales, previamente desconocidas al que las habla.

En Hechos 2.4, lo notable de las lenguas es que los extranjeros se reunieron allí para escuchar el evangelio, *cada cual en su propia lengua*. Este informe va seguido por una «tabla de naciones» (vv. 8–12), eco de la tabla de naciones que aparece en Génesis 10.1–32, donde se habla de que el Espíritu descendió en juicio para confundir las lenguas y dispersar a los soberbios constructores de la torre de Babel. Ahora, el Espíritu está descendiendo en gracia y no en juicio, para unir en lugar de dividir, y para capacitar a todos de manera que comprendan el evangelio sin socavar las diferencias entre idiomas. Los dones espirituales, incluyendo las lenguas y su interpretación, son dados «para el bien de los demás» (1 Corintios 12.7).

Con ellas, el Espíritu prepara a la Iglesia para que dé *testimonio de Cristo*; esa es toda la razón de ser de Pentecostés. Además, este hablar en otras lenguas llevaba el propósito de ser una señal. Las señales milagrosas no son normalmente sucesos que se repiten, sino señales notables de algo nuevo que Dios está haciendo. Aquí, está la señal, primero de la reunión de los judíos de la diáspora. Sin embargo, a medida que se va desarrollando el libro de los Hechos, lo vemos como el precursor de la reunión de las naciones por Dios, cruzando todas las barreras étnicas y lingüísticas. El Espíritu–Gloria rompe los muros que habían estado simbolizados por las particiones existentes en el templo mismo, y que separaban el atrio de los gentiles del atrio de los judíos, porque ahora el verdadero santuario está en el cielo, donde nosotros hemos sido resucitados y sentados junto con Cristo (Efesios 2.11–22).

## La meta de la profecía

El enfoque central de Pablo estaba en el mensaje del evangelio. Todo, en la adoración, el alcance, la disciplina, y el orden y los oficios de la iglesia, debe llevar a la edificación de la Iglesia y a la proclamación del evangelio por ella hasta los confines de la tierra. Como observa Levison:

> No es simplemente la conducta del mensajero, o los milagros que acompañan a los discursos de Pablo, aquello que los gobernantes y retóricos de esta edad no pueden comprender. Sencillamente, ellos no pueden captar que el poder de Dios se puede manifestar en la debilidad de la cruz. Es decir, los incrédulos no pueden aceptar el *contenido central* del evangelio. Este es el contenido que revela el Espíritu; esta es la lección que enseña el Espíritu... Sin embargo, el contraste entre el espíritu del mundo y el Espíritu de Dios nos aleja de la arena de la experiencia para llevarnos al contenido de la predicación de Pablo, centrado en la cruz. Pablo parece reconocer lo fácilmente que podríamos perder de vista el contenido de la predicación en presencia de unas poderosas experiencias milagrosas. Sin embargo, permitir que una *experiencia* abrumadora del espíritu, por sana que parezca ser, eclipse la importancia del *contenido*, es truncar la obra del Espíritu que procede de Dios, porque este Espíritu es no menos revelador y maestro, que inspirador de milagros, y fuente de una experiencia de adopción.[43]

Ciertamente, los que están reunidos en el aposento alto van a ser las «primicias» de la cosecha. Los que visitaban Jerusalén para celebrar allí la Fiesta de Pentecostés fueron testigos de este notable suceso. No estaban confundidos

---

43. Levison, *Filled with the Spirit*, pp. 280–281.

porque no comprendieran el mensaje, sino porque cada uno de ellos estaba escuchando este evangelio en su propia lengua, con poder, y procedente de unos galileos incultos (Hechos 2.7–12). Como sucede en toda cosecha, hay trigo y paja. Los actos salvadores de Dios siempre dividen, como lo hacen aquí (v. 13). Unos creen y son salvos (lo cual subraya de nuevo el hecho de que comprendían lo que se estaba diciendo); otros rechazan y son juzgados. Estos «otros» que se burlaban, solo pudieron atribuir este extraño suceso a la ebriedad.

El punto climático de este derramamiento del Espíritu es un sermón pronunciado por Pedro (Hechos 2.14). Él había negado incluso conocer a Jesús, pero ahora lo está proclamando como el Cristo. Y lo está haciendo en las escalinatas mismas del templo. Además de esto, su mensaje está lleno de poder y de convicción. Todo lo que Jesús había dicho acerca de la obra del Espíritu es evidente aquí. Pablo es el predicador externo, mientras que el Espíritu produce convicción interna.

Hay tres cosas notables en esto. La primera es la medida en que Dios toma en serio la predicación. Hoy en día tal vez nos sintamos inclinados a pensar en un cumplimiento tan trascendental de la profecía relacionada con el derramamiento del Espíritu. Sin embargo, como se nos recuerda en Ezequiel 37, por medio de la predicación es como el Espíritu resucita milagrosamente a los que están muertos en sus transgresiones y sus pecados. Nada habría podido ser más espectacular, milagroso y dramático que lo que tiene lugar cuando se predica el evangelio. El segundo punto notable es la forma en que Pedro construye su sermón. Jesús había reprendido a los fariseos por pensar que ellos habían llegado a dominar las Escrituras, a pesar de lo cual no habían sabido ver al Cristo como el centro de su mensaje (Juan 5.39). Después de su resurrección, en el camino a Emaús, había abierto las Escrituras con sus discípulos y les había mostrado cómo todo señalaba hacia él (Lucas 24). Y ahora Pedro predica el primer sermón público del nuevo pacto, y es un sermón sobre una promesa y su cumplimiento, con Cristo en el centro. Entreteje pasajes del Antiguo Testamento con su cumplimiento en el Nuevo, y este es el patrón que sigue el resto de los sermones apostólicos en el libro de los Hechos. Esta es precisamente la predicación que formará el texto del Nuevo Testamento.

Pedro relaciona Pentecostés con la profecía de Joel y después enlaza este acontecimiento con la persona y la obra de Cristo: su crucifixión, resurrección y exaltación «a la diestra de Dios», que entonces le dio la autoridad procedente del Padre para enviar al Espíritu Santo. No es posible separar a Pentecostés del

Viernes Santo ni de la Pascua, y solo se puede concebir en función de estos dos sucesos. Como hace notar Richard Gaffin Jr.:

La gran mayoría de las menciones del Espíritu Santo se encuentran en la segunda mitad del Nuevo Testamento. Alrededor del 80% se encuentran en el libro de los Hechos, las epístolas y el Apocalipsis, con solo un puñado relativo en los Evangelios. Más significativa es la naturaleza de la distribución de estas menciones. En los Evangelios, en los que se refieren a la obra del Espíritu en esos momentos, se hacen destacar la persona y la actividad de Jesús. Para los discípulos, el Espíritu es mayormente una cuestión de promesa, un don aún en el futuro. En cambio, en Hechos y en las epístolas, se insiste en la realidad presente del Espíritu, el cual ya se halla activo y funcionando en los creyentes.[44]

Primeramente debe haber una cruz y una resurrección; de lo contrario, no habríamos podido soportar el derramamiento del Espíritu. «Pedro explica la venida del Espíritu a base de predicar a Cristo».[45] Gaffin continúa diciendo:

La obra del Espíritu no es algo añadido a la obra de Cristo. No es una esfera de actividad más o menos independiente que va más allá de lo que Cristo ha hecho, o que lo complementa. La obra del Espíritu no es una «gratificación» añadida a la salvación básica que nos ha conseguido Cristo. Antes bien, la venida del Espíritu trae a la luz, no solo que Cristo ha vivido y ha hecho ciertas cosas, sino que él, que es la fuente de la vida escatológica, ahora vive y obra en la iglesia. Por el Espíritu y en el Espíritu, Cristo se revela a sí mismo como presente. El Espíritu es el poderoso secreto abierto, el misterio revelado de la presencia permanente de Cristo en la Iglesia.[46]

Nota también el carácter de «proclamación» del sermón, típico de todos los sermones que hay en el libro de los Hechos. Hasta la parte de «aplicación» del sermón se halla atada a la proclamación de la promesa:

44. Richard B. Gaffin Jr., *Perspectives on Pentecost* (Phillipsburg, NJ: P&R, 1993), p. 13.
45. Ibíd., p. 16.
46. Ibíd., pp. 19–20.

«Por tanto, sépalo bien todo Israel que a este Jesús, a quien ustedes crucificaron, Dios lo ha hecho Señor y Mesías». Cuando oyeron esto, todos se sintieron profundamente conmovidos y les dijeron a Pedro y a los otros apóstoles: —Hermanos, ¿qué debemos hacer? —Arrepiéntase y bautícese cada uno de ustedes en el nombre de Jesucristo para perdón de sus pecados —les contestó Pedro—, y recibirán el don del Espíritu Santo. En efecto, la promesa es para ustedes, para sus hijos y para todos los extranjeros, es decir, para todos aquellos a quienes el Señor nuestro Dios quiera llamar. (Hechos 2.36–39)

Tal vez antes de todo esto, la gente habría escuchado el estilo de predicación que se limita a instruir y guiar, animar y exhortar; sin embargo, ninguna de estas cosas puede convertir. No les puede dar entrada en la era por venir a aquellos que se hallan espiritualmente muertos. Solo el anuncio inspirado por el Espíritu y lleno de poder del mismo Espíritu sobre lo nuevo que *Dios* ha hecho para traernos la liberación puede realizar esta obra. Con esto no estamos desechando la exhortación y el aliento, de los cuales están repletos las Escrituras, sino que estamos sugiriendo que hasta el punto en que la predicación cristiana pierde su carácter de «anuncio», cesa de ser cristiana de acuerdo a las normas apostólicas. También estamos sugiriendo que hasta el punto en que la predicación cristiana olvida su dependencia del Espíritu Santo que inspiró las Escrituras, además de regenerar e iluminar nuestros corazones para que aceptemos a Cristo, se convierte en poco más que una escuela o un seminario de motivación.

El efecto de esta clase de predicación fue ensanchar los muros de este templo–habitación de Dios de manera exponencial. Aun en el extraordinario ministerio de los apóstoles, en el cual es evidente que las señales estuvieron presentes en abundancia, la Iglesia no creció a base de unas exhibiciones espectaculares ni unas ingeniosas técnicas, sino por el medio común y corriente de la predicación, la oración, el sacramento y la comunión (Hechos 2.42–43). En ese caso, no tenemos que extrañarnos de que Jesús respondiera a la última pregunta de sus discípulos antes de su ascensión, «Señor, ¿es ahora cuando vas a restablecer el reino a Israel?», indicándoles que esperaran en Jerusalén el don del Espíritu.

# CAPÍTULO 7

# El bautismo en el Espíritu

En el orden de la *historia redentora* (examinada por la teología bíblica), la obra del Espíritu se mueve desde lo externo y cósmico–universal hacia lo personal. Enviado por el Padre, en el Hijo, al final de la era, el Espíritu es derramado «sobre toda carne», judíos y gentiles, hombres y mujeres, esclavos y libres, con el fin de comenzar la nueva creación. En consecuencia, el Espíritu Santo entra hasta los rincones más íntimos de los corazones de los seres humanos, liberándolos de la esclavitud del pecado y de la muerte, haciendo de ellos ciudadanos de la edad por venir. Entre otros, Geerhardus Vos y Herman Ridderbos nos recuerdan los peligros que significa reducir la «nueva creación» a los creyentes de manera individual.[1] Este peligro es perenne, concretamente a raíz del pietismo y de los movimientos de avivamiento, en los cuales la obra del Espíritu de aplicar la obra redentora de Cristo se reduce a un proceso psicológico dentro del alma de la persona. La nueva creación no es solamente cada creyente de forma individual; ni siquiera un conglomerado de individuos. En primer lugar, es una realidad tan extensa en su alcance como la primera creación.

Sin embargo, en *la aplicación de la redención*, examinada por la teología sistemática, se invierte este orden: primero experimentamos al Espíritu Santo en nuestro interior, de manera individual, mientras este nos une a Cristo y, en Cristo, nos concede el libre acceso al Padre. Uniéndonos a Cristo como cabeza nuestra, nos une de forma simultánea a su cuerpo, la Iglesia. Una vez más, es importante que reconozcamos el horizonte histórico–redentor más amplio

---

1. Gerhardus Vos, «The Eschatological Aspect of the Pauline Concept of the Spirit», en *Redemptive History and Biblical Interpretation: The Shorter Writings of Geerhardus Vos*, ed. Richard B. Gaffin Jr. (Phillipsburg, NJ: P&R, 2001), pp. 91–125; Herman Ridderbos, *Paul: An Outline of His Theology*, trad. al inglés de John R. De Witt (Grand Rapids, Eerdmans, 1997), pp. 42–59.

cuando nos refiramos al bautismo con el Espíritu y a sus dones. Este se halla asociado de una manera particular con la santidad.

## «Consagrado al Señor»: La consagración desde la perspectiva del Antiguo Testamento

Hay pocas distinciones tan definitivas en la ley de Moisés como las de puro/inmundo y común/santo (Levítico 11.47). Mary Douglas señala que esta distinción se halla unida a «las relaciones del orden con el desorden, del ser con el no ser, de la forma con la deformidad, de la vida con la muerte».[2] Por medio de una expansión así de categorías, se nos hace recordar Génesis 1.2: «La tierra era un caos total, las tinieblas cubrían el abismo, y el Espíritu de Dios se movía sobre la superficie de las aguas». El «caos total», en el texto hebreo «sin forma» (*tohu*) y «vacía» (*bohu*), no presenta aún los matices de una agencia personal, y mucho menos, ética. Sin embargo, después de la caída, *tohu* y *bohu* sí presentan esa connotación, puesto que las transgresiones llevan al desorden, la impureza y la muerte, y la tierra misma se aparta del aspecto de huerto floreciente para convertirse en un erial absoluto. Personificado como Jacob, Israel fue descubierto por Yahvé. «Lo halló en una tierra desolada, en la rugiente soledad del yermo. Lo protegió y lo cuidó; lo guardó como a la niña de sus ojos» (Deuteronomio 32.10). Las tierras desiertas entre Sinaí y Canaán son «tierra árida y accidentada... tierra reseca y tenebrosa... tierra que nadie transita y en la que nadie vive» (Jeremías 2.6). Y sin embargo, este es precisamente el estado en el cual Canaán mismo sucumbió cuando el Espíritu se marchó del templo (Isaías 13.20; Jeremías 9.11; 10.22; 49.18, 33).

El relato de la creación, con su división del caos en distintas esferas, cada una de las cuales fue llenada por unas criaturas y sus gobernantes, con Yahvé entrando en su entronización del *Sabbat*, tiene su eco en el patrón de éxodo–conquista–reposo que se presenta en la historia de Israel. Después de haber cubierto este terreno, no tenemos necesidad de seguir abundando más en él, sino para subrayar el crucial punto de que todas las leyes promulgadas en el Sinaí relacionadas con la pureza, la dieta y el tiempo (semanas, meses, años),

---

2. Mary Douglas, *Purity and Danger: An Analysis of the Concepts of Pollution and Taboo* (Londres: Routledge y Kegan Paul, 1966), p. 5. Ver también Jacob Neusner, *The Idea of Purity in Ancient Judaism* (Leiden: Brill, 1973); David P. Wright, «Unclean and Clean (OT)», en *The Anchor Bible Dictionary*, ed. David Noel Freedman, 6 vols. (Nueva York: Doubleday, 1992), 6:729–741. Cf. *The Mishnah*, trad. al inglés, Herbert Danby (Oxford: Oxford University Press, 1933), especialmente Kelim, 1.1–9, y el cuarto apéndice, «The Rules of Uncleanness» (pp. 800–804).

así como con el espacio (la tierra), centraron la atención de Israel en el Dios que separa a Israel de las naciones. En este contexto, hasta una prohibición tan obscura y aparentemente sin sentido como la de usar ropa hecha con telas mezcladas (Levítico 19.19) se hace inteligible.

## Lo común y lo consagrado

Bajo el pacto antiguo había tres categorías para la condición de las personas, los lugares y las cosas: *corruptos, comunes y consagrados*. Hasta podríamos reducir a dos estas categorías: lo *consagrado* (o santo) y lo *común*. La obediencia es un componente de crucial importancia en la doctrina bíblica, pero estos términos no se refieren a una cualidad moral, sino a una posición; no se refieren a un derecho que tengamos nosotros con respecto a Dios, sino a uno que él tiene con respecto a nosotros. Por ejemplo, en lo que a los seres humanos se refiere, ser consagrado o santo para el Señor es estar situado dentro de la esfera visible del pueblo de su pacto. Rechazar el pacto es ser «cortado» (excomulgado). Las personas, los lugares y las cosas comunes nunca son *cortados* porque nunca han sido santos.

Hoy en día muchos cristianos, motivados por una preocupación correcta por reafirmar la forma misericordiosa en que Dios sostiene todas las cosas, incluyendo los reinos de esta hora, han desafiado toda distinción entre lo sagrado y lo secular. Pero esta confusión entre lo santo y lo común no tiene base exegética alguna. Además, nivela por completo la dinámica historia de la revelación, pasando por alto las características distintivas de las diversas administraciones en el pacto de la gracia. Hubo un tiempo en que no existía distinción entre lo secular y lo sagrado (o lo común y lo santo). El mandato dado a Adán y Eva en el Edén después de la creación fue el de «Sean fructíferos y multiplíquense», con la intención de gobernar y someter la creación a la soberanía máxima de Yahvé. Todo momento y toda actividad eran santos, y eran extensiones directas del reinado de Dios en el mundo. También el reinado teocrático de Israel era santo, apartado de las naciones como posesión especial de Dios. En el futuro volverá a haber un tiempo así, en el cual, más allá de todo lo experimentado en la primera creación habrá un orden totalmente sometido al dominio recto, amoroso y justo del Gran Rey.

No obstante, en este tiempo situado entre los dos advenimientos de Cristo, el programa de redención se centra en llamar a un pueblo de entre los reinos de esta era. Los que se mantienen fuera del pacto de la gracia no son santos, pero son consagrados. Como portadores de la imagen de Dios, todos los seres humanos son «apartados» para el Señor por obediencia al pacto. No obstante, precisamente en su condición de consagrados, esto es, de separados como propiedad del Señor, se hallan en un estado de rebelión y, por tanto, bajo la ira de Dios. Por el momento, Dios ha levantado la «ley marcial».

Esta no es la era de las guerras santas y de la tierra santa. Aun aquellos que se hallan hoy bajo la ira de Dios, pueden ser unidos a Cristo por el Espíritu mañana. Para esta conquista por todas las fronteras, de la Palabra y del Espíritu, se deben *levantar* todos los límites, en lugar de defenderlos. Toda tierra debe ser no santa, sino común. Se trata de una suspensión de la ejecución. En este tiempo entre los dos advenimientos de Cristo, Dios envía bendiciones providenciales tanto a los malos como a los buenos por igual (Mateo 5.45). Los que no crean, aun hoy se hallan apartados por el Señor para su destrucción: «Permanecerá bajo el castigo de Dios» (Juan 3.36). Sin embargo, este veredicto aún no es definitivo. Y mientras no se convierta en definitivo, los reinos que levantan los impíos no son ni santos ni condenados, sino comunes. Levantar a cualquiera de ellos al rango de santos sería invocar el juicio inmediato de Dios sobre ellos. En vez de esto, desempeñan un papel importante, pero lejos de ser definitivo en la historia. Hasta los gobernantes paganos que persiguen a la Iglesia son ministros de Dios para bien (Romanos 13.4). Hasta el reino que Jesús y los apóstoles conocieron, que crucificó a Jesús y a sus seguidores, era paradójicamente legítimo, como el propio Jesús dijo, para asombro de los fariseos (Mateo 22.21), y sin embargo, estaba destinado a perecer por pertenecer a «esta era presente» que está agonizando.

La muerte de Cristo privó a Satanás del triunfo definitivo. Tal como cantamos, «El mundo entero es del Padre». Esto es cierto, no solo con respecto a la creación, sino de manera especial tras la victoria de Cristo (1 Corintios 15.27). «Si Dios puso bajo él todas las cosas, entonces no hay nada que no le esté sujeto» (Hebreos 2.8). No obstante, el escritor de la carta a los Hebreos añade: «Ahora bien, es cierto que todavía no vemos que todo le esté sujeto. Sin embargo, vemos a Jesús, que fue hecho un poco inferior a los ángeles, coronado de gloria y honra por haber padecido la muerte. Así, por la gracia de Dios, la muerte que él sufrió resulta en beneficio de todos» (Hebreos 2.8–9).

Toda la tierra y cuanto hay en ella se halla bajo la reclamación del pacto de Dios por derecho de creación. Sin embargo, tal como hemos visto, Dios apartó para sí a Israel como su nación santa. El éxodo cortó a Israel de Egipto, y la circuncisión cortó el prepucio (que representa la transmisión del pecado original), para que toda la persona pudiera ser salvada. Una vez más en la historia, Yahvé reclamó como suyos a seres humanos, lugares y cosas, ya sea para destrucción o para liberación. El Espíritu divide y llena. Canaán era el tablado de sus pies; el escenario para su dramática parábola. Y una vez más, esto significa que Yahvé va a gobernar directamente como el Gran Rey de Israel, con una «guerra santa» en lugar de una defensa común y («guerra justa») como norma. Por orden de Dios y por la presencia de su Espíritu, Canaán ya no era una tierra común, sino una tierra santa. Las reglas ordinarias de la guerra común fueron suspendidas cuando Dios actuó de manera directa e inmediata como el rey–guerrero de Israel. Al igual que Adán, Israel debía echar a la serpiente de la tierra santa de Dios. Todo en la tierra que fuera corrupto debía ser erradicado, y el pueblo santo de Dios debía guardar los mandamientos; de lo contrario, la tierra los vomitaría fuera de sí (Levítico 18.28). La presencia del Espíritu era tanto juicio como consuelo bajo estas circunstancias, puesto que la nación estaba sometida a Yahvé como su Gran Rey. Dios amenazaba con hacer caer sobre ellos exactamente lo mismo que había hecho caer sobre las naciones impías que él había sacado de allí delante de ellos (Deuteronomio 28.1–68; 29.10–29; 30.11–20).

He sostenido que la teocracia del Sinaí es como el drama dentro de un drama de Hamlet: una grandiosa parábola sobre toda la historia humana. Se encuentra también que Israel está «en Adán», pero con el sistema de leyes y sacrificios que dirige al pueblo hacia Cristo en busca de redención. En este reinado directo de Yahvé, en realidad el cielo ocupa un pedazo de terreno, ya sea este el Edén, el arca de Noé, la zarza ardiente que encontró Moisés, el monte Sinaí (durante la ceremonia de celebración del pacto), el tabernáculo o la tierra de Canaán. Todo lo que vive dentro de esa zona consagrada ha sido entregado a Dios, o bien para su destrucción, o para su liberación. «Consagrado al Señor» es algo que puede significar tanto vida como muerte. Una zona santa no es un parque de juegos. El Espíritu Santo era el juez de Israel, no su mascota. «Consagrado al Señor» es, muy literalmente una espada de dos filos. Es peligroso estar separado en pacto al Señor y despreciar sus bendiciones (un tema que aparece en diversos lugares de Hebreos, en particular los capítulos 4, 6 y 10). Hasta en el nuevo pacto, abusar de la Cena del Señor es provocar un juicio temporal, según 1 Corintios 11.

Hasta dentro de estos lugares, como el Edén o Canaán, había círculos concéntricos de una consagración cada vez mayor, y por tanto, de peligro. El árbol de la vida en el huerto del Edén era el centro de la santidad allí concentrada.

El Lugar Santísimo (con el arca del pacto y su propiciatorio) era el lugar más interno de la presencia divina en el templo de Jerusalén, desde el cual irradiaba la santidad de Dios por toda aquella tierra. Las indicaciones concretas que dio Dios en la ley crearon una réplica del cielo en la tierra. Lo vertical fue hecho horizontal, con lo más santo en el centro. Y sin embargo, el aspecto horizontal subrayó una historia santa, mientras la nube seguía moviendo al pueblo hacia la promesa, con la tribu de Judá al frente, guiando por el camino hacia el León de la tribu de Judá.[3]

La meta del sacerdote es «guardar y conservar» el santuario, de manera que nada impuro entre en su sagrado recinto. Cuando Adán no expulsó a la serpiente, e incluso sucumbió ante su tentación, fue arrojado fuera… una vez más, por su propio bien. Permanecer en el lugar santo, y peor aún, comer el fruto del árbol de la vida, lo habría confirmado (a él, y también a nosotros) en la muerte eterna. El Señor, en su misericordia, se aseguró de que la curiosidad idólatra no echara abajo su plan de redención. Al situar al querubín a la entrada del lugar santísimo en el Edén, Yahvé mantuvo, no solo su propia santidad, sino también la seguridad de su criatura caída, y expulsó a la pareja de su tierra santa. Llevándose su trono sagrado al cielo, Dios en su misericordia *desconsagró* la tierra, haciéndola común. Y al presentar las acusaciones de Dios contra Israel, los escritos proféticos toman de forma explícita unas imágenes tomadas de las maldiciones caídas sobre la creación cuando Adán quebrantó el pacto: «Son como Adán: han quebrantado el pacto» (Oseas 6.7), y Yahvé los ha cortado de la tierra temporal. El reino de Dios ya no estaba asociado con una teocracia geopolítica de la tierra. Ahora los elegidos y los réprobos vivirán ambos «al este del Edén», entremezclándose, pero con la prohibición de casarse entre ellos.

No obstante, los profetas añoran el día en que los tipos y sombras den paso a la realidad. Será un nuevo Edén, más grandioso aún que el primer paraíso. No solo van a vivir biológicamente, sino que van a vivir en el Espíritu. «Yo les daré un corazón íntegro, y pondré en ellos un espíritu renovado… Entonces ellos serán mi pueblo, y yo seré su Dios» (Ezequiel 11.19–20). Sin embargo, separados de Cristo, lo último que deberíamos querer es que el Espíritu sea derramado sobre toda carne. Sería como estar suplicando que caiga un fuego destructor del cielo, en lugar de querer estar unidos a Cristo. Estar consagrado

---

3. Encontrarás unos estudios excelentes del tabernáculo y de sus simbolismos en G. K. Beale, *The Temple and the Church's Mission: A Biblical Theology of the Dwelling Place of God*, NSBT (Downers Grove, IL: IVP Academic, 2004).

es haber dejado de ser común, bajo la paciente reserva de Dios; más bien, es ser apartado para destrucción, o para reconciliación con el Santo.

## Jesús pasó por nuestro juicio–consagración en el poder del Espíritu

Jesús fue cortado de la manera definitiva, no solo por medio de la circuncisión, sino también por la excomunión. «Después de aprehenderlo y juzgarlo, le dieron muerte; nadie se preocupó de su descendencia. Fue arrancado de la tierra de los vivientes, y golpeado por la transgresión de mi pueblo» (Isaías 53.8). Imaginándose que la llegada a Jerusalén culminaría con la consagración del rey mesiánico, Jacobo y Juan le pidieron que los hiciera sentar uno a su derecha y otro a su izquierda. «No saben lo que están pidiendo —les replicó Jesús—. ¿Pueden acaso beber el trago amargo de la copa que yo bebo, o pasar por la prueba del bautismo con el que voy a ser probado?» (Marcos 10.38–39). La consagración real de Jesús fue su bautismo para muerte; la entrega de su cuerpo y su alma a la condenación por nosotros. Y ahora, todos los que somos bautizados en él pasamos por las aguas del juicio sin que nos hagan daño.

Tal como nos recuerda Pablo, «nuestros antepasados estuvieron todos bajo la nube y que todos atravesaron el mar. Todos ellos fueron bautizados en la nube y en el mar para unirse a Moisés. Todos también comieron el mismo alimento espiritual y tomaron la misma bebida espiritual» (1 Corintios 10.1–4). Nadie fue bautizado en Cristo por medio de este éxodo y esta nube tipológicos; se trataba de un pacto diferente, con promesas y términos diferentes, en particular, porque tenía un mediador diferente: Moisés, un siervo, y no Jesús, el Hijo. Y sin embargo, en él todo apuntaba hacia Cristo. El contexto de esta observación de Pablo es la seriedad y la santidad de la comunión, tanto el sacramento como la *koinōnia* que este genera, por oposición a la profanación de los corintios de ambos por medio de su caótica adoración y su sectarismo. El bautismo tipológico ahogó a las huestes del faraón, mientras que salvó a los israelitas, quienes pasaron el mar con seguridad y por tierra seca, comieron todos «el mismo alimento espiritual» (el maná), y «tomaron la misma bebida espiritual» (*la Roca*, la cual tipológicamente era Cristo mismo [v. 4], aunque Cristo identifica al Espíritu como el *agua* [Juan 7.37–39]). A esto añade: «Sin embargo, la mayoría de ellos no agradaron a Dios, y sus cuerpos quedaron tendidos en el desierto» (v. 5). Aunque todos fueron bautizados en este pacto con Moisés como mediador, no todos llegaron a la Tierra Prometida. Más bien, «la mayoría de ellos» no llegaron a entrar en su tierra tipológica de reposo. Ellos nos sirven «de ejemplo» (v. 6), porque ahora que Cristo, la realidad, ha venido como mediador del nuevo pacto, estamos especialmente obligados a abrazar nuestro bautismo y nuestra participación en su carne y sangre por medio de la Cena del Señor con toda seriedad.

Las señales nos deben guiar hacia la realidad. Algunos de los que habían sido bautizados exteriormente en Moisés, no llegaron a entrar en aquella tierra tipológica; de hecho, esto incluyó al propio Moisés. En ese caso, nuestra pérdida es mucho mayor si nosotros no llegamos a entrar en el reposo eterno, a pesar de haber sido bautizados. Este argumento de Pablo tiene su eco en Hebreos 4, 6, 10 y 12.

Esta teología bíblica es la que debemos tener presente cuando hablamos del Espíritu de santidad. El Espíritu Santo no es una paloma inofensiva. Debemos echar lejos de nosotros toda esa conversación acerca del Espíritu como la persona vulnerable de la Trinidad, la persona tímida, el susurro, que con frecuencia se convierte en el punto de Arquímedes para encontrar un aspecto débil en la Divinidad. El Espíritu Santo es el Dios soberano. Él es quien trae juicio a lo largo de toda la historia de la revelación: en el Edén, en Israel y ahora en el nuevo pacto, mientras obra en nuestro interior para tratar de darnos convicción de pecado y guiarnos a Cristo. Esta obra exclusiva del Espíritu se hace evidente en el día de Pentecostés, cuando los que escuchaban la proclamación que hizo Pedro de culpa y gracia, se sintieron «profundamente conmovidos» y pusieron su confianza en Cristo (Hechos 2.37). A causa del Espíritu, los setenta regresaron con la noticia de que los demonios se les sometían a ellos en el nombre de Jesús, y el Señor mismo les dijo que él veía a Satanás caer del cielo como un rayo. Sin embargo, no debían tener en cuenta este triunfo cósmico sobre los espíritus, sino más bien el hecho de que ellos mismos hubieran sido escogidos y perdonados (Lucas 10.20).

El Espíritu Santo nos extirpa, no solo de aquello que está corrompido, sino incluso de aquello que es común. Jesús pudo decir de manera exclusiva que él se había apartado o «santificado» a sí mismo, como lo hizo al orar en su condición de sumo sacerdote: «Y por ellos me santifico a mí mismo, para que también ellos sean santificados en la verdad» (Juan 17.19).

## Consagración y escatología: Jesús, el Espíritu y una nueva creación

«Circuncidad, pues, el prepucio de vuestro corazón», le ordena Dios a Israel (Deuteronomio 10.16, RVR1977). Sin embargo, en el capítulo 30, después de profetizar el fracaso del pueblo, se proclama el nuevo pacto, situado aún muy lejos en el tiempo: «Y circuncidará Jehová tu Dios tu corazón, y el corazón de tu descendencia, para que ames a Jehová tu Dios con todo tu corazón y con toda tu alma, a fin de que vivas» (v. 6, RVR1977). De esta manera, hasta en la misma Torá, el estatuto mismo de la teocracia del Sinaí, se anuncia el evangelio.

Curiosamente, en Ezequiel 18.30–32 se da la misma orden de que la nación circuncide su corazón. Pero ya al llegar al capítulo 37 es totalmente evidente que no ha habido arrepentimiento alguno. Tanto el pueblo, como los profetas, los sacerdotes y hasta el propio rey están espiritualmente muertos, y ahora, todo llamado al arrepentimiento es inútil. Con los querubines preparando para marcharse, el Espíritu sale del santuario; el cielo ha dejado de estar en la tierra. Jerusalén quedará deshabitada. Sin embargo, el futuro no está cerrado. A pesar de la deslealtad de Israel al pacto que juró *su pueblo* en el Sinaí, Yahvé no va a ser infiel, ni puede serlo, a la promesa que les hiciera a Adán y Eva, Abraham y Sara, y David. Va a circuncidar sus corazones, reemplazando esos corazones de piedra con corazones de carne, y poniendo su Espíritu *en* ellos. Es notable que Ezequiel recibiera el privilegio de pronunciar el equivalente al «¡Que exista la luz!» en esta nueva creación. Cuando él proclama vida en el valle de los huesos secos, el Espíritu entra en ellos y reviste sus esqueletos secos, sin vida y desnudos con carne y con vida. No solo la simple existencia, como la producida por las técnicas de reanimación, sino que una vida abundante de resurrección aparece, mientras toda la comunidad se pone en pie, como un ejército listo para la batalla. La grandiosa visión de Ezequiel 37 es la de todo un pueblo traído a la nueva creación por el Espíritu de vida.

Sin embargo, existe un peligro de reacción excesiva contra el énfasis de tipo individualista. Vemos de manera especial esta tendencia, aunque de maneras muy diferentes, en Karl Barth, Ernst Käsemann, en las diversas versiones de la nueva perspectiva sobre Pablo en la cual la escatología y la eclesiología son presentadas por encima y contra la idea de «recibir la salvación», y en las teologías de la liberación dondequiera que la revolución cósmica y sociopolítica eclipsan la salvación personal.

De muchas maneras, estas propuestas diversas deben ser criticadas, más por lo que dejan fuera, que por lo que afirman. Como la elección, los que reciben la redención y su aplicación son personas en particular. Lo mismo sucede con la regeneración. Aunque ciertamente, es correcto ver esta nueva creación primero y sobre todo como una realidad escatológica amplia que comprende a todo el cosmos, la *palingenesia* (recreación) de la cual habló Jesús (Mateo 19.28), es igualmente cierto que cada creyente es una nueva criatura en Cristo (2 Corintios 5.17). Cada uno de los creyentes es un microcosmos del cosmos renovado previsto en Romanos 8.18–30. Precisamente porque ha amanecido esta nueva edad, el ser humano individual queda incluido en ella. Es una cuestión de prioridad lógica. La *historia salutis* no solo se produce antes del *ordo salutis*; es el lienzo en el cual son pintadas las diversas figuras en particular. En otras palabras, el ser individual es parte de la nueva creación, porque en primer lugar hay una nueva creación decisiva, histórica y cósmica con la obra redentora exclusiva de Cristo como su logro y sus «primicias».

Aunque indiscutiblemente central dentro del drama bíblico, la cruz de Jesús es la culminación de una vida entera de sufrimiento y obediencia a favor de su pueblo. La encarnación misma fue un acto de amor sacrificado, cuando el Hijo eterno dejó a un lado su esplendor real para asumir la forma de siervo, obediencia a lo largo de toda su vida «hasta la muerte, ¡y muerte de cruz!» (Filipenses 2.6–8). Al asumir nuestra humanidad, el Hijo eterno se convirtió en el postrer Adán, deshaciendo la traición del primer Adán. No obstante, nosotros aún no somos redimidos por el hecho de que él asumiera en sí mismo nuestra naturaleza, ni tampoco por su realización de toda justicia ni por cargar la maldición sobre sí en nuestro lugar. Él, que fue puesto en la tumba prestada de José de Arimatea, es la misma *persona* que resucitó, pero en un *estado* radicalmente nuevo.

La diferencia entre estos dos estados, y esto es significativo para nosotros, fue analizada en 1 Corintios 15, sobre todo los versículos 20–57. Gordon Fee hace notar que el argumento de Pablo va dirigido a aquellos que se consideraban a sí mismos demasiado «espirituales» (*pneumatikoi*) para necesitar una resurrección. «Según su punto de vista, por la recepción del Espíritu, y en especial por el don de lenguas, pensaban que ya habían entrado en la verdadera espiritualidad que ellos deseaban (4.8); ya habían comenzado a tener una forma de existencia angélica (13.1; cf. 4.9; 7.1–7), en la cual el cuerpo era innecesario e indeseado, y al final, sería destruido».[4] Aquí nos tropezamos de nuevo con el dualismo metafísico al cual me he referido antes. Al contrario, para Pablo el contraste entre carne y espíritu es el de la edad antigua bajo el pecado y la muerte, contra

---

4. Gordon D. Fee, *The First Epistle to the Corinthians*, NICNT (Grand Rapids: Eerdmans, 1987), p. 715.

la edad nueva de justicia y vida.[5] Cristo resucita como «primicias de los que murieron» (1 Corintios 15.20). De esta manera, la resurrección de Jesús y la nuestra forman parte de un mismo acontecimiento; la suya es el comienzo de la nueva creación, «pero cada uno en su debido orden: Cristo, las primicias; después, cuando él venga, los que le pertenecen» (v. 23).[6] Ya ha amanecido la era por venir en medio de la historia de esta edad agonizante de pecado y muerte. La muerte es «el último enemigo que será destruido» (v. 26). La humanidad, arrastrada por la violenta corriente, se acerca velozmente a una cascada, para terminar su carrera sumida en la muerte eterna. Cristo ha salido de en medio de la furiosa espuma, no solo como sobreviviente, sino también como alguien que realmente murió, pero después surgió de nuevo en un estado totalmente nuevo.

El campesino no siembra la planta que cosecha, sino una semilla. Todo ser vivo tiene su propio cuerpo, con su propia semilla que determina su especie, aunque la semilla sea muy diferente en su apariencia con respecto a la planta que produce.

> Así sucederá también con la resurrección de los muertos. Lo que se siembra en corrupción resucita en incorrupción; lo que se siembra en oprobio resucita en gloria; lo que se siembra en debilidad resucita en poder; se siembra un cuerpo natural, resucita un cuerpo espiritual. (1 Corintios 15.42–44)

Jesús tuvo que morir, no solo para cargar con nuestra culpa, sino también para poner fin a su existencia (y a la nuestra) como carne corruptible. Hasta el Siervo justo era un «ser viviente» (*nefesh*) como todos los hijos de Adán, que no podía vivir para siempre (Isaías 53.12; ver Génesis 2.7). Para poderse convertir en el «Espíritu dador de vida», su antigua existencia, aunque no había sido manchada por ninguna culpa, original o personal, tuvo que ser sepultada en la tierra antes que él pudiera volver a nacer en su gloria eterna. En el poder del Espíritu, el Cristo resucitado no es una persona diferente, pero es una clase de persona diferente a la que era antes, y no solo como individuo privado, sino también como representante público:

---

5. Uno de los estudios más excelentes de este contraste paulino sigue siendo Herman Ridderbos, *Paul: An Outline of His Theology*, trad. al inglés de J. R. de Witt (Grand Rapids: Eerdmans, 1975), pp. 91–104.

6. Richard B. Gaffin Jr., *Resurrection and Redemption: A Study in Paul's Soteriology* (Phillipsburg, NJ: P&R, 1987), pp. 33–74.

Así está escrito: «El primer hombre, Adán, se convirtió en un ser viviente»; el último Adán, en el Espíritu que da vida. No vino primero lo espiritual, sino lo natural, y después lo espiritual. El primer hombre era del polvo de la tierra; el segundo hombre, del cielo. Como es aquel hombre terrenal, así son también los de la tierra; y como es el celestial, así son también los del cielo. Y, así como hemos llevado la imagen de aquel hombre terrenal, llevaremos también la imagen del celestial. (1 Corintios 15.45–49)

Con frecuencia se ha establecido una sorprendente comparación y un contraste entre 1 Corintios 15 y la exégesis de Filón de Alejandría sobre Génesis 2.7. Filón, contemporáneo de Pablo, era un filósofo judío que es también reconocido como uno de los fundadores del platonismo medio. Como los estoicos y los platónicos en general, Filón creía que el material más elevado y refinado del que eran hechas las criaturas era un éter espiritual, afín a la idea del alma del mundo en el neoplatonismo. Sin embargo, como la Palabra (*Logos*), el Espíritu Santo de las Escrituras hebreas es considerado por Filón como algo o alguien más trascendente aún que las simples criaturas.[7]

Al analizar el trato dado por Filón, John Levison hace observar que Filón describe al espíritu como «algo, si es que existe, mejor que el éter–espíritu, como un resplandor de la bendita, tres veces bendita naturaleza del Dios» (*De specialibus legibus* 4.123), como «un genuino invento de este temido Espíritu [nunca visto], el Divino e invisible, firmado e impreso por el sello de Dios, la estampa del cual es la Palabra Eterna» (*De Agricultura* 18), y como el «hálito divino que migró hacia aquí desde esa bendita y feliz existencia para el beneficio de nuestra raza, una copia o fragmento, o rayo de esa bienaventurada naturaleza» (*De opificio mundi* 146).[8] Sin tener en cuenta si hubo una influencia directa sobre los corintios (o sobre Pablo), los paralelos son tan asombrosos como los contrastes. *De opificio mundi* (Sobre la creación del mundo) 134 de Filón cita la traducción de Génesis 2.7 de la Septuaginta con exactitud: «Dios formó al hombre tomando polvo de la tierra, y sopló en su rostro el hálito de vida».[9] Filón sostiene que el primer hombre era una

---

7. Ver B. A. Stegmann, *Christ, the 'Man from Heaven': A Study of 1 Corinthians 15, 45–47 in the Light of the Anthropology of Philo Judaeus* (Washington, DC: Catholic University of America Press, 1927); cf. Matthew Goff, «Genesis 1–3 and Conceptions of Humankind in 4QInstruction, Philo and Paul», en *Studies in Scripture and Early Judaism and Christianity*, ed. Craig A. Evans, LNTS 15 (Londres: T&T Clark, 2009), pp. 114–125.

8. Levison, *Filled with the Spirit*, p. 247.

9. Ibíd.

forma ideal (según la imagen de Dios), «que no era ni hombre ni mujer, e "incorruptible por naturaleza"».[10]

El hombre de Génesis 2 es una copia de este ideal, un mortal hecho de cuerpo y alma, hombre o mujer. En otro tratado, interpreta Génesis 2.7 más lacónicamente aún: «Hay dos tipos de hombre; uno es un hombre celestial, el otro terrenal. El hombre celestial, puesto que ha sido hecho a imagen de Dios, carece por completo de parte o suerte en la sustancia corruptible y terrestre; en cambio, el terrenal fue formado a partir de una materia esparcida por acá y por allá, a la cual Moisés le da el nombre de «polvo» (*Legum allegoriæ* 1.31).[11]

En cambio Pablo invierte el orden y hace de Cristo el «postrer Adán».[12] El primer Adán no es espiritual ni inmortal (un arquetipo eterno), como en los escritos de Filón, sino terrenal y aún no confirmado en la inmortalidad. Este Adán estaba vivo; tenía una existencia dada por el Espíritu, quien sopló el hálito de vida en su nariz, pero Cristo es la fuente de la resurrección o de la vida de la nueva creación para todos los que estén unidos a él. Levison, apelando a Romanos 1.3–4, observa la inseparabilidad entre el Espíritu y la resurrección de Cristo, pero llega a la conclusión de que Filón es más coherente con las Escrituras hebreas que Pablo. Esto forma parte de la tesis central de Levison, según la cual, de acuerdo con los textos israelitas más tempranos y dominantes, «espíritu» es algo que Dios sopló sobre la humanidad en la creación, y que cada criatura viva, humana y no humana, tiene desde el principio, en lugar de ser dotado de ello con posterioridad. «Filón reconoce de una manera que Pablo no hace, que el hombre de arcilla recibió el hálito divino en una medida plena».[13]

Sin embargo, incluso si se acepta su tesis con respecto a textos importantes y tempranos (y yo sigo sin estar convencido), la principal deficiencia en el docto estudio de Levison es una valoración escasa del desarrollo escatológico e histórico–redentor. Nada sugiere en Génesis 1–3 que Adán y Eva poseyeran el Espíritu «sin medida». De hecho, la primera vez que nos encontramos con esa descripción es en Juan 3.34–35, y se refiere a Jesús. La principal suposición previa de Levison (asumida más que defendida) es su identificación del

---

10. Ibíd.
11. Ibíd., p. 310.
12. Ibíd., pp. 310–311.
13. Ibíd., p. 311.

Espíritu Santo (comprendido en términos cristianos como la tercera persona de la Trinidad) con el espíritu creado o hálito de vida que anima tanto a los seres humanos como a los animales.

Pablo no está de acuerdo en ambos aspectos. En primer lugar, el hálito que da vida es creado, y distinto al animador, que es Dios Espíritu. En segundo lugar, Pablo, al igual que Juan, considera a Jesús como las primicias escatológicas de la nueva creación. Solo con su resurrección y glorificación puede ser derramado el Espíritu sobre toda carne para llevar a todos los que crean a esta nueva relación y este nuevo estado en los cuales los seres humanos poseen no solo una vida simplemente biológica (espíritu/hálito), procedente del primer Adán, sino también una vida escatológica (la presencia del Espíritu Santo que habita en su interior y los regenera), procedente del postrer Adán. Dunn escribe que «está claro lo que esto implica... que en Cristo, el postrer Adán, el propósito de Dios al crear a Adán/el hombre ha sido cumplido» y que «Cristo, esto es, el Cristo que murió y ha sido resucitado, proporciona el patrón para el cumplimiento del propósito salvador de Dios».[14] Así, como hemos llegado a esperar, el Espíritu Santo *completa* a la persona humana, dotándola de la inmortalidad y la gloria que Adán nunca experimentó, por haber perdido su vocación.

Nacidos de la simiente de Adán, incluso sin la caída, nosotros habríamos sido criaturas de polvo. Jesús también era «de la tierra» con respecto a su encarnación (cf. 1 Corintios 15.47). Sin embargo, ahora es «el hombre celestial» (v. 48). Por medio de su resurrección y ascensión, ha tomado consigo nuestra humanidad y su historia a la gloria de la era por venir. No le dio a esta era presente una nueva oportunidad de vida, mejorando a los regenerados por medio de una mejora moral. En su propia persona, llevó nuestra humanidad inmunda y mortal a la tumba, terminando su existencia bajo la maldición. Sin embargo, no dejó en la tumba la naturaleza que comparte con nosotros, sino que la levantó hasta la diestra del Padre en un estado glorificado.

Por consiguiente, nuestra seguridad no está en que dejaremos atrás nuestra naturaleza humana como tal, sino en que esta será transformada a imagen del postrer Adán. Pablo insiste en que «todos seremos transformados», no en alguien o algo diferente, sino en un nuevo estado de existencia que se halla más allá de todo cuanto pudiéramos imaginar (vv. 50–52). No se trata de que nuestra naturaleza humana vaya a ser reemplazada por un cuerpo diferente,

---

14. James D. G. Dunn, *Did the First Christians Worship Jesus? The New Testament Evidence* (Louisville: Westminster John Knox, 2010), p. 137.

sino que «lo corruptible tiene que revestirse de lo incorruptible, y lo mortal, de inmortalidad» (v. 53). El mismo cuerpo sembrado en deshonra será resucitado con honra. El que Pablo llama en otro lugar «este cuerpo mortal» (Romanos 7.24) no va a ser reparado, o ni siquiera resucitado, sino que va a ser sepultado con todo su pecado, su sufrimiento y su miseria. Solo muriendo así, este cuerpo puede resucitar inmortal. Además, Pablo identifica la cadena causal que es en primer lugar la que lleva a la muerte: «El aguijón de la muerte es el pecado, y el poder del pecado es la ley» (1 Corintios 15.56). O en otro lugar: «Porque la paga del pecado es muerte...» (Romanos 6.23).

Mientras la ley tenga dominio sobre nuestro destino, sigue vigente la sentencia de muerte debida a nuestras transgresiones (tanto en Adán, como en nuestro pecado personal). Pero Jesús fue sepultado como transgresor vicario, «Fue arrancado de la tierra de los vivientes, y golpeado por la transgresión de mi pueblo» (Isaías 53.8). Él dejó este estado de pecado y de muerte en la tumba, pero no se quedó en ella. Por tanto, la muerte ha perdido, tanto para él como para nosotros, su aguijón como maldición, el precursor de la «muerte segunda» (Apocalipsis 20.14). Así la muerte se convierte en el final de lo antiguo y el comienzo de lo nuevo. Esto sucede internamente en la regeneración, pero sucederá en público, de manera visible, en el último día, cuando Cristo regrese, y el mismo Espíritu que resucitó a Jesús de entre los muertos nos resucite a nosotros con él en gloria inmortal (Romanos 8.11). «¡Pero gracias a Dios, que nos da la victoria por medio de nuestro Señor Jesucristo!» (1 Corintios 15.57).

Por consiguiente, la historia de la salvación (la realización de la redención) encuentra su intersección adecuada e inseparable con el orden de la salvación (la aplicación de la redención). Hablando con propiedad, Cristo mismo es la nueva creación. El Espíritu Santo ha hecho que lo sea, y todo lo que es unido a él por el Espíritu, no solo es un ser viviente como en la primera creación, sino que está plenamente vivo de una manera que antes del advenimiento de Cristo nadie había experimentado. El mismo Espíritu, quien formó la naturaleza humana del Hijo en el seno de aquella mujer virgen, sacó a Jesús al desierto para que fuera tentado, lo sostuvo en su angustia y le dio poder como el Siervo que cumple con toda justicia, obra milagros y revela al Padre, y quien también resucitó a Jesús de entre los muertos; este mismo Espíritu ahora regenera nuestros corazones al unirnos a Cristo y habitar en nuestro interior como la promesa y garantía de nuestra resurrección final. Jesucristo habita en los creyentes y en la

Iglesia, pero por su Espíritu, no inmediatamente en la carne (2 Corintios 1.22; cf. Romanos 8.17, 26; 1 Corintios 3.16; Gálatas 4.6; Efesios 5.18).

Esta nueva creación es *obra de Dios*. Ni siquiera los escogidos podrían circuncidar su propio corazón, sino que es Dios quien lo ha hecho. ¡Cuán diferente es esta manera de ver las cosas a la de la comunidad de Qumrán, cuyos integrantes se habían separado de Jerusalén con el fin de consagrarse a sí mismos, creyendo que ellos eran el nuevo templo y el nuevo Edén. Las rigurosas reglas a las cuales se sometían eran el medio, no solo de su propia participación en la nueva creación, sino también de la expiación por sus compatriotas. Tanto si Pablo tenía algún conocimiento explícito de la secta de Qumrán, como si no, lo que él tenía en mente era esta especie de confusión entre el nuevo pacto y su énfasis en el poder del Espíritu, y la observancia de la Torá del orden antiguo.

Además, esta nueva creación es realmente *nueva*. No se trata de un regreso al paraíso como era antes de la caída, sino de algo mucho mayor: la consumación del *Sabbat* que Adán perdió como nuestra cabeza y representante. Kuyper explica que «el polvo de la tierra del cual Adán fue formado, fue moldeado de tal forma que se convirtió en un alma viviente, lo cual indica que se trata del *ser humano*».[15] Después continúa diciendo:

El resultado no fue simplemente una criatura que se movía, se arrastraba, comía, bebía y dormía, sino un alma viviente soplada en el polvo. No era primer polvo y después vida humana dentro del polvo, y después de aquello, el alma con todas sus facultades más elevadas en esa vida humana; no; tan pronto como entró la vida en Adán, este fue *hombre*, y todos sus preciosos dones fueron talentos *naturales*.[16]

Solo si él hubiera tenido éxito en el cumplimiento de su misión, Adán, junto con Eva y toda la posteridad de ambos habrían sido dotados con la gracia sobrenatural.

Kuyper añade: «El hombre *pecador*, nacido de lo alto, recibe unos dones que se hallan *por encima* de la naturaleza. Por esta razón, el Espíritu Santo solo *habita* en el pecador que ha recibido nueva vida. Pero en el cielo las cosas no van a ser así, porque en la muerte, la naturaleza humana cambia de una manera

---

15. Abraham Kuyper, *The Work of the Holy Spirit*, trad. al inglés de Henri De Vries (Nueva York: Funk & Wagnalls, 1900; reimp., Grand Rapids: Eerdmans, 1979), p. 34.

16. Ibíd.

tan total, que el impulso de pecar desaparece por completo, porque en el cielo, el Espíritu Santo obrará en *la naturaleza humana misma* para siempre».

Adán difería del que es hijo de Dios por gracia en que no tenía vida eterna; la tenía que alcanzar como recompensa por unas obras santas. Por otra parte, Abraham, el padre de los creyentes, comienza con la vida eterna, de la cual las obras procederían. De aquí que tengamos un contraste perfecto. Adán debía alcanzar la vida eterna por sus obras. De aquí que para Adán no pueda haber una inhabitación del Espíritu Santo. No había antagonismo entre él y el Espíritu. Así que el Espíritu lo podía *impregnar*, y no solamente *habitar* en él. La naturaleza del hombre pecador repele al Espíritu Santo, pero la naturaleza de Adán lo atraía, lo recibía libremente y permitía que él inspirara su ser.[17]

Pero ahora el Espíritu «debe venir a nosotros desde *fuera*».[18] La acción de Jesús de soplar sobre los discípulos, como señal de Pentecostés, demostró que se había hecho necesaria esta inhabitación más plena.[19]

Cuando llegamos a este tema, es cierto que deberíamos comenzar por el horizonte escatológico más amplio, y no por la experiencia del nuevo nacimiento en la persona individual. La nueva creación no es una simple suma total de los creyentes regenerados que cambian las cosas en el mundo. «Les aseguro —respondió Jesús [a los Doce]— que en la renovación de todas las cosas, cuando el Hijo del hombre se siente en su trono glorioso, ustedes que me han seguido se sentarán también en doce tronos para gobernar a las doce tribus de Israel» (Mateo 19.28). La forma en que traducen otras versiones el vocablo *palingenesia* («el mundo nuevo») es poco exacta, comparada con la manera en que lo hace la NVI: «la renovación de todas las cosas». Sería aún más preciso traducir este concepto como «la *regeneración* de todas las cosas». La idea de la *palingenesia* tiene una extensión tanto colectiva como individual, como implica el texto de 2 Corintios 5.17. La RVR1977 dice: «De modo que si alguno está en Cristo, nueva criatura es», pero considero que aquí también la NVI se acerca más al sentido exacto al decir: «Por lo tanto, si alguno está en Cristo, es una nueva creación». En general, las distintas versiones traducen de forma

---

17. Ibíd., p. 35. Añade: «Para Adán las cosas espirituales no eran un bien sobrenatural, sino natural, con excepción de la vida eterna, que él debía ganar a base de cumplir la ley».

18. Ibíd.

19. Ibíd., pp. 35–36.

casi idéntica la siguiente oración gramatical: «Lo viejo ha pasado: he aquí que lo nuevo ha venido», y en el caso de la NVI: «¡Lo viejo ha pasado, ha llegado ya lo nuevo!». Sin embargo, la primera forma de traducir la oración anterior predispone a una manera más individualista y menos escatológica de ver la «nueva creación» (*kainē ktisis*).

De manera que Moltmann, los teólogos de la liberación y otros tienen toda la razón al ampliar el horizonte escatológico, pero un postmilenialismo implícito no hace justicia a la diferencia entre la obra del Espíritu «en estos últimos días» y su obra cuando Cristo regrese «en el último día» del orden antiguo. Pablo señala esto en 2 Corintios 4: «Por esto, ya que por la misericordia de Dios tenemos este ministerio, no nos desanimamos... Pero, si nuestro evangelio está encubierto, lo está para los que se pierden» (vv. 1–3). En cambio, en cuanto a aquellos a quienes está atrayendo el Espíritu, «Dios, que ordenó que la luz resplandeciera en las tinieblas, hizo brillar su luz en nuestro corazón para que conociéramos la gloria de Dios que resplandece en el rostro de Cristo» (v. 6). Los embajadores de Cristo lo siguen ahora en su humillación, sufriendo por el evangelio, para reinar con él en la gloria en el futuro. Por ahora, nosotros «dondequiera que vamos, siempre llevamos en nuestro cuerpo la muerte de Jesús, para que también su vida se manifieste en nuestro cuerpo» (v. 10). Y repite la idea: «Por tanto, no nos desanimamos. Al contrario, aunque por fuera nos vamos desgastando, por dentro nos vamos renovando día tras día. Pues los sufrimientos ligeros y efímeros que ahora padecemos producen una gloria eterna que vale muchísimo más que todo sufrimiento» (vv. 16–17). Observa que en ambos casos en que Pablo dice que «no nos desanimamos», la razón que da no es que las cosas estén mejorando de manera visible. El mundo y nuestro cuerpo se están deshaciendo, *pero* tenemos un ministerio que es poderoso, que avanza por la Palabra y el Espíritu, y somos regenerados y renovados interiormente en espera de la resurrección.

Difícilmente podría esto corresponder a una conquista gradual de las naciones y las culturas de esta era. Al contrario, la entrega de la nueva creación que domina esta era presente consiste en la regeneración de los pecadores y su incorporación por medio de la fe que les da el Espíritu en el cuerpo de Cristo, su Iglesia. Toda idea de que este mundo vaya a ser destruido habría sido anatema para los apóstoles; una negación de la resurrección de Cristo. No obstante, en el Nuevo Testamento no hay expectativa alguna de que la *palingenesia* vaya a transformar los reinos de esta era en el reino de Cristo. Él está salvando a su

Iglesia por medio de los poderes de la era por venir, y cualesquiera que sean los efectos, notables en ocasiones, que tenga la Iglesia en las culturas más amplias dentro de las cuales habita de manera temporal, es una consecuencia indirecta del reinado de Cristo por medio de su Espíritu en su cuerpo eclesial.

De esta manera, hay una alternativa, o bien a una visión truncada de la nueva creación como simplemente algo que hace el Espíritu dentro de nuestros corazones, o a una escatología sobrerrealizada que hace de nosotros los agentes, y no de Cristo, en cuanto a convertir en realidad los efectos plenos de su redención cósmica. Según este punto de vista alterno (amilenial), la *palingenesia* se produce en dos etapas: la primera es una renovación interna de los elegidos por el Espíritu; después, al aparecer Cristo, la resurrección del cuerpo y la vida eterna en un cosmos totalmente renovado. A pesar de todas las apariencias en su contra, entre ellas el deterioro continuo de nuestro propio cuerpo, nuestra resurrección–glorificación final ha sido asegurada por la presencia del Espíritu, el cual habita en nuestro interior como un depósito de garantía. Y toda la creación se regocijará al compartir esta liberación de la maldición del pecado y la muerte (Romanos 8.18–24). «Pero, si esperamos lo que todavía no tenemos, en la espera mostramos nuestra constancia» (v. 25).

Por consiguiente, la venida del Espíritu trae perturbación y conflicto a esta era malvada del presente. Su presencia habitando dentro de nosotros trae consigo tanto la seguridad de que participaremos en la victoria de Cristo, como la guerra con el «viejo yo». El Espíritu nos da un nuevo nacimiento en esa precaria intersección entre las dos eras. La obra del Espíritu en nuestra vida ahora es precisamente lo que Jesús había señalado: «Él me glorificará porque tomará de lo mío y se lo dará a conocer a ustedes» (Juan 16.14). El Espíritu está obrando dondequiera que Cristo es exaltado en su oficio salvador. Pablo se siente tan profundamente conmovido por la maravilla de su identificación con Cristo, que piensa en la muerte y la resurrección de Cristo como suyas propias, no porque él fuera un profundo místico, o tuviera una vívida imaginación por medio de la cual se podía poner en las sandalias de Jesús; mucho menos porque viera a Jesús como un modelo en cuyas pisadas él se pudiera esforzar por llegar al monte Sión. Más bien todo esto se debe a que fue el Espíritu Santo el que unió a Cristo al que antes perseguía a su Iglesia.

El mundo piensa que se necesita una creación mejor; no una nueva. Enseña que necesitamos una dedicación más apasionada para lograr el sueño de una humanidad unida al servicio de un reino ético por medio de la educación de la raza humana. La cultura occidental se halla dedicada de manera particular a la herejía natural del corazón caído: el pelagianismo. Pero hasta el punto en que se valore la regeneración, se estará valorando también al Espíritu. Hay una analogía con la cristología. Si alguien piensa que la humanidad posterior a la caída es básicamente sana, pero le faltan buenos ejemplos y una buena orientación, de aquí se deduce que el remedio es un reformador moral que nos lleve de vuelta a Dios. Jesús nos regresa al buen camino después de que nosotros nos hemos extraviado. Al seguir su ejemplo, podemos recuperar nuestras coordenadas y abrirnos camino hacia la mejora moral. Si en lugar de esto, somos los «impíos» bajo la condenación divina, lo único que necesitamos, es *un rescate divino*. De manera similar, si solamente estamos enfermos, en lugar de estar «muertos en nuestras transgresiones y pecados» (Efesios 2.1), entonces lo que necesitamos es la *ayuda* divina y una exhortación persuasiva, no una regeneración por acto directo *del mismo Dios* que habita en nosotros.

## El bautismo con el Espíritu: ¿Qué es?

Por fin nos encontramos en una posición mejor para analizar el bautismo con el Espíritu. Aunque ante todo es una realidad cósmica, escatológica e histórico-redentora de gran alcance, el nuevo nacimiento es algo que solo se puede recibir personalmente. Dios no solo ha derramado su Espíritu en la historia; al hacerlo, «*nos* salvó, no por nuestras propias obras de justicia, sino por su misericordia. *Nos* salvó mediante el lavamiento de la regeneración y de la renovación por el Espíritu Santo» (Tito 3.5, cursiva añadida).

La regeneración de todas las cosas comenzó con la regeneración–resurrección corporal de Cristo y será consumada con la resurrección de nuestros cuerpos y la restauración de la creación entera. Hasta entonces, cada uno de nosotros queda insertado en esta *palingenesia* por el bautismo en la muerte y la resurrección de Cristo, como testifica el texto de Tito 3.5 antes citado (cf. Romanos 6.1–10). Parafraseando a Sinclair Ferguson, esta *palingenesia* funciona desde fuera hacia dentro, y no desde dentro hacia fuera. En primer lugar, no es algo que tiene lugar dentro de nosotros, y que puede tener algún efecto en el mundo, sino que es «una transformación desde fuera y desde lo alto, causada por la participación en el poder de la edad nueva y más específicamente por la comunión por medio del Espíritu con el Cristo resucitado como el segundo hombre, sus primicias, el Adán escatológico (*ho éschatos Adam*, 1 Corintios 15.45)».[20] Y añade: «Esta es la nota que se quedó sin sonido en las enseñanzas de la Iglesia postapostólica, pero que debe ser recuperada».[21] Ciertamente, el crecimiento en Cristo exige esfuerzo por nuestra parte en cuanto a prestarles atención a los medios de la gracia. No obstante, así como la realidad fundamental es *la unión con Cristo*, y no simplemente la *imitación de Cristo*, el bautismo en el Espíritu no es algo que el creyente alcance de manera individual por medio de la ascesis (la autodisciplina) y la elevación (la contemplación mística). En primer lugar es una realidad objetiva; es el Espíritu que viene desde la era por venir y nos envuelve en su nube de energía gloriosa.

Visto bajo esta luz, nuestro nuevo nacimiento ya no es tratado *simplemente* como algo que sucede en nuestro interior *a causa de* lo que logró Cristo hace ya tanto tiempo; es una participación *en su muerte y resurrección* por medio del bautismo del Espíritu. No solo somos elevados espiritualmente (y un día lo seremos corporalmente) *porque* Cristo murió y resucitó; su resurrección y la nuestra *se hallan incluidas en el mismo acontecimiento*, tal como ya hemos visto en la analogía de Pablo sobre las primicias y la cosecha en su plenitud. Antes de esa consumación de la regeneración de todas las cosas, el Espíritu está obrando dentro de nosotros para resucitarnos de la muerte espiritual.

## El bautismo con el Espíritu es la unión con Cristo

Hablando en un sentido estricto, Jesucristo es la nueva creación, y el bautismo con el Espíritu es la unión con Cristo. Ya hemos visto cómo el Espíritu nos dio a Cristo (en su encarnación, vida, muerte y ascensión). El Espíritu une a *Cristo* con *nuestra humanidad* y entonces, después de glorificar esa humanidad, *nos une a Cristo* como cabeza federal nuestra (Romanos 5). En Romanos 6, la respuesta que da Pablo a la pregunta «¿Vamos a persistir en el pecado para que la gracia abunde?» es darnos más evangelio (v. 1). Todos los que están unidos a Cristo en su muerte por el perdón, están unidos con él en su resurrección para recibir la vida de la nueva creación. Uno, o bien está «en Cristo» o no, pero no puede escoger cuáles aspectos de su obra salvadora quiere aceptar.

Una de las tragedias de los debates contemporáneos es la de separar el bautismo en Cristo del bautismo en el Espíritu, y separarlos ambos del sacramento

20. Sinclair Ferguson, *The Holy Spirit, Contours of Christian Theology* (Downers Grove, IL: InterVarsity Press, 1997), p. 118.
21. Ibíd.

del bautismo. Trataré este segundo punto en el próximo capítulo, pero aquí me quiero centrar en el primer problema. Aunque hay, según creo, una distinción sin separación entre el sacramento del bautismo y la regeneración, no conozco un solo pasaje que sugiera ni siquiera distinción alguna entre el bautismo en Cristo (para salvación) y el bautismo con el Espíritu (para poder). Solo estamos «en el Espíritu» porque estamos «en Cristo». Es mejor decir que hemos sido *bautizados en Cristo por el Espíritu*. La unión con Cristo por medio de un mismo acto de fe nos da todos los dones espirituales. Hay «un solo bautismo» (Efesios 4.5) que es administrado «en el nombre del Padre y del Hijo y del Espíritu Santo» (Mateo 28.19). Ver al Espíritu como una fuente distinta de bendiciones celestiales es convertirlo en otro mediador junto con Cristo. Sin embargo, tal como ya he insistido, todo buen don viene del Padre, en el Hijo y por el Espíritu.

En Cristo, nuestra humanidad no solo ha sido restaurada, sino que ha sido glorificada, un estado de exaltación que ningún ojo humano ha visto jamás; algo más allá de todo cuanto Adán y Eva experimentaron antes de la caída. A diferencia de Adán, Cristo ha superado la prueba y después de sus «seis días» de trabajo, entró en la gloria del *Sabbat* de su Padre, vencedor sobre los poderes de la muerte y del caos. Cuando oigamos decir que Cristo es «el resplandor de la gloria de Dios» (Hebreos 1.3), no debemos pensar solo en su deidad, sino en toda la persona de Cristo, incluyendo su humanidad. La presencia activa del Espíritu en nosotros es la que mantiene nuestros ojos centrados, no en él mismo ni en su obra dentro de nosotros, sino *en Cristo*, al cual él nos ha unido; y no a Cristo en general, sino al Salvador que murió, resucitó y está sentado a la diestra del Padre en gloria. En contra de los conceptos erróneos en cuanto a la obra del Espíritu, esto en realidad impide que caigamos en un subjetivismo malsano.[22] El ministerio del Espíritu consiste en fijar todo nuestro enfoque en Cristo, «el iniciador y perfeccionador de nuestra fe» (Hebreos 12.2). Todo punto de vista que separe estas dos uniones o bautismos se halla en serio peligro de socavar el evangelio mismo.

Si se nos presionara para que identifiquemos los dos dones principales del nuevo pacto, la respuesta bíblica nos parecería clara: *el perdón de los pecados* y *el derramamiento del Espíritu Santo*. Existe una notable coherencia en este punto entre los profetas del Antiguo Testamento y las epístolas del Nuevo. En los pasajes claves de los profetas que prevén la llegada del «nuevo pacto», son estos dos beneficios gemelos los que se destacan de una manera especial (Jeremías

---

22. Ver los útiles comentarios de Sinclair Ferguson en este sentido en *Holy Spirit*, pp. 99–100.

31.31–34; Ezequiel 36.25–27). De manera similar, el Bautista identifica a Jesús como el «Cordero de Dios, que quita el pecado del mundo» (Juan 1.29) y también como «el que bautiza con el Espíritu Santo» (v. 33). El doble beneficio de las buenas nuevas de salvación y perdón traídas por el Señor–Jubileo quedó atado con la obra del Espíritu cuando Jesús leyó Isaías 61.1–2 en su primera aparición pública en la sinagoga, y se anunció a sí mismo como el Siervo sobre el cual reposa el Espíritu (Lucas 4.18–19, citando Isaías 61.1–2).

En Pentecostés, Pedro proclama el perdón de los pecados en Cristo, así como «el don del Espíritu Santo» (Hechos 2.38). Solo después de establecida la base judicial, la ratificación del nuevo pacto en su sangre, les pudo dar Jesús el Espíritu Santo a los suyos como la presencia que habitaría dentro de ellos, y la promesa de que él dominaría sobre el pecado y la muerte. Y, como hace notar John Stott: «Pablo dice de los ministros cristianos que son "servidores de un nuevo pacto", y de inmediato pasa a describir este pacto como "el ministerio que trae a justicia" (esto es, la justificación) y "el ministerio del Espíritu" (2 Corintios 3.6–9)».[23] Así como tenemos tanto la justificación como la santificación (y no olvidemos la glorificación) en nuestra unión con Cristo, el bautismo del Espíritu es señal y sello de ambos. Él es el Espíritu de juicio *y* de poder.

La unión con Cristo es el tema central que abarca todos los dones que recibimos en la salvación. Pablo usa la frase «en Cristo» alrededor de ciento sesenta veces.[24] Su meta es hacer de nosotros hijos adoptivos del Padre y coherederos con Cristo. Como observa Calvino, nosotros no buscamos unos dones salvadores en Cristo, y otros en alguna otra parte; ni siquiera en el Espíritu. Hasta nuestra unción con el Espíritu la encontramos a base de unirnos con Cristo en su bautismo. «Por tanto, bebamos de esa fuente, y de ninguna otra».[25] Con todo, Calvino añade a esto: «Ninguna partícula de gracia procedente de Dios puede llegar a nosotros si no es por medio del Espíritu Santo».[26] El peligro que existe al identificar a Jesús y al Espíritu como dos fuentes de bautismos diferentes, es que nos olvidemos de que todo buen don siempre nos viene del Padre, en el Hijo, y por la obra del Espíritu. Nosotros no buscamos a Cristo

23. John Stott, *Baptism and Fullness*, IVP Classics (Downers Grove, IL: InterVarsity Press, 2006), p. 32.

24. Ferguson, *Holy Spirit*, p. 100.

25. Juan Calvino, *Institución de la religión cristiana*, 2 t. [1968] Trad. de Cipriano de Valera (Rijswijk, Fundación Editorial de Literatura Reformada, 1981. Nueva edición: Buenos Aires-Grand Rapids, Nueva Creación-Eerdmans), 2.16.19.

26. Juan Calvino, «1539 Institutes», en *John Calvin: Selections from His Writings*, ed. John Dillenberger (Missoula, MT: Scholars Press, 1975), p. 294.

en un nivel de la salvación, y al Espíritu en otro, sino que buscamos a Cristo, quien obra por su Espíritu a través de la palabra.

A Israel, Dios le dice que mientras el pueblo obedezca su ley, seguirá siendo «mi propiedad exclusiva entre todas las naciones. Aunque toda la tierra me pertenece, ustedes serán para mí un reino de sacerdotes y una nación santa» (Éxodo 19.5-6). Y sin embargo, en Cristo esta misma designación es cierta para todos los creyentes, debido a lo que Cristo, el verdadero Israel, ha realizado, y el Espíritu ha aplicado. No solo lo común, sino incluso *lo impío*, puede ser justificado y purificado; hasta aquellos que «ni siquiera eran pueblo» y «no habían recibido misericordia» (1 Pedro 2.9-10; cf. Efesios 2.12-13).

El bautismo de Jesús por Juan fue simplemente tipológico del bautismo que él experimentó por nosotros en el Calvario. En su activa obediencia, nosotros somos santos (Juan 17.19). Porque él fue cortado por nosotros en su infernal bautismo, y fue resucitado y glorificado, en nuestro bautismo nosotros pasamos a través de las aguas del juicio, seguros por tierra seca. Hemos sido salvados del mundo. Por tanto, aun antes de hablarles a los discípulos acerca de la fructífera vida de ellos como parte de la vid, Jesús declara: «Ustedes ya están limpios por la palabra que les he comunicado» (Juan 15.3).

## El bautismo con el Espíritu: ¿Una «segunda bendición»?

Si bien es cierto que el Espíritu nos une con el Cristo entero para recibir *todas las bendiciones espirituales*, el Nuevo Testamento también enseña con igual insistencia que *todos los creyentes* comparten por igual el bautismo del Espíritu (2 Corintios 12.13; Efesios 4.4). No hay diferencia alguna en cuanto a posición legal entre los herederos adoptados y justificados, y no hay grados de regeneración: o se está muerto, o se está vivo. Incluso en la santificación, aunque algunos creyentes sean más maduros en su fe y su amor, todos son decididamente santos, apartados para el Señor como pueblo especial suyo.

### Las excepciones en el libro de los Hechos

Los que abogan por un bautismo del Espíritu separado apelan a ejemplos tomados del libro de los Hechos. En Hechos 8, unos samaritanos que «habían aceptado la palabra de Dios» y «habían sido bautizados en el nombre del Señor Jesús» solo recibieron al Espíritu cuando llegaron los apóstoles para orar e imponerles las manos (vv. 14–17). Algo similar sucedió en Éfeso, según Hechos 19. «¿Recibieron ustedes el Espíritu Santo cuando creyeron?», les preguntó Pablo a un grupo de creyentes (v. 2).

—No, ni siquiera hemos oído hablar del Espíritu Santo —respondieron.
—Entonces, ¿qué bautismo recibieron? —El bautismo de Juan. Pablo les explicó: —El bautismo de Juan no era más que un bautismo de arrepentimiento. Él le decía al pueblo que creyera en el que venía después de él, es decir, en Jesús. Al oír esto, fueron bautizados en el nombre del Señor Jesús. Cuando Pablo les impuso las manos, el Espíritu Santo vino sobre ellos, y empezaron a hablar en lenguas y a profetizar. (Hechos 19.2b–6)

Aquí tenemos un ejemplo de los límites del estudio inductivo de la Biblia. El significado es obvio y no suscita controversias en ambas partes del debate. La pregunta decisiva es más deductiva: la interpretación de pasajes determinados a la luz de otros pasajes relevantes. Los pentecostales llegan a Hechos 8 y 19 suponiendo de antemano que estos textos son paradigmáticos para nosotros hoy, mientras que los que no son pentecostales llegan a los mismos pasajes con la suposición previa de que son episodios únicos de la primera generación de creyentes. Por ejemplo, John Stott comenta:

Porque este incidente de Samaria era tan claramente anormal, es difícil ver cómo la mayoría de los pentecostales y algunos cristianos carismáticos lo pueden considerar como una norma para el día de hoy, según la cual el Espíritu Santo es recibido después de la conversión. Es igualmente difícil justificar el punto de vista católico, según el cual solo se recibe al Espíritu por medio de la imposición de manos apostólica (que según ellos entienden, se refiere a las manos de unos obispos considerados como «dentro de la sucesión apostólica»). ¿Acaso no está claro a partir del resto del Nuevo Testamento que tanto el momento como el medio de este don recibido por los samaritanos fueron atípicos?[27]

Por razones teológicas y exegéticas que espero haber demostrado anteriormente, no debería sorprender a nadie que yo comparta el punto de vista de Stott. El libro de los Hechos es menos un plano a seguir, que el anuncio de los

---

27. Stott, *Baptism and Fullness*, p. 43.

hechos de Cristo por medio de su Espíritu a través de los apóstoles, de los cuales no existen sucesores vivos en la actualidad. No existe razón alguna para suponer que todas las señales maravillosas del derramamiento del Espíritu en la era apostólica sean normativas hoy. Esto es cierto en especial cuando la norma para todos los cristianos se halla presentada con tanta claridad en las epístolas, las cuales enseñan que el bautismo en Cristo es el bautismo del Espíritu, y que todos los que están en Cristo comparten su unción.

Los samaritanos de Hechos 8 se habían sentido deslumbrados con los trucos de Simón el hechicero (vv. 9–11). «Pero, cuando creyeron a Felipe, que les anunciaba las buenas nuevas del reino de Dios y el nombre de Jesucristo, tanto hombres como mujeres se bautizaron» (v. 12). El contraste entre la magia de Simón y la predicación del Evangelio y el bautismo presentados por Felipe parece ser más que transitorio. «Simón mismo creyó y, después de bautizarse, seguía a Felipe por todas partes»; pero las palabras siguientes son reveladoras: «asombrado de los grandes milagros y señales que veía» (v. 13). (Más tarde intentaría comprar el poder de los apóstoles para conceder el Espíritu [vv. 18–24]). Regocijándose por el éxito del Evangelio en Samaria, los apóstoles «les enviaron a Pedro y a Juan. Estos, al llegar, oraron por ellos para que recibieran el Espíritu Santo, porque el Espíritu aún no había descendido sobre ninguno de ellos; solamente habían sido bautizados en el nombre del Señor Jesús. Entonces Pedro y Juan les impusieron las manos, y ellos recibieron el Espíritu Santo» (vv. 14–17). No habían recibido al Espíritu cuando creyeron, pero no porque su caso fuera normativo; más bien, la razón explícita que se da por el hecho de que no hubieran recibido el Espíritu es que «solamente habían sido bautizados en el nombre del Señor Jesús». Aunque esto es un paso más allá del bautismo de Juan, aún no es la fórmula trinitaria que Jesús había ordenado usar en la Gran Comisión (Mateo 28.18–20). Ahora Pentecostés había sido llevado hasta el círculo concéntrico siguiente: de Jerusalén y Judea a Samaria. Pedro y Juan volvieron a Jerusalén, «y de paso predicaron el evangelio en muchas poblaciones de los samaritanos» mientras iban de camino (v. 25). No se nos dice si la predicación del Evangelio tuvo éxito en esas poblaciones, pero si así fue, los apóstoles los habrían bautizado en el nombre del Padre, y del Hijo y del Espíritu Santo.

Si bien Samaria es el círculo concéntrico siguiente a Jerusalén y Judea, Éfeso pertenece al correspondiente a «los confines de la tierra» (Hechos 1.8). De manera que no es de sorprenderse que los efesios fueran más deficientes aún en su comprensión que los samaritanos. Hechos 19 los identifica como «discípulos» (v. 1). Pablo les pregunta: «¿Recibieron ustedes el Espíritu Santo cuando creyeron?» (v. 2). Esta pregunta no es normativo que se la hagamos a los creyentes de hoy, pero es razonable que un apóstol se la hiciera a unos discípulos de Éfeso que aún no habían conocido, y mucho menos recibido, al Espíritu Santo, y solo habían recibido el bautismo de Juan. «"No, ni siquiera hemos oído hablar del Espíritu Santo", respondieron» (v. 2). Y observa la lógica que hay en la respuesta de Pablo: «Entonces, *¿qué* bautismo recibieron?» (v. 3, cursiva añadida). Dando por sentado que Jesús es el autor de la fórmula trinitaria para el bautismo, tal como la mencionó en la Gran Comisión, y que esta fórmula era ya norma para el bautismo legítimo en los días de Pablo, yo insertaría la palabra «nombre» en la pregunta de Pablo: «Entonces, ¿en *nombre* de quién fueron ustedes bautizados?». Esta interpretación cuenta con el apoyo de la respuesta que ellos le dieron en el v. 3: «El bautismo de Juan», el cual, como es de suponer, carecía de la fórmula trinitaria.

Pablo debe haber pensado: «Ahora todo tiene sentido». El bautismo de Juan era diferente al que Cristo había inaugurado. No se trata de que Juan no fuera trinitario (al menos de manera implícita), sino que el Espíritu por el cual nosotros somos bautizados aún no había sido derramado. Pablo les explicó: «El bautismo de Juan no era más que un bautismo de arrepentimiento. Él le decía al pueblo que creyera en el que venía después de él, es decir, en Jesús» (v. 4). Así que les impuso manos, y ellos recibieron al Espíritu Santo, y hablaron en lenguas y profetizaron (v. 6).

La misión encomendada por el Señor de enviar el evangelio desde Jerusalén hasta Judea y Samaria, y después hasta «los confines de la tierra» ya se estaba cumpliendo en Éfeso. En el día de Pentecostés no había gentiles (con excepción de los convertidos al judaísmo), pero ahora les llega a ellos un pequeño Pentecostés, y los apóstoles interpretan estos episodios como el cumplimiento de las profecías del Antiguo Testamento en los discursos de Pablo y Jacobo en el Concilio de Jerusalén (Hechos 15.15–18). Al explicar cómo por su propia boca los gentiles estaban aceptando a Cristo, Pedro dice que Dios les dio «el Espíritu Santo, lo mismo que a nosotros. Sin hacer distinción alguna entre nosotros y ellos, purificó sus corazones por la fe» (vv. 8–9).

En esta era en la que se estaban poniendo los fundamentos por el ministerio extraordinario de los apóstoles, serían de esperar unos episodios extraordinarios que sirvieran de fundamento, sin que sean normativos para nuestra era de un ministerio ordinario. Lucas termina su informe de Hechos 19, diciendo: «Eran en total unos doce hombres» (v. 7). Tal vez no sea suponer demasiado el sugerir que Lucas encuentra significativo este número. Aunque no eran ni con mucho los doce apóstoles, ellos representan el movimiento de la Gran Comisión desde el círculo interior y el segundo, hasta el tercero.

En todo caso, aunque estas situaciones fueran normativas, lo serían solo en relación con un conjunto concreto de circunstancias: con unos discípulos que profesan fe en Cristo, pero desconocen al Espíritu Santo, y han sido bautizados por Juan, o «en el nombre de Jesús», sin usar nombres los del Padre y el Espíritu Santo. Si estos pasajes nos indican algo, es que nos presionan para ver no solo una relación más estrecha entre Cristo y el Espíritu, sino también entre el sacramento del bautismo y el bautismo en Cristo por el Espíritu.

## *Bautismo, plenitud y sello*

Agradezco el argumento usado por Stott, según el cual mientras todos los que están unidos a Cristo por medio de la fe disfrutan del bautismo del Espíritu, hay también grados de «plenitud». Él observa que el énfasis en 1 Corintios 12.4–13 en cuanto a que todos los creyentes comparten un bautismo por un mismo Espíritu, prohíbe la idea de que «unos lo tienen; otros no»; al contrario: «este es el gran factor de unión».[28] Pablo señala la misma idea en Efesios 4.4–5: todos los creyentes comparten por igual «un solo cuerpo y un solo Espíritu... un solo Señor, una sola fe, un solo bautismo...». Por tanto, Stott llega a esta conclusión: «Cuando nosotros hablamos del bautismo del Espíritu nos estamos refiriendo a un don que se nos da una sola vez; cuando hablamos de la plenitud del Espíritu, estamos reconociendo que necesitamos *apropiarnos de forma continua y creciente* de ese don».[29] Al respecto, observa: «No hay ningún sermón o carta procedente de un apóstol que contenga un llamado a ser bautizados en el Espíritu. De hecho, las siete veces que se menciona en el Nuevo Testamento el bautismo con el Espíritu se hallan en el modo indicativo, ya sea aoristo, presente o futuro; ninguna de ellas es una exhortación escrita en el modo imperativo». En ningún lugar se llama a los creyentes a recibir el bautismo con el Espíritu, pero sí se les llama a ser llenos cada vez más del Espíritu; esto es, «bajo la influencia» de su embriagadora gracia (Efesios 5.8, 18–21).[30] Los «inmaduros» de

---

28. Stott, *Baptism and Fullness*, p. 51.
29. Ibíd., p. 62.
30. Ibíd., p. 65.

Corinto (1 Corintios 3.1–4) «habían sido *bautizados* con el Espíritu, y ricamente *dotados* por el Espíritu, pero no estaban (al menos en los momentos en que él los visitó y les escribió esta carta) *llenos* del Espíritu».[31] Yo solo querría destacar que este «llenar» es algo continuo, y que fluctúa. No siempre sucede que alguien está más lleno con el paso de sus años en Cristo. Como la respiración natural, hay momentos en que respiramos más profundamente para recibir los aromas agradables. Nosotros anhelamos por la presencia del Espíritu habitando en nosotros, de manera que ocupe cuanto rincón y hendija exista en nuestros pensamientos, esperanzas, sueños, amores y acciones, de manera que seamos guiador por él, y no por nuestras pasiones pecaminosas.

Como la consagración, este «llenarnos» merece que lo coloquemos dentro de su contexto histórico–redentor más amplio. En Éxodo 28 Dios le ordena a Moisés que le lleve a Aarón y a sus hijos, y le dice: «Ellos me servirán como sacerdotes» (v. 1). «Hazle a tu hermano Aarón vestiduras sagradas que le confieran honra y dignidad. Habla con todos los expertos a quienes he dado habilidades especiales, para que hagan las vestiduras de Aarón, y así lo consagre yo como mi sacerdote» (vv. 2–3). Una vez más, las palabras «habilidades especiales» son producto de una decisión al traducir. Sin embargo, la expresión «he dado» sugiere que se está refiriendo al Espíritu Santo. Literalmente sería que Dios «los ha llenado con *el Espíritu de sabiduría*» (*ruaj jokmah*), de manera que aquellos artesanos revistieran a Aarón y a sus hijos con vestiduras que les confieran «honra y dignidad» (lit.: «gloria y belleza», palabras frecuentemente asociadas con el Espíritu). Aquellas vestiduras destacaban a los sacerdotes como los nuevos funcionarios de la vocación adámica. Un suceso similar se produce cuando Dios llama a Moisés y le indica que aparte a Bezalel para que construya el tabernáculo y su mobiliario, junto con las vestiduras para Aarón y los sacerdotes. «Y lo he llenado del Espíritu de Dios, de sabiduría, inteligencia y capacidad creativa para hacer trabajos artísticos en oro, plata y bronce, para cortar y engastar piedras preciosas, para hacer tallados en madera y para realizar toda clase de artesanías» (Éxodo 31.3–5). (Nota que esta traducción presenta en el texto anterior las palabras «llenado del Espíritu de Dios», lo cual apoya el que se haga la misma traducción en Éxodo 28.3).

Uniendo los ejemplos más importantes, John Levison hace notar que en ambos casos, la idea de «*llenar*» es central. «Dios los llena con todo lo que va a hacer falta para construir un tabernáculo para la presencia de Dios en el

---

31. Ibíd., p. 66 (cursiva en el original).

desierto, que de otra manera es evidente que estaría vacío, porque allí no estaría Dios».[32] Después continúa diciendo:

> El sentido de este verbo, llenar totalmente (cumplir), es aparente concretamente en los contextos temporales, en los cuales hay períodos de tiempo que se deben completar o cumplir. Un período de purificación podía ser completado, «cumplido» (Levítico 12.4, 6). También un voto se podía «cumplir» (Números 6.4). Los sitios podían llegar a su fin, «cumplirse» (Ester 1.5). El exilio en Babilonia se terminaría; «se cumpliría» (Jeremías 25.12). Todas estas formas de cumplirse un plazo se hallan representadas por el verbo *ml'*, el cual funciona de manera sinónima con el verbo *tmm* para indicar plenitud, llenura o final (Levítico 25.29–30)… Este verbo, que nos lleva a la experiencia de la llenura, o plenitud, también aparece en contextos espaciales. Dios puede llenar la tienda de reunión (Éxodo 40.34), el templo terrenal (1 Reyes 8.10) y el templo celestial (Isaías 6.1)…
>
> Este es el caso con respecto a la gloria de Dios, o la nube, que llena el templo (1 Reyes 8.11; Ezequiel 43.5).[33]

De manera que «llenar connota una terminación, un llenar al máximo, una realización, una plenitud, una saturación».[34] En Éxodo 40.35, Moisés no pudo ni siquiera entrar a la tienda de reunión porque la gloria de Dios la llenaba.[35] Esto es coherente con los numerosos ejemplos que hemos visto de la identificación del Espíritu con la realización de la obra del Padre en el Hijo. De aquí su identificación especial con «los últimos días».

Esta gran obra del Espíritu en nuestro interior no solo es descrita como bautismo y como plenitud, sino también como un *sello*, tal como la encontramos e Efesios 1.13–14: «En él también ustedes, cuando oyeron el mensaje de la verdad, el evangelio que les trajo la salvación, y lo creyeron, fueron marcados con el sello que es el Espíritu Santo prometido. Este garantiza nuestra herencia hasta que llegue la redención final del pueblo adquirido por Dios, para alabanza de su gloria». Encontramos una forma de expresión similar en Romanos 8. El Espíritu que habita en nosotros es una garantía de que compartiremos la gloria de la resurrección de Cristo (v. 10), al mismo tiempo que su presencia

---

32. Levison, *Filled with the Spirit*, p. 56.
33. Ibíd.
34. Ibíd., p. 57.
35. Ibíd., pp. 57–58.

también nos hace «gemir interiormente, mientras aguardamos nuestra adopción como hijos, es decir, la redención de nuestro cuerpo» (v. 23). Todos los creyentes se hallan igualmente sellados con el Espíritu para la gloria. Por ser nuestro otro «abogado» (*paraklētos*), el Espíritu nos da convicción en nuestro interior por nuestras culpas, pero también de justicia; es decir, de nuestra justificación en Cristo. El aspecto legal de su descripción de trabajo es prominente. Por el testimonio interno del Espíritu en cuando al Evangelio es que nos sentimos provocados a clamar «¡Abba! ¡Padre!» (v. 15). «El Espíritu mismo le asegura a nuestro espíritu que somos hijos de Dios. Y, si somos hijos, somos herederos...» (vv. 16–17).

Hemos encontrado varias veces esta estrecha conexión entre el Espíritu y el juicio. No solo habla Jesús directamente de ella en Juan 16.8, sino que el sermón de Pedro en el día de Pentecostés es judicial; es el anuncio de la reivindicación de Jesucristo por Dios, y el Espíritu produce una convicción interna que lleva al arrepentimiento y a la fe a sus oyentes, que se sienten «profundamente conmovidos». Con todo, existe una conexión posible más: la estratagema de Tamar en Génesis 38. Habiendo sobrevivido a su esposo y a sus cuñados sin haber tenido aún descendencia, logra que Judá, su suegro, la embarace. Con el fin de tener pruebas de su intención de hacer de su hijo un heredero, le exige que le entregue su sello con el cordón de este, y su bastón, como garantía. Si Pablo tenía en mente esta historia cuando pensó en un sello o garantía, entonces es probable que fuera por la razón que sugiere John Levison:

> Tal vez la respuesta más obvia es que Fares, uno de los gemelos que fueron concebidos en esa unión sexual, fue el antepasado de David y de Jesús, el Mesías. Tamar misma es incluida entre los antepasados de Jesús en la genealogía que presenta Mateo (1.3). En otras palabras, Judá y Tamar ocupan un punto crucial dentro de un largo linaje de promesas... Esta historia sobre una promesa encaja a la perfección dentro del contexto de la conclusión a 2 Corintios 1. Pablo afirma allí con pasión que todas las promesas de Dios se cumplen en Cristo Jesús.[36]

Dentro de este contexto es de la mejor manera que podemos comprender el sellado con el Espíritu de Efesios 1.13–14. En primer lugar, da por sentado que su audiencia está formada por adultos convertidos (en especial gentiles

---

36. Ibíd., pp. 257–258.

conversos, puesto que pasa de decir «nosotros, que ya hemos puesto nuestra esperanza en Cristo» a decir «En él también ustedes, cuando oyeron... y lo creyeron, fueron marcados con el sello...» [1.12–13]). El bautismo de adultos debe seguir siempre a una profesión de fe digna de crédito. En segundo lugar, este sello es consecuente con la confianza en Cristo. Esta fe no se limita a ser una aceptación de ciertas realidades, sino que es la consecuencia de haber escuchado «el mensaje de la verdad, el evangelio que les trajo la salvación» (v. 13). Aquí de nuevo el Espíritu y la Palabra se encuentran entretejidos. El Espíritu no de la fe de forma directa o inmediata, sino por medio de la predicación del evangelio. En tercer lugar, habiendo confiado en Cristo, estos convertidos fueron entonces «marcados con el sello que es el Espíritu Santo prometido», que es la manera que tiene el Nuevo Testamento de decir «bautizados» (v. 13).

El Espíritu es el que «nos asegura» o «garantiza nuestra herencia» (v. 14). La ley del pacto antiguo prohibía el que se le exigiera a una persona pobre su túnica como rescate o garantía en el pago de una deuda. Más cercano a nuestras experiencias tenemos el sistema de crédito. Jesucristo ya compró toda nuestra redención. Sin embargo, nosotros no disfrutamos en el presente de nuestra salvación en su plenitud. Pablo dice en Romanos 8 que no vamos a experimentar nuestra adopción como hijos de Dios en su sentido más pleno, hasta que nuestro cuerpo haya sido resucitado. Pero el Espíritu Santo nos ha sido dado como el pago inicial por parte de la Trinidad, garantizándonos el desembolso de fondos procedentes del tesoro del mérito infinito de Cristo hasta un día en que no solo estemos justificados y en el proceso de ser santificados, sino que lleguemos a estar glorificados y sin que las tentaciones nos puedan tocar, en el mundo por venir. Esa podrá ser una esperanza para el futuro, pero la posesión presente del Espíritu Santo es una garantía, y en cierto sentido un anticipo de ese día grande y glorioso. Como el bautismo, y a diferencia de la «llenura» con el Espíritu, el hecho de que somos sellados con el Espíritu es una realidad objetiva. El Espíritu testifica dentro de nosotros, de manera subjetiva, pero apela a la Palabra externa. Tal vez no nos «sintamos salvos» en todo momento. Sin embargo, el Espíritu Santo es la garantía de que somos salvos, cualesquiera que sean nuestros sentimientos. Y tal como sostengo más adelante, el bautismo en agua es la señal y el sello de esta promesa objetiva, lo cual constituye la razón de que los reformadores y sus herederos hayan animado a aquellos que tengan una conciencia ansiosa para que miren a su bautismo como la garantía de buena voluntad por parte de Dios.

Además, este sellado es para la alabanza de la gloria de Dios en Efesios 1. La meta definitiva de este plan de salvación, desde la elección en el v. 4 hasta nuestra glorificación, la cual esperamos, es la gloria eterna de Dios. La frase «para alabanza de su gloria» (*eis epainon [tēs] doxes autou*) o «para alabanza de su gloriosa gracia» (*eis epainon doxēs tēs charitos autou*) aparece en el v. 6 en conexión con nuestra elección en Cristo, en el v. 12 en conexión con nuestra confianza en Cristo, y finalmente en el v. 14 en conexión con nuestra glorificación. Este sellado con el Espíritu nos orienta hacia el futuro. Levison hace notar:

La plenitud del espíritu santo [*sic*] lleva la intención de proveer certeza sobre el futuro y orientación hacia el futuro. Si no hace esto, si esta plenitud produce una preocupación por el presente, un narcisismo espiritual, entonces la plenitud de esa garantía, la llenura de ese sello, el poder del espíritu santo (Romanos 15.13) queda tristemente disminuida. En resumen, la plenitud del espíritu pone a los creyentes dentro del contexto de un magnífico drama que se extiende desde Abraham y Sara hasta un futuro desconocido. El sello y promesa del espíritu santo confirma para los creyentes que su futuro está asegurado, que el Dios que cumplió las promesas ancestrales va a llenar la promesa que les ha sido hecha a los creyentes.[37]

Este sellado no es solo posesión personal nuestra, sino que es una garantía de ser parte de la familia del amor de Dios. Sobre la base de su seguridad personal, este sellado nos hace abrirnos a los demás.

El sellado, envío y recepción del espíritu conlleva la transformación de un esclavo en un súbdito humano, en un hijo o una hija. Se trata de una experiencia perturbadora que convierte al dueño de una propiedad y su propiedad en hermanos y hermanas, que suplanta un espíritu de ansiedad para toda la vida con un fresco influjo de aceptación familiar, y que produce una apasionada aventura de amor más fuerte que la muerte.[38]

---

37. Ibíd., p. 259.
38. Ibíd., pp. 278–279.

Dios es en su gracia el Alfa y la Omega de nuestra salvación. Esta es la lógica de todo el capítulo de Efesios 1: Dios nos escogió en Cristo, no en nosotros mismos. Esa es la única razón por la que somos santos y sin culpa delante de él. Él nos ama en Cristo, no porque nosotros seamos dignos de amor en nosotros mismos. Él nos reúne en Cristo, en cuya filiación exclusiva con el Padre disfrutamos nuestra adopción. Hasta el hecho de que nuestra confianza en Cristo solo es atribuible a la gracia de Dios dirigida a nosotros en Cristo por su Espíritu. Dios es quien lo hace todo, de manera que es él quien debe recibir toda la gloria.

# CAPÍTULO 8

# EL DON DE LA SALVACIÓN

Por supuesto, el Padre y el Hijo participan en esta poderosa obra de la nueva creación. No obstante, el papel del Espíritu es único por derecho propio. El Espíritu no se encarna. Sin embargo, el Espíritu por cuyo poder el Hijo asumió nuestra humanidad, también glorificó a nuestra cabeza y representante. E impidió, y sigue impidiendo, que el Jesús de la historia se desvaneciera en el pasado a base de unirnos ahora a nosotros con él. El Hijo se convirtió en historia para poder redimir a nuestra humanidad, pero el Espíritu se aseguró de que su historia no terminara en la tumba. Es el Espíritu quien crea esta intersección entre historia y escatología, haciendo que la vida, muerte y resurrección de Cristo en *esta era presente* sea el lugar de la irrupción en ella de los poderes de *la era por venir.* «El Espíritu hace de Cristo un ser escatológico, el "postrer Adán"», como hace notar John Zizioulas.[1]

Aunque Jesús está separado de nosotros en la carne, el Espíritu nos une a él, que es nuestra cabeza federal. En el bautismo, él ha roto nuestra alianza con la muerte. «En unión con Cristo Jesús, Dios nos resucitó y nos hizo sentar con él en las regiones celestiales» (Efesios 2.6). Por tanto, incluso ahora, nuestra vida no es definida por esta malvada era presente, sino por los mismos poderes de la era por venir de los que Cristo disfruta de una manera consumada. «Como tenemos estas promesas, queridos hermanos, purifiquémonos de todo lo que contamina el cuerpo y el espíritu, para completar en el temor de Dios la obra de nuestra santificación» (2 Corintios 7.1). «¿Cómo sabemos que permanecemos en él, y que él permanece en nosotros? Porque nos ha dado de su Espíritu» (1 Juan 4.13; cf. 1 Juan 3.24).

---

1. John Zizioulas, *Being as Communion: Studies in Personhood and the Church* (Crestwood, NY: St. Vladimir's Seminary Press, 2002), p. 130.

El enfoque central de este capítulo se halla centrado en los dones del Espíritu que todos compartimos por igual con Cristo; el próximo capítulo examina la diversidad de los dones que el Espíritu distribuye entre los santos para el bien de todo el cuerpo.

## EL DON PRINCIPAL DEL ESPÍRITU

Una tragedia que ha causado prolongados debates acerca de los dones espirituales consiste en que los dones se vuelven más importantes que el Dador. Por encima de todo, el don más grande que Dios da en su ascensión es el Espíritu mismo. Para nuestra salvación, el Padre nos dio sus dos dones mayores, observa John Owen. «Uno consistió en dar su Hijo para ellos, y el otro en darles de su Espíritu a ellos... A estos encabezamientos se podrían reducir todas las promesas de Dios».[2] Y ahora, al aplicar la redención, «no hay bien que nos haya sido comunicado por Dios sino nos ha sido otorgado u obrado en nosotros por el Espíritu Santo».[3]

La presencia del Espíritu Santo dentro de nosotros es la que hace surgir nuestro «¡Amén!» de fe ante la palabra, y que define la era en la cual estamos viviendo ahora como «estos últimos días». Nosotros fuimos elegidos «según la previsión de *Dios el Padre, mediante la obra santificadora del Espíritu*, para obedecer *a Jesucristo* y ser redimidos por su sangre» (1 Pedro 1.2, cursiva añadida). El Espíritu Santo se mueve sobre las tinieblas y el vacío de nuestro corazón, «amando a la confusa masa»[4] mientras infunde vida en nuestro interior. Solo que en este caso, a diferencia de la primera creación, el caos no es un simple material en bruto en espera de que se le dé forma, sino que es un torbellino de idolatría e inmoralidad. Así, la nueva creación es más asombrosa que la primera. El Dios Uno y Trino crea un mundo nuevo, que esta vez no saca de la nada, sino del pecado y de la muerte, no sin ayuda, sino enfrentando la hostilidad de las criaturas que él mismo hizo a su imagen. Es el Espíritu quien completa la salvación realizada por el Padre en el Hijo. Es quien le prepara un cuerpo *natural* al Hijo y después, como veremos en el capítulo 10, forma un cuerpo *eclesial* para

---

2. John Owen, *A Discourse concerning the Holy Spirit*, en vol. 8 de *The Works of John Owen*, ed. William H. Goold, 16 vols. (Edimburgo: Banner of Truth, 1965), p. 23.

3. Ibíd., p. 157.

4. Me refiero a la descripción hecha por Calvino de la actividad del Espíritu al moverse sobre las aguas, citada en el capítulo 2.

Cristo. El Espíritu es el Señor, que nos hace partícipes de la nueva creación al unirnos con nuestra Cabeza glorificada y habitar en nosotros como el depósito para nuestra salvación definitiva. El Espíritu que hizo del Hijo la puerta de la salvación, ahora abre la puerta de nuestro corazón para que abracemos a Cristo con todos sus beneficios (cf. Hechos 16.14).

Ya he sostenido que la mención del Espíritu Santo por Jesús como *paraklētos* procede del lenguaje de los tribunales de justicia. Precisamente porque es abogado, el Espíritu es también un consolador que acude a nuestra defensa. Pero el Espíritu es también *otro* abogado, porque, aunque Jesús acudió *a nuestro lado*, como uno de nosotros, en el lugar de nosotros e intercede ahora por nosotros en el cielo, el Espíritu ejerce su abogacía *dentro de nosotros*, convenciéndonos de culpa y dándonos seguridad con respecto a nuestra elección, justificación y adopción. Él es el abogado que se ofrece a sí mismo como la garantía o depósito sobre nuestra glorificación. Y tomando como base esta obra judicial dentro de nosotros aquí y ahora, atando nuestra fe a la obra judicial que Cristo realizó por nosotros en la historia, el Espíritu comienza su poderosa obra de renovación, conformándonos cada vez más a la imagen de Cristo. De esta manera, toda la cadena dorada de la salvación desde la elección hasta la glorificación queda comprendida bajo la rúbrica más amplia de que todos los buenos dones vienen del Padre, en el Hijo y por medio del Espíritu. La íntima presencia del Espíritu es la base para el hecho de que Jesús les asegurara a sus discípulos que no los dejaría como huérfanos en este mundo. A pesar de la hostilidad del mundo, Cristo ha vencido al mundo, y ellos también serán vencedores en él por medio del poder del Espíritu, y a pesar de su inseguridad temporal (Juan 16.33). Ambas divinas personas son *paraklētoi* en los dos sentidos: como abogados–consoladores, pero de maneras diferentes, debido a sus personas diferentes, y por tanto, sus operaciones también diferentes.

En todo caso, ¿qué sella el Espíritu? Pasamos ahora a la aplicación de la redención por el Espíritu a los elegidos: el *ordo salutis*. De la misma manera que existe una progresión histórica desde la promesa inicial de salvación en Génesis 3.15 hasta la encarnación, y finalmente, hasta la consumación, también existe una cadena dorada lógica que lleva desde la elección en la eternidad pasada hasta la redención, la justificación, la adopción, la santificación y la glorificación. «A los que predestinó, también los llamó; a los que llamó, también los justificó; y a los que justificó, también los glorificó» (Romanos 8.30).

## LA REGENERACIÓN

El Espíritu es nuestro primer contacto con la Santa Trinidad,[5] que nos lleva a nuestro Padre adoptivo al unirnos al Hijo. «El Dios eterno y siempre bendito entra en un contacto vital con la criatura por medio de un acto que no procede ni del Padre ni del Hijo, sino del Espíritu Santo», escribe Kuyper.[6] Ciertamente, es siempre el Padre, en el Hijo, quien se encuentra con nosotros por medio del Espíritu. Sin embargo, «Cristo nunca entró a una *persona* humana. Tomó sobre sí nuestra naturaleza humana, con la cual se unió de una manera mucho más íntima que aquella que utiliza el Espíritu, pero no tocó *el hombre interior* ni su *personalidad* escondida».[7] Esto no nos debería sorprender, puesto que ya sabemos que «el Espíritu de Dios se mueve sobre la faz de las aguas, para producir las huestes del cielo y de la tierra, en orden, animadas y esplendorosas». Pero él entra en el ámbito mismo del corazón humano.[8] Así vemos que los discípulos de Jesús solo lo reconocían después de Pentecostés de la misma manera que todos los creyentes lo han hecho desde entonces: según el Espíritu, no simplemente como un rabino y amo, sino como la cabeza escatológica de su cuerpo. A lo largo de toda su liturgia, *concretamente* en su enfoque en Cristo y en el Padre por medio de él, la Iglesia siempre está clamando: «*Veni, Creator Spiritus*» («¡Ven, Espíritu creador!»). «Encontramos siempre el mismo pensamiento profundo: el Padre se mantiene fuera de la criatura; el Hijo la toca de forma externa; y por medio del Espíritu Santo, la vida divina lo toca de manera directa en su ser interno».[9]

En cuanto a aquellos que están «muertos en sus transgresiones y pecados» (Efesios 2.1), nada inferior a la regeneración les será de utilidad: «nos dio vida con Cristo, aun cuando estábamos muertos en pecados. ¡Por gracia ustedes han sido salvados!» (v. 5). El viejo Adán no está simplemente descarriado, con necesidad de mejores consejos y hábitos. Su estado es desesperado: «El que no tiene el Espíritu no acepta lo que procede del Espíritu de Dios, pues para él es locura. No puede entenderlo, porque hay que discernirlo espiritualmente» (1 Corintios 2.14). Jesús se refirió al Espíritu Santo, «el Espíritu de verdad, a quien el mundo no puede aceptar», pero quien habita en sus elegidos (Juan

---

5. Con respecto a este punto, ver Abraham Kuyper, *The Work of the Holy Spirit*, trad. al inglés, Henri De Vries (Nueva York: Funk & Wagnalls, 1900; reimpr., Grand Rapids: Eerdmans, 1979), pp. 32–33.

6. Ibíd., p. 32.

7. Ibíd.

8. Ibíd., p. 33.

9. Ibíd., p. 43.

14.17). Sin la regeneración, no podemos ni siquiera arrepentirnos y creer en Cristo (Juan 3.5; 6.44); hasta la fe es un don (Efesios 2.8–9). El Espíritu no entra en los corazones que le preparan lugar, o barren el suelo y quitan el polvo antes de su llegada (una serie de tareas optimistas que se pueden esperar de los que están muertos); al contrario, él entra, se mueve, infunde vida, da fe y comienza de inmediato a renovar la mansión en la cual él una vez había soplado solamente la vida natural (esto es, la biológica), pero ahora sopla el hálito de vida escatológica de la nueva creación.

El llamado eficaz no es producto de la fuerza bruta de un agente que actúa sobre un objeto, sino un acto en que el Padre habla, en el Hijo, por medio del Espíritu, ganando nuestro consentimiento al evangelio y por medio del evangelio. Cuando Dios dice: «¡Que exista la luz!», ya sea en la primera creación, o en la nueva, esto es lo que sucede. No obstante, él también ordena: «¡Que produzca la tierra…» (Génesis 1.24). El nuevo nacimiento, en el cual nosotros somos los receptores pasivos de una declaración del decreto dador de vida, lleva a la conversión, en la cual nosotros respondemos con un arrepentimiento y una fe que nos han sido dados por el Espíritu. Esta es la forma en que se describen en el Nuevo Testamento las situaciones reales de conversión, como en el caso de Lidia: «Mientras escuchaba, el Señor le abrió el corazón para que respondiera al mensaje de Pablo» (Hechos 16.14). No se trata de una coerción violenta, sino de una liberación dadora de vida.

La palabra nunca vuelve a Dios sin haber hecho lo que él desea (Isaías 55.11). Esto no se debe solo a que procede del Padre soberano; ni siquiera a que tiene a Jesucristo como contenido, porque incluso entonces podría caer en oídos sordos, como sucedía típicamente en el ministerio de Jesús. Si logra su efecto, es porque el Espíritu abre los oídos para que la persona oiga y crea. Por tanto, la palabra de Dios no es solo palabra del Padre con respecto al Hijo, que entonces nosotros hacemos eficaz por medio de nuestra propia decisión, sino que es la acción instrumental por medio de la cual el Espíritu produce en nuestro interior la respuesta adecuada. «Por eso les advierto que… nadie puede decir: "Jesús es el Señor" sino por el Espíritu Santo» (1 Corintios 12.3). «Todas las promesas que ha hecho Dios son "sí" en Cristo. Así que por medio de Cristo respondemos "amén" para la gloria de Dios» (2 Corintios 1.20).

Además de esto, el Espíritu usa medios creados para esa obra regeneradora que no le restan valor al hecho de que Dios es la fuente máxima y el autor de la vida. El Espíritu nos regenera por medio de esta predicación externa del evangelio (1 Pedro 1.23, 25). «Por su propia voluntad nos hizo nacer mediante la palabra de verdad...» (Santiago 1.18). «Así que la fe viene como resultado de oír el mensaje, y el mensaje que se oye es la palabra de Cristo» (Romanos 10.17). Nosotros «no nacimos de la sangre, ni por deseos naturales, ni por voluntad humana, sino que nacimos de Dios» (Juan 1.13). Aquellos que por naturaleza «con su maldad obstruyen la verdad» (Romanos 1.18) son arrastrados hacia la historia que Dios le está relatando al mundo. «A los que predestinó, también los llamó» (Romanos 8.30).

## LA JUSTIFICACIÓN

Pablo añade a Romanos 8.30: «A los que llamó, también los justificó...». Él proclama el evangelio que «habla de su Hijo [del Padre], que según la naturaleza humana era descendiente de David, pero que según el Espíritu de santidad fue designado con poder Hijo de Dios por la resurrección...» (Romanos 1.3–4). La forma verbal *horistentos* significa «marcado, separado por límites, apartado o proclamado». Se trata de un anuncio público y legal. El Espíritu reivindicó, justificó, al Cristo resucitado, y ahora nos une a nosotros a Cristo para que recibamos esa misma justificación. De forma similar, en 1 Corintios 6, después de una lista de perversiones que marcan la rebelión humana, Pablo escribe: «Y eso eran algunos de ustedes. Pero ya han sido lavados, ya han sido santificados, ya han sido justificados *en el nombre del Señor Jesucristo* y *por el Espíritu de nuestro Dios*» (v. 11).

Lo típico es que pensemos en la justificación como una transacción entre el creyente y Cristo. Por esa razón, hay eruditos que ven el cambio pneumatológico como una forma de subordinar el aspecto forense de la salvación a su aspecto transformador. Ambas opciones ofrecen una elección falsa basada en una comprensión errada de las operaciones del Espíritu. Una vez establecida la asociación del Espíritu con el juicio en el tribunal de Dios, no nos debería sorprender el que participara de forma específica en el acto de la justificación. Como enseñó Jesús en su discurso de despedida, el Espíritu nos trae *convicción* de culpa y *fe* en Cristo, de manera que tengamos seguridad, incluso ahora, con respecto al veredicto que se va a hacer públicamente visible cuando seamos levantados junto a todos los santos con Cristo en gloria y reivindicación. Por medio de la obra del Espíritu, recibimos el veredicto escatológico del juicio final en el presente: «Por lo tanto, ya no hay ninguna condenación para los que están unidos a Cristo Jesús» (Romanos 8.1).

No es la obediencia del Espíritu la que nos es imputada a los pecadores, o cuya muerte carga con nuestros pecados, ni quien «resucitó para nuestra justificación» (Romanos 4.25). No obstante, tal como lo expresa Calvino tan bien: «Mientras Cristo se mantenga fuera de nosotros, y nosotros estemos separados de él, todo lo que él ha sufrido y hecho por la salvación de la raza humana sigue siendo inútil y carente de valor para nosotros».[10] Sin un matrimonio, no puede haber intercambio de deudas ni de riquezas.

El lenguaje de la unión y del matrimonio era básico en la soteriología patrística. Bernardo de Claraval fue quien destacó de manera especial este tema en la Edad Media, y se le atribuye a Lutero como una gran influencia dentro de su propia comprensión de la unión con Cristo.[11] Calvino cita a Bernardo de forma directa veintinueve veces en la sección de la *Intitución* en la que se refiere a este tema.[12] Sin embargo, para ambos reformadores, la principal fuente fue el Nuevo Testamento, en especial el Evangelio de Juan y las epístolas de Pablo. La unión con Cristo significa que hemos sido «injertados» en él (Romanos 11.17) y que nos hemos «revestido de Cristo» (Gálatas 3.27). Cristo no nos salva «a distancia», sino a base de unirnos con él por medio de la fe en los lazos más íntimos posibles. La base de estos lazos matrimoniales es la obra redentora de Cristo, pero el enlace es efectuado en realidad por medio de la energía secreta del Espíritu Santo. Porque hemos sido escogidos por el Padre «mediante la obra santificadora del Espíritu, para obedecer a Jesucristo y ser redimidos por su sangre» (1 Pedro 1.2). Jesús dio su sangre, y el Espíritu nos rocía con ella, bautizándonos en Cristo para que tengamos vida eterna.

La justicia que justifica se mantiene externa al creyente, porque es realizada por Cristo, quien se hizo uno de nosotros, pero que ahora se encuentra en el cielo. Sin embargo, recibimos este veredicto porque el Espíritu nos da convicción interna de nuestras culpas y nos da fe para abrazar a Cristo en la unión

---

10. Juan Calvino, *Institución de la religión cristiana*, traducción al español, Cipriano de Valera (Capellades: Fundación Editorial de la Literatura Reformada, 1999), 3.1.1.

11. Martín Lutero, «Against the Antinomians», en *Luther's Works*, ed. Jaroslav Pelikan y Helmut T. Lehmann, 55 vols. (Filadelfia: Fortress; St. Louis: Concordia, 1955–1986), 47:110: «Esta doctrina no es mía, sino de san Bernardo. ¿Qué estoy diciendo? ¿De san Bernardo? Es el mensaje de toda la Cristiandad, de todos los profetas y apóstoles». Cf. ídem, «The Freedom of a Christian», *Luther's Works*, 31:351; ídem, «Two Kinds of Righteousness», *Luther's Works* 31:298, 351.

12. Especialmente en el 3.20.1. Para el cálculo del número de citas de Bernardo, ver François Wendel, *Calvin: Origins and Development of His Religious Thought*, traducción al inglés, Philip Mairet (Nueva York: Harper & Row, 1963), 127n43.

más íntima. Una vez más, esta es precisamente la razón por la cual necesitamos *a los dos* abogados, el que está fuera y por encima de nosotros, y el que se halla dentro de nosotros.

## EL ESPÍRITU DE ADOPCIÓN

Es el Espíritu quien nos capacita para clamar al Padre en el Hijo. Sin esta obra, no podríamos orar como Jesús nos enseñó a hacerlo: «Padre nuestro…». Cuando María Magdalena descubrió la tumba vacía, Jesús le dijo: «Suéltame, porque todavía no he vuelto al Padre. Ve más bien a mis hermanos y diles: "Vuelvo a mi Padre, *que es Padre de ustedes*; a mi Dios, que es Dios de ustedes"» (Juan 20.17). De forma similar, Pablo explica:

> Y, si el Espíritu de aquel que levantó a Jesús de entre los muertos vive en ustedes, el mismo que levantó a Cristo de entre los muertos también dará vida a sus cuerpos mortales por medio de su Espíritu, que vive en ustedes… Porque todos los que son guiados por el Espíritu de Dios son hijos de Dios… El Espíritu mismo le asegura a nuestro espíritu que somos hijos de Dios. Y, si somos hijos, somos herederos; herederos de Dios y coherederos con Cristo, pues, si ahora sufrimos con él, también tendremos parte con él en su gloria. (Romanos 8.11, 14, 16–17)

Un poco más adelante, sigue diciendo en esta misma epístola: «Así mismo, en nuestra debilidad el Espíritu acude a ayudarnos. No sabemos qué pedir, pero el Espíritu mismo intercede por nosotros con gemidos que no pueden expresarse con palabras. Y Dios, que examina los corazones, sabe cuál es la intención del Espíritu, porque el Espíritu intercede por los creyentes conforme a la voluntad de Dios (vv. 26–27).

Lo típico es que nos sintamos atraídos hacia dos errores. El primero consiste en suponer que Dios es nuestro Padre, incluso sin Cristo y sin la gracia regeneradora del Espíritu. El segundo, más frecuente de forma especial en la Iglesia, consiste en ver al Padre como demasiado distante y demasiado elevado para que nos podamos acercar a él «confiadamente» y con seguridad, como nos invita a hacer el escritor de Hebreos (4.16). Este escritor nos da esa seguridad a base de proclamar a Cristo como nuestro mediador. Pero es también el Espíritu quien entra en el tribunal, no el tribunal celestial, como ha hecho Cristo, sino el tribunal de nuestro propio corazón, para asegurarle a nuestra conciencia que Cristo ha pagado por completo la deuda con la justicia en nuestro lugar. Aquí nos encontramos con otra paradoja. Nosotros no nos alejamos de Cristo y de su obra objetiva fuera de nosotros en la historia cuando nos encontramos con el ministerio del Espíritu en nuestro interior. Al contrario; el testimonio del Espíritu dentro de nosotros nos lleva, no a lo que está sucediendo en nuestro propio corazón, sino a la palabra externa en su promesa de que Cristo está testificando a nuestro favor en el tribunal celestial, rodeado por los santos ángeles en festiva asamblea. Además de esto, el Espíritu no solo testifica, sino que traduce, tomando nuestras oraciones absurdas e inadecuadas al Padre, en el Hijo. Nosotros ni siquiera estamos muy seguros sobre aquello por lo que debemos orar, ni cómo hacerlo, pero él hace que nuestras oraciones sean inteligibles (Romanos 8.26). Nosotros tenemos la libertad de lamentarnos, suspirar, alabar y suplicar, cosas que en ellas mismas son indignas de la majestad del Padre, no solo debido a su paternal clemencia hacia nosotros en Cristo, sino también porque el Espíritu es nuestro intercesor interno. El Espíritu es el otro Paráclito al que Jesús envió desde el Padre.

## La santificación en el Espíritu

Pablo habla con respecto a la santificación como algo que los creyentes ya poseen (Hechos 20.32); en sus epístolas tiene por costumbre saludar a las iglesias como formadas por aquellos que son llamados «santos [*hagiois*]» (Romanos 1.7; 2 Corintios 1.1; Efesios 1.1; Filipenses 1.1; Colosenses 1.2), e incluso se dirige a los inmaduros e indisciplinados corintios diciendo de ellos que han sido «santificados [*hēgiasmenois*] en Cristo Jesús» (1 Corintios 1.2). De forma similar, Pedro dirige su primera epístola a los cristianos de la diáspora judía como «los elegidos... según la previsión de Dios el Padre, mediante la obra santificadora [*hagiasmō*] del Espíritu, para obedecer a Jesucristo y ser redimidos por su sangre» (1 Pedro 1.2), y su segunda epístola «a los que por la justicia de nuestro Dios y Salvador Jesucristo han recibido una fe tan preciosa como la nuestra» (2 Pedro 1.1).

Todo lo que se encuentra en Cristo es santo, porque está en Cristo. Él es nuestra santificación: «El Señor es nuestra salvación» (Jeremías 23.6; 1 Corintios 1.30). Él es nuestra tierra santa y nuestro lugar santo. La aspersión de la sangre de Cristo es inmensamente superior a la hecha con la sangre de carneros y de toros en cuanto a la santificación, puesto que purifica «nuestra conciencia de las obras que conducen a la muerte, a fin de que sirvamos al Dios viviente» (Hebreos 9.13–14). «Y en virtud de esa voluntad somos santificados mediante el sacrificio del cuerpo de Jesucristo, ofrecido una vez y para siempre» (10.10). Es la «sangre del pacto» por la cual fuimos santificados [los miembros del pacto] (v. 29). Jesús sufrió fuera del campamento «para santificar al pueblo mediante su propia sangre» (13.12). Dios «nos salvó y nos llamó a una vida santa, no por nuestras propias obras, sino por su propia determinación y gracia. Nos concedió este favor en Cristo Jesús antes del comienzo del tiempo; y ahora lo ha revelado con la venida de nuestro Salvador Cristo Jesús, quien destruyó la muerte y sacó a la luz la vida incorruptible mediante el Evangelio» (2 Timoteo 1.9–10). Todo esto pertenece de manera especial a esa consagración que encontramos en el capítulo anterior.

Al mismo tiempo, el ministerio del Espíritu también nos renueva, al hacernos entrar en la nueva creación inaugurada por Cristo: un ministerio que no solo es de juicio, sino también de poder. Como en todas las obras externas de Dios, el Espíritu es enviado para terminar la obra que había sido iniciada por el Padre y realizada en el Hijo. La santificación forma parte del evangelio.

No deberíamos titubear en el umbral de la maravillosa obra renovadora del Espíritu, como si esta fuera de alguna forma una amenaza al artículo de la justificación. Esta falsa decisión entre la justificación y la santidad une a los antinomistas y a los legalistas en una alianza *non sancta*. También debemos ceder ante la tentación de vernos a nosotros mismos como objetivamente salvos, pero en cambio, subjetivamente en el mismo estado después de la regeneración, que el obtenido anteriormente. Andar todavía en pecado, todavía con tendencia a descarriarnos, aún débiles en cuanto al arrepentimiento y a la fe (lo cual yo considero que es el argumento de Romanos 7), no es estar «muerto en sus transgresiones y pecados», ni ser «objetos de la ira de Dios», como el resto de la humanidad (Efesios 2.1–3).

En la regeneración somos pasivos; somos los muertos que son resucitados: «¡Que exista la luz!». En cambio, en la conversión (concretamente, en la fe y el arrepentimiento), somos activos: «¡Que haya vegetación sobre la tierra…!». Ambas son resultado de la palabra del Padre, en el Hijo, por el Espíritu. La gracia soberana del Espíritu no anula la agencia humana, sino que, al contrario, nos libera para que seamos, y cada vez de una manera más clara, la imagen de Dios en Cristo.

Así, incluso en nuestra santificación, el Espíritu no nos salva de la naturaleza, sino que restaura la naturaleza. Él obra dentro de las criaturas por medios creados ordinarios. John Webster nos llama la atención de forma muy clara hacia este punto:

El Espíritu santificador es *Señor*; esto es, la santificación no es en ningún sentido directo un proceso de colaboración o coordinación entre Dios y la criatura, un sacar algo o edificar algo sobre alguna santidad inherente propia de la criatura. La santificación consiste en *hacernos* santos. En un sentido propio, la santidad es un atributo divino incomunicable; si las realidades creadas se convierten en santas, esto sucede por virtud de una elección; es decir, por un acto soberano de segregación o separación realizado por el Espíritu como Señor... De la vertical del «señorío» fluye la horizontal de la vida que es realmente dada. La segregación, elección a la santidad, no es la abolición de la condición de criatura, sino su creación y conservación.[13]

Cuando el Espíritu nos santifica, cortándonos y alejándonos de esta era impía y pasajera, y de su corrompido fruto, nos capacita para dar su fruto de justicia. Su palabra salvadora no asfixia nuestra palabra, sino que la libera para que cante sus alabanzas; el Espíritu nos devuelve nuestra voz para que contestemos a la palabra del Padre en el Hijo con el «¡Amén!» de la fe. Pero esta tensión entre el «ya» y el «todavía» es lo que pretende el Nuevo Testamento por medio de la guerra entre la carne y el Espíritu. A diferencia de la elección, la regeneración, la justificación y la adopción, nuestra santificación es incompleta en esta vida. No obstante, sí es real y decisiva. La novedad escatológica que ha venido con la ascensión y con Pentecostés es tan asombrosa que Juan puede hablar del antiguo mandamiento de amar al prójimo, diciendo que «por otra parte... es un mandamiento nuevo... porque la oscuridad se va desvaneciendo y ya brilla la luz verdadera» (1 Juan 2.7–8). Se ha producido una transición cualitativamente nueva en la historia, desde la era del pecado y la muerte hasta la era de la justicia y la vida.

Ya hay una consagración o un «corte» en cierto sentido, con nuestra elección en Cristo «antes de la creación del mundo» (Efesios 1.4). Ya en la eternidad

---

13. John Webster, *Holy Scripture: A Dogmatic Sketch* (Cambridge: Cambridge University Press, 2003), p. 27

el Dios Uno y Trino ha separado para sí mismo de entre la masa de humanidad condenada, a un pueblo para su Hijo. Jesús afirma repetidamente que es para «todos los que el Padre me da», para los que él ha dado su vida (Juan 6.37, 39; 10.11, 15; 17.9). Y es esta la esposa que el Espíritu Santo une al Hijo resucitado en un matrimonio eterno. «Resumiendo», escribe Calvino, «el Espíritu Santo es el nudo con el cual Cristo nos liga firmemente consigo».[14]

Contra Roma, y también contra los anabaptistas, Calvino hace resaltar con Pablo que no encontraremos a Cristo ascendiendo al cielo, ni descendiendo a nuestro corazón, sino por la obra del Espíritu a través de su Palabra. Somos «uno con el Hijo de Dios; no porque él nos entregue su sustancia a nosotros, sino porque, por el poder de su Espíritu, nos imparte su vida y todas las bendiciones que él ha recibido del Padre».[15] «Al ser revestidos con la justicia de su Hijo, y la virtud del Espíritu Santo, por la que somos regenerados para santidad».[16] Porque «merced a una unión admirable que supera nuestro entendimiento, se hace cada día más un mismo cuerpo con nosotros, hasta que esté completamente unido a nosotros ».[17]

O sea, para los reformadores, el aspecto místico y el aspecto subjetivo de la unión son inseparables de lo objetivo y legal, así como la obra judicial del Espíritu es inseparable de su poder renovador. No obstante, nosotros no encontramos a Cristo a base de entrar hasta nuestro corazón, sino a base de dejarnos sacar de nosotros mismos hacia Cristo, quien se haya revestido con su evangelio. «Mas si ponemos los ojos en nosotros», aconseja Calvino, «estamos seguros de nuestra condenación».[18] Y continúa diciendo:

> Mas como Cristo se nos ha comunicado con todos sus bienes para que cuanto él tiene sea nuestro y para que seamos sus miembros y una misma sustancia con él, por esta razón sin justicia sepulta nuestros pecados, su salvación destruye nuestra condenación y él mismo con su dignidad intercede para que nuestra indignidad no aparezca ante la consideración de Dios. Y ello es tan cierto, que en modo alguno debemos apartar a Jesucristo de nosotros, ni a nosotros de él, sino mantener firmemente la unión con la que se nos ha juntado consigo mismo. Esto nos enseña el apóstol que hagamos,

---

14. Calvino, *Institución*, 3.1.1.
15. Ibíd.
16. Juan Calvino, *Comentario a la Epístola a los Romanos*, traducción , Claudio Gutiérrez Marín (Grand Rapids: Libros Desafío, 2005), p. 114.
17. Calvino, *Institución*, 3.2.24.
18. Ibíd.

cuando dice que «(nuestro) cuerpo está muerto a causa del pecado, mas el espíritu vive a causa de la justicia» [Romanos 8.10].[19]

Por medio del mismo acto de fe, uno recibe a Cristo, Señor y Salvador, *en su totalidad*, con *todos* sus dones, lo cual incluye la justificación y la renovación. El Espíritu Santo operaba en nosotros como Señor y dador de vida mientras estábamos muertos (Efesios 2.1–5). Pero una vez que nos ha dado vida junto con Cristo, el Espíritu nos da poder para hacer buenas obras, por medio de la gracia (v. 10).

Es limitar seriamente las buenas nuevas el anunciar alegremente el perdón de los pecados y la justificación, como si ahora que ya «salimos del problema», la santificación es «cuestión de nosotros», o algo que podemos tomar o dejar. Las Escrituras no dicen nada de dos actos de fe, uno que reciba a Cristo para la justificación («hacer de Jesús su salvador personal») y otro que se someta a él como Señor. Nosotros no hacemos que Jesús sea nada. La fe se limita a aceptarlo con todo lo que él es, hace y da.

Cuando surge esta cuestión de la relación existente entre la justificación y la santificación, el Nuevo Testamento se refiere repetidamente a las analogías orgánicas de la vid y los pámpanos, la cabeza y los miembros, para hacernos comprender que no es posible estar unidos a Cristo para ciertos dones (como la elección, la redención, la justificación y la adopción), y no para otros (la santificación y la glorificación). En Romanos 6, Pablo sostiene que aquellos que son bautizados en Cristo, no solo comparten su muerte para el perdón de sus pecados, sino también su vida de resurrección. *Han sido renovados* por el Espíritu: esto se encuentra tanto en el pasado como en el hecho de que han sido justificados. Los que son regenerados no pueden volver a un estado de muerte espiritual. Por tanto, el pecado no tiene ya dominio sobre ellos.

Después de mencionar los Diez Mandamientos, el Catecismo de Heidelberg pregunta: «¿Pueden guardar perfectamente estos mandamientos los que son convertidos a Dios?». La respuesta es: «No, porque incluso los más santos, en tanto estén en esta vida, no cumplen más que con un pequeño principio de esta obediencia. *Sin embargo*, empiezan a vivir firmemente no solo según algunos, sino todos los mandamientos de Dios».[20] Nosotros no podemos guardar la ley para ser justificados. Tampoco nos podemos volver

---

19. Ibíd.
20. Domingo 44, Pregunta 114; cursiva añadida.

perfectamente santificados a base de guardarla. Siempre estamos en una posición de confesar nuestros pecados y, ciertamente, nuestro estado pecaminoso, que sigue activo, y todo el que sostenga que ha llegado a la perfección, hace de Dios un mentiroso (1 Juan 1.9–10). No obstante, podemos obedecer a Cristo, seguir su ejemplo y llevar una nueva vida. Nos podemos regocijar en la ley de Dios con un entusiasmo mayor aún que David, quien cantaba en el salmo: «¡Cuánto amo yo tu ley! Todo el día medito en ella» (Salmos 119.97). Tal vez nuestra experiencia nos diga algo distinto: que no amamos la ley de Dios, y que no seguimos sus mandamientos, o incluso que no podemos seguirlos. Sin embargo, la promesa triunfa sobre nuestra experiencia. Todo el que se niegue de forma categórica a obedecer cualquiera de los mandamientos de Dios, no está unido a Cristo.

Crecer en santidad es una lucha constante. Ahora bien, decir que es imposible para los que han sido regenerados, es negar al Espíritu Santo. Jesús nos invita diciendo: «Vengan a mí todos ustedes que están cansados y agobiados, y yo les daré descanso. Carguen con mi yugo y aprendan de mí, pues yo soy apacible y humilde de corazón, y encontrarán descanso para su alma. Porque mi yugo es suave y mi carga es liviana» (Mateo 11.28–30). En fuerte contraste con los líderes religiosos que ataban a las personas con cargas pesadas, el señorío de Jesús es fácil y su carga es ligera. Esto es así, no solo porque él ha eliminado el manual de reglas de los fariseos, sino porque su ley de amor, la cual en realidad exige más de nosotros, ya no es una amenaza externa, sino una disposición interna que nos facilita la presencia del Espíritu en nuestro interior, con su labor regeneradora y santificadora. El día cuya llegada añoraban los profetas, llegó cuando el Espíritu puso la ley en nuestros corazones. Si estamos buscando la justificación o algún buen don de Dios en la ley misma, entonces esta no tiene nada de yugo fácil ni de carga ligera; al contrario, a lo que nos lleva es a la desesperanza total. Pero si hemos sido liberados en Cristo de la maldición de la ley, tenemos libertad de la culpa y del dominio del pecado. En la era del Espíritu, los creyentes nunca debemos llegar a la conclusión de que somos incapaces de amar a Dios y obedecer sus mandamientos.

El arrepentimiento es siempre algo sin terminar, pero siempre es comprensivo: sin terminar, porque nuestras mejores obras son insuficientes y nunca llegan a merecer nada de parte de Dios, pero comprensivo porque ya nosotros no reclamamos derecho alguno a decidir qué creemos, o cómo vivimos. No se nos permite entresacar y escoger cuáles enseñanzas vamos a creer, o

cuáles mandamientos vamos a guardar. Dios nos ha reclamado total y ente-
ramente para sí. Por supuesto, acostumbrarnos a esto nos lleva toda la vida.
Precisamente cuando encontramos que nos estamos sometiendo al Espíritu
en un aspecto determinado, descubrimos que se está abriendo un nuevo frente
de batalla por otra parte. Incluso en la hora de la muerte, seguimos estando
justificados ante Dios y, sin embargo, muy lejos de ser esa gloriosa obra de arte
que se revelará en nosotros cuando Cristo vuelva.

Con buena razón muchos protestantes ven con suspicacia el término *sinergia* («cooperación, trabajo unido»). Durante una larga historia, este término ha sido asociado con un sistema de soteriología aplicada (el *ordo salutis*)
que desdibuja toda distinción entre el ser declarados justos solo en Cristo
(la justificación) y el ser conformados gradualmente a la imagen de Cristo
(la santificación), y podríamos añadir también, entre la regeneración y la
justificación. Esta sinergia se desliza con facilidad hacia el concepto semi-
pelagiano, o incluso pelagiano, según el cual somos nosotros los que logramos nuestra salvación, en lugar de ser esta un don recibido puramente por
gracia. Según estas teorías (declaradas heréticas por la Iglesia a principios de
la Edad Media), la gracia solo es la ayuda divina en respuesta a la decisión
y el esfuerzo del creyente. Incluso en las enseñanzas arminianas clásicas, la
gracia preveniente hace posible que las personas sean regeneradas, si ellas
así lo deciden; por tanto, los arminianos aceptan la clasificación de *sinergis-
tas*.[21] En cambio, desde el punto de vista de la exégesis de la Reforma, en las
Escrituras nunca se trata el nuevo nacimiento como resultado de la cooperación humana, de la misma forma que la resurrección tampoco depende de la
cooperación del que está muerto.

Pero nosotros ya no estamos muertos. Vivos en Cristo por medio del poder
del Espíritu que habita en nosotros, ahora tenemos la capacidad de cooperar
con Dios después de nuestra regeneración. Si el término *sinergia* es demasiado
fuerte, debido a sus asociaciones, su sinónimo, que es *cooperación*, no lo es.
No sé de qué otra manera podemos interpretar pasajes tan directos como los
siguientes, que proceden nada menos que del apóstol Pablo:

> Por lo tanto, no permitan ustedes que el pecado reine en su cuerpo mor-
> tal, ni obedezcan a sus malos deseos. No ofrezcan los miembros de su

---

21. Roger E. Olson, *The Mosaic of Christian Belief: Twenty Centuries of Unity and Diversity* (Downers Grove, IL: InterVarsity Press, 2002), p. 281.

cuerpo al pecado como instrumentos de injusticia; al contrario, ofrézcanse más bien a Dios como quienes han vuelto de la muerte a la vida, presentando los miembros de su cuerpo como instrumentos de justicia. (Romanos 6.12–13)

Así que les digo: Vivan por el Espíritu, y no seguirán los deseos de la naturaleza pecaminosa. Porque esta desea lo que es contrario al Espíritu, y el Espíritu desea lo que es contrario a ella. Los dos se oponen entre sí, de modo que ustedes no pueden hacer lo que quieren. Pero, si los guía el Espíritu, no están bajo la ley. Las obras de la naturaleza pecaminosa se conocen bien: inmoralidad sexual, impureza y libertinaje; idolatría y brujería; odio, discordia, celos, arrebatos de ira, rivalidades, disensiones, sectarismos y envidia; borracheras, orgías, y otras cosas parecidas. Les advierto ahora, como antes lo hice, que los que practican tales cosas no heredarán el reino de Dios. En cambio, el fruto del Espíritu es amor, alegría, paz, paciencia, amabilidad, bondad, fidelidad, humildad y dominio propio. No hay ley que condene estas cosas. Los que son de Cristo Jesús han crucificado la naturaleza pecaminosa, con sus pasiones y deseos. Si el Espíritu nos da vida, andemos guiados por el Espíritu. (Gálatas 5.16–25)

Así que, mis queridos hermanos, como han obedecido siempre —no solo en mi presencia, sino mucho más ahora en mi ausencia— lleven a cabo su salvación con temor y temblor... (Filipenses 2.12)

Podríamos seguir multiplicando los pasajes. En estos ejemplos, el imperativo moral tiene su base en el indicativo del evangelio. La cooperación no lleva al nuevo nacimiento, sino que parte de él. Nosotros no le debemos dar rienda suelta al pecado, *porque* hemos «vuelto de la muerte a la vida» (Romanos 6.12–13). «Así el pecado no tendrá dominio sobre ustedes, *porque* ya no están bajo la ley, sino bajo la gracia» (v. 14). Debemos «vivir por el Espíritu» (Gálatas 5.16); de hecho, incluso, debemos andar «guiados por el Espíritu» (v. 25b) *porque* «el Espíritu nos da vida» (v. 25a) y ya no estamos bajo la condenación de la ley (vv. 5–13). E inmediatamente después de su imperativo que nos indica: «Lleven a cabo su salvación con temor y temblor» (Filipenses 2.12), Pablo añade: «Pues Dios es quien produce en ustedes tanto el querer como el hacer para que se cumpla su buena voluntad» (v. 13). Recordando la distinción que obtuve en Génesis 1, la regeneración pertenece al tipo de acto con la palabra «¡Que exista...!» «Y así sucedió...», mientras que la santificación tiene que ver con el tipo del «¡Que haya vegetación sobre la tierra...» «Y así sucedió...». El Espíritu está produciendo de manera gradual los efectos de la regeneración y la unión con Cristo, de aquí el fruto del Espíritu en, con y a través de nuestra propia actividad.

Por una parte, hay un claro llamado a colaborar con el Espíritu en nuestra santificación. Por la otra parte, la asimetría es igualmente evidente. No menos que en la regeneración y en la justificación, se atribuye la santificación a la operación de la gracia de Dios. No hay sinergia en el sentido de que cada socio contribuya algo a la labor de la salvación. Al contrario; la obra que nosotros somos llamados a hacer, es en respuesta a un don, e incluso esa respuesta en sí misma es un don y así lo sigue siendo hasta que muramos. Pero con todo, sigue siendo colaboración. A partir de los imperativos anteriores, vemos con claridad que, si le sometemos nuestro cuerpo al Espíritu, daremos el fruto del Espíritu; si nos ofrecemos a nuestra naturaleza pecaminosa, daremos el fruto de la carne que lleva a muerte. La santificación es obra de Dios, es la aplicación del fruto de la victoria de Cristo, que nos es aplicado a nosotros por el Espíritu. Al mismo tiempo, en nuestro crecimiento como cristianos podemos apagar al Espíritu (1 Tesalonicenses 5.19) o ceder ante el Espíritu (Romanos 6.13). Observa de nuevo el orden lógico de dependencia: «*Si el Espíritu nos da vida, andemos guiados* por el Espíritu» (Gálatas 5.25).

«Caminamos cuidadosamente aquí para evitar el dar la impresión de que esto se apoya en nosotros», observa Edith M. Humphrey, «porque todo esto procede de la iniciativa de Dios. Con todo, somos llamados, en un cierto sentido, a "cooperar". (Tal vez podríamos crear aquí la palabra "suboperar")».[22] La terminología formal siempre se debe inclinar ante el buen uso y, a pesar de su novedad, me parece que el término «sub-operar» da bien la idea de la forma única en que se puede comprender la santificación dentro del pacto. La santificación se debe por completo a Dios, y nosotros tenemos la responsabilidad de asistir a los medios de la gracia y responder en una fe, un arrepentimiento y una obediencia diarias. Nosotros no somos los que nos santificamos a nosotros mismos, ni siquiera con la ayuda de Dios. Solo Dios reúne las cualidades necesarias para el papel de santificador. Con todo, nosotros somos los sujetos de la acción santificada. Solo

---

22. Edith M. Humphrey, *Ecstasy and Intimacy: When the Holy Spirit Meets the Human Spirit* (Grand Rapids: Eerdmans, 2006), p. 72.

Dios nos puede hacer crecer, pero somos nosotros quienes nos arrepentimos y creemos, nos ejercitamos y comemos una dieta espiritual equilibrada. Estamos en Cristo y vivimos solo en esa unión. «Más bien, crezcan en la gracia y en el conocimiento de nuestro Señor y Salvador Jesucristo» (2 Pedro 3.18).

Tal como señala John Owen, Adán y Eva fueron creados justos; su justicia no era un don sobreañadido, sino que era intrínseca a su dignidad creada. Pero también eran sostenidos continuamente en su integridad como portadores de la imagen de Dios. «Y todas esas cosas eran los efectos peculiares de la operación inmediata del Espíritu Santo».[23] Así, en la regeneración, el Espíritu «restaura por medio de ella su propia obra, y de esa manera, el Espíritu Santo también renueva en nosotros la imagen de Dios, cuya implantación original era obra peculiar suya».[24] Según ese primer pacto, «era posible que ellos lo hubieran perdido a él por completo, y así sucedió, de acuerdo con esto. Él no los tenía por habitación especial, porque el mundo entero era el templo de Dios. En el pacto de la gracia, fundamentado en la persona y en la mediación de Cristo, las cosas son diferentes. «En todo aquel al cual le es otorgado el Espíritu de Dios para la renovación de la imagen de Dios en él, el Espíritu habita en él para siempre».[25] Mas tarde escribe: «Por tanto, no hay nada que más se pueda aborrecer que esos pensamientos bajos e indignos a los cuales algunos hombres dan rienda suelta, sobre esta gloriosa obra del Espíritu Santo, y que querrían que todo esto consistiera en una justicia legal o virtud moral».[26]

Aun antes de que se produzca una renovación gradual, observa Owen:

> La santificación es una obra inmediata del Espíritu de Dios en las almas de los creyentes, para purificar y limpiar sus naturalezas de la contaminación y la impureza del pecado, renovando en ellos la imagen de Dios, y capacitándolos por este medio, desde un principio de gracia espiritual y habitual, a someterse en obediencia a Dios, según el tenor y los términos del nuevo pacto, por virtud de la vida y muerte de Jesucristo.[27]

Junto con la satisfacción de Cristo y la justificación por esta justicia atribuida, esta doctrina de la santificación es atacada como algo que socava toda

23. Owen, *Discourse*, p. 102.
24. Ibíd.
25. Ibíd.
26. Ibíd., p. 376.
27. Ibíd., p. 386.

obediencia diligente. Pero las Escrituras representan estas doctrinas de la gracia como la única base genuina para la búsqueda de la santidad.[28] Los oponentes de Owen reducen la regeneración a una simple enmienda de vida según las leyes de la naturaleza.[29] Sin embargo, esto es simplemente abandonar el pacto de la gracia para aceptar el pacto de las obras. Como le sucedió a la mujer enferma que tocó el borde del manto de Jesús (Mateo 9.20–22), observa Owen, el más pobre de los pecadores con la fe más escasa queda sanado. «La multitud se apretujaba y empujaba alrededor de Cristo en una profesión de fe y obediencia, y en el desempeño real de muchos deberes, pero no salía de Cristo ninguna virtud para curarlos. En cambio, cuando cualquiera, por pobre que fuera, por parecer estar distante, lo llega a tocar de la manera más mínima con una fe especial, esa alma es sanada. Esta es nuestra forma con respecto a la mortificación del pecado».[30] La fe en Cristo trae consigo el amor.[31] Los creyentes ya no escuchan los mandamientos de Dios desde el monte Sinaí como un pacto legal, sino como «inseparablemente unidos *al pacto de la gracia*».[32]

El Espíritu no nos está conformando simplemente a la imagen de Adán antes de la caída, sino a la de Cristo, el cual es la misma «imagen del Dios invisible» (Colosenses 1.15). Más aún, esta imagen es ahora el Hijo exaltado, el cual, glorificado en nuestra humanidad, es el hijo e imagen consumada que Adán no llegó a ser. Hemos visto que esta es una de las razones principales por las cuales el Espíritu no nos pudo ser dado hasta que Cristo ascendiera en gloria. Su humanidad tenía que ser glorificada con el fin de que el prototipo de la nueva humanidad existiera realmente y estuviera entronizado a la diestra del Padre. Así, nuestra santificación ahora es una transformación, una transfiguración «con más y más gloria», de lo cual nos daremos plena cuenta en el último día (2 Corintios 3.18). Esto está muy por encima de la mejora natural, el desarrollo moral, la educación de la raza humana o la mejora de la humanidad. Es un don del cielo sobrenatural, totalmente milagroso, por medio del cual no solo se nos hace entrar en Cristo por medio del bautismo, sino que se nos conforma de manera gradual a la gloriosa imagen de Cristo mismo.

Los creyentes son las únicas personas en el mundo que sienten la tensión que significa vivir entre el «ya» y el «aún no» de esta unión con Cristo por

---

28. Ibíd., pp. 394–397.
29. Ibíd., p. 526.
30. Ibíd., p. 562.
31. Ibíd., p. 564.
32. Ibíd., p.606.

el Espíritu. Experimentan su vida ahora como liberados del pecado, y sin embargo, con frecuencia se sienten desilusionados por la calidad de su crecimiento en Cristo. Son la presencia del Espíritu que vive en nuestro interior y la unión con Cristo, de la que disfrutamos por medio de sus operaciones, las que nos hacen sentir la contradicción interna entre nuestra identidad objetiva y nuestra lucha constante con el pecado. Encontramos claramente en las Escrituras que nuestra santificación constante siempre se apoya en la seguridad de nuestra elección, justificación y adopción. También está igualmente clara en las Escrituras la verdad de que la meta de nuestra justificación es nuestra santificación y en última instancia, nuestra glorificación (sobre la cual tratamos en el capítulo 11). Ambos conceptos aparecen en numerosos pasajes, incluso de Pablo, quien pasa del indicativo a los obvios imperativos que surgen de él (por ejemplo, Romanos 6.13; 12.1; 2 Corintios 5.15; Efesios 2.10; 4.1; Colosenses 1.9–10; Tito 2.14; 3.8). Por tanto, nuestra santificación en el presente toma su relevancia de la promesa de Dios con respecto a lo que él ya ha hecho por nosotros en el pasado, y lo que va a hacer en el futuro. Con estas cosas como ancla, nos llega la seguridad de que «el que comenzó tan buena obra en ustedes la irá perfeccionando hasta el día de Cristo Jesús» (Filipenses 1.6).

## EL FRUTO DEL ESPÍRITU

A diferencia de los diversos dones distribuidos entre los creyentes para la salud del cuerpo, el fruto del Espíritu se produce en todos los creyentes. No solo algunos, sino todos son bautizados en Cristo por el Espíritu y, por tanto, se hallan obligados a expresarse mutuamente amor y humildad. Podemos reconocer en otros santos dones especiales de hospitalidad que nosotros no poseemos en el mismo grado, pero nadie está exento de llevar todo el fruto del Espíritu, y no solo una parte de él. Jesús enseña que él es la vid y nosotros somos sus pámpanos. Estar unidos a él es estar vivos, dando el fruto del amor y las buenas obras. De manera similar, en Gálatas 5 el apóstol Pablo especifica cuál es el «fruto del Espíritu», haciendo un contraste entre este y el fruto de la carne: «En cambio, el fruto del Espíritu es amor, alegría, paz, paciencia, amabilidad, bondad, fidelidad, humildad y dominio propio. No hay ley que condene estas cosas. Los que son de Cristo Jesús han crucificado la naturaleza pecaminosa, con sus pasiones y deseos. Si el Espíritu nos da vida, andemos guiados por el Espíritu» (Gálatas 5.22–25).

Esta forma de presentar el tema resalta el dinámico movimiento de la santificación. El Espíritu no solo nos ha regenerado, sino que nos guía por medio de su presencia que habita en nosotros. Él es quien «va al frente» y nos capacita a nosotros para mantenernos a la par con él. El fruto que él describe se podría enumerar en cualquiera de los tratados de ética escritos por los filósofos paganos. Y, sin embargo, la carne, manera resumida de referirse a las potencialidades de esta presente era de impiedad, no tiene poder para producir todas estas cosas. Podrán ser virtudes de civilidad, pero no son un fruto de participación en la nueva creación. Es también significativo que la exhortación de Pedro a ser «llenos del Espíritu» (Efesios 5.18) vaya acompañada del canto de la palabra de Cristo y de una mayor sumisión mutua en nuestras relaciones ordinarias (vv. 19–33).

Gran parte de la devoción popular se halla centrada en la vida interior de cada creyente. En cambio, las Escrituras ponen el énfasis en la obra del Espíritu que nos abre y nos saca de nosotros mismos, para que alcemos los ojos a Dios en fe y miremos a nuestro prójimo con amor. El fruto del Espíritu tiene que ver con la forma en que nos relacionamos con los demás. ¿Cómo yo puedo contribuir a la salud de todo el cuerpo como contribuye un dedo o un codo? En todas las ocasiones en que Pablo se refiere al poder del Espíritu en nuestra vida, los efectos son enseñarnos la verdad y persuadirnos acerca de ella, para dar el fruto de las buenas obras: «No agravien al Espíritu Santo de Dios, con el cual fueron sellados para el día de la redención. Abandonen toda amargura, ira y enojo, gritos y calumnias, y toda forma de malicia. Más bien, sean bondadosos y compasivos unos con otros, y perdónense mutuamente, así como Dios los perdonó a ustedes en Cristo» (Efesios 4.30–32). El fruto del Espíritu que Pablo describe en Gálatas 5.21–22 comprende gracias que nosotros normalmente no asociamos con los dones espirituales. La evidencia de que somos llenos del Espíritu no es hablar en lenguas, ni las sanidades, ni unas nuevas revelaciones, sino la paciencia, el gozo, el amor, el dominio propio y todos los demás.

Cuando Pablo, de una manera más bien sorprendente, equipara la ley natural (*stoicheia tou kosmou*) de los griegos con la Torá, tampoco está condenando. Las leyes físicas y naturales que gobiernan el universo son de Dios, que es el Creador y Señor providente. Son buenas ordenanzas, como lo es la ley mosaica con toda certeza. Nos siguen llamando de vuelta en nuestra conciencia a la forma en que Dios ha ordenado la naturaleza. A pesar de esto, dado nuestro estado de seres caídos, esas leyes no nos pueden salvar, solo nos condenan. Nos destruimos al chocar con ellas. No por causa de su carácter, sino por causa del nuestro, estas leyes buenas se convierten en parte de la futilidad de la existencia humana. Pero existe otra nueva realidad: la nueva creación que es traída a esta era por el Espíritu. Solo el Espíritu tiene el poder necesario para ponerle fin a la edad antigua de muerte, e inaugurar la nueva edad de la justicia. Tanto si está escrita en la conciencia, como si lo está en tablas de piedra, la ley no se parece en nada al «nuevo corazón» que Dios nos dará en el nuevo pacto (Jeremías 31.31–34). Somos esclavos de la ley, ya sean los «principios elementales», o la Torá, pero en Cristo, el Espíritu nos hace herederos. El Espíritu Santo es el Espíritu de adopción (Romanos 8.12–21, 23, 29; 1 Corintios 12.3; Gálatas 4.1–7; Apocalipsis 21.7).

Cuando Pablo interpreta la revelación profética, explica lo siguiente: «Porque, cuando nuestra naturaleza pecaminosa aún nos dominaba, las malas pasiones que la ley nos despertaba actuaban en los miembros de nuestro cuerpo, y dábamos fruto para muerte. Pero ahora, al morir a lo que nos tenía subyugados, hemos quedado libres de la ley, a fin de servir a Dios con el nuevo poder que nos da el Espíritu, y no por medio del antiguo mandamiento escrito» (Romanos 7.5–6). Estar «en el Espíritu» es estar viviendo en la realidad de que formamos parte de la nueva creación que él está trayendo a esta edad por medio de la resurrección de Cristo.

Cuando miramos al fruto de la carne, vemos como en un espejo los vicios que muchas veces nuestra cultura considera virtudes. La libertad sexual (Gálatas 5.19) es considerada cada vez más en las sociedades occidentales como algo en lo cual la persona se autentica y afirma a sí misma, mientras que el dominio propio es considerado como inmoral. Este intento de crearnos a nosotros mismos, incluso a contracorriente de las realidades obvias de la naturaleza, manifiesta una pasión por la autodeificación: hacernos dioses a nosotros mismos, en lugar de ser hechos por Dios semejantes a él. Aunque hayamos evitado toda asimilación explícita de la doctrina cristiana con los ritos del paganismo, o las «borracheras» y las «orgías», el hecho de que se mencionen al mismo tiempo «las rivalidades, las disensiones, los celos, los arrebatos de ira, las discordias y los sectarismos hacen que los demás nos tengamos que quedar callados (vv. 20–21). Mucho más que cualquier necesidad que tengamos hoy de nuevas profecías, existe una seria preocupación por el dominio propio. De un valor mucho mayor que mil «lenguas» que nadie más comprende, es la edificante instrucción sobre la forma en que nos debemos comportar con bondad, humildad y amor, evitando los cultos a la personalidad y los insultos airados en los blogs.

Hemos visto cómo el ministerio del Espíritu se halla asociado en particular con la actividad de llevar a su eficacia plena la palabra del Padre, en el Hijo. Donde está el Espíritu, no solo hay libertad, sino que hay fruto: florece un jardín en medio de un erial. El Espíritu Santo se movió sobre las profundidades de las aguas en la creación, dividiendo las aguas de la tierra seca, y después hizo que diera fruto la simiente allí sembrada. Le dio hálito de vida, espíritu, al ser humano en su creación. Salvó a Noé y a su familia, tanto de las aguas, como por medio de ellas, separando una vez más las aguas de la tierra seca para hacer un fructífero lugar para la comunión del pacto con Yahvé. Una paloma regresó con una rama verde, como sello de que el juicio había pasado, la familia fue salvada y apareció una nueva creación. Como pago inicial por nuestra redención final, el Espíritu nos da el «ya» de nuestra participación en Cristo como la nueva creación, y es el Espíritu que habita dentro de nosotros el que nos da la anhelante esperanza de ese «aún no» que nos espera en nuestra unión con Cristo (Romanos 8.18–28; ver 2 Corintios 1.22; 5.5; Efesios 1.14). *Mientras más recibamos* del Espíritu sobre las realidades de la edad por venir, *más inquietos nos sentiremos*, porque ya habremos recibido un anticipo del futuro.

## EL FRUTO PRINCIPAL: EL AMOR

Esta *esperanza* escatológica engendra el amor. El orden tradicional es crucial: fe, esperanza y amor. Según las enseñanzas de la Iglesia católica romana, la fe solo se vuelve justificante cuando es perfeccionada por el amor y su fruto meritorio. Sin embargo, el orden tradicional que tiene 1 Corintios 13 es el exactamente correcto. La fe viene primero y se mantiene como la fuente de la esperanza, el amor y las buenas obras. La fe produce el fruto del amor. Nadie que esté unido a Cristo por medio de la fe, carece de amor. Antes incluso de saber con precisión cómo ejercitarlo, hacia dónde dirigirlo, o cómo canalizarlo, la confianza en Cristo florece de inmediato en el amor hacia Dios y hacia el prójimo.

Este amor es la transición de la fe a las buenas obras. El amor no es la terminación de la fe justificantes, pero es su fruto. En la justificación, la fe se aferra a Cristo, no por amor y esperanza, sino solo como un acto de «recibir y descansar», en palabras de la Confesión de Westminster.[33] Pero incluso la

---

33. Capítulo 11.

misma fe no es en definitiva el don más grande de la salvación. Ahora es la raíz vital, porque aún no tenemos aquello que esperamos (Romanos 8.25). La justificación es el veredicto presente de todos los que confían en Cristo. Nosotros sabemos cómo nos van a salir las cosas al final. Pero es muy significativo que Pablo declare que el don más excelente es el amor (1 Corintios 13.13).

El amor es un atributo de la esencia divina única: «Dios es amor» (1 Juan 4.8), y *cada una de las personas* de la Trinidad expresa ese amor de acuerdo con sus atributos personales. El Padre «tanto amó al mundo que dio a su Hijo unigénito» (Juan 3.16). En cuanto al Hijo, él mismo dijo: «Nadie tiene amor más grande que el dar la vida por sus amigos» (Juan 15.13). Sin embargo, el Espíritu Santo nos ata aquí y ahora al Padre en amor a través de la mediación del Hijo, como vemos en el discurso de despedida, y en la oración que pronuncia Jesús al llegar a su conclusión. El Espíritu Santo no es el amor de Dios, lo cual difícilmente lo distinguiría de las otras personas que poseen este atributo esencial. Más bien, descubrimos la exclusividad del Espíritu una vez más *en la forma en que este ama*. El Padre *nos extiende* su amor, y el Hijo nos muestra su amor, pero «Dios *ha derramado* su amor en nuestro corazón por el Espíritu Santo que nos ha dado» (Romanos 5.5). Sin la obra del Espíritu Santo, el amor que Dios nos tiene permanece fuera de nosotros. Es el Espíritu Santo quien nos da fe, y es esa fe la que produce el fruto del amor, y es el amor el que produce el fruto de las buenas obras.

El que perdura hasta la eternidad es el amor. Una vez que contemplemos la realidad, no necesitaremos fe. No habrá más promesas ni más necesidad de confianza. Ya no seguiremos dependiendo de la palabra que escuchamos, ni viendo cómo los sacramentos ratifican visiblemente las promesas. Y la esperanza cederá su lugar a la visión plena, al entendimiento. Después de todo esto, por toda la eternidad seguirá existiendo el amor.

Los apóstoles están totalmente convencidos aquí de que el amor es la meta definitiva de la relación vertical con Dios, y de la comunión horizontal de los santos. El amor es el lazo definitivo. En la comunión de los santos, estar enlazados por un amor en «un Señor, una fe, un bautismo» es la norma. No van a existir ya las competencias del orgullo por los puestos, ni las traiciones, o el devorarnos unos a otros, precisamente porque en la nueva ciudad todos nosotros vamos a tener todo lo que necesitemos. Pero aún no hemos llegado a esta ciudad perfecta. La fe debe guiar el camino hacia la esperanza en Cristo por la poderosa obra del Espíritu a través del Evangelio. Esta clase de amor, basado en la perfección definitiva de la ciudad santa, no se puede deducir de nada que haya en esta era presente. Hasta la Iglesia no es más que un pálido reflejo de esta unidad. Pero es un reflejo. Incluso ahora, este amor que perdura comienza a florecer a partir de la fe alimentada por el Evangelio. Así como vivimos en la esperanza, debido a la fe que nos asegura que hemos sido justificados y adoptados, también amamos a los demás en la esperanza que surge de la fe que ve a nuestros hermanos y hermanas desde el punto de vista de la era por venir. Ellos también son imperfectos, pero también son coherederos con nosotros de la herencia del Padre en Cristo. Así como amaremos a Cristo sin velo, cara a cara, también amaremos a estos otros por toda la eternidad. Comencemos ahora a dar el fruto del Espíritu, cuyo producto más grande es el amor.

Dentro de este contexto, la oración tiene un lugar incalculable. La oración pertenece a ese nexo de fe–amor–esperanza. Como el llanto de un niño al nacer, los primeros manantiales de la oración son los de la dependencia, la lamentación, la necesitad y la prueba. La oración es el llanto filial del niño. Pero un día, ya no habrá más oración, como tampoco habrá más predicación o más sacramentos. Ya no nos lamentaremos, ni invocaremos, lloraremos, confesaremos o ansiaremos una forma imperfecta del «nuevo cántico» que Dios ha escrito para su sinfonía. Entonces se tratará del cántico eterno en la presencia inmediata del Padre, en el Hijo, por el Espíritu.

## CONCLUSIÓN

Vale la pena que nos detengamos por un momento para contemplar la gran vista que tenemos ante nosotros: la asombrosa seguridad que ahora tenemos en el nuevo pacto por medio del ministerio del Espíritu. Aun después del diluvio en los tiempos de Noé, la corrupción siguió en aumento. «Pero el Señor dijo: «Mi espíritu no permanecerá en el ser humano para siempre, porque no es más que un simple mortal; por eso vivirá solamente ciento veinte años» (Génesis 6.3). Aquí, el verbo traducido como «permanecer» se podría haber traducido con la misma facilidad como «luchar». «Dios desistió de luchar con ellos», después de enviarles siervos como Enoc, para que les predicaran (cf. Romanos 1.24, 26, 28). Sin embargo, por el momento, el Espíritu lo va a tolerar, en cumplimiento de la promesa hecha a Noé. Pero el Espíritu solo «lucharía» de nuevo dentro de las fronteras de Israel, y finalmente, incluso allí mismo, el Espíritu se marcharía del santuario para dejar que el templo y la tierra fueran destruidos y se convirtieran en guarida de chacales.

En cambio, en Pentecostés amaneció una nueva creación en la cual el Espíritu transformó de nuevo el caos en el cosmos. De las ruinas, levantó, no un templo restaurado de piedra, sino un santuario vivo formado por «piedras vivas». Y ahora, luchando con una tenacidad perdurable, incluso contra nuestra tendencia a apagar su justo amor, nunca va a abandonar su templo. Refiriéndose a su unción como rey, David pudo decir después de su adulterio y de haber asesinado a un hombre: «No me alejes de tu presencia ni me quites tu santo Espíritu» (Salmos 51.11). Pero con respecto a la regeneración, el Señor les promete a sus santos: «Nunca te dejaré; jamás te abandonaré» (Hebreos 13.5).

# CAPÍTULO 9

# EL ESPÍRITU ES EL QUE DA

Desde el principio de este estudio se nos han recordado tanto la unidad como la pluralidad que hay en la Trinidad: con respecto a la esencia, uno, sin variación ni grados, pero tres personas que manifiestan sus propiedades personales distintivas en todas las obras externas. De forma análoga, la Iglesia es una, debido a los dones espirituales que todos los creyentes comparten por igual y en igual medida. Sin embargo, de forma también análoga a la esencia divina, la Iglesia solo existe como conjunto de personas. Así, también es diversa, con una pluralidad de dones y en diversas medidas, por medio de los cuales, el Espíritu edifica a todo el cuerpo.

## EL ESPÍRITU DISTRIBUYE EL BOTÍN DE LA VICTORIA DE CRISTO

Comenzamos de nuevo con el horizonte bíblico–teológico más amplio, dentro del cual podríamos interpretar mejor los dones en particular. En Efesios 4, el apóstol Pablo relaciona de manera especial la doctrina de la Iglesia con la ascensión de Cristo.[1] Aquí también vemos con gran claridad la interpretación apostólica del patrón éxodo–conquista–reposo. La fascinante discusión incluida en este capítulo acerca de la distribución de los despojos alude de manera significativa al salmo 68.

---

1. Según me parece, la sección introductoria de los comentarios siguientes presenta argumentos convincentes a favor de la autoría de Pablo: Stephen M. Baugh, *Ephesians, Evangelical Exegetical Commentary* (Bellingham, WA: Lexham Press, 2016); Markus Barth, *Ephesians: Introduction, Translation, and Commentary on Chapters 1–3*, AB 34 (Garden City, NY: Doubleday, 1974); Harold W. Hoehner, *Ephesians: An Exegetical Commentary* (Grand Rapids: Baker Academic, 2002); Peter T. O'Brien, *Ephesians*, PNTC (Grand Rapids: Eerdmans, 1999), y Luke Timothy Johnson, *The Writings of the New Testament* (Filadelfia: Fortress, 1986).

El salmo 68, un cántico de subidas, era cantado de manera antifonal por los peregrinos cuando iban subiendo al monte del templo para adorar. Hasta es posible que haya sido compuesto para la entrada inaugural del arca del pacto en el santuario. En palabras del erudito judío Jon D. Levenson, el salmo 68 «recoge una marcha de YHWH desde el Sinaí, una campaña militar en la cual el Dios de Israel y su séquito... comienzan su travesía por el desierto».[2] Los adoradores están representando de nuevo esta marcha desde el Sinaí hasta Sión cada vez que hacen esta procesión en Pentecostés.

«Que se levante Dios, que sean dispersados sus enemigos», es el grito de guerra con el que se abre el primer versículo (v. 1). «Cuando saliste, oh Dios, al frente de tu pueblo, cuando a través de los páramos marchaste, la tierra se estremeció, los cielos se vaciaron, delante de Dios, el Dios de Sinaí, delante de Dios, el Dios de Israel» (vv. 7–8). Está claro que Yahvé es el centro de atención, como el principal guerrero, e incluso el único, con los israelitas como beneficiarios. A esto sigue la asombrosa imagen de los hombres durmiendo mientras Yahvé triunfa y las mujeres se reparten el botín (vv. 11–13). Esto corresponde con la narración del libro de Josué, en el cual Yahvé es victorioso en la purificación de la tierra, y en su entrega en manos de su pueblo. El pueblo se limita a ser el que recibe su botín. «Los carros de guerra de Dios se cuentan por millares; del Sinaí vino en ellos el Señor para entrar en su santuario» (v. 17). «En su santuario», porque el arca del pacto representa en miniatura todo el pacto que Israel juró en el Sinaí.

Sin embargo, el centro de atención pasa del Sinaí a Sión en los versículos 18–36. «Cuando tú, Dios y Señor, ascendiste a las alturas, te llevaste contigo a los cautivos; tomaste tributo de los hombres, aun de los rebeldes, para establecer tu morada» (v. 18). Este Rey que lleva cautiva a la cautividad, que da y recibe dones, incluso de sus enemigos, que le aplastó la cabeza a la serpiente y habita por siempre en Sión, es el Rey que «día tras día sobrelleva nuestras cargas. Nuestro Dios es un Dios que salva», y él es el único que «nos libra de la muerte» (vv. 19–23).

Por tanto, aunque el Sinaí es importante en esta marcha, se halla a mitad de camino entre Egipto y Canaán (Sión). El enfoque pasa del Sinaí a Sión, por ejemplo, en el salmo 97 (cf. Deuteronomio 33.2; Salmos 50.2–3; 68.8–9). Levenson explica esto: «La transferencia del hogar divino desde el Sinaí hasta

---

2. Jon D. Levenson, *Sinai and Zion: An Entry into the Jewish Bible* (San Francisco: HarperOne, 1987), p. 19, que coincide con la fecha probable que le da W. F. Albright a este salmo, situándolo entre el siglo 13 y el 10 A. C.

Sión fue total e irreversible, de manera que YHWH dejara de ser señalado como "el del Sinaí", para convertirse en "el que habita en el monte Sión" (Isaías 8.18)... El traslado del hogar divino desde el Sinaí hasta Sión significaba que se había dejado de ver a Dios como el que habita en una tierra de nadie exterior a sus territorios, para verlo como el que habita dentro de las fronteras de la comunidad israelita».[3] Y dentro de las tradiciones de Sión, «surgirá algo casi impensable en el caso del Sinaí», un juramento divino incondicional según el cual, de alguna manera, por encima de todas las vicisitudes de la desobediencia humana, Dios mismo se levantará para dispersar a sus enemigos y salvar a su pueblo. De esta manera, Sión toma un papel cósmico y universal que el Sinaí nunca tuvo. «No solo Jerusalén y la tierra de Israel, sino incluso el pueblo mismo de Israel puede ser designado también como Sión», tal como sucede en Isaías 51.16 y Zacarías 2.11.[4] En los versículos finales del salmo 68, la procesión victoriosa de Dios entra en el santuario, acompañada por reyes y nobles de Egipto, de Cus y de otras partes, que le traen tributo al Señor del cielo y de la tierra (vv. 29–34). Los principados y los poderes de las tinieblas quedan sometidos bajo los pies del Israel de Dios. No solo se trata de un éxodo mayor por medio de la resurrección de Cristo, sino de una conquista mayor que la esperada en el salmo 68.

La misión de los setenta y dos que aparece en Lucas 10 es un simple anticipo del triunfo a nivel mundial sobre Satanás y sus huestes demoníacas que logrará el testimonio lleno del poder del Espíritu de millones de personas a favor de Jesucristo. Y, como en la conquista que aparece en el libro de Josué y en el salmo 68, la victoria será del Señor; su pueblo solo es un pueblo de beneficiarios y de heraldos. Él ganará la victoria y distribuirá los despojos de esta a sus coherederos. El papel de su pueblo consiste solamente en anunciar la victoria y abrir los cerrojos de las puertas de la prisión. «No tengan miedo, mi rebaño pequeño, porque es la buena voluntad del Padre darles el reino» (Lucas 12.32). «Edificaré mi iglesia, y las puertas del reino de la muerte no prevalecerán contra ella» (Mateo 16.18). Lo que estamos levantando no es un reino más que se levanta y después cae, sino que «estamos recibiendo un reino inconmovible» (Hebreos 12.28). Basados en su victoria («Se me ha dado toda autoridad en el cielo y en la tierra»), sus discípulos irán hasta los confines de la tierra, abriendo las puertas de la prisión de Satanás por medio de la predicación del evangelio y del bautismo (Mateo 28.18–20).

---

3. Ibíd., p. 91.
4. Ibíd., p. 137.

La conclusión del salmo 68 con la procesión triunfal de Dios y su comitiva entrando en el santuario solo es una débil imagen de Cristo entrando en el cielo en su ascensión, proclamando (en palabras de Isaías 8:18): «Aquí me tienen, con los hijos que Dios me ha dado» (Hebreos 2.13).

Volvemos ahora a Efesios 4. Como hace la primera sección del salmo 68, Pablo describe a la Iglesia como un pueblo en marcha, que camina junto en unidad (Efesios 4.1–6). La fuente de esa unidad es «un solo Espíritu» («la unidad del Espíritu mediante el vínculo de la paz»; v. 3); «un solo Señor, una sola fe, un solo bautismo; un solo Dios y Padre de todos, que está sobre todos y por medio de todos y en todos» (vv. 5–6). Todos los creyentes comparten de igual manera en el Padre, el Hijo y el Espíritu Santo. Cuando se trata de Cristo y de sus beneficios, incluso del *don* (singular) del Espíritu, no existen rangos, jerarquías ni grados. Todos somos uno en Cristo, sin grados mayores o menores de elección, redención, regeneración, justificación, o bautismo y sellado por el Espíritu (Efesios 1–3). Todos los creyentes comparten «la herencia de los santos»: el don de la gracia y «del llamamiento que han recibido» (4.1). No hay transustanciación ideológica de un creyente ordinario en sacerdote por medio de la infusión de un carácter indeleble en la ordenación, como tampoco existe una clase exclusiva formada por los que no solo son salvos, sino que también están bautizados en el Espíritu. En su ascensión, «se llevó consigo a los cautivos» (v. 8). Esto es común a todos los creyentes.

Sin embargo, además de esto, «dio dones a los hombres» (v. 8), y estos varían según la distribución del Espíritu (como la distribución de la tierra de Canaán después de que Yahvé entregó a las naciones en manos de Israel). Ya en el siglo primero, en la Fiesta de Pentecostés se celebraba la entrega de la ley en el monte Sinaí «en los setenta lenguajes del mundo», observa Ferguson.[5] Es casi seguro que el salmo 68 haya sido el himno de esta fiesta en los días de Jesús. «Pero aunque se ponga en duda esa asociación dentro del judaísmo, en el Nuevo Testamento mismo se establece un paralelo Sinaí–Pentecostés».[6] Continúa diciendo:

> La revelación de Dios a Moisés había llegado acompañada con fuego, viento y una lengua divina (Hebreos 12.18–21). Moisés había subido al monte. Cuando descendió, tenía en su posesión los Diez Mandamientos, la ley de

---

5. Sinclair Ferguson, *The Holy Spirit, Contours of Christian Theology* (Downers Grove, IL: InterVarsity Press, 1997), p. 61.

6. Ibíd.

Dios. Cristo también acababa de ascender. En Pentecostés, desciende, no con la ley escrita en tablas de arcilla, sino con el don de su propio Espíritu para escribir la ley en los corazones de los creyentes, y por medio de su poder, capacitarlos para cumplir los mandatos de la ley. De esta manera se comienza a cumplir el nuevo pacto (Cf. Jeremías 31.31–34; Romanos 8.3–4; 2 Corintios 3.7–11).[7]

Es interesante que el Targum judío diga: «Tú has ascendido al cielo, esto es, Moisés el profeta; tú has tomado cautiva a la cautividad, tú has aprendido las palabras de la Torá; tú se la has dado como dones a los hombres».[8] No obstante, cualquiera que fuera la versión que Pablo tenía en mente, el cumplimiento del salmo 68 rompe los odres de la promesa. Puesto que Moisés solo es un tipo de Cristo, el inspirado apóstol pudo cambiar el salmo para reflejar la realidad histórico–redentora mayor, y ciertamente, eso fue lo que hizo. No es la subida de Moisés al monte Sinaí, sino la ascensión del victorioso Hijo de Dios. En lugar de recibir nuestros dones, Dios es el que nos los está dando. Pablo interpreta el salmo 68 a la luz del hecho real de la ascensión de Cristo. Moisés subió al monte Sinaí, pero Cristo ha ascendido «por encima de todos los cielos», dice Pablo (Efesios 4.10), y su don no es la Torá, sino la gracia (v. 7).

Pablo considera este salmo de ascensión ideal para Pentecostés, pero para una ascensión y un Pentecostés diferentes a los que reconocía el judaísmo. De hecho, Moisés después descendió, y le fue prohibido entrar a la tierra prometida. En cambio, Cristo descendió mucho más abajo y ascendió mucho más arriba que Moisés en el Sinaí.[9] Mientras que Moisés no pudo ni siquiera guiar a los israelitas en su entrada a esta tierra tipológica, Cristo ocupó su asiento a la diestra del Padre como Rey de reyes y Señor de señores. Él asciende al monte Sión, al santuario celestial y no a su copia terrenal, llevando cautivos consigo, para ser entronizado como Rey de reyes y Señor de señores. El hecho de que él llene todo el cosmos (v. 10) no se refiere a su presencia física, sino a la extensión de su dominio. Y en lugar de dar la ley en el monte Sinaí y recibir presentes a

---

7. Ibíd.

8. Citado por Andrew Lincoln, *Ephesians*, WBC 42 (Nashville: Thomas Nelson, 1990), p. 243.

9. Ya en el siglo primero, la subida de Moisés a la cima del monte Sinaí había sido exagerada hasta convertirla en una leyenda según la cual Moisés había ascendido al cielo. Las fuentes son escasas y poco claras (por ejemplo, el seudoepígrafe llamado La Asunción de Moisés), y debemos cuidarnos del peligro de exagerar el punto hasta el cual él puede haber tenido en mente esta idea. En todo caso, para Pablo, aun si la leyenda fuera cierta, Moisés ascendió al cielo, pero Jesús ascendió «más alto que los cielos». Es posible que se refleje el conocimiento de esta leyenda en Judas 9.

cambio, este mediador de un pacto mejor está anunciando el evangelio y dándoles dones a aquellos que no hicieron nada para merecerlos.

En su condición de conquistador victorioso, él ahora divide los despojos y llena de dones a los suyos, incluso a aquellos que antes eran sus enemigos. En su descenso (su nacimiento), había recibido presentes de gobernantes gentiles; ahora, en su ascensión, carga a sus propios cautivos liberados con los despojos de la victoria. En el sur de California las celebraciones de cumpleaños incluyen con frecuencia una piñata. Esta suele estar hecha con papel maché y tener la forma de algún animal, además de estar rellena de dulces. Los niños la golpean con un palo hasta que se rompe, y su tesoro queda desperdigado por el suelo para que lo recojan los niños a toda prisa. En su ascensión, Jesucristo rompió la piñata, y ahora el Espíritu es quien distribuye los regalos. No se trata de regalos que nosotros hayamos adquirido por medio de nuestros esfuerzos y de nuestro cultivo, sino que constituyen el botín del Cristo victorioso. Esto queda señalado por las palabras «dio» y «constituyó» (vv. 8, 11; cf. v. 7).

## «LOS DONES QUE ÉL DIO»

Ahora bien, los *dones* (plural) que distribuye Cristo en su ascensión se refieren de forma específica a los oficios que hay en la Iglesia. Los versículos 7, 8 y 11 de Efesios 4 repiten la idea: «se nos ha dado», «Cristo ha repartido», «dio dones» y «él mismo constituyó». En su relación con Cristo, la Iglesia es siempre la que recibe. Ella nunca es la redentora, sino que siempre es la redimida; nunca la cabeza, aunque siempre el cuerpo; nunca la gobernante, sino siempre la gobernada.

Los dones son personas; concretamente, los creyentes que son apartados como funcionarios de las iglesias, y de forma más específica aún, los ministros de la palabra: «él mismo constituyó a unos, apóstoles; a otros, profetas; a otros, evangelistas; y a otros, pastores y maestros» (v. 11). Aunque en el Nuevo Testamento se menciona el acto de pastorear (usando el verbo relacionado con el sustantivo *poimēn*, «pastor»), su aplicación a la labor del pastor es usada en el Nuevo Testamento solo para referirse a Cristo (Juan 10.11, 14; Hebreos 13.20; 1 Pedro 2.25). Este versículo es la única excepción. Los oficiales que menciona están asociados a la proclamación de la Palabra, puesto que es por medio de este don que el Espíritu nos hace copartícipes.

Los versículos que siguen (Efesios 4.12–13) se han convertido en décadas recientes, en la base para la suposición ahora extendida del «ministerio de todos los miembros». Según este punto de vista, el sacerdocio de todos los creyentes significa que cada creyente debe hallar su propio ministerio en la iglesia. Las traducciones más recientes le dan apoyo a esta interpretación: estos oficiales son constituidos «a fin de capacitar al pueblo de Dios para la obra de servicio…» (v. 12). Es significativo que esta traducción sea de origen reciente. Por ejemplo, según versiones anteriores, en el v. 12 se dice que estos oficiales son dados «para la perfección de los santos, para la obra del ministerio, para la edificación del cuerpo de Cristo». La pregunta clave se refiere a la mejor manera de traducir el vocablo *katartismon*: ¿Significa aquí «completar/perfeccionar» o bien «equipar»? O sea, ¿quiere Pablo decir que estos ministros son dados con el fin de preparar al pueblo de Dios para la obra del ministerio, o para completar al pueblo de Dios por medio de su obra en el ministerio? En breve, mis razones para favorecer el primer punto de vista son las que siguen.

En primer lugar, en otros lugares se traducen palabras afines a *katartizō* como «completar», «perfeccionar», «dotar» (por ejemplo, 1 Tesalonicenses 3:10; 1 Pedro 5:10); en ese caso, ¿por qué no aquí? Léxicamente, se puede traducir de ambas formas. Solo el contexto nos puede llevar a «preparar» o a «completar». Por ejemplo, tiene más sentido decir que el universo fue *creado* o *completado* [*katērtisthai*] por la palabra de Dios, que decir que fue *equipado* (Hebreos 11:3). Como es obvio, Pablo no está diciendo en Efesios 4 que los ministros creen la iglesia, pero la idea de prepararla también funciona bien aquí. En este punto, la analogía relacionada con la construcción es la que él tiene en mente, como sucede en 1 Corintios: «Nosotros somos colaboradores al servicio de Dios; y ustedes son el campo de cultivo de Dios, son el edificio de Dios» (1 Corintios 3.9), y los ministros ordinarios que siguen están edificando sobre esos fundamentos (vv. 10–14). En griego este concepto se presenta con mayor fuerza: «Nosotros somos colaboradores (*synergoi*) de Dios». Lo mismo se dice en 2 Corintios 6.1 en cuanto al papel que desempeñan Pablo y sus compañeros en el ministerio; son «colaboradores» de Dios, que hace su llamado por medio de ellos. Los apóstoles son los constructores, que ponen los fundamentos, y todos los demás forman parte del edificio que se está levantando. La Gran Comisión que Cristo les encomendó a sus apóstoles incluye la proclamación del evangelio, el bautismo y «enseñarles a obedecer todo lo que les he mandado a ustedes» (Mateo 28.20) Con toda seguridad, se necesitan más dones para que el cuerpo pueda funcionar como es debido, pero sin este ministerio de palabra y sacramento, *no hay iglesia*.

En segundo lugar, estas tres cláusulas forman una triple descripción de responsabilidades: perfeccionar a los santos, la obra del ministerio y la edificación del cuerpo de Cristo. En realidad, da la impresión de ser un uso del paralelismo típico de la poesía hebrea, en la cual se repite la misma idea con palabras diferentes. Es la descripción de responsabilidades de aquellos que se acaban de nombrar (apóstoles y profetas, evangelistas y pastores–maestros). En cambio, la forma más reciente de traducir este texto rompe esa simetría, con un abrupto cambio desde «las cosas que él dio» (los ministros de la palabra) hasta todo el cuerpo como conjunto de ministros. En esta construcción, los ministros de la palabra solo son los sujetos del primer verbo de acción («preparar»).

En tercer lugar, la mención explícita de los ministros de la palabra al principio, y su triple descripción de responsabilidades encajan mejor con los efectos de sus esfuerzos: «De este modo, *todos llegaremos a la unidad de la fe* y del *conocimiento del Hijo de Dios*, a una *humanidad perfecta* que se conforme *a la plena estatura de Cristo*. Así *ya no seremos niños*, zarandeados por las olas y llevados de aquí para allá *por todo viento de enseñanza...*» (vv. 13–14). Todas estas frases que presentan propósitos encajan de forma natural con el ministerio de la palabra. Por medio de este ministerio, llegamos al conocimiento de Cristo y somos edificados en Cristo unidos y completos, siendo perfeccionados o «reunidos» como creyentes maduros. El resultado de este ministerio es que todo el cuerpo es servido, y cada uno de sus miembros «vive la verdad con amor» y es edificado en amor (vv. 15–16).[10] Esto es acorde con la manera en que el apóstol ve su ministerio en Colosenses 1.28: «A este Cristo proclamamos, aconsejando y enseñando con toda sabiduría a todos los seres humanos, para presentarlos a todos perfectos [*teleion*] en él».

Pablo no menciona siquiera a otras clases de oficiales de las iglesias (por ejemplo, los ancianos y los diáconos) en Efesios 4, aunque sí lo hace en otros lugares. En este pasaje se centra en la continuación del ministerio de Cristo, por su Espíritu, a través de los medios de la gracia. Esta es la forma en que todo el cuerpo llega a ser completo y maduro en Cristo, continuando día tras día su crecimiento de acuerdo a su cabeza, en lugar de ser arrastrado por todas partes por novedades y herejías (v. 14). Hasta que vuelva corporalmente, Cristo está distribuyendo los despojos de su victoria por medio de su Espíritu y a través de la palabra. Incluso en esta situación, la Iglesia se halla en el extremo que

10. Así, tal como sostiene Lincoln, es «difícil evitar la sospecha de que el optar por el otro punto de vista es motivado con demasiada frecuencia por el celo por evitar el clericalismo y por apoyar un modelo "democrático" de Iglesia...» (*Ephesians*, 253).

recibe la obra de Cristo; él ha dotado a los ministros para que hagan la obra del ministerio, de manera que «todos nosotros» podamos llegar a ser maduros en él. Se nos dan otros dones para que el cuerpo tenga una salud más amplia, tal como Pablo destaca en la lista más completa de dones espirituales que aparece en Romanos 12 y la que aparece en 1 Corintios 12, pero aquí, se está enfocando en el don del ministerio de la palabra, por medio del cual el Espíritu crea y sostiene a su Iglesia.

Si una iglesia no es hospitalaria, o si tiene deficiencias en los dones de administración o de servicio, será una iglesia poco saludable, pero una iglesia a la que le falte la fiel proclamación de la palabra, no tiene nada de iglesia. Recuerda que este es el epicentro de Pentecostés: el Espíritu dotó a Pedro de manera que pudiera proclamar el evangelio. Pedro, quien había corregido repetidamente a Jesús por hablar acerca de la cruz, indicando que no había comprendido su misión, y que lo había negado tres veces, incluso delante de una muchacha, ahora proclama a Cristo a partir de las Escrituras del Antiguo Testamento. A lo largo de todo el libro de los Hechos, como hemos visto, se identifica el avance del reino por medio del anuncio de que se está propagando la palabra de Dios. Los ministros proclaman el evangelio y administran los sacramentos, absolviendo a los pecadores, y esta es la propagación del reino por toda la tierra.

Por tanto, el sacerdocio de todos los creyentes significa que todos somos iguales en Cristo y su Espíritu, pero no significa que cada uno de los miembros sea un ministro. No hay subordinación ontológica, pero existe un orden de economía en la Iglesia, como también existe en la misma Trinidad. Como lo hacen evidente las epístolas pastorales, algunos miembros son llamados a trabajos formales de servicio. La tendencia moderna es una amenaza, no solo para las eclesiologías más jerárquicas, sino para la distinción correcta en el Nuevo Testamento entre *el oficio general* (que tienen todos los creyentes como consecuencia de la unción de Cristo) y *el oficio especial* (que tienen los pastores, ancianos y diáconos), y para una reafirmación igual de ambos oficios.

Al mismo tiempo, una iglesia no es saludable cuando considera a sus ministros como representantes o sustitutos de su propio ejercicio de los dones que le ha dado el Espíritu. El hecho de tener y ejercitar un don no exige el que tengamos y ejercitemos una función. Los pastores son llamados a predicar, enseñar y administrar los sacramentos, y los ancianos son llamados a ejercer la supervisión espiritual (por ejemplo, Hechos 14.23; 20.28; Filipenses 1.1; 1 Timoteo 3.1–7; 5.17; Tito 1.5), pero se exhorta a todos los oyentes a enseñar, exhortar, reprender, alentar y vigilarse mutuamente en cuanto a la guerra espiritual de cada cual. De hecho, los miembros de más edad deben cuidar de los más jóvenes, sin que haya necesidad de mencionar ningún oficio en especial (Tito 2.4). A los diáconos les están encomendados los actos oficiales de hospitalidad y de administración en nombre de todo el cuerpo (Hechos 6; 1 Timoteo 3.8–13), pero hay una inmensa cantidad de oportunidades y necesidades de que se usen estos dones en las expresiones diarias de atención por parte de los que no son diáconos (Gálatas 6.10; Hebreos 13.2).

Las dos listas principales de dones espirituales, Romanos 12 y 1 Corintios 12, abarcan a todos los santos. No solo son dones para profetizar, enseñar y exhortar (Romanos 12.6b–8a), sino también dones de generosidad, liderazgo y misericordia (v. 8b). La lista de 1 Corintios también pasa de los dones asociados con el ministerio de la palabra (v. 8) a los milagros, la profecía, el discernimiento, las lenguas y la interpretación de estas (vv. 9–10). «En la iglesia Dios ha puesto, en primer lugar, apóstoles; en segundo lugar, profetas; en tercer lugar, maestros; luego los que hacen milagros; después los que tienen dones para sanar enfermos, los que ayudan a otros, los que administran y los que hablan en diversas lenguas» (v. 28). En la iglesia apostólica, el don de lenguas les llevaba el evangelio a los extranjeros en unos lenguajes desconocidos para quienes los hablaban; el don de interpretación traducía lo hablado, y los dones de sanidades confirmaban la autoridad divina de este mensaje, que ha llegado a nosotros bajo la forma del Nuevo Testamento canónico.

## Después del libro de los Hechos: Los dones-señales hoy

La mayoría de los debates contemporáneos sobre las lenguas, la profecía y las sanidades giran alrededor del tema de si estos dones continúan aún en nuestros días. Tal como yo lo veo, esta cuestión es secundaria. La cuestión primaria y más profunda es doble: en primer lugar, qué eran esos dones al principio, dentro de su contexto apostólico; en segundo lugar, por qué nosotros tendemos a identificar estos dones en particular como el fruto de Pentecostés, cuando la principal evidencia del derramamiento del Espíritu era la predicación del evangelio que llevó a tantas personas a sentir convicción de culpa y poner su confianza en Cristo. La considero una cuestión doble, porque ambos asuntos se hallan inextricablemente enlazados. En Hechos se muestra con claridad que la razón de ser de los dones cuya continuidad de operación es disputada, era desde el principio un servicio a la propagación de la palabra. Todas las partes están de acuerdo en que el libro de los Hechos está repleto de señales y prodigios que dan testimonio sobre la revelación del nuevo pacto. Las epístolas paulinas mencionan la actividad de los apóstoles y los profetas, así como los dones de sanidades, de lenguas y de interpretación de lenguas.

## La naturaleza de los dones–señales en la Iglesia apostólica

*En primer lugar, todos los dones* (charismata) *que da el Espíritu, como se los identifica en Hechos y en las epístolas, son «para el bien de los demás»* (1 Corintios 12.7). Cada uno de ellos debe ser puesto «al servicio de los demás» (1 Pedro 4.10). En cuanto a la identificación de nuestros dones, observa Richard B. Gaffin Jr., «una actitud así podría manifestar más nuestra mentalidad occidental contemporánea con su tendencia a la especialización, que una espiritualidad genuina procedente del Nuevo Testamento».[11] Gaffin continúa diciendo:

La forma de determinar nuestros dones espirituales no es preguntarnos: «¿Qué es "lo mío", en lo espiritual, mi especialidad espiritual que me separa de los demás creyentes y me da un lugar de distinción dentro de la iglesia?». En lugar de esto, el Nuevo Testamento en general toma un enfoque mucho más funcional o de situación. La pregunta que nos debemos hacer es: «¿Cuál es la situación en la cual Dios me ha puesto a mí, y las oportunidades particulares que encuentro para servir a los demás creyentes de palabra y de obra (cf. 1 Pedro 4.10s.)?».[12]

No se trata simplemente de que las personas sean distintas y por tanto, necesitan de diferentes dones para alcanzar sus metas espirituales personales, sino de que cada uno de nosotros recibe del Espíritu un don que el cuerpo entero necesita con el fin de funcionar de manera adecuada. En una lista más completa de dones espirituales, Pablo enseña que «todo esto lo hace un mismo y único Espíritu, quien reparte a cada uno según él lo determina» (1 Corintios 12.11), dando así testimonio una vez más de la soberanía divina y la personalidad distinta del Espíritu Santo. Estos dones no nos son dados para ganancia personal

---

11. Richard B. Gaffin Jr., *Perspectives on Pentecost: New Testament Teaching on the Gifts of the Holy Spirit* (Grand Rapids: Baker, 1979), p. 52.

12. Ibíd.

y privada (como quería Simón el mago, Hechos 8.18–19), ni tampoco solo para nuestra bendición personal, sino «para el bien de los demás» (1 Corintios 12.7).

*En segundo lugar, todos los dones fueron dados, en primer lugar y sobre todo, para hacer avanzar el evangelio por todo el mundo y para edificar a los santos.* Todos ellos derivan su poder del ministerio de la palabra, y sirven para propagar ese ministerio de todas las maneras formales e informales, tanto de palabra como de obra. Tal como hemos visto, los profetas, Jesús y los apóstoles asocian la venida del Espíritu en especial con la convicción y el perdón de los pecados, y con la entrega de poder para la proclamación de las buenas nuevas. Esa es la razón por la cual se destacan estas funciones en Efesios 4, tal como he sostenido antes.

En el capítulo 6 señalé que el milagro de las lenguas que aparece en Hechos 2 era la capacidad que recibieron los que hablaban, para proclamar el evangelio en una lengua (o un dialecto) que ellos nunca habían aprendido. Si este es el caso, entonces el peso de la prueba parecería estar a favor de aquellos que sostienen que el significado del don de lenguas en 1 Corintios es distinto al de las lenguas inteligibles de Hechos 2. Tal como Stott dice:

Existe una fuerte suposición previa teológica y lingüística según la cual el fenómeno del que se habla en 1 Corintios es el mismo. En primer lugar, las frases en el texto griego son casi exactamente iguales, y una de las primeras normas en la interpretación bíblica es que las expresiones idénticas tienen significados idénticos. En segundo lugar, el nombre *glōssa* solo tiene dos significados conocidos: el órgano que hay en la boca y un lenguaje. No hay garantía lingüística para traducirlo como «declaración extática». Esto no sería una traducción, sino una interpretación. De forma similar, el verbo relacionado con la «interpretación de lenguas» se refiere a la traducción de lenguajes. En tercer lugar, todo lo que se quiere hacer en 1 Corintios 14 es desalentar el culto a la ininteligibilidad como algo infantil: «Hermanos, no sean niños en su modo de pensar... Sean... adultos en su modo de pensar» (v. 20).[13]

Además, en este pasaje toda la represión que hace Pablo se basa en la perversión de las lenguas, convertidas en un don privado que engendra orgullo,

---

13. John Stott, *Baptism and Fullness*, IVP Classics (Downers Grove, IL: InterVarsity Press, 2006), pp. 145–146.

en lugar de ser un don público que sirve al bien del cuerpo de creyentes y de los incrédulos. El que desea el don de lenguas debe pedir «en oración el don de interpretar lo que diga. Porque, si yo oro en lenguas, mi espíritu ora, pero mi entendimiento no se beneficia en nada» (1 Corintios 14.13–14). Aquí no encontramos una descripción sobre el uso debido de este don, sino un argumento contra las lenguas sin interpretación. Pablo no está definiendo este don como un lenguaje privado de orar. Más bien, como sostiene Stott, «está claro que sencillamente no se puede imaginar una oración o una alabanza cristiana en la cual la mente no participe de una manera activa».[14] Ahora bien, ¿qué decir de la distinción que establece Pablo entre edificar a la iglesia, y el hecho de que el que habla en lenguas se edifique solamente a sí mismo? Se trata de «una ironía, o si no, de un sarcasmo», es la conclusión a la que llega Stott.[15] Si en los versículos 13 y 14 Pablo señala lo deficiente que es hablar en lenguas sin tradición, entonces la conclusión de Stott parece probable. Decir que aquel que habla en lenguas sin traducción solo se está edificando a sí mismo es hacerle una crítica; no es una exhortación.

¿Qué decir del don de profecía? Una vez más necesitamos investigar la naturaleza de la profecía en la Iglesia apostólica. A lo largo de todas las Escrituras, aparece la profecía para revelar cuestiones de importancia *pública*, y no simplemente privada. Incluso cuando los profetas reciben una palabra en particular para lo que ellos mismos deben hacer, y dónde devenir, y qué deben decir, no la reciben para su propio uso personal, sino que sirve para un propósito público. A Oseas se le indica que se case con una prostituta, no como persona privada, estableciendo un modelo para esperar «una palabra del Señor» en cuanto a la persona con la que nos debemos casar. Aquí lo que sucedió fue que Dios le ordenó que lo hiciera con el fin de publicar en Israel, y de hecho, en el mundo entero, el tipo de relación que Yahvé tenía con aquella rebelde nación. También en el Nuevo Testamento, la profecía es una proclamación e interpretación pública que se refiere a Cristo.

A muchos evangélicos les ha parecido persuasivo el argumento de Wayne Grudem, según el cual, aunque la profecía inerrante de las Escrituras llegó a su fin, el tipo de profecía que encontramos en el libro de los Hechos sigue aún en operación. No se puede clasificar en la misma categoría que las Escrituras; no obstante, es un don de comprensión divina, e incluso de conocimiento especial

---

14. Ibíd., p. 147.
15. Ibíd., pp. 148–149.

impartido para servir hoy.[16] Aparte de todas las diferencias exegéticas que tengo con este punto de vista, mi mayor preocupación es que afirma la continuación de la profecía solo a expensas de diluir el oficio profético.

Entre los puritanos era corriente interpretar la profecía sencillamente como predicación. En el sentido de que la proclamación de la palabra es la palabra de Dios, estoy de acuerdo. No obstante, no veo ningún apoyo exegético para la identificación de la profecía con la predicación dentro de la enseñanza y la práctica apostólicas. En el libro de los Hechos, los profetas estaban comunicando nueva revelación. Se exhortaba a las iglesias a «someter a prueba» a los espíritus, solo porque había falsos profetas (cf. 1 Juan 4.1). En cambio, la profecía genuina no era ni la predicación ordinaria de la palabra, ni tampoco, o al menos así me parece a mí, una revelación falible. Comparto la conclusión se Stott:

> Porque en las Escrituras, el profeta es primordialmente, ni el que predice el futuro, ni el que hace comentarios políticos, ni el predicador lleno de energía, ni siquiera el portador de aliento, sino el vocero de Dios, el órgano que expresa una revelación fresca. En ese sentido, parece ser que Pablo reúne a los «apóstoles y profetas» como los más importantes de todos los carismas (Efesios 2.20; 3.5; 4.11; 1 Corintios 12.28); y en ese sentido, dígase lo que se diga acerca de los significados y ministerios subsidiarios, debemos afirmar que ya no existen en la Iglesia.[17]

En breve, «Ya en la Iglesia no hay nadie que se atreva a decir: "Vino a mí palabra del Señor para decirme…"».[18] Como sucede con muchos episodios que aparecen en el libro de los Hechos, ni siquiera el ejemplo de Agabo (Hechos 11.28; 21.10–11) es normativo.

*En tercer lugar, algunos de los dones espirituales son para el ministerio extraordinario de la era apostólica, y otros son para el ministerio que continuó ejerciendo la Iglesia después de la muerte de los apóstoles.* Los setenta discípulos que regresaron a Jesús emocionados de gozo porque hasta los demonios se les sujetaban en el nombre de él, habían sido enviados a una misión única (Lucas 10). No hay indicación alguna de que fueran enviados de nuevo, ni de que existiera una función especial dedicada a un ministerio que haya seguido existiendo.

---

16. Wayne Grudem, *The Gift of Prophecy in the New Testament and Today*, ed. rev. (Wheaton, IL: Crossway, 2000).

17. Stott, *Baptism and Fullness*, p. 131.

18. Ibíd., p. 130.

Este episodio nos recuerda a los setenta ancianos nombrados bajo Moisés en Números 11. Estos profetizaron como testimonio de que el Espíritu los había dotado para el liderazgo (Números 11.16–17). «Cuando el Espíritu descansó sobre ellos, se pusieron a profetizar. *Pero esto no volvió a repetirse*» (v. 25, cursiva añadida).[19] Como vimos en 1 Corintios 14, el don de lenguas es una señal, en este caso una señal de juicio temporal contra los judíos que rechazaban el nuevo pacto. ¿Sugiere esto un propósito limitado, dirigido de forma específica a un momento único en la historia de la redención?

## La distinción cualitativa entre echar los cimientos y construir

Los apóstoles fueron testigos de Cristo de una manera única (Hechos 1.21–22; 1 Corintios 9.1; 15.8–9). Junto con los profetas, ellos son el «fundamento» de la Iglesia (Efesios 2.20; 3.5). Existe una distinción clara y de tipo cualitativo, trazada por los mismos apóstoles, entre su extraordinario ministerio y el ministerio ordinario de los que les seguirían. Uno de los peligros evidentes de los «superapóstoles» era su afirmación de que ellos poseían una revelación de la verdad que era superior a la palabra presentada a través de los apóstoles (ver 2 Corintios 11.5; 12.11). Esto equivalía a poner unos fundamentos diferentes. Sin embargo, Pablo responde que esto es imposible. «Porque nadie puede poner un fundamento diferente del que ya está puesto, que es Jesucristo» (1 Corintios 3.11). De manera que un ministerio ordinario «edifica sobre ese fundamento», ya sea con materiales de calidad, o con «paja» (v. 12). Aunque el Espíritu está en libertad de sanar y hacer avanzar su evangelio por medios extraordinarios, no hay hoy *función* (como las de apóstol o profeta) en la cual estos dones–señales se puedan considerar como normativos.

Pablo podía invocar el llamado directo e inmediato que él había recibido de Cristo, sin tener en cuenta ordenación alguna por parte de la Iglesia (Gálatas 1.11–12). El Cristo ascendido mismo había impuesto sus manos sobre Pablo y lo había ordenado como apóstol, como lo había hecho con los demás antes de su ascensión. En cambio, Pablo le aconseja a Timoteo que ejercite su ministerio, que no recibió por un llamado directo de Cristo, sino por el don que recibió cuando los ancianos le impusieron las manos (1 Timoteo 4.14). A medida que estos ministros ordinarios fueron sustituyendo

---

19. Esta sugerencia la descubrí en Raymond B. Dillard, "Intrabiblical Exegesis and the Effusion of the Spirit in Joel", en *Creator, Redeemer, Consummator: A Festschrift for Meredith G. Kline*, eds. Howard Griffith y John R. Muether (Greenville, SC: Reformed Academic Press, 2000), p. 93.

a los apóstoles, los dones-señales únicos (en especial las lenguas, las sanidades y la profecía) fueron disminuyendo. Hay una distinción cualitativa entre la inauguración del reino, que fue la colocación de los fundamentos, y la erección del edificio encima de esos fundamentos.

Recuerda la distinción que he establecido entre el mandato–decreto directo de Dios en la creación, «¡Que exista...!» y sus llamados: «¡Que haya vegetación sobre la tierra...!». Hay una clara transición desde los profetas y los apóstoles, quienes declaran «Esto dice el Señor...» bajo la inspiración del Espíritu, hasta los ministros ordinarios que proclaman la palabra revelada de Dios tomada de las Escrituras por medio de la iluminación del Espíritu. Así que, incluso en la creación, la palabra–decreto (la creación de algo a partir de la nada) es seguida por la obra del Espíritu en la cual este organiza la realidad traída a la existencia por la palabra dentro de un patrón regular y por medio de unos procesos ordinarios.

Las señales milagrosas como estos dones extraordinarios se acumulan alrededor de las supernovas en la historia de la redención. No son típicas en la vida del pueblo de Dios. Durante cinco siglos, los hebreos sufrieron bajo la opresión de Egipto sin recibir ninguna palabra nueva del Señor, ni señal milagrosa alguna de su favor. Asaf se lamentaba diciendo: «Ya no vemos ondear nuestras banderas; ya no hay ningún profeta, y ni siquiera sabemos hasta cuándo durará todo esto. ¿Hasta cuándo, oh Dios, se burlará el adversario? ¿Por siempre insultará tu nombre el enemigo?» (Salmos 74.9–10). James D. G. Dunn hace notar que los rabinos de la época del Segundo Templo creían «que Hageo, Zacarías y Malaquías eran los últimos de los profetas, y que después de ellos, les había sido retirado el Espíritu».[20] Sin embargo, con la venida de Cristo, el climático movimiento de redención llegó acompañado por una fuerte corriente de revelación nueva, testificada por medio de señales y prodigios.

En el día de Pentecostés, el derramamiento del Espíritu fue una encrucijada de la historia, de tal manera que la historia posterior fue designada como «los últimos días» de esta era presente. Aunque a lo largo de todo el libro de Hechos hay ejemplos repetidos del mismo patrón de predicación del evangelio, convicción de pecado, fe en Cristo y bautismo, en sí, el acontecimiento de Pentecostés es cualitativamente único. Después de Pentecostés aumenta el énfasis en el triunfo del Espíritu por medio de la propagación de la palabra,

---

20. James D. G. Dunn, *Christology in the Making: A New Testament Inquiry into the Origins of the Doctrine of the Incarnation*, 2ª ed. (Grand Rapids: Eerdmans, 1996), p. 135.

más que por medio de una revelación nueva. Con la terminación del canon de las Escrituras se produce la terminación de la era de los apóstoles, en la cual se pusieron los cimientos. Timoteo es llamado a la lectura pública y la predicación de las Escrituras (1 Timoteo 4.13). Es llamado a «*cuidar* la preciosa enseñanza que se le ha *confiado*» (2 Timoteo 1.14), aunque no a añadirle al canon nuevas revelaciones. Es significativo que, incluso siendo un apóstol aún vivo, Pablo pudo exhortar ya a los inmaduros corintios, tan amigos de adorar a los héroes, a «"no ir más allá de lo que está escrito." Así ninguno de ustedes podrá engreírse de haber favorecido al uno en perjuicio del otro» (1 Corintios 4.6). No se necesita más revelación, puesto que Cristo es la palabra climática de Dios (Hebreos 1.1–2). Entonces, después de la era apostólica, el Espíritu está obrando por medio del ministerio ordinario, haciendo eficaz la palabra en los corazones de los pecadores.

No estoy sugiriendo que los dones–señales desaparecieran después de la muerte del último apóstol. Ni tampoco estoy desestimando los informes sobre milagros y revelaciones en circunstancias extremas, incluso hoy. Pero sí se debe notar, en primer lugar, que esos métodos poco usuales se deben considerar análogos, no al cegador encuentro de Pablo con Jesús en el camino de Damasco, sino a la revelación que recibió Ananías en cuanto a ir al encuentro de Pablo. De manera similar, el Señor les dio una revelación especial a Pedro y a Cornelio para que se reunieran, pero solo se derramó el Espíritu cuando Pedro le presentó el evangelio a Cornelio. De esta manera, incluso dentro del ministerio extraordinario de los apóstoles, la fe viene por escuchar la palabra de Cristo (Romanos 10.17), mientras que los métodos extraordinarios quedan limitados a esas exigencias que llevan oyentes al ministerio de la palabra y al bautismo. Aunque nos debemos regocijar cada vez que el Espíritu les lleva el evangelio a aquellos que nunca lo han escuchado, cualquiera que sea el medio que él utilice, no tenemos garantía bíblica alguna para esperar que se produzcan esas revelaciones extraordinarias, y en todo caso, no podemos reconocer ninguna revelación nueva que se añada al contenido o depósito de la fe.

Aunque no estoy preparado para llegar a la conclusión de que las señales milagrosas hayan cesado de forma definitiva, sí estoy convencido de una suposición hermenéutica previa que es clave: la experiencia de los discípulos no es paradigmática para la Iglesia. Por ejemplo, no podemos sacar de su experiencia la idea de que haya dos dones distintos del Espíritu: la regeneración y el bautismo con el Espíritu Santo. Nosotros no soplamos sobre los recién convertidos para que reciban el Espíritu Santo. No administramos el bautismo de Juan, seguido más tarde por un bautismo cristiano, como sucedió en Éfeso (Hechos 19). Tampoco esperamos que el Espíritu golpee de muerte a los miembros de la Iglesia que mientan acerca de la cantidad de dinero que ponen en el plato de la ofrenda, como les sucedió a Ananías y Safira (Hechos 5). Sinclair Ferguson escribe:

> Su experiencia *cruza por una época* determinada y, de acuerdo con esto, es *atípica* y no paradigmática por naturaleza. Por necesidad, su entrada en la medida plena del ministerio del Espíritu se produjo en dos etapas distintas, lo cual refleja a la vez un patrón de continuidad (es el mismo Espíritu) y uno de discontinuidad (solo en Pentecostés, él viene en su capacidad y ministerio como el Espíritu del Cristo exaltado).[21]

Estas consideraciones me llevan a la conclusión de que, cualquiera que sea el uso que el Espíritu aún tenga de ellos en su maravillosa libertad, los dones–señales de sanidades, lenguas y profecía ya no son normativos. No es menos cierto hoy que «nuestra lucha no es contra seres humanos, sino contra poderes, contra autoridades, contra potestades que dominan este mundo de tinieblas, contra fuerzas espirituales malignas en las regiones celestiales» (Efesios 6.12). Y sin embargo, incluso en este mismo pasaje, Pablo nos dirige a la armadura con el cinturón de la verdad, la coraza de justicia, el calzado del evangelio, el escudo de la fe, el casco de la salvación y la espada del Espíritu, «que es la palabra de Dios» (vv. 13–17). Todas estas armas solo son formas diferentes de identificar al evangelio como la única arma defensiva y ofensiva que tiene la Iglesia.

## Después de los apóstoles

No es sorprendente que ya en el tiempo en que surge un canon claro del Nuevo Testamento, estas señales extraordinarias se comiencen a desvanecer, como los cohetes aceleradores que se usaban en los primeros cohetes espaciales. No hay una transición clara, no se nos informa de una fecha o década en particular, en la cual hayan dejado de ser sucesos normales los dones–señales. El argumento tomado de la historia de la Iglesia es uno de los más débiles que se pueden utilizar en ambas partes de la controversia. Una razón obvia de esto es que nuestra época no es la primera en tener puntos de vista diferentes en

---

21. Ferguson, *Holy Spirit*, pp. 80, 82 (énfasis añadido).

cuanto a la continuación de las señales y los prodigios. Las tensiones emergieron muy pronto entre un ministerio carismático y el ministerio oficial de la Iglesia, al cual el primero estaba pobremente enlazado algunas veces. Por ejemplo, si les fuéramos a preguntar a los creyentes de la antigüedad si había cesado la era de las revelaciones nuevas y de los milagros, los montanistas de fines del siglo segundo nos darían una respuesta muy diferente a esta pregunta, comparada con la respuesta de las iglesias establecidas.

Con la aparición del movimiento gnóstico y del montanista, la Iglesia antigua se fue convenciendo cada vez más sobre la regla que el mismo Pablo había invocado: «No ir más allá de lo que está escrito» (1 Corintios 4.6). Aunque existe una diversidad de veredictos entre los primeros padres con respecto a los dones–señales (por ejemplo, el de hablar en lenguas, la profecía y las sanidades), ya a mediados del siglo segundo existía un consenso cada vez mayor en el sentido de que se estaban desvaneciendo.[22] Al llegar los tiempos de Juan Crisóstomo, muchos veían esta clase de dones como algo que había llegado a su fin.[23] En cambio, todos estaban de acuerdo en que el fruto del Espíritu continuará hasta el fin de la era, y que el amor perdura para siempre.

No necesitamos otro Pentecostés, como tampoco necesitamos otra encarnación, crucifixión, resurrección o ascensión. Lo que necesitamos es dirigir nuestras velas personales y colectivas hacia el viento que aún sopla desde la presencia del Espíritu entre nosotros aquí y ahora. Él no está menos presente hoy, que en la Jerusalén del siglo primero. Dios ha estado edificando su Iglesia por su palabra y su Espíritu, desde la promesa que les hizo a Adán y Eva después de la caída (Génesis 3.15). Y con frecuencia ha presentado testimonio a favor de su palabra por medio de milagros. Son esos milagros, el principal de todos la resurrección del Señor de entre los muertos por medio del poder del Espíritu, los que certifican la veracidad del evangelio.

22. Ver Yves Congar, *I Believe in the Holy Spirit*, traducción al inglés, David Smith, *Milestones in Catholic Theology* (Nueva York: Crossroad, 1999), 1:65–72.

23. Ibíd., 72n36.

# CAPÍTULO 10

# LA FORMA EN QUE
# DA EL ESPÍRITU

Junto con la exploración de las características distintivas de la persona y las operaciones del Espíritu en las obras externas de la Trinidad, mi meta en este estudio ha sido destacar las formas en las cuales el Espíritu Santo es identificado en las Escrituras, no solo, o incluso de forma primaria, con aquello que es extraordinario, espontáneo y caótico, sino con la fe creadora, el orden hermoso, el conocimiento y la sabiduría, y el amor con sus frutos, incluso a través de medios creados. Este capítulo, dedicado al tema de la relación del Espíritu con los medios de la gracia, es un enlace de importancia entre los dones que el Espíritu nos da de manera individual a los creyentes a base de unirnos a Cristo, y el papel que desempeña en nuestra unión simultánea con su cuerpo, la Iglesia.

Según mi punto de vista, en ningún otro aspecto es menos comprendida la obra del Espíritu que en el de la manera en que él opera en la vida de los creyentes. Según la percepción común, *todo* puede suceder cuando se manifiesta el Espíritu, y es posible que esperemos de manera especial que el Espíritu ponga en desorden a la Iglesia institucional con su actividad extraordinaria y espontánea. Sin embargo, la restricción de la agencia, el poder y la presencia del Espíritu a los «fuegos artificiales» nos priva del gozo de reconocer su papel en nuestra vida diaria. Como hemos visto, Dios obra algunas veces de forma directa e inmediata, como en el decreto: «¡Que exista la luz!», pero también obra dentro de la creación para producir en ella la respuesta adecuada a su proclamación: «¡Que haya vegetación sobre la tierra…!». El Espíritu está obrando dentro de la creación en ambas formas, al ordenar que salga vida de la muerte en la regeneración, y también al darnos poder a nosotros diariamente para que produzcamos el fruto del Espíritu. Y como en todas sus obras, el Espíritu usa normalmente medios creados para realizar ambos tipos de operaciones.

Hemos visto continuamente cómo la obra del Espíritu está asociada con la organización, la estructuración, la edificación, el crecimiento y la maduración. Lejos de ser la antítesis del orden, la disciplina y la estructura institucional, el Espíritu es quien habita en la creación y convierte un caos en un cosmos. Es el Espíritu únicamente el que hace de estos débiles vasos creados sus medios para poner orden de nuevo en la existencia humana. Estos medios son su cabeza de playa para la campaña por tierra, o por usar una analogía más doméstica, a través de ellos es como el Espíritu convierte un edificio condenado a la destrucción en un hogar lujosamente amueblado. Con frecuencia, su obra renovadora es perturbadora, pero siempre termina siendo constructiva. Él divide y separa, cortándonos de esta era que agoniza, pero solo para unirnos a Cristo y a su cuerpo. El Espíritu está obrando en estos últimos días, no para mover a los humanos al éxtasis y a las convulsiones espontáneas, sino para enderezar las cosas en un mundo donde las voluntades compiten con violencia y existe aversión por lo bueno, lo cierto y lo hermoso. Él reorganiza nuestros amores, de manera que fijemos nuestro corazón en el Dador, y no en sus dones. Él nos da sabiduría y comprensión, iluminando nuestro corazón para que reciba, proclame y obedezca su palabra.

El Espíritu distribuye los dones espirituales ganados por Cristo de acuerdo al mapa del Padre, de la misma forma en que distribuyó la herencia de Canaán según las tribus; de hecho, de la misma forma en que dividió la creación en esferas ordenadas, y puso cada una de ellas bajo su propia criatura-rey, con Adán como virrey suyo sobre todo. Gobernar, someter, traer orden, defender, guardar y proteger el santuario: estas descripciones de responsabilidades dadas una y otra vez a Adán y Eva y a los sacerdotes de Israel se han cumplido ahora en Cristo de manera perfecta, y nosotros participamos de su unción real y sacerdotal gracias al Espíritu que facultó a Cristo en su vocación. No se trata de unos mandatos desde la cumbre, como los poderes despóticos o burocráticos de nuestra era, sino desde dentro y hacia fuera. Nosotros hemos estado inclinados hacia nosotros mismos «en Adán»; el Espíritu nos hace extáticos en el sentido real «en Cristo», llenos de asombro y de deleite y de poder para vivir realmente como parte de su nueva creación.

El caos no es una señal de la presencia y la bendición del Espíritu. El Espíritu establece el orden y la unidad, edificando a la Iglesia en Cristo por medio de la predicación y la enseñanza, el bautismo y la Cena, y nos da dones diversos para la vida común de la Iglesia, para su disciplina, adoración, oración y testimonio. Es el Espíritu Santo quien nombra ancianos en la Iglesia (Hechos 20.28). Él es quien autoriza los elementos específicos de la adoración pública por medio de mandatos apostólicos inspirados. «Porque Dios no es *un Dios de desorden*, sino de paz», les recuerda Pablo a los caóticos e inmaduros corintios (1 Corintios 14.33). El Espíritu nos entrega a Cristo en cualquier parte y de cualquier manera, pero donde y como él lo ha prometido. Aunque él es libre de obrar fuera de sus misericordias del pacto, podemos estar seguros de sus bendiciones y su presencia salvadoras solo donde él nos lo ha prometido. Si solo identificamos al Espíritu con lo inesperado y lo irregular, nos perderemos la mayoría de los momentos y los lugares en los cuales él se encuentra realmente con nosotros.

## El Espíritu *contra* los medios de la gracia

Los reformadores identificaron a la Iglesia como «una criatura del mundo».[1] Esto lo hicieron en contra de la inversión explícita de la Iglesia de fines de la Edad Media: según ella, el mundo es criatura de la Iglesia. Y sin embargo, también utilizaron esta máxima contra los anabaptistas. Si bien Roma reducía la obra del Espíritu a su agencia de magisterio, los radicales separaban su obra del ministerio ordinario de la Iglesia visible. Para los anabaptistas, el dualismo platónico entre materia y espíritu se hallaba representado en el contraste que establece el Nuevo Testamento entre la carne y el Espíritu.[2] Todo lo externo, ordenado, estructurado y oficial era «obra de hombres», y opuesto al testimonio individual interno, espontáneo, extraordinario e informal del Espíritu que habita en nosotros. Hacían un contraste entre el «mundo» secreto, privado e innato, por una parte, y «el mundo externo que todo lo que hace es dar golpes en el aire».[3]

Ya a principios del siglo tercero, con Orígenes, el dualismo antropológico de espíritu y cuerpo se había abierto paso: Espíritu y letra, lo interior y

1. Exploro esto con amplitud en *People and Place: A Covenant Ecclesiology* (Louisville: Westminster John Knox, 2008), pp. 37–98.

2. Thomas N. Finger, *A Contemporary Anabaptist Theology: Biblical, Historical, Constructive* (Downers Grove, IL: InterVarsity Press, 2004), p. 563.

3. Ver por ejemplo, Thomas Müntzer, «The Prague Protest», en *The Radical Reformation: Cambridge Texts in the History of Political Thought*, ed. y traducción al inglés, Michael G. Baylor (Cambridge: Cambridge University Press, 1991), pp. 2–7; ídem, «Sermon to the Princes», *Radical Reformation*, p. 20. Cf. Thomas N. Finger, «Sources for Contemporary Spirituality: Anabaptist and Pietist Contributions», *Brethren Life and Thought* 51.1–2 (2006): p. 37.

lo exterior, lo eterno y lo temporal, la nuez y la cáscara.[4] Yendo más allá de Orígenes, Thomas Müntzer, uno de los primeros líderes de los anabaptistas, les prometió «un conocimiento más elevado que el de otra gente» con respecto a la verdad.[5] A falta de nuevas revelaciones, dijo, los ministros «se tragan enteras las palabras muertas de las Escrituras y después escupen la letra y su fe sin experiencia (la cual no vale un comino) para la pobre, pobre gente justa».[6] En lugar de esto, «el oficio del verdadero pastor es simplemente que las ovejas deberían ser guiadas todas a las revelaciones y reavivadas por la voz viva de Dios...».[7] La «palabra» nacida dentro, secreta y verdadera (en contraste con la «palabra externa» de las Escrituras y la predicación) «surge del abismo del alma» y «brota desde el corazón».[8] La conclusión de Thomas Finger a partir de estos ejemplos es clara: «Müntzer proclamaba un reino del Espíritu que ya no se apoyaba en la Palabra externa o en la Iglesia».[9]

Sebastian Franck decía que él consideraba la Biblia como una «alegoría externa». En su búsqueda de contradicciones en el texto, sostenía que «el "mundo externo" de las narraciones históricas de la Biblia demostraba su propio absurdo», señala Florian Ebeling.[10] «En la comprensión protestante de las Escrituras, en su máxima de *Sola Scriptura*, Franck veía así un "papa de papel". Para él, solo la «palabra interna» era la base de la fe y el fundamento no objetivo y por tanto no dogmático de los asuntos humanos», lo cual le llevaba a «un eclecticismo radical».[11] Los niños son los que necesitan las Escrituras, decía,

hasta que, siendo adultos y avanzados en Cristo, le podamos volver la espalda a todo lo externo, comprendiendo a nadie y no conociendo nada según la carne, sino que, llevados ya por el Espíritu, tenemos al Espíritu Santo como el Libro vivo de Dios, y nos instruye sobre Dios el único maestro de los piadosos... El alimento sólido de lo perfecto no procede de

---

4. Orígenes, *De principiis*, traducción al inglés, G. W. Butterworth (Gloucester, MA: Peter Smith, 1973). Ver Hans-Jurgen Goertz, *The Anabaptists*, traducción al inglés, Trevor Johnson (Londres: Routledge, 1996), p. 49, sobre «espíritu y letra».

5. Müntzer, «Sermon to the Princes», p. 20; ver también ídem, «The Prague Protest», p. 9.

6. Müntzer, «Sermon to the Princes», p. 20; ver también ídem, «The Prague Protest», p. 6.

7. Müntzer, «Sermon to the Princes», p. 20; ídem, «The Prague Protest», pp. 6–7.

8. Müntzer, «Sermon to the Princes», p. 20; ídem, «The Prague Protest», p. 9.

9. Finger, «Sources for Contemporary Spirituality», p. 37.

10. Florian Ebeling, *The Secret History of Hermes Trismegistus: Hermeticism from Ancient to Modern Times*, traducción al inglés, David Lorton, Cornell Paperbacks (Ithaca, NY: Cornell University Press, 2011), p. 82. Cf. Steven E. Ozment, *Mysticism and Dissent: Religious Ideology and Social Protest in the Sixteenth Century* (New Haven: Yale University Press, 1973), p. 35.

11. Ebeling, *Secret History of Hermes*, p. 82.

las Escrituras… Porque las Escrituras solo son un testigo o testimonio de la verdad para aquellos que son enseñados por el Espíritu…[12]

Al igual que los padres de la iglesia, los reformadores magistrales tenían la relación más estrecha posible con la palabra y con el Espíritu. El Espíritu es necesario, no solo en la inspiración, sino en llegar a convencernos de su veracidad, según sostenía. Sin embargo, contra el punto de vista de los entusiastas, la teología reformada nunca concibió que este testimonio interno del Espíritu fuera otra fuente de revelación junto con las Escrituras. El testimonio del Espíritu no le añade nada al contenido de la revelación; lo que hace el Espíritu es iluminar internamente el corazón para que comprenda su significado, y convence a la persona de su veracidad. De la misma forma que la persona y la obra salvadoras de Cristo se hallan fuera de nosotros (*extra nos*), mientras que el Espíritu obra dentro de nosotros, la palabra externa proclamada nunca debe contraponerse a la obra del Espíritu en nuestros corazones, para hacer que nos aferremos a Cristo a causa de sus palabras de promesa. Necesitamos de ambas, puesto que no solo estamos condenados de forma objetiva, sino que nos hallamos atados de forma subjetiva a la muerte espiritual, e incapaces de abrazar la verdad sin una regeneración.

«No obstante», observa Kuyper, «este testimonio no obra por arte de magia».

No causa que la confundida mente del incrédulo clame de forma repentina: «¡Estoy seguro de que las Escrituras son la Palabra de Dios!». Si fuera este el caso, el camino de los entusiastas estaría abierto, y nuestra salvación dependería de nuevo de un falso conocimiento espiritual. No; el testimonio del Espíritu Santo obra de una forma totalmente distinta. Él comienza a ponernos en contacto con la Palabra, ya sea porque nosotros mismos la leamos, o porque nos la comunican otros. Después nos muestra la imagen del pecador de acuerdo con las Escrituras, y la salvación que lo salva de manera misericordiosa; y por fin, nos hace escuchar de sus labios el cántico de alabanza. Y una vez que hayamos visto esto de manera objetiva, con los ojos de la *comprensión*, obra sobre nuestros *sentimientos* para que comencemos a sentirnos en ese pecador, y a sentir que la verdad de las Escrituras *nos* concierne a nosotros directamente. Por último, se apodera de la voluntad, causando que el mismo poder

---

12. Citado por Ozment, *Mysticism and Dissent*, p. 36.

visto en las Escrituras obre en nosotros. Y cuando así, el ser humano completo, mente, corazón y voluntad, ha experimentado el poder de la Palabra, entonces añade a esto la operación completa de la seguridad por la cual las Santas Escrituras, en un esplendor divino, comienzan a brillar delante de nuestros ojos.[13]

Con excepción del éxtasis, este espíritu protestante radical continuó, mayormente de forma indirecta, dándole el privilegio a la experiencia personal sobre la doctrina; a la autoridad de una palabra interna sobre el canon externo; a la sinceridad moral sobre la proclamación evangélica, y poniendo la agencia divina y la humana en oposición.[14]

Sin embargo, estos mismos contrastes han sido evidentes por largo tiempo en el movimiento evangélico no pentecostal. Por ejemplo, el teólogo bautista Stanley Grenz fomentaba una recuperación de las raíces del movimiento pietista, contra los énfasis típicos de la Reforma y de la Postreforma. «En los años reciente», escribió, «hemos comenzado a mover nuestra atención, apartándola de la doctrina, con su enfoque en la verdad proposicional, a favor de un renovado interés en aquello que constituye la visión exclusivamente evangélica de la espiritualidad».[15] Otros contrastes familiares aparecen en su *Revisioning Evangelical Theology*: «basados en los credos» contra «piedad» (p. 57), «ritos religiosos» contra «hacer lo que Jesús habría hecho» (p. 48), dándole prioridad a «nuestro caminar diario» sobre «la asistencia al culto de adoración del domingo por la mañana» (p. 49) y al compromiso individual e interno sobre la identidad corporativa (pp. 49–53). «La persona no viene a la iglesia para recibir salvación», sino con el fin de recibir las órdenes de marcha para su

---

13. Abraham Kuyper, *The Work of the Holy Spirit*, traducción al inglés, Henri De Vries (Nueva York: Funk & Wagnalls, 1900; reimp., Grand Rapids: Eerdmans, 1979), p. 193.

14. F. C. Bauer, por ejemplo, sostuvo que el apóstol Pablo usaba «el término "espíritu"... para referirse a la consciencia cristiana. Esta consciencia es un "principio esencialmente espiritual, que le prohíbe [al cristiano] considerar todo lo simplemente exterior, material, como condición para su salvación en ningún sentido... Así, el espíritu es el elemento en el cual Dios y el hombre se relacionan entre sí como de espíritu a espíritu, y donde son uno entre sí, en la unidad del espíritu"» (F. C. Bauer, *Paul the Apostle of Jesus Christ: His Life and Work, His Epistles and His Doctrine* [Londres: Williams and Norgate, 1875], citado por John R. Levison, *Filled with the Spirit* [Grand Rapids: Eerdmans, 2009], p. 4). Levison añade y cita el pensamiento de Herman Gunkel: «La relación entre la actividad divina y la humana es la de una oposición mutuamente excluyente» (5).

15. Stanley Grenz, *Revisioning Evangelical Theology: A Fresh Agenda for the 21st Century* (Downers Grove, IL: InterVarsity Press, 1993), p. 56. Cf. Veli-Matti Karkkainen, *Toward a Pneumatological Theology: Pentecostal and Ecumenical Perspectives on Ecclesiology, Soteriology, and Theology of Mission*, ed. Amos Yong (Lanham, MD: University Press of America, 2002), pp. 9–37. En todos estos casos se presenta una «hermenéutica pneumática» como forma de alcanzar un acercamiento con Roma.

vida diaria.[16] Y añade: «Nosotros practicamos el bautismo y la Cena del Señor, pero comprendemos el significado de estos ritos de una manera cautelosa». Estos son «perpetuados no tanto por su valor como conductos… de la gracia de Dios al comunicante, como por el hecho de que le recuerdan al participante y a la comunidad la gracia de Dios recibida internamente» y forman parte de «una respuesta obediente».[17]

Dada la historia del entusiasmo, los hallazgos de Wade Clark Roof tienen poco de sorprendentes, cuando este sociólogo estadounidense señala que «la distinción entre "espíritu" e "institución" es de gran importancia» para los buscadores espirituales de hoy.[18] «El espíritu es el aspecto interior y experimental de la religión; la institución es la forma de religión externa y establecida».[19] A esto añade: «La experiencia directa es siempre más digna de confianza, si no por otras razones, al menos por su "interioridad" y su "intimidad", dos cualidades que han llegado a ser muy apreciadas en una cultura narcisista, altamente expresiva».[20] Esta oposición, muchas veces más dada por segura que definida de forma explícita, es paradigmática para gran parte de la espiritualidad contemporánea en las diversas tradiciones. Lo trágico es que esta falsa decisión entre la obra del Espíritu y los medios externos divide a la Iglesia entre el entusiasmo y el formalismo.

## EL ESPÍRITU CONTRA LOS MEDIOS EXTERNOS

| El Espíritu | Medios externos |
|---|---|
| Inmediato (obra *sin* los medios) | Mediatos (trabaja en el *corazón* a través de medios) |
| Individual | Corporativos |
| Interno, secreto, subjetivo | Externos, públicos, objetivos |
| Desordenado, espontáneo/repentino | Ordenados, graduales |
| «Vivo» (Espíritu) | «Muertos» (Letra) |

16. Grenz, *Revisioning Evangelical Theology*, p. 49.

17. Ibíd., p. 48.

18. Wade Clark Roof, *A Generation of Seekers: The Spiritual Journeys of the Baby Boom Generation* (San Francisco: HarperCollins, 1993), p. 23.

19. Ibíd., p. 30.

20. Ibíd., p. 67.

| Resultados obvios/medibles | Resultados a largo plazo prometidos y muchas veces realizados de maneras imperceptibles |
|---|---|

No es difícil, si se trabaja desde este supuesto dualismo, dejarse llevar hacia el «entusiasmo» por una parte, y el «formalismo» por otra. Adolf von Harnack, al seguir a la escuela de F. C. Bauer en Tübingen, solo estaba continuando la tradición del protestantismo radical, en lugar de los reformadores magistrales, cuando le atribuía toda la tradición del cristianismo dependiente de los credos a la helenización de la fe bajo los auspicios del «catolicismo».[21] Según Harnack, hay señales de esto en el mismo Nuevo Testamento, pero en su mayor parte, él creía que esto fue un desarrollo postcanónico. Muchas veces, las apelaciones al Espíritu han alimentado desviaciones de las Escrituras y de las estructuras ordenadas del oficio, la adoración, el discipulado y la labor de alcance de la Iglesia.[22]

No obstante, al mismo tiempo que los eruditos del Nuevo Testamento están cerrando la brecha entre los primeros cristianos y la formación del canon, algunos eruditos evangélicos y pentecostales están localizando la tendencia «osificante» en las tradiciones mismas del Nuevo Testamento. Por ejemplo, Veli- Matti Kärkkäinen dice que ya «en la última parte de la Biblia cristiana, las epístolas católicas», da la impresión de que «los elementos carismáticos, dinámicos y sorprendentes del ministerio del Espíritu se hallan ausentes, o son marginales».[23] En su lugar, en énfasis comienza a caer en la «inspiración de las Escrituras y la dotación para el ministerio ("ordenación"), que inclinan hacia las estructuras y la institucionalización».[24] Es difícil defender este caso, puesto que el elemento carismático y las órdenes y oficios surgen en completa unidad

---

21. Adolf von Harnack, *History of Dogma*, traducción al inglés, Neil Buchanan, 7 vols. (Boston: Little, Brown, 1902), 2:48–60, siguiendo una larga línea de polémica «arriana»; ver Jaroslav Pelikan, *The Emergence of the Catholic Tradition* (100–600), vol. 1 de *The Christian Tradition: A History of the Development of Doctrine*, 5 vols. (Chicago: University of Chicago Press, 1971), pp. 194–198.

22. «Lo que el Espíritu nos está diciendo hoy», contra las normas bíblicas y de los credos es frase corriente en las iglesias y los movimientos principales. Tomando como tema «Ven, Espíritu Santo: Renueva toda la creación», la Séptima Asamblea del Concilio Mundial de Iglesias en 1991 pareció no tener claridad en cuanto a cuál «espíritu» tenía en mente. Ver Lawrence E. Adams, «The WCC at Canberra: Which Spirit?». *First Things* (junio de 1991), https://www.firstthings.com/article/1991/06/005 -the-wcc-at-canberra-which-spirit.

23. Veli-Matti Kärkkäinen, «Introduction», en *Holy Spirit and Salvation: The Sources of Christian Theology*, ed. Veli-Matti Kärkkäinen (Louisville: Westminster John Knox, 2010), p. xvi.

24. Ibíd.

ya en las más tempranas de las epístolas pastorales, y también en el libro de los Hechos, escrito después de las epístolas católicas.

Yo pienso que gran parte de la polarización en este tema hoy se debe, irónicamente, a un supuesto compartido en cuanto a este concepto erróneo sobre la forma en que obra el Espíritu. Si algunas iglesias marginan al Espíritu a favor de la institución y de sus formas, otras reaccionan sencillamente haciendo lo opuesto. Sin embargo, hay miles de maneras de domesticar al Espíritu además de la asimilación de su obra soberana al formalismo. Si algunos presentan al Espíritu como un empleado eclesiástico, otros presumen de hacer del Espíritu la mascota de un movimiento, o un prisionero de su propia experiencia privada.

Como observa el teólogo católico Yves Congar, la presión por lograr una falsa decisión entre la Iglesia como institución y una comunidad carismática del Espíritu ha sido un reto perenne desde los días más tempranos.[25] Con la creación de la Eucaristía a manos del sacerdote, el cual, por virtud del sacramento de la ordenación tenía el poder de realizar el milagro de la transustanciación, y con la eficacia de los sacramentos garantizada (a menos que se pongan obstáculos en su camino) sencillamente por la administración de los ritos (*ex opere operato*: «al hacerlo, queda hecho»), parecía que el Espíritu Santo tenía poco que hacer. Y, como se quejaba Calvino, la adición gradual de sacramentos en la Edad Media puso en peligro la importancia de los dos que Cristo había señalado.[26] Hasta Yves Congar señala que en la Iglesia de los primeros siglos el bautismo y la confirmación (el sellado con el Espíritu Santo) eran un mismo acontecimiento.[27] Y añade: «No puede quedar duda de que este sacramento se halla en una condición de inestabilidad en el presente. ¿Cómo puede afirmar el que lo celebra que él puede "dar el Espíritu Santo"?».[28] Además de esto, el milagro era concebido como una infusión de gracia creada, una sustancia espiritual que actuaba sobre el alma de manera medicinal. Por supuesto, la inhabitación del Espíritu increado iba incluida en esta infusión, pero parece ser más un ingrediente que el agente eficaz.

Con todo, el contraste hecho por Pablo en 2 Corintios 3 entre «la letra que mata» y «el Espíritu que da vida» ha sido usado constantemente por las sectas

---

25. Yves Congar, *I Believe in the Holy Spirit*, traducción al inglés, David Smith, *Milestones in Catholic Theology* (Nueva York: Crossroad, 1999), 2:11–15.

26. Juan Calvino, *Institución de la religión cristiana*, traducción al español, Cipriano de Valera (Capellades: Fundación Editorial de la Literatura Reformada, 1999), 4.19.8.

27. Congar, *I Believe in the Holy Spirit*, 3:105.

28. Congar, *I Believe in the Holy Spirit*, 3:106–7. Pero después, Congar también argumenta contra el bautismo de niños (p. 106).

místicas radicales. Interpretada en términos más ontológicos como correlativo a lo que se asocia con la oposición entre la materia y aquello que es interno y espiritual, la guerra entre la carne y el Espíritu solo podía tomar la forma de una batalla con los medios creados de gracia como la imposición de una atadura externa. Lutero escribe en los Artículos de Esmalcalda:

> Esto es lo que [Thomas] Müntzer hizo y lo que hacen hoy una gran cantidad de personas que quieren ser jueces en el discernimiento entre el espíritu y la letra, y que no saben lo que están diciendo o enseñando. El papismo es también puro entusiasmo, puesto que el papa alega «guardar todas las leyes en el ataúd de su corazón», y puesto que todo lo que él decide y ordena con su Iglesia es espíritu y debe ser considerado justo, aunque vaya más allá de las Escrituras, o de la palabra hablada, y sea contrario a ellas... Por eso nosotros tenemos el derecho y la obligación de insistir en que Dios solo puede entrar en una relación con nosotros los hombres por medio de la palabra externa y los sacramentos. ¡Todo lo que se diga del Espíritu independientemente de esta palabra y de los sacramentos es del diablo![29]

Dentro de este contexto, Calvino le escribió osadamente al Cardenal Sadoleto: «Nos atacan dos sectas: el papa y los anabaptistas». El reformador, concediendo que la comparación parece a primera vista contraria a la intuición, explica que ambas apelan a la continuidad de una revelación especial basada en la idea de la continuidad de un oficio apostólico. De esta manera, separan la palabra del Espíritu y también «sepultan la Palabra de Dios con el fin de abrirles campo a sus falsedades».[30] Los reformadores acusaban a los radicales de «entusiasmo», lo cual significaba literalmente que sostenían la idea de un «Dios en el interior». ¿Para qué se necesitan una Iglesia visible y su ministerio externo, cuando nuestro ser interior es una chispa de la divinidad y Dios nos habla de forma directa en lo más profundo de nuestro corazón?

Calvino va contra esta separación entre la palabra y el Espíritu, diciendo: «Porque el Señor ha entretejido la certeza de su Palabra y su Espíritu de manera que nuestras mentes se hallen debidamente impregnadas de referencia

29. Martín Lutero, «Smalcald Articles», en *Triglot Concordia: The Symbolical Books of the Evangelical Lutheran Church* (St. Louis: Concordia, 1921), 3.8.

30. Juan Calvino, «Reply by John Calvin to Cardinal Sadoleto's Letter», en *Selected Works of John Calvin: Tracts and Letters*, eds. Henry Beveridge y Jules Bonnet, 7 vols. (Grand Rapids: Baker, 1983), 1:36.

por la palabra cuando el Espíritu que resplandece sobre ella nos capacita para ver en ellas el rostro de Dios; y, por otra parte, abrazamos al Espíritu sin peligro alguno de engañarnos cuando lo reconocemos en su imagen; esto es, en su Palabra».[31] La fórmula que emplea Calvino es «interiormente, por su Espíritu; exteriormente, por su Palabra».[32] El teólogo pentecostal Veli-Matti Kärkkäinen hace la siguiente observación:

La insistencia en la relación del Espíritu con la Palabra (y los sacramentos) significaba que, en líneas generales, los reformadores magistrales preferían hablar del fruto del Espíritu, más que de los dones carismáticos. Es fácil comprender el porqué: tanto los anabaptistas como los católicos romanos elevaban con frecuencia el papel de las sanidades, profecías, visiones y otros carismas, por encima de la Palabra y de los sacramentos; al menos, eso era lo que pensaban percibir Lutero y Calvino.[33]

El principal motivo para la reacción de los reformadores no era una aversión protoiluminista a lo milagroso, sino su convicción de que cualquier espíritu que estuviera separado de su palabra sería otro distinto a la tercera persona de la Trinidad. Estaban opuestos a todo dualismo metafísico que socavara la lógica de la encarnación, si no es que socavara a la misma encarnación.

En 2 Corintios 3, el apóstol está haciendo un contraste entre pactos, no entre esferas. O, por decirlo de manera diferente, tenemos las «dos edades» de Pablo, y no los «dos mundos» de Platón. El pacto antiguo pertenece a esta era que se está desvaneciendo, y depende, como lo ha hecho, del débil brazo de la carne: la obediencia humana a la Torá. Ha desempeñado ya su papel, señalando hacia unas realidades que no obstante, nunca habría podido traer a la existencia. Solo con la llegada del Espíritu ha podido irrumpir la nueva creación en esta era presente por medio del evangelio.[34] Sin el mover del Espíritu sobre las tinieblas y el vacío de nuestra alma, estamos «muertos en nuestras transgresiones y pecados» (Efesios 2.1).

Como explica Kuyper, en las Escrituras la palabra «carne» se refiere a *toda la naturaleza humana* bajo el pecado; de hecho, «en este sentido, "carne"

---

31. Calvino, *Institución*, 1.9.3.
32. Ver por ejemplo, *Institución*, 2.5.5.
33. Kärkkäinen, «Introduction», p. xx.
34. Geerhardus Vos, *The Pauline Eschatology* (Grand Rapids: Eerdmans, 1952), p. 300.

se refiere de forma más directa al alma que al cuerpo».[35] Al fin y al cabo, Satanás y sus demonios son espíritu sin cuerpo.[36]

La diferencia entre la vida divina y la humana les da a las Escrituras su exclusividad y descarta el antagonismo entre su letra y su espíritu, como podría sugerir una falsa exégesis de 2 Corintios 3.6. Si la Palabra de Dios estuviera dominada por la falsedad que ha logrado entrar en nuestros corazones, y en medio de nuestra miseria sigue poniendo la palabra y la vida en oposición, y también en separación, entonces nosotros tomaríamos refugio en el punto de vista de nuestros hermanos que disienten, con su exaltación de la vida por encima de la Palabra. Pero no necesitamos hacer eso, porque la oposición y la separación no se encuentran en las Escrituras.[37]

Poner en oposición al Espíritu contra la palabra y los sacramentos es algo tan insensible como establecer un contraste entre el carpintero y su martillo. El Espíritu Santo «nos regenera por la Palabra», como quien trabaja con un instrumento.[38] «Por tanto, en lugar de ser una oposición mecánica, nada espiritual, de letra muerta contra la vida espiritual, es la fuente misma del agua viva, la cual, cuando se le permite salir, salta para vida eterna».[39]

Esta defensa de las operaciones del Espíritu por medios creados no nos debe llevar a una teoría general de la sacramentalidad de la creación. En un esfuerzo por reafirmar la bondad de la creación, se alega con frecuencia que todo es un medio para la revelación salvadora de Dios. Lo difícil de este punto de vista se halla, no en su adecuada afirmación de que la materia creada es capaz de ser usada por Dios como medio de la gracia. Al fin y al cabo, reafirmar este concepto es uno de los principales intereses de este capítulo y, de hecho, de mucho de cuanto he dicho hasta ahora. Más bien, el problema está en no saber distinguir entre la gracia común y la gracia salvadora, la revelación general y la especial. El mundo manifiesta los atributos invisibles de Dios y sus leyes, pero solo el evangelio revela su camino de salvación.[40] El mundo no

---

35. Kuyper, *Holy Spirit*, p. 254.
36. Ibíd., p. 255.
37. Ibíd., p. 57.
38. Ibíd., p. 58.
39. Ibíd., p. 59.
40. Yo considero que esto es una útil declaración resumida sobre el argumento de Pablo en Romanos 1.18–3.20.

es intrínsecamente santo y revelador de la gracia salvadora. Antes bien, Dios aparta de forma libre y deliberada ciertos elementos de la creación en el acto de unirnos a sí mismo. Es el que él los use, esto es, su palabra y su promesa, lo que las hace santas, y la agencia del Espíritu es la que las hace efectivas.[41] Mientras que la creación anuncia la sabiduría y el poder variados de Dios, el evangelio es un sorprendente anuncio que Dios hizo después de que los humanos se habían rebelado contra él y contra su orden natural. Este evangelio debe ser traído por un heraldo. Dios mismo nos debe decir dónde encontrarlo: en el pesebre, en la cruz y en la iglesia. Por tanto, por una parte debemos evitar el asimilar el Espíritu a los medios de la gracia, como si ellos fueran la causa eficiente de las bendiciones salvadoras.

Por otra parte, no debemos separar lo que Dios ha unido. Vale la pena elucidar estas dos tendencias extremas con el fin de saber cuál es la mejor manera de enfrentarnos a ellas.

## El Ex opere operato: La asimilación del Espíritu a los medios de la gracia

El peligro que tiene un punto de vista *ex opere operato* con respecto a la agencia de la Iglesia no se limita ni con mucho a la teología católica romana. En reacción contra el entusiasmo sectario, las iglesias de la Reforma han creado a veces sus propios formalismos, como si a base únicamente de realizar las acciones externas de ser bautizados, asistir a los sermones, ser confirmados y convertirnos en miembros de la iglesia, recibir la Eucaristía y demás, vayamos a quedar unidos a Cristo por una fe auténtica. La confesión y la liturgia de la Iglesia pueden ser tratadas como garantes de una existencia eclesial auténtica si haber tenido necesidad alguna de invocar al Espíritu.

Además, dentro del contexto histórico del surgimiento de las naciones estados, las iglesias protestantes fueron establecidas muchas veces por las autoridades seculares. Es difícil imaginarse una domesticación mayor del Espíritu a los poderes de esta era presente.

---

41. Como observa Luigi Gioia con respecto a las enseñanzas de Agustín. «Incluso en la encarnación, la divinidad de Cristo no está visible, razón por la cual fue crucificado: ni los judíos ni los romanos sabían lo que estaban haciendo». Con respecto a las teofanías del Antiguo Testamento, escribe: «Agustín insiste en el carácter milagroso de estos sucesos: "Estos son llamados milagros y señales con toda razón"». (Luigi Gioia, *The Theological Epistemology of Augustine's De Trinitate* [Oxford: Oxford University Press, 2008], pp. 108–109, reflexiones sobre el *De Trinitate* 3.19). Incluso la aparición de la paloma o del fuego era, como estas, una señal del Espíritu, y no una encarnación (Gioia, *Theological Epistemology*, p. 112).

Ahora bien, existen otras formas de domesticar al Espíritu, incluso en las iglesias libres, hasta en las tradiciones pentecostales y carismáticas. Es irónico que se ha dado con frecuencia el caso de que, incluso en nombre de celebrar la obra del Espíritu por encima de la iglesia institucional y su ministerio, estos grupos se han limitado a sustituir el ministerio público de la palabra y los sacramentos por unos métodos nuevos como medios de obtener la gracia. En particular, a través de la influencia de los movimientos de avivamiento angloamericanos, ha habido una tendencia discernible a combinar la familiar crítica «entusiasta» de los medios ordinarios de la gracia con una visión muy cercana al *ex opere operato*, usando métodos alternos. Los esfuerzos de Charles G. Finney (1792–1875) ilustran este punto.

En primer lugar, él marginó los medios instituidos por Cristo. Finney decía: la Gran Comisión solo dijo «Id». *«No prescribió ninguna manera de ir.* No admitió ninguna... Y el objetivo [de los discípulos] era dar a conocer el evangelio *de la forma más eficaz posible...* con el fin de captar la atención y asegurar la obediencia del mayor número posible de personas. Ninguna persona puede hallar en la Biblia una explicación sobre la *forma* de hacer esto».[42] Esta declaración es curiosa, especialmente a la luz del hecho de que los medios señalados de forma explícita por Cristo en la Gran Comisión son la predicación, el bautismo y la disciplina.

En segundo lugar, después de haber «liberado» al Espíritu del ministerio ordinario, Finney lo ató más fuertemente aún a su propia invención: las llamadas «nuevas medidas». El título de uno de sus sermones más populares, «Pecadores atados al cambio de sus propios corazones», resume su teología. Un avivamiento, las sanidades y otras manifestaciones extraordinarias del Espíritu se pueden planificar, anunciar y montar. En términos lo suficientemente explícitos, Finney situó al Espíritu totalmente dentro del control de la persona, y en especial, del astuto evangelista que pudiera concebir «métodos calculados para inducir el mayor número de conversiones».[43] Y añadió: «Un avivamiento no es un milagro, ni depende de un milagro en ningún sentido», sino que «es simplemente un resultado filosófico del uso correcto de los medios».[44] Mientras que el Catecismo de Heidelberg nos recuerda que «el Espíritu Santo crea fe

---

42. Citado por Michael Pasquarello III, *Christian Preaching: A Trinitarian Theology of Proclamation* (Grand Rapids: Baker Academic, 2007), p. 24.

43. Charles G. Finney, *Lectures on Revival*, ed. W. G. McLoughlin (Cambridge: Harvard University Press, 1960), pp. 12–13, 17.

44. Ibíd.

en nuestros corazones por la predicación del santo Evangelio y la confirma por el uso de los santos sacramentos»,[45] Finney ideó sus propios métodos, que según él pensaba, eran más eficaces. Por supuesto, estos nuevos ritos van desapareciendo, y hacen falta emociones siempre nuevas para mover a la gente al siguiente nivel de obediencia.

De manera que, irónicamente, la declaración de independencia de los medios ordenados ocasionó algo cercano a una concepción *ex opere operato* de la eficacia de los nuevos métodos, autorizados simplemente por la creatividad del evangelista. Surgió una especie de deísmo, al mismo tiempo que se elogiaba la libertad con respecto a la Iglesia institucional y a su ministerio oficial. La conversión fue transformada en una serie de pasos que aseguraban el nuevo nacimiento. Una obvia innovación era el «banco de los ansiosos», que evolucionó para convertirse en el «llamado al altar», en el cual los que sentían convicción pasaban al frente para nacer de nuevo. Una vez realizado el nuevo rito, se les aseguraba que se hallaban en estado de gracia. De una manera muy similar al rito de penitencia católico romano, esta ceremonia se podía repetir en caso de que la persona volviera a caer, o lo que Tomás de Aquino llamaba «la segunda tabla de salvación después del naufragio».[46]

En gran parte de la piedad evangélica, como observa el sociólogo James D. Hunter, la experiencia de la gracia se halla reducida a fórmulas, pasos y procedimientos.[47] Hay miles de guías con títulos como *De qué manera nacer de nuevo*, o *Cuatro pasos para recibir al Espíritu Santo*, en los cuales se hace poca mención o ninguna del bautismo, la predicación, la Cena y la membresía formal en una iglesia, al mismo tiempo que se ofrecen los pasos prescritos como medios eficaces de salvación de una manera al estilo de las causas y los efectos, como cualquiera de las cosas que forman la práctica católica romana. Además, apelando a modelos tomados de los negocios y principios de mercadeo, los manuales sobre el crecimiento de las iglesias han presentado un enfoque mecánico: si se siguen estos principios (tan eficaces para la iglesia como para cualquier negocio), se tiene asegurado el éxito. La naturaleza aborrece el vacío, y estos movimientos entusiastas demuestran que, donde se marginan los métodos divinamente

---

45. Domingo 25, Pregunta 65.

46. Tomás de Aquino, *Suma Teológica*, http://www.documentacatholicaomnia.eu/03d/1225-1274,_Thomas_Aquinas,_Summa_Theologiae,_ES.pdf, III.84.6.

47. James D. Hunter, *American Evangelicalism: Conservative Religion and the Quandary of Modernity* (New Brunswick: Rutgers University Press, 1983), p. 75.

ordenados, otros nuevos ocupan su lugar, muchas veces acompañados por una suposición más mecánica (*ex opere operato*) sobre sus efectos.

Más recientemente, dentro de los círculos neopentecostales ha surgido una tecnología espiritual que ni siquiera parece necesitar de la participación de Dios: así como hay leyes físicas, también hay leyes espirituales, y si alguien sigue el procedimiento prescrito, Dios le va a entregar los bienes deseados. «Nómbralo y reclámalo» es otra versión más del *ex opere operato*, pero con poca o ninguna conexión con las promesas que Dios ha hecho, o los medios por los cuales él ha prometido cumplirlas. Los milagros resultan ser efectos naturales de causas también naturales. Como el Arquitecto de los deístas, o la Providencia benigna, el papel de Dios parece no ir más lejos de haber fijado las leyes espirituales del cosmos de una manera tal que si nosotros seguimos los principios y procedimientos correctos, los milagros son inevitables. Aun en los lugares donde se evitan estas extravagantes versiones de la tecnología espiritual, se puede suscitar legítimamente la pregunta sobre el papel necesario del Espíritu en un enfoque religioso que el sociólogo Christian Smith ha descrito como «deísmo terapéutico y moralista».[48]

En todos estos esfuerzos existe una debilidad común. Podemos dar por sentado, al menos en la práctica, que si creemos, hacemos o experimentamos las cosas correctas, ya sean ordinarias o extraordinarias, sean ordenadas por Dios o no, el Espíritu se halla bajo nuestro control, como el genio en la lámpara de Aladino. Ya no es necesario invocar al Espíritu, puesto que sabemos que él está obrando dondequiera que se utilicen los oficiales, las ceremonias, las doctrinas o las técnicas correctas.

## EL ESPÍRITU Y LOS MEDIOS DE LA GRACIA

La cuestión no está en el Espíritu *contra* los medios creados, sino en las operaciones normales del Espíritu *a través* de esos medios creados, como cuando el Espíritu se movía sobre las aguas en la creación para llenarlas de vida, y su asociación con varas, bastones, tabernáculos, aceite, sacrificios de animales y comidas sagradas. En su ministerio, la señal de que Jesús fuera el Siervo del Señor prometido sobre el cual descansa el Espíritu, es que él les predica el evangelio a los pobres (Mateo 11.5).

---

48. Christian Smith, *Soul Searching: The Religious and Spiritual Lives of American Teenagers*, coautora, Melinda Lundquist Denton (Nueva York: Oxford University Press, 2005).

Jesús había podido sanar inmediatamente al ciego de Juan 9; sin embargo, habló su palabra. «Dicho esto, escupió en el suelo, hizo barro con la saliva y se lo untó en los ojos al ciego» y le dijo que se fuera a lavar los ojos en el estanque de Siloé. El hombre regresó con gozo, y ya veía (vv. 6–7). Dios no solo tomó nuestra carne, sino que se deleitó en usar *tierra y saliva* para su señal milagrosa. (¿Acaso al principio no nos había formado de la tierra?) El Espíritu resucitó el cuerpo muerto de Jesús a la vida, y hará lo mismo con todo aquel que se halle unido a Cristo (Romanos 8.11). Después de la resurrección, Jesús llegó a sus discípulos y les dijo: «¡La paz sea con ustedes!», y los envió como apóstoles suyos: «Acto seguido, sopló sobre ellos y les dijo: —Reciban el Espíritu Santo. A quienes les perdonen sus pecados, les serán perdonados; a quienes no se los perdonen, no les serán perdonados» (Juan 20.20–23).

En todas esas ocasiones, el Espíritu obra por medio de la voz audible que pronuncia Jesús, las señales visibles que realiza Jesús, y ahora, por medio de la predicación y los sacramentos que presentan sus ministros. De forma típica, los místicos radicales han señalado a Juan 6, donde Jesús dice: «El Espíritu da vida; la carne no vale para nada». Sin embargo, después de esto dijo: «Las palabras que les he hablado son espíritu y son vida» (Juan 6.63).

## El Espíritu y la Palabra

Congar resume con precisión el hecho de que mientras Lutero y Calvino rechazaron un concepto *ex opere operato* de los sacramentos, también se negaron a separar al Espíritu de los medios de la gracia. «Ambos reformadores tomaron un camino intermedio, o mejor, una síntesis, y cada uno a su propia manera insistieron en una estrecha relación entre un "instrumento" externo de la gracia... y la actividad del Espíritu».[49] El Espíritu une sus operaciones ordinarias a estos medios, no porque no pueda obrar sin ellos, sino porque nosotros necesitamos saber dónde Dios nos ha prometido ir a nuestro encuentro en su gracia y no en su juicio.

Junto con este fuerte énfasis en la unión de palabra y Espíritu, Lutero subraya la operación del Espíritu. «Ni tú ni yo podríamos saber nada nunca acerca de Cristo, ni creer en él, y lograr que sea Señor nuestro», leemos en su Catecismo Mayor, «a menos que se les fuera ofrecido y garantizado a nuestros corazones por el Espíritu Santo a través de la predicación del evangelio». Y

---

49. Congar, *I Believe in the Holy Spirit*, 1:138.

añade: «Donde Cristo no es predicado, no hay Espíritu Santo que cree, llame y reúna a la Iglesia cristiana, sin lo cual nadie puede acudir a Cristo el Señor».[50] De forma similar, Calvino advierte contra enfrentar al Espíritu y a la Palabra externa.[51] Sin embargo, el efecto le pertenece al Espíritu. Esto se refleja incluso en la tipología del Antiguo Testamento, según sostiene: «El tabernáculo fue rociado con aceite, para que los israelitas aprendieran que todos sus ejercicios de piedad no valdrían de nada sin la operación secreta del Espíritu».[52] El Espíritu obra en nosotros interna, personal, individual y secretamente, pero a través de los medios externos, públicos y corporativos de la gracia.

Esta es también la enseñanza constante de los padres antiguos. Por ejemplo, Gregorio de Nisa hace la observación de que el agua en el bautismo, y el pan y el vino en la Comunión, sustancias comunes y corrientes, solo son hechos medios de la gracia por el Espíritu, quien obra donde él quiere «por algún poder y gracia invisible».[53] No solo fuimos salvados por el Dios encarnado que pendió de una cruz de madera; «una zarza le mostró a Moisés la manifestación de la presencia de Dios: así los restos de Eliseo resucitaron a un hombre muerto a la vida; así el barro le dio la vista a aquel que había sido ciego desde el seno materno».[54] Así también en el bautismo «no es el agua la que entrega [la gracia], sino el mandato de Dios y la visitación del Espíritu que viene sacramentalmente para hacernos libres».[55]

Tanto la tradición luterana como la reformada le dan un énfasis especial a la Palabra *predicada*, puesto que «la fe viene como resultado de oír... la palabra de Cristo» (Romanos 10.17). A través de esta proclamación, Cristo mismo se hace presente en medio de nosotros por su Espíritu, dispensando sus dones. La obra del Espíritu se distingue, aunque no se separa de los medios externos que él emplea. Puesto que no podemos ser salvos por nada que haya dentro de nosotros, la introspección resulta insuficiente. Así como necesitamos a Cristo, fuera de nosotros, para redimirnos, necesitamos un evangelio externo dirigido a nosotros por él a través de otro pecador. El Catecismo Mayor de Westminster explica:

---

50. Tal como aparece en el Artículo III del Catecismo Mayor de Lutero, traducción al inglés, F. Samuel Janzow (St. Louis: Concordia, 1978), p. 73.

51. Calvino, *Institución*, 4.1.6.

52. Ibíd., 2.223, sobre Éxodo 30.23–25.

53. Gregorio de Nisa, *On the Baptism of Christ* (NPNF2 5:519).

54. Ibíd., 5:520.

55. Ibíd., 5:519.

El Espíritu de Dios hace de la lectura de la palabra, y *especialmente de la predicación* de ella, un medio eficaz para iluminar, convencer y humillar a los pecadores, *sacándolos de sí mismos* y conduciéndolos a Cristo, conformándolos a su imagen y subyugándolos a su voluntad; fortaleciéndolos contra las tentaciones y corrupciones, edificándolos en su gracia y afirmando el corazón de ellos en santidad y consuelo por medio de la fe para salvación.[56]

No es solo el mensaje el que nos saca de nosotros mismos, sino también el método, lo cual, por supuesto, una «palabra interior» no lo puede lograr. A través de las mismas criaturas que él ha hecho, Dios Espíritu nos saca de nuestra existencia encerrada en nosotros mismos para que alcemos nuestros Josué con fe hacia Dios, y miremos hacia fuera también a nuestro prójimo con amor.

Si la fe viene por la predicación del evangelio, y la predicación es un suceso inherentemente social, entonces el efecto de la palabra predicada como medio primario de la gracia no es el individualismo, sino la comunidad real. La fe no surge espontáneamente en el alma de nadie, sino en la reunión de pacto con los demás oyentes. Dietrich Bonhoeffer lo explica así:

> Si hubiera una obra del Espíritu en la que no existiera mediación, entonces la idea de la iglesia quedaría disuelta por el individualismo desde el principio. Pero en la palabra se ha establecido desde el principio el nexo social más profundo. *La palabra es social en su carácter; no solo en su origen, sino también en su propósito.* Atar el Espíritu a la palabra significa que el Espíritu quiere alcanzar *una pluralidad de oyentes* y establece un signo visible por medio del cual se debe producir la realización. No obstante, la palabra reúne las cualidades necesarias por ser la palabra misma de Cristo; esta es llevada de manera eficaz al corazón de los creyentes por el Espíritu.[57]

Hasta el bautismo y la Santa Cena derivan su eficacia de este evangelio que es proclamado. De principio a fin, la Iglesia siempre sigue siendo una «creación de la palabra». Bonhoeffer observa lo siguiente:

---

56. El Catecismo Mayor de Westminster, Pregunta 155, en el libro de las Confesiones (Louisville: PCUSA, 1991), (cursiva añadida).

57. Dietrich Bonhoeffer, *Sanctorum Communio: A Theological Study of the Sociology of the Church*, eds. Joachim von Soosten y Clifford J. Green, traducción al inglés, Reinhard Krauss y Nancy Lukens, *Dietrich Bonhoeffer Works* 1 (Minneapolis: Fortress, 1998), p. 158 (cursiva añadida).

Resumiendo, la palabra es el principio sociológico a través del cual es edificada toda la Iglesia... tanto en los números como en su fe. Cristo es el fundamento sobre el cual, y de acuerdo con el cual, se levanta el edificio de la iglesia (1 Corintios 3; Efesios 2.20). Y así crece hasta ser «un templo santo en el Señor» (Efesios 2.21), que «va creciendo como Dios quiere» (Colosenses 2.19), hasta que «todos lleguemos a la unidad de la fe y del conocimiento del Hijo de Dios, a una humanidad perfecta que se conforme a la plena estatura de Cristo» (Efesios 4.13), y todo este crecimiento es «en él, que es la cabeza, en Cristo». El edificio entero comienza y termina con Cristo, y su centro unificador es la palabra.[58]

La predicación crea la comunidad, mientras que la Cena, al evocar la aceptación personal por medio de la fe, hace que esa comunidad sea visible en cierto sentido; o mejor aún, audible.[59] John Owen hace esta observación: «A veces los hombres son llamados, y así regenerados, de una manera extraordinaria, como Pablo, pero en su mayoría lo son en y a través de medios ordinarios instituidos, bendecidos y santificados por Dios para ese fin y propósito.[60]

Sin duda, es cierto que el Espíritu debe operar dentro de nuestros corazones para convencernos sobre la veracidad de su Palabra.

El Espíritu nos ha dado a los apóstoles para traernos a la mente todas las cosas que Jesús había dicho, y para revelar «las cosas por venir» (Juan 14.17; 16.12–13). El Espíritu no es un operador independiente que genere etapas nuevas de revelación en estos últimos días, pero está obrando en los corazones de las personas sin regenerar para llevarlas a la fe, y en los corazones de las personas regeneradas para iluminar su entendimiento *por medio de la Palabra*. «La obra del Espíritu Santo en la regeneración no consiste en raptos de entusiasmo, éxtasis, voces ni cosa alguna por el estilo», hace notar John Owen, «sino que se realiza por y de acuerdo con su palabra, tanto de la ley como del evangelio».[61]

Roma ata a Dios a los medios terrenales, sostiene, mientras que los anabaptistas rechazan el que Dios se pueda atar libremente a ellos.[62] Las Escrituras enseñan que la predicación y los sacramentos son instrumentos, mientras que

---

58. Bonhoeffer, *Sanctorum Communio*, p. 247.

59. Ibíd.

60. John Owen, *A Discourse concerning the Holy Spirit*, en el vol. 8 de *The Works of John Owen*, ed. William H. Goold, 16 vols. (Edimburgo: Banner of Truth, 1965), p. 213.

61. Ibíd., pp. 224–225.

62. Calvino, *Institución*, 4.1.5.

el Espíritu sigue siendo el agente.[63] Para expresar la eficacia de los medios de la gracia, Calvino suele usar con frecuencia el verbo latino *exhibere*, que significa presentar, exhibir o entregar. Este mismo punto de vista es resumido más tarde en los documentos comprendidos en la recopilación llamada *Normas de Westminster*, la cual se refiere a los sacramentos al calificarlos como «medios eficaces de salvación».[64] Cristo, quien descendió a nosotros en la encarnación, sigue descendiendo a nosotros por medio de su Espíritu a través de la Palabra, para levantarnos a sí mismo y al Padre.

## El Espíritu y la Eucaristía

Recuerda que el discurso de Jesús sobre el Espíritu (Juan 14–16) fue pronunciado dentro del contexto de la institución de la Cena. No es de sorprenderse que los reformados (menos Zuinglio y, en gran parte, también Bullinger) acudieran a la pneumatología en sus reflexiones sobre el significado de este sacramento. Alimentarse de Cristo no es una simple metáfora, tal como él lo hace evidente en Juan 6.55–56, y «el cuerpo y la sangre de Cristo» no son simples expresiones simbólicas. «Esa copa de bendición por la cual damos gracias, ¿no significa que entramos en comunión [*koinōnia*] con la sangre de Cristo? Ese pan que partimos, ¿no significa que entramos en comunión con el cuerpo de Cristo?» (1 Corintios 10.16). El sacramento no es una lección objetiva, una confirmación visible de una teoría intelectual. La señal y el sello pertenecen al mundo de la política, no al de la religión *per se*. El Gran Rey nos ha certificado a sus súbditos (de hecho, sus hijos) que él reina sobre ellos como Salvador y Señor.

Según Hebreos 6 es medida de la rica provisión de Dios el que incluso aquellos que están en la iglesia y que no han sido regenerados, que reciben las señales, pero no la realidad, y de esa manera caen (v. 9), sean aun así beneficiarios de las operaciones ordinarias del Espíritu en la iglesia. Por medio de la predicación, «han experimentado la buena palabra de Dios y los poderes del mundo venidero» y por medio de la Cena «han saboreado el don celestial» (vv. 4–5), aun a pesar de que en realidad no se alimentan de Cristo por la fe.

Al cubrir de manera directa el discurso de despedida (cap. 5), noté que el contexto de este sermón era la institución de la Cena. Tanto el discurso como el sacramento resaltan tres puntos cruciales: (1) Cristo se ha marchado

---

63. Willem Balke, *Calvin and the Anabaptist Radicals*, traducción al inglés, William J. Heynen (Grand Rapids: Eerdmans, 1981), p. 53.

64. Ver *Confesión de fe de Westminster*, p. 27; Catecismo menor pp. 91–93; Catecismo mayor pp. 161–164.

realmente de nosotros en la carne hasta que vuelva; (2) sigue estando presente en medio de nosotros; (3) el Espíritu Santo es el que nos une a nosotros aquí y ahora al Salvador glorificado y habita en nosotros como garantía de la redención final. La Eucaristía nos coloca en la agitada intersección entre los poderes de esta era y la era por venir, el «todavía» y el «ya», el ministerio continuo de Cristo en el cielo y el del Espíritu en dirigir la campaña en la tierra.

Por eso no es de sorprenderse que fuera en los debates eucarísticos donde la Reforma revelara paradigmas muy diferentes para comprender la relación del Espíritu, tanto con Cristo como con los medios creados. En el altar eucarístico, «todas las leyes de la naturaleza quedan suspendidas», escribió el papa León XIII, y «toda la sustancia del pan y el vino son transformadas en el Cuerpo y la Sangre de Cristo», incluyendo sus órganos físicos.[65] En otra ocasión, he escrito ampliamente sobre la Palabra y los sacramentos.[66] No obstante, en lo que resta de este capítulo, quiero enfocarme en la Eucaristía como paradigma para una comprensión más amplia de la relación del Espíritu con los medios de la gracia, particularmente teniendo en cuenta la contribución de Calvino.

Según el teólogo católico Brian Gaybba, «con Calvino se produce un redescubrimiento, al menos en el occidente, de una idea bíblica virtualmente olvidada desde los tiempos patrísticos. Es la idea del Espíritu como Dios en acción».[67] De los reformadores, Kärkkäinen observa que la teología de Calvino es la más completamente penetrada por la pneumatología.[68] B. B. Warfield afirmaba que Calvino es «de manera preeminente el teólogo del Espíritu Santo».[69] J. I. Packer coincide, pero solo si se añade que este enfoque en la obra del

---

65. Papa León XIII, «Mirae Caritatis», en *The Great Encyclical Letters of Pope Leo XIII* (Rockford, IL: TAN Books, 1995), p. 524.

66. Michael Horton, *People and Place: A Covenant Ecclesiology* (Louisville: Westminster John Knox, 2008), pp. 35–152; *The Christian Faith: A Systematic Theology for Pilgrims on the Way* (Grand Rapids: Zondervan, 2011), pp. 751–826.

67. Brian Gaybba, *The Spirit of Love: Theology of the Holy Spirit* (Londres: Goeffrey Chapman, 1987), p. 100, citado por Matthew Levering, *Engaging the Doctrine of the Holy Spirit: Love and Gift in the Trinity and the Church* (Grand Rapids: Baker Academic, 2016), p. 321n43. Con Levering, estoy de acuerdo en que esto es una exageración. No obstante, señala hasta qué punto incluso los lectores no reformados del reformador lo reconocen como una figura significativa en la historia de la reflexión pneumatológica.

68. Veli-Matti Kärkkäinen, *Pneumatology*, 83n93. *In The Holy Spirit and Salvation: The Sources of Christian Theology* (Louisville: Westminster John Knox, 2010), Kärkkäinen añade: «Una de las contribuciones teológicas del Reformador de Ginebra que han perdurado es el marco pneumatológico en el que coloca a los sacramentos» (p. 176).

69. Benjamin Breckinridge Warfield, *Calvin and Augustine* (Phillipsburg, NJ: P&R, 1956), pp. 484–487. Explica: «En el mismo sentido en que podríamos decir que la doctrina del pecado y la gracia procede de Agustín, la doctrina de la satisfacción de Anselmo, la doctrina de la justificación por la fe de Lutero, también podríamos decir que la doctrina de la obra del Espíritu Santo es un presente de Calvino a la Iglesia».

Espíritu es «leído de forma cristocéntrica».[70] En ningún lugar es más concreto, generalizado y persuasivo el énfasis pneumatológico del reformador, que en su estudio sobre la Cena.

Calvino, dedicado estudiante de los padres de la Iglesia, recibió una influencia importante de Agustín, junto con Tertuliano, pero también de Ireneo, de los Padres Capadocios y de Juan Crisóstomo, entre otros.[71] Ireneo, obispo del siglo segundo, les había replicado a los gnósticos a base de resaltar el carácter histórico–redentor de la revelación, con la salvación de nuestra humanidad por medio de la encarnación, la muerte, la resurrección, la ascensión y el regreso de Cristo. Dentro de este plan, el Espíritu Santo salía a relucir en unos términos más definidamente personales, a diferencia de la vaga idea de los gnósticos sobre la realidad «espiritual». Orígenes, teólogo del siglo tercero, había interpretado el evangelio dentro de las categorías del platonismo medio y el neoplatonismo. Esto incluía la oposición metafísica (más que escatológica) entre carne y Espíritu, con la meta de escapar de este mundo como existencia humana (corporal especialmente).[72] Aunque sea una generalización, estas dos figuras, Ireneo y Orígenes, representan trayectorias distintas y antitéticas en la piedad patrística. Al igual que Lutero, quien alegaba haber «puesto a Orígenes de nuevo bajo prohibición» en su debate con Erasmo sobre el libre albedrío, Calvino no se sentía bien dispuesto con respecto a la trayectoria origenista y se sentía más atraído hacia Ireneo.

En el siglo dieciséis, algunos líderes anabaptistas regresaron directamente a las ideas principales de Orígenes.[73] En cambio, entre los reformadores magistrales seguía habiendo un considerable debate. Zuinglio mantenía una amistad con Erasmo, compartiendo su atracción hacia la filosofía platónica

70. J. I. Packer, «Calvin the Theologian», en *John Calvin*, ed. G. E. Duffield, *Courtenay Studies in Reformation Theology* (Abingdon, Berkshire: Sutton Courtenay, 1966), p. 169.

71. Ver Irena Backus, «Calvin and the Greek Fathers», en *Continuity and Change: The Harvest of Later Medieval and Reformation History*, eds. Robert J. Bast y Andrew C. Gow (Leiden: Brill, 2000); Johannes Van Oort, «John Calvin and the Church Fathers», en *The Reception of the Church Fathers in the West: From the Carolingians to the Maurists*, ed. Irena Backus (Leiden: Brill, 1997); Anthony N. S. Lane, *John Calvin: Student and the Church Fathers* (Grand Rapids: Baker, 1999). Agustín es el primero, aunque Calvino criticaba a Agustín por considerar que era excesivamente platónico. Ver Calvino, *Comm. on John*, 1:3.

72. En el capítulo 10 amplío algo la exposición sobre el papel de Orígenes. Para un estudio más extenso, ver mi «Atonement and Ascension» en *Locating Atonement*, eds. Oliver D. Crisp y Fred Sanders (Grand Rapids: Zondervan, 2015), pp. 226–250.

73. Aunque Orígenes contempló esta idea, algunos líderes anabaptistas (en especial Hans Denck, Caspar Schwenckfeld, Balthasar Hubmaier, Melchior Hoffman y Menno Simons) sostuvieron que el Hijo tomó su carne del cielo, y no de la virgen María. Contra este punto de vista, Calvino y sus colegas reformados invocaron la máxima de Gregorio Nacianceno contra el apolinarismo: «Lo que él no asumió, no lo sanó». En diversos grados, algunos de estos líderes fueron atraídos también a las ideas de Orígenes sobre la salvación universal (*apokatastasis*), el rigor ascético y la comprensión espiritualista de la resurrección y la ascensión. Todos ellos compartían el dualismo de Orígenes.

y, al menos al principio, hacia Orígenes.[74] W. P. Stephens hace notar que el énfasis del reformador de Zúrich se centraba en «Cristo como Dios, más que Cristo como hombre».[75] Estas diferencias entre Lutero y Zuinglio se hicieron especialmente evidentes en su funesta reunión de Marburgo in 1529. A pesar de estar de acuerdo en quince de las dieciséis proposiciones tratadas, la división entre ambos se presentó en el tema de la Cena.

Zuinglio insistía enérgicamente en la ascensión corporal de Cristo, pero al igual que Erasmo, sostenía que la ausencia física de Cristo con respecto a nosotros tiene poca importancia, puesto que él es omnipotente en su divinidad.[76] Este escribía: «Cristo es nuestra salvación por virtud de esa parte de su naturaleza por la cual descendió del cielo, no de la parte por la cual nació de una virgen inmaculada, aunque tuvo que sufrir y morir debido a esta parte».[77]

Sorprende poco el que Lutero escuchara esas afirmaciones como una separación de las naturalezas divina y humana de Cristo (la herejía nestoriana), la cual amenazaba a la realidad de la encarnación. Si es cierto que «toda la plenitud de la divinidad habita en forma corporal» en Cristo (Colosenses 2.9), ¿cómo se puede considerar su humanidad como superflua para nuestra salvación? Por su parte, Zuinglio consideró que Lutero era monofisita, ya que según él, confundía las dos naturalezas de Cristo con su argumento de que él puede estar *corporalmente* presente *en todos los altares*, puesto que sus atributos divinos (como la omnipresencia) se le pueden comunicar a su naturaleza humana.

Otros líderes reformados, como Martín Bucero, se distanciaron de las enseñanzas de Zuinglio y lograron un breve acuerdo con Lutero en la Concordia de Wittenberg (1536), pero fueron los teólogos más jóvenes, en especial Pedro

74. W. P. Stephens, *The Theology of Huldrych Zwingli* (Oxford: Clarendon Press, 1986), pp. 9–17. Stephens indica que las notas marginales de Zuinglio sobre Romanos «señalan un uso abrumador, aunque independiente, de Orígenes por Zuinglio; no obstante, la enseñanza de Agustín sobre la gracia se fue convirtiendo de forma constante en la más dominante» (Ibíd., pp. 18–19).

75. Ibíd., p. 121. Además, «la contribución agustiniana y neoplatónica es evidente en toda la teología de Zuinglio, y en especial en su manera de comprender los sacramentos» (Ibíd., p. 254).

76. Para una interpretación justa de la cristología de Zuinglio, vea Stephens, *Theology of Huldrych Zwingli*, pp. 108–128. A diferencia de Lutero, Zuinglio disfrutó de la amistad y el respeto mutuo de Erasmo. Antes de unirse a la Reforma, Zuinglio había sido tutor privado en el estudio de las obras de Platón. Recordemos la cita anterior que hace Farrow de Erasmo: «La presencia física de Cristo no es de beneficio alguno para la salvación». Stephens observa que «Erasmo iba a ser en muchos sentidos la influencia más importante en su desarrollo como reformador». Ambos usaron el título de «filósofo y teólogo» para referirse el uno al otro (Ibíd., p. 9). «En marzo de 1522, Zuinglio estaba dedicado a evitar un pleito entre Erasmo y Lutero, y los veía a ambos como comprometidos con la causa cristiana». En especial después de su debate publicado acerca del libre albedrío, Lutero vio a Erasmo como enemigo de la Reforma, mientras que Zuinglio lo siguió considerando un aliado (Ibíd., 11n23).

77. Ulrico Zuinglio, *Commentary on True and False Religion*, eds. Samuel Macauley Jackson y Clarence Nevin Heller (Durham, NC: Labyrinth, 1981), p. 204.

Mártir Vermigli y Juan Calvino, quienes desarrollaron lo que llegó a quedar establecido como las enseñanzas reformadas. Calvino expresó su deuda a Pedro Mártir Vermigli puesto que ambos, junto con otros, contribuyeron a la formulación encontrada en las confesiones y los catecismos reformados.[78] Según Vermigli, sugerir que una comunión verdadera con el cuerpo y la sangre de Cristo, y por tanto, de todos los miembros del cuerpo unos con otros en su Cabeza es imposible sin la presencia corporal de Cristo en la tierra, es negar la clara enseñanza apostólica según la cual el Espíritu nos ha sentado a nosotros con Cristo en lugares celestiales.[79]

Calvino también consideraba que la enseñanza de Zuinglio era nestoriana. La visión que tenía Zuinglio sobre la Cena era «errónea y perniciosa», advirtió.[80] De la manera más básica, Calvino temía que el concepto de Zuinglio diera un golpe en el corazón mismo de nuestra unión con la salvación de la humanidad por Cristo, que es tan central dentro de su propio pensamiento.[81] «Sería una locura extrema no reconocer comunión alguna de los creyentes con la carne y la sangre del Señor... La carne de Cristo es como una fuente rica e inagotable que derrama en nosotros la vida que brota desde la Divinidad misma».[82] «Porque en su carne fue lograda la redención del hombre», alega en otro lugar.[83] Cuando nosotros recibimos el pan y el vino, dice Calvino, «que no nos falte seguridad alguna de que el cuerpo mismo también nos es dado».[84] Las señales son «garantías de una realidad presente: que el creyente se está alimentando con el cuerpo y la sangre de Cristo».[85] De lo contrario, la fe se convierte en un «simple imaginarnos» la presencia de Cristo, un ascenso de la mente que era característico de Orígenes, y que él le atribuía a Zuinglio.[86]

78. Calvino decía que «todo aquello había sido coronado por Pietro Martire Vermigli, quien no dejó nada más por hacer» (Joseph C. McLelland, *The Visible Words of God: An Exposition of the Sacramental Theology of Peter Martyr Vermigli*, 1500–1562 [Grand Rapids: Eerdmans, 1957], p. 279).

79. Pietro Martire Vermigli, *The Oxford Treatise and Disputation on the Eucharist*, 1549, traducción al inglés y ed. Joseph C. McLelland, *Sixteenth Century Essays & Studies* 56; *The Peter Martyr Library* 7 (Kirksville, MO: Truman State University Press, 2000), p. 14.

80. Juan Calvino, «Letter to Andre Zebedee, May 19, 1539» en *Letters of John Calvin*, ed. Jules Bonnet, traducción al inglés, Marcus Robert Gilchrist, vol. 4 (Filadelfia: Presbyterian, 1858), p. 402.

81. Juan Calvino, «Short Treatise on the Holy Supper», en *Selected Works of John Calvin: Tracts and Letters*, eds. Henry Beveridge y Jules Bonnet, 7 vols. (Grand Rapids: Baker, 1983), 2:170.

82. Calvino, *Institución*, 4.17.9.

83. Juan Calvino, *John 1–10*, traducción al inglés, T. H. L. Parker, eds. David W. Torrance y Thomas F. Torrance, *Calvin's New Testament Commentaries* 4 (Grand Rapids: Eerdmans, 1959–72), p. 167.

84. Calvino, *Institución*, 4.17.10.

85. B. A. Gerrish, *Grace and Gratitude: The Eucharistic Theology of John Calvin* (Minneapolis: Fortress, 1993), p. 165.

86. Calvino, *Institución*, 4.17.5–6.

Sin duda, Lewis Sperry Chafer hablaba, y habla, en nombre de muchos evangélicos cuando escribió que «las Escrituras parecen apoyar el concepto memorial, y en lugar de que los elementos contengan o simbolicen la presencia de Cristo, en realidad son un reconocimiento de su ausencia».[87] Ni siquiera Zuinglio habría ido tan lejos en sus expresiones, pero sí estuvo cerca de considerar la Eucaristía como el lugar de la ausencia de Cristo; precisamente en su celebración nosotros miramos al pasado y al futuro, pero sin participación *presente* en su cuerpo y su sangre verdaderos. Lo que nosotros hacemos ahora en la Cena es recordar y esperar, pero el propósito de ella en el presente, entre los dos advenimientos de Cristo, es que demos testimonio de nuestra fe y nos unamos a la comunidad de los santos. Esto causó que todos, menos los amigos más leales de Zuinglio, se sorprendieran. Contra la comparación de Zuinglio, según la cual la Eucaristía era como mirar una pintura de un amigo, Vermigli replicó que «un amigo que captamos con el pensamiento y mantenemos en mente, no cambia al que lo piensa ni nutre la mente, ni tampoco él restaura su carne para volverse capaz de resucitar. Y lo que uno tiene en un espejo es la sombra más tenue, que no se debe comparar con esa unión que nosotros tenemos con Cristo». La presencia de Cristo «tiene el poder del Espíritu Santo unido a ella, acoplándonos muy estrechamente con él».[88] La Cena no solo les da seguridad a nuestras mentes, afirma Calvino, sino que «asegura la inmortalidad de nuestra carne», la cual es «incluso ahora, avivada por su carne inmortal».[89]

Sin la ascensión en la carne, dice Calvino, nos quedamos sin la semejanza de Cristo con nosotros; perdemos el significado del papel del Espíritu en cuanto a unirnos al Cristo ascendido, y queda en tela de juicio la realidad del regreso corporal de Cristo. Sin embargo, es irónico que estas dudas sobre la verdadera humanidad de Cristo sean precisamente el problema que vio Calvino en los puntos de vista de Roma y de Lutero. En un himno eucarístico por otra parte edificante, Tomás de Aquino ensalza diciendo: «Vista, tacto y gusto en ti son todos engañados».[90] Por supuesto, no fueron así las cosas cuando el Cristo resucitado le presentó su cuerpo a Tomás para que lo inspeccionara (Juan 20.27–28). Claro, Tomás de Aquino no sostenía que después de pronunciadas las palabras de la consagración Jesús no regresara a todos los altares *exactamente* de

87. Citado por Keith Matheson, *Given For You* (Phillipsburg, NJ: P&R, 2002), p. 262.

88. Vermigli, *Oxford Treatise*, p. 120.

89. Calvino, *Institución*, 4.17.32.

90. Gerard Manley Hopkins, «Adoro Te Devote», en *The Poetical Works of Gerard Manley Hopkins*, ed. Norman H. McKenzie (Oxford: Oxford University Press, 1990), p. 112.

la misma forma que va a regresar al final de esta era. Sin embargo, después de todas esas reservas, ¿quién es en realidad quien se encuentra presente? Y si los atributos de la divinidad de Cristo pueden imponerse sobre su humanidad, de manera que él pueda estar universalmente presente *de forma corporal*, ¿entonces cómo interpretamos una serie de pasajes que indican con claridad la ida real de Jesús y su regreso corporal «de la misma manera» que los discípulos lo habían visto irse (Hechos 1.11)? Cualquiera que sea la transformación envuelta en su glorificación, Jesús enseña con claridad en el discurso de despedida que se va a marchar, y que ellos se verán privados de su presencia física *en la tierra*. Pero es precisamente en ese punto en el que presenta al Espíritu como el que va a mediar su presencia en la tierra. Jesús no les dijo a sus discípulos en el discurso de despedida que él en realidad no se iría, puesto que su divinidad penetra de tal forma su humanidad, que él puede estar corporalmente omnipresente. También les dijo que regresaría cada vez que el sacerdote realizara el milagro de la transustanciación. Al mismo tiempo, no les dijo que no importaba que él se marchara, puesto que al final, ellos reconocerían su divinidad omnipresente y serían capaces de mantenerlo en su memoria.

Estas explicaciones sobre la ascensión de Cristo en la carne, no solo ponen en duda la humanidad que él comparte con nosotros, sino también la importancia de las operaciones del Espíritu. Jesús dijo: «Les conviene que me vaya…» (Juan 16.7). Sin embargo, donde para Zuinglio esto se debía a que de esa manera se revelaría su omnipresente divinidad, Calvino hacía resaltar la explicación dada por el propio Jesús: «Porque, si no lo hago, el Consolador no vendrá a ustedes; en cambio, si me voy, se lo enviaré a ustedes» (Juan 16.7). Todo el motivo de este discurso de despedida está en su ascensión y en el hecho de que enviaría al Espíritu. Calvino dice: «Yo confieso de buen grado que Cristo ascendió para poder llenar todas las cosas, pero digo que él es llevado a todas partes por su Espíritu, y no por la sustancia de su carne».[91] Calvino se queja de quienes lo critican diciendo: «Porque así ellos no le dejan nada al obrar secreto del Espíritu, quien une a nosotros a Cristo mismo. Para ellos, Cristo no parece presente, a menos que descienda hasta nosotros. ¡Es como si él nos levantara a sí mismo, y nosotros no disfrutáramos igualmente su presencia!».[92] De forma similar, Ireneo dijo que los gnósticos «de hecho, echan totalmente a un lado al Espíritu».[93]

---

91. Calvino, *Institución*, 2.16.4; cf. 4.6.10.
92. Calvino, *Institución*, 4.17.31.
93. Julie Canlis, *Calvin's Ladder: A Spiritual Theology of Ascent and Ascension* (Grand Rapids: Eerdmans, 2010), pp. 230–231, citando a Ireneo en Adversus Hæreses 3.17.4.

En lugar de buscar soluciones cristológicas, Calvino, al igual que Ireneo, señala hacia el Espíritu Santo.[94] El teólogo católico Douglas Farrow sugiere que Calvino, como Ireneo, «encontró necesario enfrentarse con mayor valentía que los otros reformadores con la ausencia de Cristo, como un problema genuino para la Iglesia. Somos nosotros los que necesitamos una reubicación eucarística».[95] En lugar de moverse de la Eucaristía a la ascensión, Calvino se movió en la otra dirección, y esto lo llevó a destacar «la particularidad de Jesús sin sacrificar el realismo sacramental». Esto «lo obligó a buscar *una solución pneumatológica* al problema de la presencia y la ausencia» (cursiva añadida).[96]

A diferencia del enfoque de Zuinglio, Calvino pudo afirmar con Pablo, y también con Agustín, la existencia de los lazos más íntimos entre Cristo y su Iglesia. Además, estar unido a Cristo es estar en comunión con su cuerpo. No es el ascenso del alma solitaria, el «vuelo del solitario al Solitario» de Plotino.[97] Como la verdadera humanización de los creyentes, la recapitulación es también la verdadera socialización del «yo desconectado» contrario al pacto.[98]

Entonces, al igual que Ireneo, Calvino lleva de vuelta nuestro enfoque a la economía de la redención: la historia real de Jesús de Nazaret desde su descenso (su encarnación y su ministerio temprano de redención) hasta su ascensión y su ministerio celestial, y la parusía al final de esta era.

Mantener una ausencia real es también mantener una continuidad real entre el Salvador y los que son salvos. Todo esto demuestra que Calvino tenía una comprensión mejor sobre la forma en la cual el ¿Dónde? se

---

94. Calvino, *Institución* 4.17.10, cursiva añadida.

95. Douglas Farrow, *Ascension and Ecclesia: On the Significance of the Doctrine of the Ascension for Ecclesiology and Christian Cosmology* (Edimburgo: T&T Clark, 2004), pp. 176–177. Lamentablemente, en *Ascension Theology* (Londres: T&T Clark, 2011), escrito después de que pasó a la Iglesia católica romana, Farrow intenta hacer que estas edificantes reflexiones se ajusten al dogma de la transustanciación. El argumento resultante, al menos a mí me da la impresión de una colcha de retazos hecha con premisas antitéticas.

96. Farrow, *Ascension and Ecclesia*, pp. 177–178. Aún después de que fuera recibido en la Iglesia católica romana, Farrow sostiene que Calvino se destaca como uno de los primeros representantes modernos de esta trayectoria de Ireneo, contra Orígenes y el pelagianismo (Farrow, *Ascension Theology*, pp. 40–41, citando a Calvino, *Institución*, 4.17.27 y su comentario sobre Hebreos).

97. Plotino, traducción al inglés en Andrew Louth, *The Origins of the Christian Mystical Tradition from Plato to Denys* (Oxford: Clarendon, 1983; reimp., 1992), p. 51.

98. Tomo prestada esta frase de Charles Taylor, *Sources of the Self: The Making of the Modern Identity* (Cambridge: Harvard University Press, 1992). Si bien la consumación de nuestra unión con Cristo es menos que la absorción de la divinidad, como alega Calvino, en especial contra Osiander, es más que una simple «comunión», como alega contra Erasmo y Zuinglio. Es revelador que rechace la traducción que hace Erasmo del término *koinōnia* como comunión, y que la Iglesia se deba ver como una simple *societas* y no como una *communio*.

enlaza con el ¿Quién? De hecho, esta era su crítica percepción de todo el debate. Calvino vio que ni una respuesta al estilo de Eutico (Jesús es omnipresente), ni una nestoriana (ausente en una naturaleza, pero presente en la otra) resuelve la situación, puesto que de ambas maneras, la humanidad de Cristo queda neutralizada y su papel como mediador nuestro es puesto en tela de juicio. Y sin embargo, es el Dios–hombre quien está ausente, y el Dios–hombre aquel cuya presencia nosotros necesitamos... Por tanto, una «especie de ausencia» y una «especie de presencia» cualifican nuestra comunión con Cristo, quien permanece en el cielo hasta el día del juicio. Somos nosotros los que necesitamos una reubicación eucarística.[99]

Algunas veces se ha dicho que el punto de vista reformado sostiene una presencia *espiritual* de Cristo en la Cena. Sin embargo, esto es no comprender la idea de Calvino y regresar al problema de espíritu y materia que ha plagado los otros puntos de vista. La presencia de Cristo no se puede dividir en «espiritual» y «física». No es la presencia la que es espiritual en el pensamiento de Calvino; más bien se trata de que la manera en la cual nosotros recibimos a Cristo en su totalidad es *por medio del Espíritu*. El Espíritu es quien nos sienta junto con Cristo en los lugares celestiales. Por tanto, los cristianos reformados confesamos que la Cena no solo «nos recuerda», sino que «nos asegura que compartimos en Cristo un sacrificio en la cruz y en todos sus dones»,[100] y que aquello que recibimos por fe en la Cena es «el verdadero cuerpo y la verdadera sangre de Cristo».[101]

Calvino no inventó una nueva manera de comprender la Cena. No obstante, comparto el juicio dado por Julie Canlis: «No podemos exagerar la importancia del papel radical, incluso divisorio, que le dio Calvino al Espíritu en la Cena del Señor. Como no se había hecho, tal vez desde los escritores de la patrística, Calvino intentó tomarse en serio las dimensiones pneumatológicas de la presencia: el Espíritu no es el reemplazo pentecostal *de* Cristo, sino el camino *hacia* él».[102] Calvino dice: «En resumen, Dios desciende hasta nosotros

---

99.   Farrow, *Ascension and Ecclesia*, pp. 176–177.

100.   *Catecismo de Heidelberg, Domingo* 28, Pregunta 75, en *Psalter Hymnal, Doctrinal Standards and Liturgy* (Grand Rapids: Christian Reformed Church, 1976), p. 36, y la *Confesión de Fe Belga*, Artículo 35 (Ibíd., p. 88).

101.   *Confesión Belga*, Artículo 35 (Ibíd.).

102.   Canlis, *Calvin's Ladder*, p. 239. Hace un útil resumen en la p. 113: «Para Calvino, la Ascensión tiene tres funciones principales: la primera, que abrió de par en par la esfera de la pneumatología, y con

para que nosotros podamos ascender a él. Esa es la razón de que los sacramentos sean comparados con los escalones de una escalera».[103] Canlis observa: «En la opinión de Calvino, el problema del sacramentalismo medieval es que había invertido la dirección de la escalera».[104] Y añade: «Si la vida humana ha sido "levantada" hasta Dios sin cambio ni confusión, y nuestra "participación" en su humanidad misma nos está levantando hacia la *koinōnia* con el Dios Uno y Trino, entonces podemos ver lo esencial que es la Eucaristía como una confirmación de la doctrina de Calvino sobre la participación».[105]

Lo que perdió Adán fue la comunión con Dios, de la cual fluían todas las bendiciones de la vida, la justicia y la dignidad.[106] La gracia no es una sustancia medicinal infundida en el alma para elevarla a lo sobrenatural, como habían sostenido los teólogos medievales,[107] sino el favor y don del Padre, en el Hijo, y por medio del Espíritu Santo. Como encarnado, el Hijo «se halla cerca de nosotros; de hecho, nos toca, puesto que es carne como la nuestra».[108] No es solo en su divinidad como Cristo está dando vida, dice Calvino. Como primicia escatológica, su humanidad se halla «impregnada con una plenitud de vida para que nos sea transmitida a nosotros», y esta es la razón por la cual «se la llama con razón "dadora de vida"».[109] Y la fuente de esa vida no es *la gracia creada infusa*, como enseña Roma, sino *el Espíritu increado que habita en nosotros*. No todos dentro de la tradición reformada han encontrado convincente el caso presentado por Calvino, en particular con respecto a lo que afirma sobre las energías de Cristo glorificado dándonos vida a los creyentes, tanto en el alma como en el cuerpo.[110] No obstante, un gran número de estos escritores

---

ella, la posibilidad histórica de una participación humana en Dios; la segunda, que representó el futuro del cristiano como una *koinōnia*: estar con Dios, en Cristo; la tercera, que funcionó como medida protectora para impedir que Dios fuera manipulado o "rebajado" a nuestra esfera de idolatría y superstición».

103. Ibíd., p, 160, citando un sermón de Calvino sobre 2 Samuel 6.1–7.

104. Ibíd., p. 159.

105. Ibíd., p. 160.

106. Calvino, *Institución*, 2.1.5–6.

107. Tomás de Aquino, *Summa Theologica*, II–II.23.2; I–II.110.2.

108. Calvino, *Institución*, 2.12.1.

109. Calvino, *Institución*, 4.17.9.

110. Esto es ya cierto con respecto al sucesor de Zuinglio, Heinrich Bullinger, quien le escribió lo siguiente a Calvino: «No sé en qué sentido tu doctrina difiere de la doctrina de los papistas, quienes enseñan que los sacramentos les confieren gracia a todos los que los reciben» (citado por Gerrish, *Grace and Gratitude* [Minneapolis: Fortress, 1993], p. 3). El gran teólogo escocés William Cunningham presentó al respecto un veredicto particularmente duro: «Nosotros no encontramos falta alguna en la sustancia de las afirmaciones de Calvino con respecto a los sacramentos en general, o con respecto al bautismo, pero no podemos negar que él hizo un esfuerzo por sacar a relucir algo como una influencia real ejercida por la naturaleza humana de Cristo sobre las almas de los creyentes, en conexión con la dispensación de la Cena del Señor, esfuerzo que, por supuesto, fue un fracaso total, y resultó solamente en algo que era

comprenden de manera equivocada las fuentes patrísticas en las cuales se estaban inspirando Calvino, Vermigli y los reformados ortodoxos. No se trata de que la virtud o el poder de la humanidad de Cristo les esté dando fortaleza a nuestros cuerpos de una manera temporal. Se trata de que el Espíritu Santo está tomando lo que le pertenece debidamente a Jesús, para hacerlo nuestro, dotándonos en cuerpo y alma de una vida escatológica, en espera de la resurrección. Estoy convencido de que mientras más nos enfrentemos a la realidad de la ascensión y a la explicación dada por el Señor mismo sobre la forma en que el Espíritu establecería nuestra comunión escatológica con él, mayor será nuestra valoración de la Palabra y los sacramentos como los medios destinados a su ministerio genuino de señales y prodigios.

## El Espíritu y el bautismo

Los sacramentos están tan identificados con la realidad, que la circuncisión fue llamada sencillamente «el pacto», así como Jesús dijo que la copa que él levantó en el aposento alto era «mi sangre del pacto» (Mateo 26.25–28). Pablo dijo de la crucifixión: «Esta circuncisión la efectuó Cristo» (Colosenses 2.11).[111] De él, Isaías había profetizado diciendo: «Fue *arrancado* de la tierra de los vivientes, y *golpeado* por la transgresión de mi pueblo… Cargó con el pecado de muchos, e intercedió por los pecadores» (Isaías 53.8–12). Unidos a Cristo por su circuncisión–muerte, los bautizados también nos encontramos bajo la espada divina de juicio. «Es una muerte judicial como castigo por el pecado», dice Kline. «Pero estar unidos a Cristo en su muerte es también resucitar con él, a quien la muerte no pudo contener, en su resurrección para nuestra justificación».[112] Y tal como afirma Pedro, el bautismo, prefigurado por la salvación de Noé y su familia en el diluvio–prueba, «ahora salva», no porque limpie el cuerpo, sino como «el compromiso de tener una buena conciencia delante de

---

tan imposible de entender como la consubstanciación de Lutero. Tal vez esta sea la mayor mancha en la historia de los esfuerzos de Calvino como instructor público» (William Cunningham, *Collected Works of the Reverend William Cunningham*, vol. 1 [Edimburgo: T&T Clark, 1862], p. 240).

111. Meredith G. Kline nos recuerda que Jesús, como Isaac, fue circuncidado poco después de nacer, con «ese corte parcial y simbólico»… en el «momento proféticamente escogido, de ponerle el nombre de "Jesús". Pero fue la circuncisión de Cristo en la crucifixión la que respondió al holocausto de Génesis 22 como un perfeccionamiento de la circuncisión, un "apagar" no solo una parte simbólica, sino "[todo] el cuerpo de la carne" (Colosenses 2.11), no simplemente como un juramento simbólico, sino como un corte "del cuerpo de su carne por medio de la muerte" (Colosenses 1.22) en la maldición de las tinieblas y del abandono» (*By Oath Consigned: A Reinterpretation of the Covenant Signs of Circumcision and Baptism* [Grand Rapids: Eerdmans, 1968], p. 45).

112. Ibíd., p. 47.

Dios. Esta salvación es posible por la resurrección de Jesucristo, quien subió al cielo y tomó su lugar a la derecha de Dios» (1 Pedro 3.21–22). «Ahora bien, la conciencia tiene que ver con las acusaciones y las excusas; es un término forense. Por tanto, el bautismo tiene que ver con el hombre *en la presencia del trono del juicio de Dios*».[113] Aquí, como en el Éxodo, el profeta nos recuerda la naturaleza escatológica, tanto de la prueba del agua como la del fuego:

> Pero ahora, así dice el SEÑOR, el que te creó, Jacob, el que te formó, Israel: «No temas, que yo te he redimido; te he llamado por tu nombre; tú eres mío. Cuando cruces las aguas, yo estaré contigo; cuando cruces los ríos, no te cubrirán sus aguas; cuando camines por el fuego, no te quemarás ni te abrasarán las llamas. Yo soy el SEÑOR, tu Dios, el Santo de Israel, tu salvador. (Isaías 43.1–3)

Junto con la Palabra predicada, el bautismo del Espíritu es asociado en el Nuevo Testamento con el bautismo en agua. La naturaleza precisa de esta asociación es una cuestión más a analizar, pero es importante que tomemos los textos de manera literal. Hay diversos pasajes con respecto a los cuales las opiniones de los exegetas se hallan divididas, por lo general según su procedencia eclesiástica. Unos se sienten ansiosos por afirmar que estos pasajes que se refieren al lavado y la regeneración no se refieren al bautismo en agua. Otros sostienen con el mismo énfasis que se refieren al bautismo en agua. Al respecto, tenemos ejemplos de esta clase de pasajes:

- Tito 3.5–7: Dios «nos salvó, no por nuestras propias obras de justicia, sino por su misericordia. Nos salvó mediante el lavamiento [*loutron*] de la regeneración y de la renovación por el Espíritu Santo, el cual fue derramado abundantemente sobre nosotros por medio de Jesucristo nuestro Salvador. Así lo hizo para que, justificados por su gracia, llegáramos a ser herederos que abrigan la esperanza de recibir la vida eterna».
- Romanos 6.3–4: «¿Acaso no saben ustedes que todos los que fuimos bautizados para unirnos con Cristo Jesús en realidad fuimos bautizados para participar en su muerte? Por tanto, mediante el bautismo fuimos

---

113. Ibíd., pp. 66–67 (cursiva añadida).

sepultados con él en su muerte, a fin de que, así como Cristo resucitó por el poder del Padre, también nosotros llevemos una vida nueva».

- 1 Corintios 12.13: «Todos fuimos bautizados por un solo Espíritu para constituir un solo cuerpo —ya seamos judíos o gentiles, esclavos o libres—, y a todos se nos dio a beber de un mismo Espíritu».

- Colosenses 2.11–12: «En él [en Cristo] fueron circuncidados, no por mano humana, sino con la circuncisión que consiste en despojarse del cuerpo pecaminoso. Esta circuncisión la efectuó Cristo. Ustedes la recibieron al ser sepultados con él en el bautismo. En él también fueron resucitados mediante la fe en el poder de Dios, quien lo resucitó de entre los muertos».

- Gálatas 3.27: «Porque todos los que han sido bautizados en Cristo se han revestido de Cristo».

- Efesios 4.4–5: «Hay un solo cuerpo y un solo Espíritu, así como también fueron llamados a una sola esperanza; un solo Señor, una sola fe, un solo bautismo».

- 1 Pedro 3.21–22: «La cual [la salvación de Noé y su familia del diluvio por medio del arca] simboliza el bautismo que ahora los salva también a ustedes. El bautismo no consiste en la limpieza del cuerpo, sino en el compromiso de tener una buena conciencia delante de Dios. Esta salvación es posible por la resurrección de Jesucristo, quien subió al cielo y tomó su lugar a la derecha de Dios, y a quien están sometidos los ángeles, las autoridades y los poderes».

Me da la impresión de que el peso de las pruebas se halla a favor de aquellos que interpretan estos versículos en el sentido de que no tienen nada que ver con el bautismo en agua. Al fin y al cabo, ambos lados reconocen generalmente que en Hechos 2.38 se está hablando del bautismo en agua. Sin embargo, cuando la multitud respondió al sermón de Pedro en el día de Pentecostés, diciendo: «Hermanos, ¿qué debemos hacer?» (v. 37), Pedro respondió diciendo: «Arrepiéntase y bautícese cada uno de ustedes en el nombre de Jesucristo *para perdón de sus pecados, y recibirán el don del Espíritu Santo*». Aquí, Lucas no se está refiriendo a un don en particular, sino a la persona misma del Espíritu Santo. «Así, pues, los que recibieron su mensaje fueron bautizados, y aquel día se unieron a la iglesia unas tres mil personas» (v. 41). Estas personas recibieron por medio de la fe el perdón de sus pecados y el Espíritu, y esta fe se aferró a la palabra de la promesa, como quedó ratificado en el bautismo.

Cuando Nicodemo comprendió de forma errónea la enseñanza de Jesús acerca del nuevo nacimiento, Jesús le respondió: «Yo te aseguro que quien no nazca de agua y del Espíritu no puede entrar en el reino de Dios» (Juan 3.5). Jesús reprendió a Nicodemo diciéndole: «Tú eres maestro de Israel, ¿y no entiendes estas cosas?» (v. 10). Ciertamente, Nicodemo debería haber conocido la promesa de Dios que se halla en Ezequiel 36.25–27: «Los rociaré con agua pura, y quedarán purificados... Les daré un nuevo corazón... Infundiré mi Espíritu en ustedes». Las palabras de Jesús a Nicodemo nos recuerdan que el agua en sí misma, no salva, sin el Espíritu. Sin embargo, parecería extraño que Jesús mencionara el agua *y* el Espíritu, si al referirse al «agua» solo tenía en mente al Espíritu. ¿Por qué el que sanó al ciego con tierra y saliva habría de tener dificultad alguna en unir el agua a su promesa?

Además, Pablo señala que Cristo «la purificó [a la Iglesia], *lavándola con agua mediante la palabra*» (*katharisas tō loutrō tou hudatos en rhēmati*, Efesios 5.26). Las palabras «un solo bautismo» se encuentran a la altura de «un solo Señor, una sola fe», como marcas que definen a la Iglesia (Efesios 4.5; cf. 1 Corintios 12.13). Así como no hay dos bautismos en el Espíritu, uno para el creyente promedio y el otro para los supersantos, no hay indicación alguna en el Nuevo Testamento de que el bautismo en agua sea algo separado del bautismo en el Espíritu. La liberación de Noé y su familia por medio del agua es tipo de la gran liberación: «La cual simboliza el bautismo que ahora los salva también a ustedes. El bautismo no consiste en la limpieza del cuerpo, sino en el compromiso de tener una buena conciencia delante de Dios. Esta salvación es posible por la resurrección de Jesucristo» (1 Pedro 3.20–21). Este bautismo siempre comprende el agua y la Palabra, administradas en el nombre del Padre, y del Hijo, y del Espíritu Santo (Mateo 3.13; Lucas 3.21; Juan 1.31; 3.5; 4.1; Hechos 8.36–37; 10.47).

Por una parte, es innegable que el bautismo es tratado en el Nuevo Testamento como un medio de gracia. Es decir, que el bautismo es el acto de hacer una promesa y darnos un regalo. Dios «nos salvó», le dice Pablo a Tito, «no por nuestras propias obras de justicia, sino por su misericordia. Nos salvó mediante el lavamiento de la regeneración y de la renovación por el Espíritu Santo» (Tito 3.5). Aquí el «lavamiento» es interno, ciertamente, pero solo una objeción teológica arbitraria nos llevaría a calificar estas afirmaciones como desconectadas del bautismo en agua.

Por otra parte, es igualmente claro que no todos los que son bautizados en agua reciben al Espíritu Santo y son regenerados. Según mi punto de vista, el escritor de la carta a los Hebreos se refiere a aquellos que eran bautizados («iluminados», un término usado en la Iglesia de los primeros tiempos para referirse al bautismo). Ellos escuchaban constantemente la Palabra, hasta el punto incluso de probar su bondad y «los poderes del mundo venidero», y recibían la Cena («han saboreado el don celestial») y sin embargo, «se han apartado» (6.6). Una respuesta a esto es decir que esta advertencia es solo hipotética. Sin embargo, lo que aquí se afirma es que existe la realidad de que hay gente que se aparta. En ese caso, ¿significa esto que han perdido su salvación? Esta conclusión parece estar excluida cuando el escritor añade: «En cuanto a ustedes, queridos hermanos, aunque nos expresamos así, estamos seguros de que les espera lo mejor, es decir, *lo que atañe a la salvación*» (v. 9).

En ese caso, ¿quiénes son estos que en cierto sentido prueban, pero no beben, están bautizados con agua, pero evidentemente, no lo están con el Espíritu, comparten las operaciones comunes del Espíritu Santo en la comunidad del pacto, pero él no habita personalmente en ellos, y prueban la bondad de la Palabra y los poderes del mundo venidero, pero no son salvos? El escritor nos lo dice. Estos son como «la tierra [que] bebe la lluvia que con frecuencia cae sobre ella» pero produce espinos y cardos y «está a punto de ser maldecida, y acabará por ser quemada» (vv. 7–8). Se encuentran entre aquellos que han recibido genuinamente la realidad simbolizada: «Lo que atañe a la salvación» (Hebreos 6.4–9). La sección final apoya nuestra seguridad en el pacto con Abraham y el sacerdocio de Cristo según el orden de Melquisedec, como distinción del pacto del Sinaí que juró Israel y del sacerdocio aarónico (vv. 13–20).

Más adelante, en el capítulo 10, el escritor hace una advertencia: «Cualquiera que rechazaba la ley de Moisés moría irremediablemente por el testimonio de dos o tres testigos. ¿Cuánto mayor castigo piensan ustedes que merece el que ha pisoteado al Hijo de Dios, que ha profanado la sangre del pacto por la cual había sido santificado, y que ha insultado al Espíritu de la gracia?» (vv. 28–29). Está claro que se refiere a unas personas que no son extrañas, sino que forman parte del pacto. El escritor las llama para recordarles su bautismo, «después de haber sido iluminados», y su amor y servicio iniciales a los hermanos y hermanas que eran perseguidos (vv. 32–34). «Así que no pierdan la confianza, porque esta será grandemente recompensada» (v. 35). Y añade, de nuevo para distinguir a sus lectores de los apóstatas: «Pero nosotros no somos de los que se vuelven atrás y acaban por perderse, sino de los que tienen fe y preservan su vida» (v. 39).

Los que se hallan privados de las bendiciones del bautismo, la adoración, la instrucción en la familia y en la iglesia, la profesión de fe y la comunión no son apóstatas, puesto que se hallan fuera del pacto desde el principio. En cambio, aquellos que han recibido estas bendiciones del pacto y sin embargo, las han dejado a un lado, son «como Esaú, quien por un solo plato de comida vendió sus derechos de hijo mayor» (12.16).

En Hechos 10.44–45, se habla de la forma en que les fue dado el Espíritu a los gentiles: un Pentecostés local para aquellos que son «extranjeros» (cf. 2.39). Pedro les predicó a los gentiles y «el Espíritu Santo descendió sobre todos los que escuchaban el mensaje» (v. 44). Estos recibieron «el don del Espíritu Santo», y después fueron bautizados (vv. 45–48). Hay intervalos similares en Hechos 8 y 19 entre el derramamiento del Espíritu, que produce la fe en Cristo, y el bautismo en agua. Aunque no son normativos, al menos distinguen entre el bautismo (el sacramento) y el don del Espíritu (la realidad). El teólogo ortodoxo ruso Sergei Bulgakov comenta al respecto: «Y esto tuvo lugar *antes* del bautismo y con independencia de él, de manera que Pedro no pudo menos que testificar diciendo: "¿Acaso puede alguien negar el agua para que sean bautizados estos que han recibido el Espíritu Santo lo mismo que nosotros?" (10.47)».[114] De forma similar, el erudito católico romano Yves Congar hace notar con respecto a este instante que «el rito bautismal no aparece como el medio directo (o más bien la causa instrumental) de ese don [del Espíritu]».[115] Así como alguien podía estar circuncidado en el exterior bajo el pacto antiguo, sin estar circuncidado en su corazón, lo mismo es posible en el nuevo pacto. Sin embargo, una distinción no trae forzosamente consigo una separación.

Por tanto, debemos reunir estos pasajes totalmente armoniosos entre sí que tratan del bautismo en agua y el bautismo con el Espíritu para ponerlos en la conexión más cercana posible, al mismo tiempo que reconocemos que hay una distinción entre ellos. Los que reciben la realidad *por medio* de la promesa que es simbolizada y sellada en el bautismo, son salvos; los que no aceptan esa realidad se hallan bajo una maldición. Esta distinción–sin–separación

---

114. Sergei Bulgakov, *The Comforter*, traducción al inglés, Boris Jakim (Grand Rapids: Eerdmans, 2004), p. 234.

115. Congar, *I Believe in the Holy Spirit*, 1:46.

caracteriza gran parte de las enseñanzas patrísticas prevalentes. Por ejemplo, Basilio Magno escribió:

> Así, el bautismo simboliza el abandono de las obras de la carne, como dice el Apóstol... El Señor que nos da vida, también nos dio el pacto bautismal, que contiene una imagen, tanto de la vida como de la muerte. La imagen de la muerte se cumple en el agua, y el Espíritu nos da la promesa de vida... El agua recibe nuestro cuerpo como una tumba, y así se convierte en imagen de la muerte, mientras que el Espíritu derrama en nosotros su poder dador de vida, renovando en nuestras almas, que estaban muertas en el pecado, la vida que poseían primero. Esto es lo que significa nacer de nuevo del agua y del Espíritu: el agua realiza nuestra muerte, mientras que el Espíritu nos resucita a la vida... Si en el agua hay alguna gracia, esta no procede de la naturaleza del agua, sino de la presencia del Espíritu, puesto que el bautismo no es una eliminación de la suciedad del cuerpo, sino un clamor a Dios para pedirle una conciencia limpia [1 Pedro 3.21]... También podemos distinguir entre la gracia que viene del Espíritu y el simple bautismo en agua.[116]

Sencillamente, no hay manera de sacar de estos pasajes una regeneración bautismal *ex opere operato*.

Simeón el Nuevo Teólogo (949–1022), otra figura importante en el oriente cristiano, escribió: «Por el Espíritu Santo es como todos experimentan... la resurrección de almas muertas que tiene lugar a diario, una regeneración espiritual y resurrección de una forma espiritual».[117] El bautismo nos inicia en el misterio de la salvación. No obstante, «si alguien no está bautizado en el Espíritu Santo, no se puede convertir en hijo de Dios o coheredero con Cristo».[118] Y añade en otro lugar que se debe «aprender que no todos los que son bautizados reciben a Cristo por medio del bautismo, sino solo aquellos que han sido fortalecidos en la fe», por la cual captan la realidad: Cristo con sus beneficios. O en otro lugar: «Los de ustedes que recibieron su bautismo a principios de su infancia, y que durante toda su vida han vivido indignamente,

---

116. San Basilio Magno, *On the Holy Spirit*, traducción al inglés, David Anderson, *Popular Patristics* (Crestwood, NY: St. Vladimir's Seminary Press, 1980), pp. 58–59.

117. Citado por Congar, *I Believe in the Holy Spirit*, 1:95, de *Simeon the New Theologian's Catechetical Discourses* p. 6.

118. Citado por Congar, *I Believe in the Holy Spirit*, 1:95, de *Simeon the New Theologian's Catechetical Discourses* pp. 33.

van a ser condenados con mayor severidad que aquellos que no han sido bautizados… puesto que no es solo "por el agua" como llega la gracia, según sus palabras, sino "por el Espíritu", en la invocación de la Santa Trinidad».[119]

Como los escribas y los fariseos, dice Simeón, algunos prelados de sus días quisieran «ser considerados dignos de que se les encomendara la tarea de atar y desatar» cuando deberían escuchar las palabras de Cristo. La «clave del conocimiento» que se les había quitado era «la gracia del Espíritu Santo dada por fe», que abre «la puerta», la cual es «el Hijo». El Espíritu abre la puerta de nuestro corazón para que abracemos a Cristo.[120] Simeón no puso al Espíritu por encima de la Iglesia y de los medios visibles de la gracia, pero hizo notar con claridad que estos últimos solo eran eficaces en el poder del primero.[121]

Todo esto sugiere que en este sentido, los miembros de la Iglesia visible en el nuevo pacto se hallan en el mismo lugar que los creyentes del pacto antiguo. Es posible estar unidos exteriormente a Cristo y a su cuerpo visible y, sin embargo, no ser una rama viva de la vid. «Ahora bien, no digamos que la Palabra de Dios ha fracasado. Lo que sucede es que no todos los que descienden de Israel son Israel. Tampoco por ser descendientes de Abraham son todos hijos suyos» (Romanos 9.6–7). Los medios de la gracia retienen su validez objetiva, cualquiera que sea la respuesta humana. La Palabra de Dios sigue siendo Palabra de Dios, y el bautismo en agua es administrado verdaderamente, tanto a los réprobos como a los elegidos. Sin embargo, el Espíritu obra cuando y donde quiere, otorgando fe para recibir la realidad presentada por medio de la señal y el sello. «Ahora bien, es verdad que algunas de las ramas [originales] han sido desgajadas, y que tú, siendo de olivo silvestre [gentil], has sido injertado entre las otras ramas. Ahora participas de la savia nutritiva de la raíz del olivo. Sin embargo, no te vayas a creer mejor que las ramas originales. Y, si te jactas de ello, ten en cuenta que no eres tú quien nutre a la raíz, sino que es la raíz la que te nutre a ti» (Romanos 11.17–18). De igual modo que en el Antiguo Testamento, sin la fe, no hay salvación.

---

119. Citado por Congar, *I Believe in the Holy Spirit*, 1:95–96, de *Simeon the New Theologian's Ethical Treatise 10 and Hymn* p. 55.

120. Citado por Congar, *I Believe in the Holy Spirit*, 1:97, de *Simeon the New Theologian's Catechetical Discourses* p. 33.

121. Sin embargo, también existía una tendencia a menospreciar el ministerio ordenado, incluso en el enfoque de Simeón (Congar, *I Believe in the Holy Spirit*, 1:99). Siguiendo la línea de Orígenes, Anastasio del Sinaí y el Pseudodionisio, Simeón alegaba que se debía buscar el ministerio de los santos monjes, incluso aunque estos no estuvieran ordenados, y que había muchos que seguían este punto de vista. De hecho, en el Oriente cristiano, los creyentes buscaban a los monjes, «hombres espirituales», en lugar de buscar a los sacerdotes para la confesión y la absolución, hasta mediados del siglo trece (Ibíd., p. 100).

Escuchar que se predica sobre Cristo, ser bautizado y recibir la Comunión no son sustitutos de la fe, pero son los medios por los cuales el Espíritu nos da fe y confirma esa fe hasta el fin.

El Catecismo de Heidelberg lo resume de la siguiente manera: La fe procede «del Espíritu Santo que la hace obrar por la predicación del santo evangelio, encendiendo nuestros corazones, y confirmándola por el uso de los sacramentos».[122] Dios nos promete y entrega realmente a Cristo con todos sus beneficios a través de estos medios, pero solo aquellos que reciben el don de la fe comparten la realidad misma. Los sacramentos, como señales y sellos del pacto, ayudan al socio humano a la fe y la obediencia. No obstante, el bautismo y la Cena son en primer lugar y por encima de todo, medios de la gracia, porque son los sacramentos del pacto de la gracia. Al instituir la circuncisión, Yahvé prometió: *«Estableceré mi pacto contigo* y con tu descendencia, como pacto perpetuo, por todas las generaciones. Yo seré tu Dios, y el Dios de tus descendientes» (Génesis 17.7). La circuncisión no solo iba a simbolizar esta promesa, sino que ratificaría el derecho a ella de todos los que fueran circuncidados: «De esta manera mi pacto quedará como una marca indeleble en la carne de ustedes» (v. 13). Era la «señal» de su justificación (v. 11). El pacto de redención intratrinitario es realizado en el pacto de la gracia por la unión de los creyentes al Padre, en el Hijo, por el Espíritu Santo. De aquí que Cristo nos ordene que seamos bautizados en el nombre de las tres personas de la Trinidad. «Por esta razón obtenemos y, por decirlo así, discernimos con claridad en el Padre la causa [*causa*], en el Hijo la materia [*materia*] y en el Espíritu el efecto [*effectio*] de nuestra purificación y nuestra regeneración».[123]

De forma similar, un convertido adulto es justificado en el mismo momento en que confía en Cristo, pero esta justificación es sellada o ratificada por el bautismo. En ese caso, no es cuestión de escoger entre la salvación por gracia por medio de la fe, y la salvación por medio de los sacramentos; más bien, lo que sucede es que estos últimos simbolizan y sellan a la primera. Precisamente por esta razón no se les deben negar a los que tienen derecho a recibirlos (Génesis 17.14). Además de esto, así como los sacramentos del pacto antiguo prometían gracia y amenazaban con el juicio a los que no recibieran la realidad simbolizada, el Nuevo Testamento presenta las mismas graves advertencias (1 Corintios 10.1–22; 11.27–32; Hebreos 4.1–13; 6.1–12).

---

122. Domingo 25, Pregunta 65.
123. Calvino, *Institución*, 4.15.6.

Esta línea de argumentación sugiere que el bautismo en sí mismo no efectúa la regeneración, ni tampoco ninguna otra gracia de una forma automática (*ex opere operato*). El bautismo es más bien una confirmación visual del acto de Dios al comunicarle su promesa para el pacto. Esta realiza el efecto propuesto cuando y donde el Espíritu decide. «La eficacia del bautismo no está ligada al preciso momento en que es administrado», según la Confesión de Westminster; «sin embargo, por el uso correcto de este sacramento, la gracia prometida no solamente se ofrece, sino que realmente se manifiesta y se otorga por el Espíritu Santo a aquellos (sean adultos o infantes) a quienes corresponde aquella gracia, según el consejo de la propia voluntad de Dios; en su debido tiempo».[124] De hecho, la teología y la piedad reformadas hacen resaltar la significación y la eficacia perpetuas del bautismo para la vida entera de los creyentes.[125]

## CONCLUSIÓN

Aquí la idea central es que no necesitamos que Cristo continúe su existencia encarnada en la tierra ahora mismo, sino que continúe su existencia encarnada en el cielo, glorificado como Cabeza nuestra, sometiendo a sus enemigos por medio de su Palabra y de su Espíritu, intercediendo por su Iglesia y preparándonos un lugar en su reino eterno. Cristo se ha unido a nuestra carne en el poder del Espíritu; ahora somos nosotros los que necesitamos ser unidos a su humanidad gloriosa en los lugares celestiales.

> Pero la justicia que se basa en la fe afirma: «No digas en tu corazón: "¿Quién subirá al cielo?" (es decir, para hacer bajar a Cristo), o "¿Quién bajará al abismo?"» (es decir, para hacer subir a Cristo de entre los muertos). ¿Qué afirma entonces? «La palabra está cerca de ti; la tienes en la boca y en el corazón». Esta es la palabra de fe que predicamos. (Romanos 10.6–8)

Lo último que deberíamos procurar sería «hacer bajar a Cristo», ya sea a base de asimilarlo a la Iglesia, o al ministerio de esta por la Palabra y los sacramentos. Más bien, él se halla presente a la derecha del Padre, y presente en

---

124. *Confesión de Fe de Westminster* (Poiema Publications, 2016), 28.7.
125. Calvino, *Institución*, 4.15.3; *Confesión de fe belga*, Artículo 25.

su Palabra y en los sacramentos, como Cristo todo entero: sí, incluso de forma corporal, precisamente porque es su Espíritu Santo quien nos une a Cristo y va haciendo más profunda esa unión.

El Espíritu le preparó un cuerpo natural al Hijo, y debido a lo sucedido en Pentecostés, está preparando al cuerpo eclesial de Cristo, tomado «de toda raza, lengua, pueblo y nación» (Apocalipsis 5.9). Junto con la Palabra y el bautismo, *el cuerpo sacramental* en la Eucaristía es el medio por el cual el Espíritu nos está uniendo *al cuerpo natural* (Jesús mismo en el cielo) y de esta forma edificando *un cuerpo eclesial* de Cristo en la tierra.[126]

Dando por sentadas estas categorías, John Owen expresa un enfoque típicamente reformado a la constitución pneumatológica de la Iglesia como cuerpo de Cristo: «La dispensación y obra del Espíritu Santo en esta nueva creación respeta, en primer lugar, *a la Cabeza de la Iglesia*, el Señor Jesucristo, en su naturaleza humana, tal como debía ser, y fue, unida a la persona del Hijo de Dios. En segundo lugar, concierne a los miembros de ese *cuerpo místico* que les pertenece a ellos como tal».[127] Aunque el Espíritu formó el cuerpo natural de Jesús «por un acto de poder creador infinito, con todo, este fue formado o hecho de la sustancia de la bienaventurada Virgen».[128] De manera similar, el Espíritu forma una esposa para el Hijo, no de la sustancia de los ángeles, sino de la carne y sangre de la raza humana. «Y esto pertenece al establecimiento de nuestra fe, a aquel que preparó, santificó y glorificó a su cuerpo místico, o a todos los elegidos que le fueron dados por el Padre».[129] Por último, «es el Espíritu Santo quien sustituye la ausencia corporal de Cristo, y por él este realiza todas las promesas que le ha hecho a la Iglesia. De aquí que algunos de los antiguos lo llamaron «*Vicarium Christi*», el vicario de Cristo, o aquel que representa su persona y libera la obra que él ha prometido: *Operam navat Christo vicariam*.[130]

Si queremos saber dónde está obrando hoy el Espíritu, no debemos mirar en los lugares elevados, en lo extraordinario, donde estas supuestas maravillas no son señales que señalan más allá de sí mismas, a Cristo en su oficio salvador. Como el Hijo en su encarnación, se puede hallar al Espíritu obrando

---

126. El llamado *Corpus Triforme* («cuerpo triple») es un importante teologoumenon en la teología de principios de la Edad Media. Ver Henri de Lubac, *Corpus Mysticum: The Eucharist and the Church in the Middle Ages*, traducción al inglés, Gemma Simmonds, Richard Price y Christopher Stephens, eds. Laurence Paul Hemming y Susan Frank Parsons (Notre Dame: University of Notre Dame Press, 2007).

127. Owen, *Discourse*, p. 159.

128. Ibíd., p. 164.

129. Ibíd., p. 189.

130. Ibíd., p. 193.

activamente en los lugares humildes, a los cuales desciende, habiendo prometido otorgarles a Cristo con todos sus beneficios. El Espíritu se sigue moviendo sobre las aguas sin vida, para hacer que la vida abunde en ellas. Encontramos al Espíritu solo donde Cristo ha prometido estar presente a favor nuestro en el gozo de dar dones, y no en su aterradora majestad. Es el Espíritu el que hizo «asequible» al Hijo eterno en su encarnación: el Señor de la Gloria envuelto en pañales. Y es el Espíritu el que lo hace «asequible» para nosotros ahora, a través de unos medios humildes, aunque él ascendió corporalmente hasta la derecha del Padre.[131]

Por consiguiente, nosotros podemos saber dónde está el Espíritu trabajando poderosamente en el mundo: dondequiera que esta palabra sea proclamada y enseñada fielmente en un testimonio cada vez más amplio, y donde las personas estén recibiendo las señales y los sellos de esta palabra salvadora en el bautismo y la Cena. Estos son las señales y los prodigios del ministerio del nuevo pacto por medio de los cuales el Espíritu le da vida y crecimiento al cuerpo de Cristo.

---

131. Estoy tomando prestado el término «haveable» («tenible») de Dietrich Bonhoeffer, que este usó en particular para hacer despertar la preocupación con respecto a la forma en que Karl Barth concebía la revelación. Bonhoeffer expresó su preocupación con la tendencia de ver la Palabra de Dios como algo que se encuentra al lado de las palabras humanas de las Escrituras, detrás de ellas, o moviéndose encima de ellas. En lugar de pensarlas así, sostenía, las encontramos ambas en las Escrituras, «pero de una manera tal, que Dios mismo dice dónde se encuentra su palabra, y lo hace *dentro de la palabra humana*» (Dietrich Bonhoeffer, *Dietrich Bonhoeffer Werke*, eds. Eberhard Bethge et al. [Gütersloh: Christian Kaiser Verlag, 1986], 14:408, cursiva en el original). De otra manera, Dios no sería «tenible» (*habbar*) (Dietrich Bonhoeffer, *Act and Being*, vol. 2 de *Dietrich Bonhoeffer's Works*, traducción al inglés, H. Martin Rumscheidt, ed. Wayne Whitson Floyd Jr. [Minneapolis: Fortress, 1996], p. 90). La crítica que hace Bonhoeffer de Barth es la que hago yo del enfoque presentado por Zuinglio... y, según creo, la crítica implícita de Calvino, Vermigli y las confesiones reformadas contra la herencia evangélica pietista que comparte los supuestos de Zuinglio.

# CAPÍTULO 11

# EL ESPÍRITU DE GLORIA

Cuando Jesús dice en el discurso de despedida que el Espíritu «me glorificará» (Juan 16.14), está diciendo más de lo que nosotros podríamos suponer a primera vista. Es más que centrar la atención en él y darle honra. El Espíritu Santo glorificó a Cristo mismo, en su persona, de forma decisiva y pública, al resucitarlo de entre los muertos. El Espíritu que había sido el responsable de la unión del Hijo eterno con nuestra humanidad, ahora lo resucitó de la muerte y lo revistió de gloria inmortal como el primer ejemplar de la nueva creación. El Espíritu se aseguró de que el Hijo encarnado que se humilló a sí mismo por nosotros, recuperara la gloria que tenía con el Padre antes de todos los tiempos (Juan 17.22–24).

Y aun así, es más que un regreso a la gloria eterna que él compartía en virtud de su divinidad. Su humanidad no es como una especie de traje espacial que él se puso para cumplir su misión, solo para dejarlo atrás al regresar a su posición eterna. Todo lo que hizo en la encarnación fue asumir nuestra humanidad para poder cumplir en nuestro nombre de manera representativa la vocación del ser humano, soportar nuestro juicio y ser resucitado y glorificado como el principio de la nueva creación. Esta vez, cuando entró a la gloria del Padre en el poder del Espíritu, lo hizo como la Palabra encarnada. Hemos visto cómo el Espíritu Santo resucitó a Jesús de entre los muertos, reivindicándolo así de forma pública como las primicias de la nueva creación. Así, la gloria que él posee ahora es mayor incluso de lo que había sido en todas las edades; no es solo la gloria que le corresponde a Dios, sino también la glorificación de su humanidad. Es interesante que Jesús sea el único ser humano que pudo decir que él se había santificado a sí mismo (Juan 17.19), ganando la gloria como premio. Pero él ora para que el Padre haga que sus discípulos compartan su gloria (17.17). El Padre responde esta oración enviando al Espíritu, en primer lugar, como depósito que habita en nosotros garantizándonos la salvación final y, en segundo lugar, como el supervisor y perfeccionador que nos revestirá a todos de un glorioso esplendor, muy superior a la belleza que tenían nuestros primeros padres en la creación.

## LA DOCTRINA DE LA GLORIFICACIÓN

Remontándonos en el pasado hasta el pacto eterno entre las personas de la Divinidad para la salvación de los elegidos, la agencia salvadora del Espíritu se extiende hacia delante, a la glorificación (Romanos 8.11). En ese día, nuestra conformidad total con la imagen de Cristo, con unos cuerpos radiantes revestidos de belleza y de gracia, no solo Dios nos estará reivindicando a nosotros, sino que se consumará su reivindicación de sí mismo y de sus propósitos en la historia. Este estado de la imagen, ni siquiera Adán y Eva lo conocieron antes de la caída, puesto que era la meta de la vocación de ellos. Pedro llega incluso a decir que esto es una participación en la naturaleza divina (2 Pedro 1.4), ya que nosotros compartiremos las energías glorificantes que nos conformarán final y totalmente para siempre a la naturaleza moral de Dios.

Con Cristo como mediador en la creación, todos los seres humanos comparten sus atributos comunicables de manera analógica (como imágenes suyas). Y sin embargo, nosotros hemos arruinado esa imagen. El Espíritu la está restaurando por medio de una unión con el Hijo que es mucho más maravillosa que la natural de la creación. Cuando Cristo regrese, el Espíritu nos resucitará de entre los muertos para llevarnos a la gloria inmortal, anunciando públicamente ante los poderes cósmicos y los terrenales que Jesucristo es Señor para gloria de Dios Padre. En nuestra glorificación, seremos «deificados»; esto es, como Francis Turretin lo describe, seremos «tan semejantes a Dios como una criatura lo podrá ser jamás».[1]

Tal vez sorprenda a algunos lectores el que este tema de la deificación (o glorificación) fuera también un tema importante en los escritos de los reformadores. Zuinglio le dedicó un artículo en su *Defensa de la fe reformada*, llegando a esta conclusión: «Que una persona es atraída a Dios por el Espíritu de Dios, y deificada, es algo que se ve con gran claridad en las Escrituras».[2] Lutero también enseñó que la meta de nuestra salvación consiste en ser «totalmente

---

1. Francis Turretin, *Institutes of Elenctic Theology*, 3:209.
2. Huldrych Zwingli *Writings*, Vol. One: *The Defense of the Reformed Faith*, traducción al inglés, E. J. Furcha, *Pittsburgh Theological Monographs* (Eugene, OR: Wipf & Stock, 1984), p. 57.

deificados», y veía esta verdad como el efecto de la imputación forense, más que la alternativa a la misma.[3] Calvino preguntaba: «¿Cuál es la meta para nuestra adopción, la cual obtenemos por medio de él, si no es, como declara Pedro, el que al final seamos partícipes de la naturaleza divina (2 Pedro 1.4)?».[4] La inmortalidad no es el origen nativo del alma, añade, sino el premio que Cristo ha ganado por nosotros.[5] La creación a la imagen de Dios es «participación en Dios», pero la justificación y recreación en Cristo por gracia es «un gozo que no se puede expresar con palabras».[6] No obstante, «somos uno con el Hijo de Dios; no porque él nos transmita a nosotros su sustancia, sino porque, en el poder de su Espíritu, él nos imparte su vida y todas las bendiciones que ha recibido del Padre».[7] Él dice que los «fanáticos» se imaginan que en el momento de la muerte «volveremos en todo detalle a nuestro [estado] original», concebido de forma errónea como una absorción de la divinidad.[8] Además de pensar en algunos líderes anabaptistas, sin duda, tenía en mente a Andreas Osiander, el antiguo colega de Lutero cuyos puntos de vista lo apartaron de los círculos luteranos. Incluso después de sus profundas críticas contra la idea más origenista de Osiander sobre la unión, Calvino seguía manteniendo no obstante que la deificación es aquello «sobre lo cual no se puede concebir nada mejor».[9] La propiciación y la victoria subrayan el peligro que la muerte de Cristo ha superado para nosotros. Ahora bien, ser liberados *de* la maldición del pecado y por tanto, del reino de Satanás, no es aún estar *unidos* con Dios. La expiación necesita de la ascensión y de Pentecostés.

Si nosotros tendemos a presentar al Espíritu Santo demasiado tarde en la historia de la redención (Pentecostés) y de la aplicación de esa redención (la santificación), nuestros ojos tienden a tener una visión borrosa cuando se trata de la gloria futura que nos espera en el Espíritu. Yo sugiero que donde la

---

3. Martín Lutero, de un sermón de 1529 citado por Werner Elert, *The Structure of Lutheranism*, traducción al inglés, Walter A. Hansen, vol. 1 (Saint Louis: Concordia, 1962), pp. 175–176. Ver Kurt E. Marquart, «Luther and Theosis», *CTQ* 64.3 (2000), pp. 182–205.

4. Citado por Joseph Tylenda, «The Controversy of Christ the Mediator: Calvin's Second Reply to Stancaro», *CTJ* 8 (1973): p. 148.

5. Juan Calvino, *Institución de la religión cristiana*, traducción al español, Cipriano de Valera (Capellades: Fundación Editorial de la Literatura Reformada, 1999), 2.1.1.

6. Ibíd., 2.2.1.

7. Juan Calvino, *Commentary on the Gospel of John*, traducción al inglés, William Pringle, *Calvin's Commentaries* 18 (Edimburgo: Calvin Translation Society, s. f.; reimpr., Grand Rapids: Baker, 1998), p. 184 (sobre Juan 17.21; cursiva original).

8. Juan Calvino, *Commentaries on the Second Epistle of Peter*, traducción al inglés, John Owen, *Calvin's Commentaries* 22 (Edimburgo: Calvin Translation Society, s. f.; reimpr., Grand Rapids: Baker, 1998), p. 371 (sobre 2 Pedro 1.4); cf. *Institución*, 1.15.5.

9. Calvino, *Second Epistle of Peter*, 370 (sobre 2 Pedro 1.4).

glorificación ha sido marginada en las discusiones reformadas soteriológicas más recientes, esto se ha debido en parte a una falta de valoración (a) de la importancia salvadora de la ascensión como la glorificación de la humanidad de Cristo como representante nuestro, (b) de la agencia del Espíritu en la finalización de la obra de salvación, y (c) del aspecto escatológico, aquel causa de una comprensible preocupación por destacar el carácter de «una vez por todas» que tiene la justificación.

## Los gemidos del Espíritu

Es necesario decir algo acerca de los «gemidos» del Espíritu, en particular porque esta añoranza por la consumación es esencial para nuestra vida en el Espíritu aquí y ahora. «Sabemos que toda la creación todavía gime a una, como si tuviera dolores de parto» (Romanos 8.22). En el texto griego se hace hincapié en esta idea: Toda la creación «gime a una» (*systenazei*) y «tiene dolores de parto» (*synōdinei*). El Espíritu que «amó a la masa confusa», por repetir las palabras de Calvino, no se puede dar por vencido en cuanto a la creación, aun después de que la humanidad ha dedicado sus recursos para destruirla. Yo considero que esto es una especie de personificación de la oración humana. La creación está orando para que termine su esclavitud a la maldición que le fue impuesta a causa de la rebelión del ser humano. Los verbos griegos traducidos aquí como «gime a una» y «tiene dolores de parto» destacan la carga que siente la creación de manera colectiva bajo el peso de la maldición. Sin embargo, solo cuatro versículos más tarde, leemos: «Así mismo, en nuestra debilidad el Espíritu acude a ayudarnos. No sabemos qué pedir, pero el Espíritu mismo intercede por nosotros con gemidos que no pueden expresarse con palabras» (v. 26). El Espíritu Santo aún no está en un estado de ánimo triunfalista. Hay demasiada esclavitud, demasiada rebelión, demasiada extinción y resistencia contra su reino para eso. Sin embargo, nuestras oraciones se unen a los «gemidos» del Espíritu junto con toda la creación, en espera de que el mundo sea liberado de su esclavitud y bañado en la gloria de Dios.

¿Qué tiene que ver todo esto con la glorificación? Todo. La esperanza futura de la glorificación, de la revelación de los hijos de Dios (v. 19), es la esperanza que mantiene a la creación y a los elegidos moviéndose juntos al paso del Espíritu. Aun en este momento en que escribo estas líneas, sigo estando inseguro de lo que esto significa. Pero el Espíritu Santo sí lo sabe. Eso me libera para pedirlo en oración, dando por sentado que la creación está «orando» conmigo, porque solo con la revelación de los hijos de Dios su destino quedará fijado para siempre. Toda la creación gime, y yo gimo, pero más que todo esto: «el Espíritu mismo intercede por nosotros con gemidos que no pueden expresarse con palabras» (v. 26).

La otra mención importante de los gemidos aparece en 2 Corintios 4. John Levison escribe al respecto:

> Pablo no está presentando una doctrina definitiva sobre los cuerpos de resurrección. En lugar de hacerlo, está reflexionando sobre la visión de Ezequiel dentro de su propio contexto: los creyentes que ahora gimen en el contexto de los sufrimientos del presente (2 Corintios 4.16–18) pueden esperar con toda seguridad el tiempo en el cual la visión de Ezequiel se convierta en realidad, cuando los tendones, la carne y la piel cubran unos huesos descarnados y muertos. De esto pueden estar seguros los creyentes, porque Dios «ha dado el espíritu», como prenda, tal como aparece en Ezequiel 36–37.[10]

Todo esto señala hacia la vida, pero «una vida abundante». «Esta visión se refiere a una vida más allá de toda medida, de toda esperanza, de todo sufrimiento, de las sobras de la muerte».[11]

Además de esto, en 1 Tesalonicenses 4.3–8, «Pablo ha recogido tres facetas de la visión de Ezequiel, el espíritu dado a Israel, la santidad y el conocimiento de Dios, y las ha adaptado a la situación de los tesalonicenses».[12] Estos «recibieron el mensaje con la alegría que infunde el Espíritu Santo» (1 Tesalonicenses 1.6), «se convirtieron a Dios dejando los ídolos para servir al Dios vivo y verdadero» (v. 9) y por tanto, se habrían debido arrepentir de la inmoralidad sexual.[13] Aquí no se está refiriendo solo a su conversión en el pasado y a su resurrección futura, sino al presente y al don constante de recibir la plenitud: el Padre les estaba dando su Espíritu Santo.[14] «Por tanto, desde el punto de vista de Pablo, el ser llenos del Espíritu no es una transformación espiritual que se produce en una esfera distinta a la humana y terrenal... Al

---

10. John Levison, *Filled with the Spirit* (Grand Rapids: Eerdmans, 2009), p. 262.
11. Ibíd.
12. Ibíd., p. 265.
13. Ibíd.
14. Ibíd., p. 266.

contrario, la plenitud del Espíritu hace que los espíritus de este mundo sean obsoletos (Gálatas 4.3), reestructura las relaciones humanas (Gálatas 4.4–7; Romanos 8.12–17; Filemón), y causa que se desintegre la hegemonía del temor (Romanos 8.15)».[15]

Cualquiera que sea todo lo que estos gemidos internos implican, podemos estar seguros de que no es nada menos que una pasión despertada por el anticipo de un mundo que es nuevo en un sentido cualitativamente diferente a todas las eras que lo han precedido. Como el precursor de la era por venir y el consumador de la obra de la Trinidad, el Espíritu nos ata con la esperanza de un mundo totalmente renovado. «Sin embargo, como está escrito: "Ningún ojo ha visto, ningún oído ha escuchado, ninguna mente humana ha concebido lo que Dios ha preparado para quienes lo aman"» (1 Corintios 2:9). ¿Estamos listos para esto? Por supuesto que no. Pero el Espíritu Santo que habita dentro de nosotros nos está preparando. Y no hay ni un solo «gemido» en oración que no nos guíe hacia ese futuro.

---

15. Ibíd.

# CAPÍTULO 12

# EL ESPÍRITU Y LA NOVIA

*El Espíritu y la novia dicen: «¡Ven!»; y el que escuche diga: «¡Ven!». El que tenga sed, venga; y el que quiera, tome gratuitamente del agua de la vida... El que da testimonio de estas cosas, dice: «Sí, vengo pronto». Amén. ¡Ven, Señor Jesús!*

APOCALIPSIS 22.17, 20

*Donde está la Iglesia, allí también está el Espíritu de Dios, y donde está el Espíritu de Dios, allí también están la Iglesia y toda la gracia.*

IRENEO[1]

*Creer en el Espíritu Santo, y creer en la santa iglesia católica: saber lo cercanas que están ambas cosas en el Credo. Su venida invisible en Pentecostés fue la consagración y dedicación visible de ese gran templo que es el cuerpo místico de Cristo, que sería educado bajo el evangelio.*

THOMAS GOODWIN[2]

Parecen existir pocas dudas en que hemos visto un interés mayor en la teología referente al «Tercer Artículo» en estas décadas recientes.[3] Pero la cuestión está en saber si su enfoque está en el Espíritu que «habló por los profetas» para revelar a Cristo, y que crea «una iglesia santa, católica y apostólica», se pone al frente de la campaña de la tierra para lograr «un bautismo para el perdón de los pecados» hasta «la resurrección del cuerpo y la vida perdurable».

---

1. Ireneo, *Adversus Hæreses* 5.6.1.

2. Thomas Goodwin, *The Works of the Holy Ghost in Our Salvation*, vol. 6 de *The Works of Thomas Goodwin*, 12 vols. (Edimburgo: James Nichol, 1863), p. 9.

3. El Credo suele estar dividido en tres secciones, según cada una de las personas de la Trinidad. De aquí que el «Tercer Artículo» se refiera a la doctrina sobre el Espíritu Santo.

¿Cómo se puede considerar a unos ministros que no solo son débiles, sino también pecadores, como «servidores de Cristo, encargados de administrar los misterios de Dios» (1 Corintios 4.1), mucho menos como colaboradores de Dios (1 Corintios 3.9), «embajadores de Cristo, como si Dios los exhortara a ustedes por medio de nosotros» (2 Corintios 5.20)? ¿Cómo es posible que cosas tan comunes como el agua, o el pan y el vino, dentro del contexto de una ceremonia del pacto cuenten como la promesa de salvación de parte del propio Dios? ¿Y cómo se pueden identificar las operaciones del Espíritu invisible con unos ritos visibles como estos? Sin embargo, los mismos supuestos que provocan estas protestas, podrían poner en duda, y de hecho lo hacen con frecuencia, la identificación de las palabras de Dios con las expresiones de los humanos en las Escrituras y en la predicación, así como en la propia encarnación.

## El Espíritu y la Iglesia

Muchos evangélicos (yo mismo entre ellos) fuimos criados con el epíteto de «eclesialismo» dirigido con sorna contra todo lo que a nosotros nos supiera a formalismo o ritualismo. Con frecuencia, el hecho de nacer de nuevo por el Espíritu era enfrentado de manera explícita con el de pertenecer a la Iglesia. Mientras tanto, algunas iglesias (las acusadas del «eclesialismo») parecían aceptar el divorcio, aunque favoreciendo a la Iglesia sobre el Espíritu. Por supuesto que todo esto son exageraciones. No obstante, creo que sería una distorsión recuperar una valoración adecuada del Espíritu Santo que no fuera acompañada por una fuerte eclesiología.[4] La oposición entre el Espíritu y la Iglesia tiene un largo linaje en movimientos más radicales y místicos en la historia de la Iglesia. Lo que parece asombroso en nuestros días es la forma tan amplia en que este impulso radical se ha convertido en parte de la Iglesia establecida. Antes de hablar de este enfoque, examinemos la tendencia opuesta, dedicada a domesticar al Espíritu a base de asimilarlo a la Iglesia.

---

4. Después del Concilio Vaticano II, y también bajo la influencia del papa Benedicto XVI, el énfasis carismático en la «comunidad del Espíritu» ha desempeñado un amplio papel junto con otros aspectos dentro de las eclesiologías católicas romanas, al mismo tiempo que los teólogos pentecostales más jóvenes, como Amos Yong, manifiestan un considerable interés en la doctrina de la Iglesia, e incluso simpatía por las eclesiologías católicas romanas en particular (aunque pasando por encima de las tradiciones de la Reforma). Además de esto, las consultas formales entre cuerpos establecidos a nivel mundial han producido algunos de los estudios más impresionantes, integrados y fundamentados en la Biblia que se han escrito sobre este tema. Un ejemplo notable es *Baptism, Eucharist and Ministry* 1982–1990: *Report on the Process and Responses, Faith and Order* Paper No. 149 (Geneva: WCC Publications, 1990).

## La asimilación del Espíritu a la Iglesia: Variaciones del Totus Christus

La fusión de Cristo con el Espíritu (y de ambos con la Iglesia) alcanza un extremo en la convicción de Sergei Bulgakov, teólogo ortodoxo ruso, de que la Iglesia es la encarnación del Espíritu.[5] John Milbank presenta su propio apoyo a la excéntrica tesis de Bulgakov.[6] De hecho, la ortodoxia del futuro tendrá «que hablar en un sentido de la triple encarnación de toda la Trinidad».[7] Además de carecer en absoluto de apoyo en las Escrituras, esta tesis confunde las propiedades distintivas de las personas. El Espíritu obra *dentro* de la naturaleza; incluso fue él quien unió al Hijo a nuestra humanidad en la encarnación, como ya hemos visto. Pero el Espíritu no es nunca el sujeto de la encarnación. Incluso, hablar en sentido metafórico de la «encarnación» del Espíritu es un error de categoría y elimina las propiedades incomunicables que son esenciales a la distinción entre las personas.

No obstante, la asimilación del Espíritu a la iglesia forma parte de una historia más larga de intentos por asimilar a Cristo con su Iglesia. Aunque la encarnación del Espíritu como la Iglesia es una tesis altamente excéntrica, ha sido común en la historia de la Iglesia la identificación del Espíritu como el *alma* de la Iglesia.[8] Congar escribe señalando que la Iglesia es «la visibilidad humana y colectiva» de Cristo; se ha dicho que el Cristo «necesita de la Iglesia como un *pneuma* ("espíritu") necesita un *sōma* ("cuerpo")».[9] Al igual que Orígenes, de Lubac reemplaza la relación de pacto de la Cabeza con el cuerpo por una antropología de tipo platónico. Observa lo que se pierde: primero y por encima de todo, se pierde a Jesús. Su visibilidad, su humanidad, es transferida desde él hasta la Iglesia. Con todo, también se pierde el Espíritu

---

5. Sergei Bulgakov, *The Comforter*, traducción al inglés, Boris Jakim (Grand Rapids: Eerdmans, 2004). De hecho, el propio Bulgakov identifica su punto de vista como un «piadoso panteísmo», o con mayor precisión, añade, «panenteísmo». Con todo, es difícil discernir la diferencia cuando escribe que «el Espíritu es el mundo mismo en todo su ser... en los caminos del caos al cosmos» (pp. 199–200).

6. John Milbank, «Alternative Protestantism», en *Radical Orthodoxy and the Reformed Tradition: Creation, Covenant, and Participation*, ed. James K. A. Smith (Grand Rapids: Baker Academic, 2005), pp. 38–39.

7. Ibíd., 39. Llega a obtener su conclusión a base de especular con mayor profundidad en la analogía psicológica de Agustín y la hipostatización del Amor–Don por el Espíritu.

8. Yves Congar menciona algunas de las fuentes, desde la era de la patrística en adelante, en *I Believe in the Holy Spirit*, traducción al inglés, David Smith, *Milestones in Catholic Theology* (Nueva York: Crossroad, 1999), 2:18.

9. Yves Congar, *Divided Christendom: A Catholic Study of the Problem of Reunion* (Londres: G. Bles, 1939), pp. 70–71.

al asimilarlo a la Iglesia como el alma de esta. Por supuesto, esto es solo una analogía, pero es una analogía de un concepto incorrecto. Jesús se convierte en la Iglesia (y viceversa) y el Espíritu es el alma de él y de ella. Siguiendo esta línea de pensamiento (sobre todo con Tomás de Aquino), no queda totalmente claro si la Iglesia es una gracia creada o increada (el Espíritu).[10]

Un importante desarrollo dentro de esta trayectoria fue el concepto del *totus Christus*, desarrollado por Agustín. La unión con Cristo es de forma simultánea la unión con su cuerpo. Es tan íntimo el lazo mutuo, que está justificado que digamos que Cristo es la cabeza, y la Iglesia es su cuerpo, formando «el Cristo total» (*totus Christus*).[11] Agustín repite la fórmula en el libro *On the Epistle of John 1.2*, y en un sermón añade que, aunque Cristo estaría completo sin nosotros, él no ha querido estar completo sin su cuerpo (*Sermones* 341.1.1); además, Agustín obtuvo la idea de Mateo 25.31–46 y Hechos 9.4.[12] En ambos pasajes, Jesús identifica a los suyos consigo mismo: extender la caridad con otros creyentes que son perseguidos, es extendérsela a él, y cuando se le enfrentó a Saulo, le hizo esta pregunta: «¿Por qué me persigues?». Algunas de las afirmaciones de Agustín fueron provocadas por la controversia, puesto que él consideraba que los cismáticos donatistas estaban destrozando el cuerpo de Cristo. El obispo de Hipona se preguntaba si esta herejía no estuviera poniendo en tela de juicio la misma encarnación, según la cual Cristo ha venido en carne.[13] Como hizo notar John Burnaby, los que estudiaban a los padres orientales no encontraban extraño este concepto.[14]

Sin embargo, en siglos posteriores, esta enseñanza bíblica, paulina en especial, alcanzó mayores proporciones. Por medio de la influencia del neoplatonismo cristiano, mediado en especial por el Pseudodionisio, la Iglesia era concebida como una escalera o pirámide con miles de niveles de seres, que descendían desde el Uno (es decir, de Dios) hasta María y los santos, y después seguían descendiendo hasta los laicos, e incluso a aquellos que apenas se

---

10. George Sabra, *Thomas Aquinas' Vision of the Church* (Mainz: Matthias Grünewald Verlag, 1987), p. 101.

11. San Agustín, *Homilies on the Gospel of John 1–40*, ed. Allan D. Fitzgerald, traducción al inglés, Edmund Hill, *Works of Saint Augustine III*. 12 (Hyde Park, NY: New City, 2009), 21.8.

12. Ver Tarsicius J. van Bavel, «The "Christus Totus" Idea: A Forgotten Aspect of Augustine's Spirituality», en *Studies in Patristic Christology*, eds. Thomas Finan y Vincent Twomey (Portland, OR: Four Courts, 1988), pp. 84–94.

13. Van Bavel, «The "Christus Totus" Idea», pp. 84–88.

14. John Burnaby, *Amor Dei: A Study in the Religion of St. Augustine, The Hulsean Lectures*, 1938 (Londres: Hodder and Stoughton, 1960), p. 102: las reflexiones de Agustín dentro de estos lineamientos son sacadas directamente del «realismo que aplicó la teología griega a la doctrina del cuerpo místico de Cristo».

hallaban en comunión con la Iglesia. En el año 1302, el papa Bonifacio VIII promulgó una bula llamada *Unam Sanctan* (Una, Santa), en la cual proclamaba su soberanía sobre esta pirámide en su administración terrenal, tanto espiritual como temporal. Así como el cuerpo se subordina al alma, se decía en ella que el estado estaba subordinado a la Iglesia, con el papa como cabeza, y la sumisión en todas las cosas al Vicario de Cristo (el papa) era considerada como esencial para la salvación.

Además, en la alta teología escolástica del occidente, la eficacia de los sacramentos fue localizada cada vez más, no en el Espíritu, sino en el sacerdote al que se le otorgaba en la ordenación la infusión de un nuevo carácter que lo capacitaba para transformar el pan y el vino en el cuerpo y la sangre de Cristo.[15] Con el cuerpo natural de Jesús sacado del contexto espacial en la formulación de Tomás de Aquino, el milagro de la transustanciación «ponía a Cristo totalmente en posesión de la Iglesia», observa Douglas Farrow. «De hecho, significaba que la Iglesia era la que controlaba ahora la parusía. Al tañido de una campana, el *Christus absens* ("Cristo ausente") se convertía en el *Christus præsens* ("Cristo presente")… La Iglesia, cómodamente sentada con el Cristo niño en el regazo, se convirtió pronto en su regente, en lugar de ser su sierva. En breve, su ego mariano, ya fuera de control al comenzar los debates eucarísticos, posteriormente no conoció límites de ningún tipo».[16]

El dogma de la transustanciación le da forma a la eclesiología católica romana, al mismo tiempo que revela unos supuestos teológicos y metafísicos más profundos. La ausencia corporal de Cristo desde su ascensión no es un problema que haga resaltar la necesidad del Espíritu, porque en un sentido funcional, Jesús ha regresado en y como la Iglesia. Aunque él gobierna de forma invisible a través de su divinidad omnipresente, su forma terrenal y visible es su cuerpo, la Iglesia. Esta versión del *totus Christus* entrega la visión más grandiosa de la Iglesia, aunque pagando el mayor de los precios: sustituye por la Iglesia, tanto a la humanidad del Señor de la Iglesia, como al Espíritu que el Señor nos da para unirnos a esa gloriosa humanidad. Esto conduce de manera inevitable a una domesticación del Espíritu (y también de Cristo), que queda reducido a la inmanencia del ser y la acción eclesial. Esto se halla lejos de ser una tentación exclusivamente católica romana, pero es importante que reflexionemos con

---

15. Heinrich Denzinger, *Enchiridion Symbolorum, Definitionum et Declarationum de Rebus Fidei et Morum*, ed. Peter Hünermann, 43ª ed. (San Francisco: Ignatius, 2012), pp. 959-60, 964.
16. Douglas Farrow, *Ascension and Ecclesia: On the Significance of the Doctrine of the Ascension for Ecclesiology and Christian Cosmology* (Edimburgo: T&T Clark, 2004), p. 157.

brevedad sobre al menos algunos de los factores que contribuyeron a la marginación del Espíritu a favor de la Iglesia.

En un caso así, ¿existe alguna necesidad de invocar al Espíritu? Esta preocupación ha sido suscitada con frecuencia por los teólogos ortodoxos, los cuales señalan que, aunque la *epíclesis* (orar para invocar al Espíritu) es esencial en la consagración, cayó en desuso en las liturgias occidentales.[17] En una marginación mayor del Espíritu, ya en los tiempos de Tomás de Aquino se entendía que los sacramentos infundían gracia creada en el alma, de la misma forma que la medicina cura al cuerpo. De la misma manera que aquello que había comenzado como un argumento totalmente bíblico a favor de la unidad de Cristo con su Iglesia, fue borrando de forma creciente toda distinción entre la Cabeza y los miembros, también el Espíritu y el reino de Dios terminaron asimilados a la Iglesia. El Concilio de Trento reforzó la idea de la Iglesia como una institución legal con poder sobre todas las almas y todos los cuerpos.[18]

Johann Adam Möhler abrió el camino de la eclesiología del «catolicismo reformado» a fines del siglo diecinueve, para convertir el concepto postridentino sobre la Iglesia como esencialmente una institución legal con plenos poderes, en una idea más orgánica. Sin embargo, el enfoque de Möhler era, si acaso, una intensificación mayor aún de la idea de que la Iglesia es la encarnación continua de Cristo. «La Iglesia está ordenada hacia lo invisible, espiritual y eterno... Pero la Iglesia no es solo invisible. *Puesto que es el reino de Dios*, no es una reunión al azar de seres humanos individuales, sino un sistema ordenado de partes normalmente subordinadas». A través de su jerarquía, «*lo divino es objetivado, es encarnado en la comunidad*, y precisa y únicamente en tanto en cuanto es una comunidad... Así la Iglesia posee el Espíritu de Cristo, no como muchos seres humanos individuales, no como una suma de personalidades espirituales, sino como la compacta unidad de los fieles, como una comunidad que trasciende a las personalidades individuales... *los muchos como uno*». La misión de Cristo es «reunir a Dios a la humanidad como una unidad, como un todo, *y no como este o aquel ser humano individual*».[19]

---

17. En cuanto a la importancia de la *epíclesis*, ver John D. Zizioulas y Luke Ben Tallon, *The Eucharistic Communion and the World* (Londres: Bloomsbury T&T Clark, 2011), pp. xi–xii, 8–11, 21–28, 130. Cf. Simon Chan, "The Future of the Liturgy: A Pentecostal Contribution", en *The Great Tradition–A Great Labor: Studies in Ancient-Future Faith*, eds. Philip Harrold y D. H. Williams (Eugene, OR: Wipf & Stock, 2011), p. 65; Yves Congar, *I Believe in the Holy Spirit*, 3:267–72.

18. Roberto Belarmino, *De controversies*, tom. 2, liber 3; *De ecclesia militante*, cap. 2.

19. Karl Adam, *The Spirit of Catholicism*, traducción al inglés, Justin McCann (Nueva York: Crossroad, 1997), pp. 31–32 (cursiva añadida).

No solo la *unidad*, la comunión común en Cristo, sino la *unicidad*, la unidad numérica en una jerarquía con una cabeza papal, es la comprensión que tiene Adam de la Iglesia.[20]

En una ilustración un tanto escalofriante sobre su tiempo y lugar, Adam afirma de manera apasionada: «Un Dios, una fe, un amor, un solo hombre: ese es el estremecedor pensamiento que inspira el boato de la Iglesia y le da forma artística».[21] Haciéndose eco de Hegel, declara: «Porque solo en el todo se puede realizar a sí mismo lo divino; solo en la totalidad de los hombres, y no en el hombre individual».[22] Como consecuencia, «Los órganos estructurales del cuerpo de Cristo, tal como este se realiza en el espacio y el tiempo, son el papa y los obispos».[23] Por todas estas razones, dice Adam: «La Iglesia católica, por ser el cuerpo de Cristo, por ser la realización en el mundo del reino de Dios, es la Iglesia de la Humanidad».[24] La domesticación del Espíritu o de Cristo a la Iglesia también ha sido una tentación en los círculos protestantes. Friedrich Schleiermacher, apoyando el modalismo, fusionó más aún al Espíritu con la comunidad de Jesús.[25] La «consciencia de Dios» máxima que adquirió Jesús está a nuestro alcance a base de participar en la comunidad que él fundó.[26] Invocando la analogía del «espíritu nacional», Schleiermacher identifica al Espíritu Santo, no como una persona distinta dentro de la Trinidad, sino como el «espíritu común» de la Iglesia.[27] Es bueno que Jesús se haya marchado, porque la Iglesia reemplaza su existencia personal real, extendiendo la vida de él, su relación especial con el todo divino de la realidad, en y como su comunidad.[28] En lugar de ser una persona dentro de la Divinidad, el Espíritu Santo se convierte en la personalidad de la comunidad. Yo he podido analizar ampliamente las formas ahora familiares en las cuales los evangélicos hablan

---

20. Ibíd., p. 38.

21. Ibíd., p. 41. Como muchos teólogos católicos y protestantes de su generación, Adam primero recibió bien la subida de Hitler al poder. Según la introducción de Krieg a *The Spirit of Catholicism*, después de declararse a favor de Hitler, seis meses más tarde, Adam criticó al régimen (p. xii).

22. Adam, *Spirit of Catholicism*, p. 53.

23. Ibíd., p. 97.

24. Ibíd., pp. 159–165.

25. Emanuel Kant afirmó que la doctrina de la Trinidad no tiene ningún peso sobre la moralidad práctica («The Conflict of the Faculties», en *Religion and Rational Theology*, eds. Allen W. Wood y George di Giovanni, traducción al inglés por Mary J. Gregor y Robert Anchor (Cambridge: Cambridge University Press, 1996), p. 264. También Friedrich Schleiermacher, *The Christian Faith*, traducción al inglés, y ed., H. R. Mackintosh y J. S. Stewart (Londres: T&T Clark, 1928), pp. 738, 741.

26. Schleiermacher, *Christian Faith*, p. 121.

27. Ibíd., §121.2.

28. Ibíd., §124.

también acerca de la Iglesia como la encarnación constante de Cristo.[29] Pero si Jesús, el Espíritu y la Iglesia simplemente se hallan unidos en nuestro pensamiento, entonces no puede haber una unidad real entre ellos. Esta paradójica *unión de diferentes personas* es la que Jesús destacó en su discurso de despedida, como ya hemos visto.

Más recientemente, el teólogo anglocatólico Graham Ward va tan lejos, que llega a sugerir que el «desplazamiento» de Jesús en la carne no es una pérdida, sino una transustanciación de su existencia personal en la Iglesia y como ella misma. A pesar de que trata de descargar responsabilidad al decir que su «interpretación de la ascensión no está de acuerdo con la idea de Orígenes de la ascensión de la mente y no del cuerpo»,[30] los argumentos que presenta Ward sirven de poco para atenuar el juicio en su contra. Según esta versión tan extrema que señala una transferencia de la idea de la ubicuidad de Cristo a la Iglesia, «Nosotros no tenemos acceso al cuerpo del varón judío... *Esto carece de sentido, porque la Iglesia es ahora el cuerpo de Cristo, así que para comprender al cuerpo de Jesús, solo podemos examinar lo que es la Iglesia, y qué afirma ella* con respecto a la naturaleza de ese cuerpo tal como las Escrituras dan testimonio de ella».[31] «Como señala Gregorio Niseno en su décimo tercer sermón sobre el Cantar de los cantares», cita Ward, «el que ve a la Iglesia, mira directamente a Cristo».[32]

De forma similar, Robert Jenson sostiene que el apóstol Pablo considera que el cuerpo de la persona es simplemente la persona misma en su disponibilidad con respecto a los demás. «En la ontología de Pablo, esta disponibilidad personal, puede estar o no estar constituida como la entidad biológica en la que piensan los modernos primeramente como "un cuerpo"».[33] Después de presentar algunos conceptos intrigantes sobre el hecho de que los corintios no supieran discernir el cuerpo de Cristo en la congregación y en el pan eucarístico,[34] Jenson va un paso más allá y sugiere que Cristo mismo halla su cuerpo personal en la Iglesia y en la Eucaristía. «La Iglesia con sus sacramentos es realmente la disponibilidad de Cristo para con nosotros, *solo porque Cristo la toma como su disponibilidad para consigo mismo. ¿Hacia dónde se vuelve el Cristo*

---

29. Ver por ejemplo, Michael S. Horton, *People and Place: A Covenant Ecclesiology* (Louisville: Westminster John Knox, 2008), pp. 5–6.

30. Graham Ward, *Cities of God, Routledge Radical Orthodoxy* (Londres: Routledge, 2001), p. 112.

31. Ibíd., pp. 112–113 (cursiva añadida).

32. Ibíd., p. 116.

33. Robert W. Jenson, *The Triune God*, vol. 1 de *Systematic Theology*, 2 vols. (Nueva York: Oxford University Press, 1997), p. 205.

34. Robert W. Jenson, *The Works of God*, vol. 2 de *Systematic Theology*, 2 vols. (Nueva York: Oxford University Press, 2001), pp. 211–213.

resucitado para encontrarse a sí mismo? Hacia la reunión sacramental de los creyentes. A la pregunta «¿Quién soy yo?», él responde: «Yo soy la cabeza de esta comunidad. Soy el sujeto cuya objetividad es esta comunidad… Y nuevamente: "Soy el sujeto cuya objetividad para esta comunidad está constituida por el pan y el vino alrededor de los cuales se reúne"».[35] Estos dos últimos ejemplos representan el *totus Christus* en un grado extremo.[36] En lugar de volverse hacia la obra del Espíritu que une a los miembros a la Cabeza glorificada, estas sugerencias conducen de forma inevitable a la evaporación de Jesús, que queda reemplazado por la Iglesia. Una vez más se hace evidente por sí misma la importancia que tiene el reconocimiento de la intersección entre la ascensión y Pentecostés. A falta de una mediación pneumatológica, las proposiciones de este tipo espiritualizan a Jesús, transformando a la persona humana en una personalidad eclesial cósmica. Douglas Farrow nos recuerda de nuevo que, si buscamos justificaciones para negar su partida real en la carne, estaremos perdiendo todas las particularidades de Jesús. La pregunta «¿*Dónde* está Jesús?» no es especulativa. Es la que determina otra pregunta más amplia: «¿*Quién* es Jesús?». Si la respuesta a la primera pregunta es «En todas partes», entonces la respuesta a la segunda deberá ser «Todo». Este enfoque, que se afirma prodecente de Ireneo, encarnacional y antiagnóstico, se coloca mucho más cerca del gnosticismo. «Sus principales características se deben hallar en su universalismo, su sinergismo y su panteísmo, todo lo cual justifica el que las clasifiquemos más como herederas de Orígenes que de Ireneo».[37]

Ha habido quienes han criticado los enfoques extremos al *totus Christus*. El cardenal Walter Kasper se lamenta diciendo: «En la teología moderna, se tiene con frecuencia la impresión de que la pneumatología se ha convertido en una función de la eclesiología; el Espíritu se ha convertido en el que garantiza a la Iglesia como institución, y la pneumatología se ha convertido en la superestructura ideológica que se halla sobre la eclesiología».[38] Heribert Mühlen (1927–2006) juzgaba que la idea de la Iglesia como la encarnación continua de Cristo era culpable en parte por la débil pneumatología que había tras las eclesiologías católicas. Yves Congar, aunque disentía en algunos aspectos, simpatizaba con esta crítica de Mühlen, que él resumió de la manera siguiente:

---

35. Jenson, *The Works of God*, p. 214 (cursiva añadida).

36. Ver la excelente crítica escrita por Ian McFarland, "The Body of Christ: Rethinking a Classic Ecclesial Model", *International Journal of Systematic Theology* 7.3 (2005): pp. 225–245.

37. Douglas Farrow, *Ascension and Ecclesia: On the Significance of the Doctrine of the Ascension for Ecclesiology and Christian Cosmology* (Edimburgo: T&T Clark, 2004), pp. 220–221.

38. Walter Kasper, *The God of Jesus Christ* (Londres: SCM, 1984), p. 139.

No se debe ver a la Iglesia como aquello que [Johann Adam] Möhler llamaba «una encarnación continua», fórmula que fue aceptada más tarde por la Escuela Romana, sino más bien como la presencia y actividad en la «Iglesia» del mismo Espíritu personal que ungió a Jesús como el Mesías. La fórmula más adecuada para una definición dogmática del misterio de la Iglesia, sería entonces esta: «Solo una Persona, la del Espíritu Santo, en varias personas, que somos Cristo y nosotros, sus creyentes».[39]

Para Mühlen, la Iglesia no es una encarnación continua, sino la continuación del acto por el cual el Padre otorga al Espíritu. Este cambio de una eclesiología cristológica con un solo aspecto, a una pneumatología más firme, conlleva unas importantes ramificaciones. Podemos ver esto en la forma en que Aiden Nichols apela a la tesis de Mühlen con respecto al *totus Christus*:

> Por supuesto, la unidad de esta *persona* no va a ser la unidad hipostática por medio de la cual la Palabra y la humanidad que la Palabra asumió en el seno de María son una Persona… Más bien la unidad de esta *una quaedam persona* («una cierta persona», n. del t.) se produce a través de la mediación del Espíritu Santo, quien es en sí uno y el mismo en Cristo y en nosotros.[40]

## La separación del Espíritu y la Iglesia

Fue mayormente en reacción contra el inmanentismo y la domesticación de la trascendencia que Karl Barth pudo percibir, tanto en las enseñanzas católicas romanas, como en las del protestantismo liberal, como él presentó un contraste más radical incluso que Zuinglio entre la Iglesia visible y la invisible, así como entre la realidad (esto es, el acto de la revelación) y la señal (las Escrituras, la predicación). «Hablar de una continuación o extensión de la encarnación en la Iglesia, no solo es algo que se encuentra fuera de lugar, sino que incluso resulta blasfemo», insiste valientemente, y con razón.[41] Sin embargo, las distinciones se convierten con frecuencia en dicotomías entre Dios

---

39. Congar, *I Believe in the Holy Spirit*, 1:22–23.
40. Aidan Nichols, *Figuring Out the Church: Her Marks, and Her Masters* (San Francisco: Ignatius, 2013), p. 29.
41. Karl Barth, *Church Dogmatics*, eds. G. W. Bromiley y T. F. Torrance (Edimburgo: T&T Clark, 1957–1975), IV/3.2, 729 (de ahora en adelante, CD).

y la humanidad, la Palabra divina y las palabras humanas, el bautismo con el Espíritu y el bautismo en agua. Es difícil resistirse a la impresión de que estas dicotomías pertenecen respectivamente al mapa de la eternidad y al del tiempo. Una vez más vemos la correlación entre los medios de la gracia y la Iglesia que el Espíritu constituye por medio de ellos. Barth se quejaba diciendo: «La Iglesia reformada y la teología reformada (incluso en Zúrich) no pudieron continuar siguiendo» las enseñanzas de Zuinglio y dieron «un paso atrás» hacia el «sacramentalismo» de Calvino.[42]

Con el fin de apoyar la libertad soberana de Dios, Barth insistió en que las agencias creadas solo pueden dar testimonio de la gracia, pero no transmitirla. «La obra de la Iglesia es obra de hombres. Nunca podrá ser obra de Dios».[43] Zuinglio sostenía que el Espíritu no necesita de «un canal o vehículo».[44] Para Barth, de manera similar, es necesario que se distinga claramente a Cristo de la Iglesia. «Él es él, y su obra es su obra, *por encima de toda acción cristiana*, y esto incluye a la fe cristiana, y al bautismo cristiano».[45] Por consiguiente, en la mentalidad de Barth, la Iglesia pierde toda conexión con la historia y la visibilidad que no sea la de cualquier otra institución del mundo, en las cuales algunas veces se produce un milagro de revelación a pesar de ellas mismas.[46] La ontología actualista de Barth respalda este énfasis: «La Iglesia es donde tiene lugar».[47] Es de notar que esta diástasis (división) fundamental entre todo lo divino y todo lo humano, que marcaba su *Der Römerbrief* (*La carta a los Romanos,* obra de Karl Barth, n. del t.) se mantuvo igualmente constante hasta estos escritos tardíos. En aquella obra temprana, Barth llegó incluso a hacer un contraste entre la Iglesia visible y la invisible en función de la «Iglesia de Esaú» y la «Iglesia de Jacob».[48] De manera que donde la fusión entre la cristología y la eclesiología en la cual algunas teologías modernas eliminan virtualmente la diferencia entre la agencia divina y la eclesial, Barth elimina virtualmente su afinidad.

En las décadas recientes ha adquirido prominencia una base lógica totalmente diferente para la oposición entre el Espíritu y la Iglesia. Mientras que para Barth la oposición se da entre Cristo y la Iglesia institucional, esta

---

42. Barth, CD IV/4, p. 130.

43. Karl Barth, *The Epistle to the Romans*, traducción al inglés por Edwyn C. Hoskyns a partir de la sexta edición (Londres: Oxford University Press, 1933), p. 353.

44. Ulrico Zuinglio, *Commentary on True and False Religion*, eds. Samuel Macauley Jackson y Clarence Nevin Heller (Durham, NC: Labyrinth, 1981), pp. 204–205, 214–215, 239.

45. Barth, CD IV/4, p. 88 (cursiva añadida).

46. Barth, *Epistle to the Romans*, p. 343.

47. Barth, CD IV/1, p. 652.

48. Barth, *Epistle to the Romans*, pp. 341–343, 353, 366.

trayectoria más actual está dominada por un énfasis de tipo pneumatológico. Las eclesiologías tradicionales son cristocéntricas, y en ellas la imagen dominante de la Iglesia es el cuerpo de Cristo. Concomitante con este enfoque se presenta un énfasis en la particularidad de la revelación y la redención, asociada con la máxima de que fuera de la Iglesia no hay salvación (*extra ecclesiam nulla salus*), sostenida tanto por las confesiones luterana y reformada, como por la católica romana y la ortodoxa.[49] Los críticos de este enfoque sugieren que una explicación más centrada en el Espíritu nos permite construir unas teologías más abiertas, universalistas y pluralistas.[50] Clark Pinnock, intentando inicialmente poner unos fundamentos cristológicos para una teología de las religiones más inclusiva, dijo que tenía que hallar una base más pneumatológica.[51] G. F. W. Hegel se convirtió en un importante recurso para las reflexiones de Pinnock en cuanto a este punto.[52] Hay una derechura y una inmediatez entre el Espíritu y los seres humanos, «por ser espíritu», sostiene, que trasciende las particularidades de Jesús y de la Iglesia.[53]

Ciertamente, los rasgos que los reformadores protestantes identificaban con el «entusiasmo», son actualmente cada vez más tenidos por supuestos por numerosos teólogos de las diversas tradiciones. El Espíritu es identificado con aquello que es invisible, interno, voluntarista, inmediato y espontáneo, lo cual hace surgir una colección de voluntades individuales universalistas y pluralistas. Esto contrasta con la forma y el ministerio visibles, eclesiales, externos,

---

49. Esta máxima es interpretada en las enseñanzas católicas romanas contemporáneas (sin mencionar las protestantes de las iglesias establecidas) de manera diferente a la forma que ha sido histórica en las tres tradiciones. El Concilio Vaticano II hace uso del concepto de fe implícita para asegurar la salvación de aquellos «que sin culpa alguna de su parte» se hallan alejados de la Iglesia católica romana, incluso los ateos. Es interesante que la Confesión de Westminster (1646) le añadiera la palabra «ordinariamente» para reconocer que puede haber quienes solo Dios conoce, y que por alguna razón no se hayan unido de forma pública a la Iglesia.

50. Se podrían citar miles de fuentes procedentes de protestantes de las principales iglesias. Entre los ejemplos de teólogos pentecostales incluimos a Amos Yong, *Beyond the Impasse: Toward a Pneumatological Theology of Religions* (Grand Rapids: Baker Academic, 2003); Samuel Solivan («Interreligious Dialogue: An Hispanic American Pentecostal Perspective», en *Grounds for Understanding: Ecumenical Responses to Religious Pluralism*, ed. S. Mark Heim (Grand Rapids: Eerdmans, 1998), pp. 37–45. Interpretando de forma generosa a otras tradiciones, Veli-Matti Kärkkäinen, *Pneumatology: The Holy Spirit in Ecumenical, International, and Contextual Perspective* (Grand Rapids: Baker Academic, 2006) también promueve la simpatía del propio autor por un inclusivismo de orientación pneumatológica, el cual se halla manifestado de forma más explícita en «Toward a Pneumatological Theology of Religions: A Pentecostal-Charismatic Theological Inquiry», *International Review of Mission* 91.361 (2002).

51. Clark H. Pinnock, *Flame of Love: A Theology of the Holy Spirit* (Downers Grove, IL: InterVarsity Press, 1996), pp. 49, 186–187. Se centra en esta pregunta en el capítulo 6.

52. Ver Clark H. Pinnock, *Tracking the Maze: Finding Our Way through Modern Theology from an Evangelical Perspective* (Dallas: ICI University Press, 1996), p. 103.

53. Pinnock, *Flame of Love*, p. 73.

verbales, mediados y oficiales de la Iglesia, con su unidad de fe y de práctica. Esta tendencia está muy de acuerdo con el espíritu secular de estos tiempos, que captan dichos contrastes bajo la ya familiar expresión de «espiritual, pero no religioso».

Según Karl Rahner, «Dios... se ha comunicado en su Santo Espíritu siempre y en todas partes, y a toda persona como el centro más interior de su existencia».[54] Ahora bien, ¿es esta otra forma de domesticar al Espíritu? Tanto si lo confundimos con el espíritu interior de la persona, como si lo hacemos con el espíritu interior de la Iglesia, estamos convirtiendo al Espíritu en *algo* que nosotros controlamos, o que sencillamente, somos nosotros mismos. La voz del Espíritu se convierte en un simple hablar con nosotros mismos. Al hacerlo, no solo sacrificamos la particularidad de la confesión trinitaria, sino que también renunciamos a la posibilidad misma de ser juzgados, y por tanto rescatados por Dios.

Para muchos cristianos de hoy, incluso aquellos que se hallan en las tradiciones más litúrgicas, la idea de que el Espíritu está obrando de manera visible dondequiera que se predique la Palabra con fidelidad y se administren los sacramentos de acuerdo con su institución por Cristo, ya no es intuitiva. Al parecer son muchos los que piensan que la única forma de redimir la palabra «*Iglesia*» es identificarla de forma exclusiva con la Iglesia invisible, esto es, la comunión espiritual de todos los elegidos por Dios de todo tiempo y lugar, y no con la institución visible y concreta que en sus diversas manifestaciones se piensa que de alguna manera ha sido dotada por Cristo de una autoridad real, y por el Espíritu de un poder genuino. El Espíritu es asociado con la *misión*, con frecuencia en alguna tensión (si no es en un contraste abierto) con el ministerio de la Iglesia formado por la predicación, los sacramentos y la disciplina.

Ahora bien, esta es una comprensión flagrantemente incorrecta de las operaciones económicas de la Trinidad en general y de la encarnación en particular. El Padre envió al Hijo, y el Espíritu revistió al Hijo *con nuestra naturaleza*; el Padre y el Hijo enviaron al Espíritu *a nuestros corazones*, para regenerarnos y unirnos a Cristo, la vid viviente. La obra del Espíritu es asociada constantemente con aquello que es público y tangible en la historia, como ya hemos visto. Además de esto, el Espíritu prepara a la Iglesia para que sea una *embajada oficial y creada* del reinado de Cristo, y nos envía en su misión para

---

54. Karl Rahner, *Foundations of Christian Faith: An Introduction to the Idea of Christianity*, traducción al inglés, William V. Dych (Nueva York: Crossroad, 2004), p. 139.

llevar la palabra liberadora del Rey hasta los confines de la tierra. Por tanto, el envío de la Iglesia pertenece a la misma economía que el envío del Hijo por el Padre, y también a la del envío del Espíritu por el Padre y el Hijo. Como consecuencia de esto, separar la misión llena del Espíritu de la Iglesia institucional es comprender de forma errónea a un nivel fundamental quién es el Espíritu, cómo obra él de manera ordinaria, y qué hemos sido llamados nosotros a hacer y ser en el mundo de hoy.[55] Tengo el temor de que nos estemos deslizando hacia un gnosticismo que consideraría a la Iglesia visible como la prisión de la Iglesia invisible.

El cardenal Avery R. Dulles, al señalar las similitudes entre Barth y Hans Küng, responde afirmando que la Iglesia empírica no es una simple obra de los seres humanos, distinta del reino, que es obra de Dios. «Desde el principio parece valer la pena observar que el término *ekklesía*, tal como es usado en el Nuevo Testamento es un término escatológico. Se refiere a una asamblea o convocación y, de manera más concreta, a la convocación de los santos que se realizará plenamente en el *éschaton*».[56] Dulles hace notar, y con toda razón, que lejos de desaparecer, como sostiene Barth, la Iglesia «entonces será plenamente eficaz y reconocida... Las cenas escatológicas que Jesús celebra con sus discípulos son un adelanto de la cena mesiánica final en el reino de los cielos... Nada sugiere que la comunidad de los discípulos vaya a ser disuelta en el cielo, cuando los doce se sienten en doce tronos para juzgar a las doce tribus de Israel».[57] El Nuevo Testamento manifiesta por todas partes la ansiosa espera por la consumación de la existencia de la Iglesia, no por su disolución.[58] La distinción entre *ecclesia militans* y *ecclesia triumphans* sigue siendo importante.[59] En estos puntos al menos, Dulles se halla más cerca de la comprensión tradicional protestante (al menos reformada) de la Iglesia, como más que una institución secular que coincide por casualidad en algunos momentos limitados con la obra de Dios. Si la realidad consumada es la abolición de la Iglesia, ¿entonces cómo puede ser su existencia presente otra cosa más que una señal *vacía*?

---

55. Ver Reinhard Hütter, «The Church», en *Knowing the Triune God: The Work of the Spirit in the Practices of the Church*, eds. James J. Buckley y David S. Yeago (Grand Rapids: Eerdmans, 2001), pp. 38–39. Como versión condensada de su *Suffering Divine Things: Theology as Church Practice* (Eerdmans, 1999), este ensayo es una argumentación clara y profunda a favor de este punto.

56. Cardenal Avery R. Dulles, *Models of the Church*, 2ª ed. (Nueva York: Doubleday, 1987), pp. 97–98.

57. Ibíd., p. 98.

58. Ibíd., pp. 98–99.

59. Ibíd., p. 99.

Lesslie Newbigin tiene razón cuando afirma que la interpretación de Barth va más allá de los reformadores (incluyendo a Lutero) cuando enfrenta el suceso de la proclamación con la historia de una comunidad de pacto. «Lo escatológico ha eliminado por completo lo histórico».[60] Aunque es cierto que la Palabra y el sacramento crean y sostienen a la Iglesia, Newbigin insiste con razón en que «no crean a la Iglesia *de novo*, ni *ex nihilo*»; «toda presentación de la Palabra y los sacramentos del Evangelio es un suceso en la vida de una Iglesia cristiana ya existente».[61] El suceso escatológico semiexistente se presenta cada Día del Señor dentro del contexto de una comunidad de pacto extendida a través de todos los tiempos y lugares. Una comunidad de pacto toma tiempo; no puede ser simplemente un solo suceso, y mucho menos un cráter que se deja atrás por revelación. Tanto un pueblo como un lugar, un suceso como una institución, la comunión visible de hoy se halla conectada históricamente a los apóstoles por las marcas externas de la Palabra, el sacramento y la disciplina. Y sin embargo, debemos añadir que la única razón por la cual toda presentación particular de la Palabra y de los sacramentos puede ser una continuación en la historia del pacto y el reino de Dios, es porque se debe a la libre operación del Espíritu que ninguna iglesia puede dar por segura.

Menos extrema que la presentación de Barth es la declaración de John Webster sobre la relación. Este afirma con entusiasmo que «es voluntad del Padre que el *ex nihilo* se convierta en una contrapartida creada de la comunión de amor que existe en la vida interna de la Santa Trinidad».[62] Matthew Levering hace notar:

> No obstante, Webster teme que «una potente doctrina sobre la relación de la Iglesia con Dios, en ambos sentidos de participación y de mediación» vaya a oscurecer «la diferencia total entre Dios y las criaturas, incluso en sus actos hacia ellas y en ellas» (Ibíd., p. 163). Para Webster la solución es ubicar la Iglesia concretamente debajo de la cruz y resaltar la obra del Espíritu Santo como de pura gracia, y no como «una especie de coordinación entre los elementos divinos y los creados» (Ibíd., p. 181).[63]

---

60. Lesslie Newbigin, *The Household of God: Lectures on the Nature of the Church* (Londres: SCM, 1953), p. 50.

61. Ibíd., pp. 50–51.

62. Citado por Matthew Levering, *Engaging the Doctrine of the Holy Spirit: Love and Gift in the Trinity and the Church* (Grand Rapids: Baker Academic, 2016), p. 364, de "On Evangelical Ecclesiology" en *Confessing God: Essays in Christian Dogmatics II* (Londres: T&T Clark, 2005), p. 153.

63. Levering, *Engaging the Doctrine of the Holy Spirit*, p. 364n8.

Aunque la oposición no es ni con mucho tan radical como lo es en Barth, Webster coloca la actividad de la Iglesia en el lado testificante del registro. La Iglesia da testimonio de la gracia de Dios en Cristo, alega Webster, pero no desempeña papel alguno en «la actualización ni en compartir la presencia y la acción divinas».[64] Ahora bien, Levering le responde con razón: «El pueblo escatológico sobre el cual el Cristo exaltado derrama su Espíritu hace más que testificar en arrepentimiento y alabanza a favor de la promesa y el mandato del evangelio».[65] Si bien la Iglesia no reemplaza a Cristo, también es cierto que no puede estar separada de él. Reducir la naturaleza de la Iglesia a la agencia de sus miembros equivale a separar a la Iglesia, tanto de su Cabeza exaltada, como de su Espíritu que habita en nuestro interior. Ephraim Radner va más allá, y sostiene que la Iglesia visible está tan llena de concesiones, que carece de la presencia del Espíritu.[66] Sin embargo, esto es lo mismo que decir que Cristo no ha cumplido su promesa.

En resumen, muchos supuestos de la eclesiología protestante de hoy se hallan más cercanos a la reforma radical que a la reforma magistral, tanto en espíritu como en sustancia. Si bien Roma olvida la distancia entre Cristo y la Iglesia, en la cual el Espíritu debe mediar, los protestantes radicales buscan superar esta distancia por medio de un encuentro sin mediaciones en el interior de la persona individual. Este individualismo se refleja en un impulso eclesiológico independiente e igualitario. En la eclesiología católica romana, la tendencia consiste en *confundir cosas que se deberían distinguir*: Cristo y la Iglesia visible, y por tanto, la regeneración y el bautismo en agua, la transformación del pan y el vino consagrados en el cuerpo y la sangre de Cristo, y demás. De hecho, en la Eucaristía, la señal creada queda aniquilada y reemplazada por la realidad. Las acciones de la Iglesia son simplemente las acciones de Cristo. Los anabaptistas manifiestan la tendencia opuesta: *a separar cosas que deberían ser unidas.*

## El Espíritu en la Iglesia

Para responder a estas tendencias opuestas, sería bueno comenzar por observar que entre todas las designaciones genitivas del Espíritu en las Escrituras, no se encuentra la de «Espíritu de la Iglesia». La tercera persona de la Divinidad es llamada el Espíritu del Padre, y el Espíritu del Padre y del Hijo. E incluso

---

64. John Webster, *Holiness* (Grand Rapids: Eerdmans, 2003), p. 55.

65. Levering, *Engaging the Doctrine of the Holy Spirit*, p. 365.

66. Ephraim Radner, *A Brutal Unity: The Spiritual Politics of the Christian Church* (Waco: Baylor University Press, 2012).

cuando nos es dado como el depósito que habita en nosotros y el agente de la renovación, el Señor y dador de vida no es nunca posesión ni de los creyentes piadosos, ni de la santa Iglesia. Sin embargo, yo he sostenido que él se ha atado libremente a las personas, los lugares y las cosas que han sido designados en su Palabra. Con todo, la santificación es diferente a la transustanciación. El hecho de ser santos, sagrados y tener al Espíritu dentro de nosotros no nos hace ser otra cosa más que criaturas, pero ser unas criaturas reclamadas por la generosa decisión de Dios. La criatura debe seguir siendo ontológicamente una criatura; para mediar la realidad, la señal no se puede convertir en esa realidad, con el fin de ser apartada para su participación en Dios.

Como observa Lesslie Newbigin, la teoría según la cual la Iglesia es «la extensión de la Encarnación» surge de una confusión entre la *sarx* y el *sōma*.[67] «El cuerpo resucitado de Cristo», es decir, su cuerpo eclesial, a distinción de su cuerpo natural, «no es de carne, sino espiritual», observa Newbigin. «Él no vino para incorporarnos a nosotros a su cuerpo según la carne, sino según el Espíritu»; de aquí su promesa de que cuando ascendiera, nos enviaría a su Espíritu.[68] Tampoco es el Espíritu, y mucho menos sus dones creados, el alma de la Iglesia, añadiría yo. ¿Cómo puede evitar un concepto así la conclusión de que la Iglesia al fin y al cabo se está hablando a sí misma, salvándose a sí misma y relacionándose consigo misma? La relación en este concepto no es entre personas, sino entre facultades de una misma persona.

La máxima de Congar, según la cual Cristo «necesita a la Iglesia como un *pneuma* necesita un *sōma*»,[69] pone al descubierto el trasfondo metafísico del concepto católico romano. En lugar de la dinámica distinción *escatológica* que encontramos en el Nuevo Testamento entre la carne (los poderes de este siglo) y el Espíritu (que nos trae los poderes de la era por venir), tenemos una distinción estática de tipo *ontol*ógico. En tanto que existe para nosotros ahora, Jesús es un alma necesitada de un cuerpo físico como la Iglesia. Además de esto, la analogía no señala ni siquiera al Espíritu Santo como el *pneuma* de la Iglesia, sino a Cristo. Por consiguiente, Jesús pierde su humanidad, la misma humanidad que nosotros necesitamos que se encuentre glorificada a la diestra del Padre como nuestro precursor, y el Espíritu Santo se queda sin ningún papel evidentemente constitutivo.

---

67. Lesslie Newbigin, *Household of God*, p. 80.
68. Ibíd.
69. Yves Congar, *Divided Christendom: A Catholic Study of the Problem of Reunion* (Londres: G. Bles, 1939), pp. 70–71.

Esta es la razón por la cual el eclipse de la epíclesis en la liturgia eucarística latina es tan profundamente lamentado en la ortodoxia. Esto profundiza las sospechas de que la escalera de la gracia ha sido tan llenada por los mediadores eclesiásticos, que la operación del Espíritu resulta innecesaria. Este fue un serio error, que la teología reformada reconoció, no solo desde el punto de vista teológico, sino también desde el litúrgico, al introducir de nuevo la epíclesis en sus servicios eucarísticos. Como explica el cardenal Walter Kasper, la recuperación de la epíclesis en la práctica católica romana se convirtió en parte de las reformas litúrgicas posteriores al Concilio Vaticano II. «Todo aquel que esté al menos remotamente familiarizado con la doctrina reformada sobre la Eucaristía, que se remonta a Calvino», dice, «comprenderá la importancia ecuménica que tiene esta enseñanza».[70] Una eclesiología fiel no intenta domesticar al Espíritu bajo la Iglesia, sino que reconoce la diferencia positiva que existe entre Jesús, el Espíritu y la Iglesia, y que hace que sean posibles la salvación y una genuina unión.

Lejos de desechar el *totus Christus*, yo considero que la respuesta correcta a estas distorsiones consiste en recuperar la idea de Agustín. Él estaba hablando de que la conexión íntima es tan cercana, que se puede hablar de Cristo y de su iglesia, como una *quaedam persona*, «como si se tratara de una sola persona».[71] Pero el «como si se tratara» de la versión que da Agustín del *totus Christus* (como en el «una sola carne» de la analogía matrimonial expresada por Pablo) se convierte «de forma muy literal» en el concepto de Ratzinger de una «fusión de existencias».[72]

La idea agustiniana del *totus Christus* solo es otra forma de expresar la doctrina de la unión con Cristo, y en el *De Trinitate* se ve al Espíritu como esencial en la realización de esta unión. Esta es precisamente la forma en que Calvino interpreta estos pasajes, haciéndose eco de la exégesis de Agustín casi al pie de la letra:

Este es el más alto honor de la Iglesia, que, hasta que él sea unido a nosotros, el Hijo de Dios se considere a sí mismo imperfecto en cierta medida.

---

70. Cardenal Walter Kasper, "The Renewal of Pneumatology in Contemporary Catholic Life and Theology: Towards a Rapprochement between East and West," en *The Holy Spirit, the Church and Christian Unity: Proceedings of the Consultation at the Monastery of Bose, Italy* (14–20 oct. 2002), eds. D. Donelley, A. Denaux y J. Famerée, BETL (Lovaina: Leuven University Press, 2005), pp. 9–34.

71. Agustín, *Ennaration on Psalm 30 2.4*, citado por Nichols, *Figuring Out the Church*, p. 29.

72. Cardenal Joseph Ratzinger, *Called to Communion: Understanding the Church Today*, traducción al inglés, Adrian Walker (San Francisco: Ignatius, 1996), p. 37.

¡Qué consuelo es para nosotros saber que, hasta que nosotros no estemos junto a él, no poseerá todas sus partes, ni quiera ser considerado como completo! De aquí que, en la Primera Epístola a los Corintios, cuando el apóstol presenta ampliamente la metáfora de un cuerpo humano, incluya bajo el nombre único de Cristo a toda la Iglesia.[73]

La teología reformada siempre se ha sentido feliz de apelar al tema central agustiniano, que es lo suficientemente claro en Juan y en Pablo. Sin embargo, este *totus Christus* está concebido en función de sus fundamentos escatológicos, más que metafísicos. Por supuesto, esto tiene repercusiones metafísicas y escatológicas: al mismo tiempo que siguen siendo criaturas, aquellos que han sido tomados por el Espíritu y llevados a la vida escatológica de Cristo, las primicias, son transformados en su alma y finalmente, a lo último, en el cuerpo. Con todo, en el Nuevo Testamento, como en Agustín, así como en Lutero y en Calvino, la relación de Cristo y su Iglesia es la de un esposo y su esposa: «una carne» en unión, no «una fusión de existencias»; de la Cabeza y los miembros, la vid y los pámpanos, las primicias y la cosecha, pero no como *pneuma* y *sōma*. Permanece una tensión escatológica entre el «ya» y el «todavía no», que afecta tanto a Cristo como a nosotros.[74]

Como bien resume Herman Bavinck:

Así como la Iglesia no existe sin Cristo, tampoco Cristo existe sin la Iglesia. Él es «cabeza de todo» (Efesios 1.22; Colosenses 1.18) y la Iglesia es el cuerpo formado de él, y de él recibe su crecimiento (Efesios 4.16; Colosenses 2.19), creciendo así hasta su madurez «a una humanidad perfecta que se conforme a la plena estatura de Cristo» (Efesios 4.13)… Junto con él se la puede llamar el único Cristo (1 Corintios 12.12). Para perfeccionar a la Iglesia es para lo que él es exaltado a la mano derecha del Padre… *Con tanta seguridad como que la re–creación tuvo lugar de forma objetiva en Cristo, con esa misma seguridad también*

---

73. Juan Calvino, *Commentaries on the Epistles of Paul to the Galatians and Ephesians*, traducción al inglés, William Pringle (Grand Rapids: Eerdmans, 1957), p. 218, donde comenta sobre Efesios 1.23. Ver también los comentarios de Calvino, en especial sobre Juan 15 y 17, aunque el concepto está tan generalizado en sus escritos y sermones como lo estaba en los de Agustín.

74. Es significativo que, según el apóstol Pablo, la revelación de la Iglesia en estos últimos días forme parte de la forma en que Cristo se gloría en su triunfo sobre los poderes y los principados. Por medio de la proclamación de «las incalculables riquezas de Cristo», dice, «el misterio que desde los tiempos eternos se mantuvo oculto en Dios» es revelado, de manera que «se dé a conocer ahora, por medio de la iglesia, a los poderes y autoridades en las regiones celestiales» (Efesios 3.8–10).

*se debe llevar a cabo de forma objetiva por el Espíritu Santo en la Iglesia.* La Iglesia es un organismo, no un conglomerado; en su caso, el todo precede a las partes.[75]

El propósito del Espíritu no es aliviar nuestro clamor por el regreso corporal del Señor, como si él fuera el reemplazante de Cristo, y mucho menos a base de hablar de la Iglesia (o de uno de sus pastores) como «vicarios». Al contrario, la presencia del Espíritu que habita en nuestro interior provoca esa añoranza por la aparición corporal de ese mismo al cual él nos ha unido por la fe. La invocación correcta del Espíritu siempre nos mantendrá en esa tensión entre el «todavía no» y el «ya», capacitando a la Iglesia para recordar al Cristo que murió y resucitó de nuevo por nosotros, que intercede ahora por nosotros, y que volverá de nuevo para hacernos compartir su gloria de manera perfecta. A pesar de su ascensión, Cristo está unido de forma íntima e inseparable con su cuerpo eclesial. Sin embargo, no es por medio de movidas excéntricas en el campo de la cristología como se puede afirmar esto, sino a base de abrazar una seria pneumatología.

A causa de las labores del Espíritu, la Iglesia invisible es hecha visible, aunque sea aún la novia imperfecta, y no la esposa gloriosa. Gracias al Espíritu, la Iglesia no es una simple institución histórica, la continuación de unos efectos (*Wirküngsgeschichte*, historia de los resultados, n. del t.) por medio de una larga tradición, ni tampoco es simplemente un suceso escatológico que se produce en la asamblea eucarística, ni una realidad solamente futura que carezca de relevancia en la realidad presente del cuerpo visible de Cristo, sino que es estas tres cosas al mismo tiempo, dentro de un reino semirrealizado.

## EL REINO DEL ESPÍRITU CONTRA LA IGLESIA

Alfred Loisy, teólogo católico moderno, se quejaba diciendo. «Jesús vino proclamando el Reino, y lo que llegó fue la Iglesia».[76] A juzgar por lo que aparece en un considerable cuerpo de literatura, hay «gente de iglesia» y «gente del reino», y al Espíritu se le identifica en especial con este último grupo. No obstante, hay una amplia gama que va desde los más conservadores hasta los más liberales. Al menos en más círculos evangélicos el énfasis en el reino

---

75. Bavinck, *Reformed Dogmatics*, 3:474, 524 (cursiva añadida).

76. Alfred F. Loisy, *The Gospel and the Church, Classics of Biblical Criticism* (publicado por el autor en francés en el año 1903; Buffalo, NY: Prometheus Books, 1988), p. 152.

ganó terreno por medio del neocalvinismo holandés, inspirado por la visión de Abraham Kuyper en cuanto a transformar todas las esferas de la vida bajo el señorío de Cristo.[77] Aunque la mayoría de los representativos han seguido a Kuyper en cuanto a reafirmar tanto el Reino como la Iglesia, es frecuente que se hable del primero como algo más amplio e inspirador.

Scot McKnight ha expresado su idea de que gran parte de la teología contemporánea se ha movido en la dirección de marginar a la Iglesia a favor del reino.[78] De cierta forma, este fenómeno es paralelo a la falsa decisión que analizamos en el capítulo anterior. Desde este punto de vista, los ortodoxos orientales, los católicos romanos y las iglesias de la Reforma, todos por igual, se caracterizan como centrados hacia dentro en los mecanismos eclesiásticos, más en la línea de los apóstoles (Pablo en especial), mientras que los cristianos orientados hacia el reino se hallan más interesados en Jesús y la vida del reino que él presentó en el Sermón del Monte.

En las teologías liberales, el reino ha sido asimilado a la idea ética de un progreso gradual de la humanidad hacia la justicia, la paz y la rectitud. Walter Rauschenbusch, concibiendo a Jesús como un profeta, y no como el Salvador divino y sustituto de los pecadores, siguió una línea más cercana a Ritschl. «Jesús hablaba siempre del Reino de Dios», escribió. «Solo dos de las palabras suyas que han sido recogidas contienen la palabra "Iglesia", y ambos pasajes son de una autenticidad dudosa. Se puede decir con seguridad que él nunca pensó en fundar la clase de institución que más tarde declaró estar actuando en su nombre».[79] Con la subordinación del reino a la Iglesia, sostiene Rauschenbusch, se produjo el eclipse de la ética a base de un enfoque innato en la doctrina, la adoración, la predicación y los sacramentos; de aquí las corrupciones de la Iglesia medieval y el fracaso del protestantismo en la reforma de las estructuras de la sociedad.[80] La muerte de Jesús se halla subordinada en el pensamiento de Rauschenbusch a su vida de solidaridad experiencial con la

---

77. Las *Lectures on Calvinism* (Grand Rapids: Eerdmans, 1943) de Kuyper, que sirvieron como una especie de manifiesto, fueron presentadas como *Stone Lectures* en la Universidad de Princeton in 1898. En cuanto a las raíces históricas, ver James Bratt, *Dutch Calvinism in Modern America* (Eugene, OR: Wipf & Stock, 1984), y para una respetable defensa, ver Albert Wolters, *Creation Regained* (Grand Rapids: Eerdmans, 1985). El movimiento atrajo considerable interés en los Estados Unidos desde la década de 1980 en los círculos más conservadores (en especial por medio de las obras de Francis Schaeffer y Charles Colson), así como por parte de pensadores más progresistas, como Richard Mouw, Nicholas Wolterstorff y Alvin Plantinga.

78. Scot McKnight, *Kingdom Conspiracy: Returning to the Radical Mission of the Local Church* (Grand Rapids: Brazos, 2014).

79. Walter Rauschenbusch, *A Theology for the Social Gospel* (Nueva York: Macmillan, 1917), p. 132.

80. Ibíd., pp. 133–134.

humanidad sufriente. «Si [Jesús] hubiera vivido treinta años más, habría formado una gran sociedad formada por aquellos que compartían sus conceptos y su comprensión religiosa de Dios, y esta habría sido ese núcleo de una nueva humanidad que habría transformado la relación de Dios con la humanidad».[81] «Podemos ser salvos, o bien por unos métodos sacramentales no éticos», escribía, «o a base de absorber el carácter moral de Jesús en nuestro propio carácter. Que cada ser humano juzgue cuál es la salvación que quiere».[82]

En especial en la principal línea de la teología actual, se identifica al Espíritu con el *reino* como algo totalmente diferente de la *Iglesia* visible. Como hice notar anteriormente, eso era cierto de los primeros anabaptistas, y ha sido cierto de forma más general con respecto al protestantismo radical en sus diversas formas. Sin embargo, al menos en las versiones modernas, se tiende a comprender el reino como una fuerza que va triunfando *en el mundo*. Al menos en sus versiones más recientes, se celebran la historia, la naturaleza y el cuerpo. De hecho, *todo* es «sacramental». La particularidad de *la* encarnación, de *esta* iglesia y de *estos* sacramentos es la que causa ofensa.

En algunas versiones (sobre todo Kant, Hegel, Schleiermacher, Ritschl y Harnack), el reino es simplemente el mundo. Sigue estando en duda si es de todas formas «gnóstico» en el sentido triunfalista presentado por figuras como el anabaptista radical Thomas Müntzer. Los nuevos «santos» están persuadidos de que su gnosis más elevada trasciende todas las Escrituras, las iglesias y las tradiciones, y que por medio de una educación moral adecuada, y de una ingeniería social, el plomo de la materia puede ser transformado en el oro del Espíritu Absoluto.

Para asombro de las principales líneas liberales, e incluso de las ortodoxas, Albert Schweitzer sostuvo en 1906 de una manera estupenda (o tal vez infame) que esto era una manera totalmente equivocada de comprender la forma en que Jesús comprendía su propia misión. Jesús estaba convencido de que estaba inaugurando el reino mesiánico, pero su muerte llevó este ideal a su fin, y para que él tuviera algún efecto permanente, sus seguidores comprendieron que había que transformar el reino en una entidad puramente espiritual, la Iglesia.[83] Después de Schweitzer queda poco por decir, si se sigue su línea. El reino con

---

81. Ibíd., p. 266.
82. Ibíd., p. 273.
83. Albert Schweitzer, *The Quest of the Historical Jesus* (Minneapolis: Fortress, 2001), p. 478. Más recientemente, Dale C. Allison Jr. ha retomado la tesis de Schweitzer en *Constructing Jesus: Memory, Imagination, and History* (Grand Rapids: Baker Academic, 2010): «Como el Zoroastro histórico, el Jesús histórico predijo una resurrección de los muertos, un juicio universal divino y un nuevo mundo idílico

el que Jesús soñó, no existe, y la Iglesia que él no soñó es de hecho la única entidad que extiende de manera remota su recuerdo.

Pero la «escatología coherente» de Schweitzer resultó ser un badén en la carretera. En su mayor parte, los protestantes liberales (y muchos católicos) regresaron al triunfalismo, más en la línea de Kant y de Ritschl. El impulso anterior del protestantismo radical se evidencia en la obra de Harvey Cox, Jürgen Moltmann y varias teologías de la liberación. A pesar del énfasis en el Espíritu libre que desciende donde él quiere, hasta en los círculos pentecostales y carismáticos es evidente la tendencia a tratar al Espíritu como una posesión del creyente individual o de un movimiento de avivamiento en particular.

Hay un capítulo de la obra *Baptized in the Spirit*, por el teólogo pentecostal Frank Macchia, que se llama «Cristo como el Rey y el Espíritu como el Reino».[84] En primer lugar, está presente la tendencia a la despersonalización: el Espíritu no como el que lleva el reino a su perfección, sino sencillamente como el reino mismo. ¿No nos parecería extraño oír que alguien se refiere al Padre o al Hijo, diciendo que son «el reino»? En segundo lugar, al establecer una identidad entre el Espíritu y el reino, se lo hace tan imposible de distinguir del campo de su agencia, como lo haría el decir que la Iglesia es la encarnación del Espíritu. Un precio caro de esta inmanentización del Espíritu es que una iglesia, un reino, un mundo o un movimiento que sea sencillamente el Espíritu, no pueden ser traídos a la existencia, sostenidos y guiados hacia la consumación *por* el Espíritu. No es posible juzgarlos ni salvarlos; no pueden escuchar una palabra que se halle fuera de ellos mismos.

Con todo, la oposición entre reino e Iglesia no se limita al protestantismo radical. Después del Concilio Vaticano II, los teólogos de la línea católica romana principal de pensamiento han presentado sus argumentos dentro de una línea similar al Padre Richard P. McBrien. En *Do We Need the Church?*, el Padre McBrien escribió: «La Iglesia ya no es concebida como el centro del plan divino de salvación. No todos los seres humanos son llamados a ser miembros de la Iglesia, ni esa membresía es señal de una salvación presente o garantía de una salvación futura. La salvación viene por medio de la participación en el reino

---

donde ya no habría maldad alguna, y todo para un futuro próximo», aunque esto nunca llegó a materializarse (p. 157).

84. Frank D. Macchia, *Baptized in the Spirit: A Global Pentecostal Theology* (Grand Rapids: Zondervan, 2006), p. 89. A pesar del título («Cristo como el Rey y el Espíritu como el Reino»), el esfuerzo de Macchia por integrar el tema del bautismo en el Espíritu y el del reino en este capítulo me parece fascinante.

de Dios, más que por medio de la afiliación con la Iglesia cristiana».[85] Y añade: «Todos los seres humanos son llamados al reino, porque todos los seres humanos son llamados a vivir el evangelio. Pero ese vivir el evangelio no se halla forzosamente aliado a la membresía en la comunidad cristiana visible y estructurada».[86] En la obra *The First Coming: How the Kingdom of God Became Christianity*, de Thomas Sheehan, hay otro ejemplo más de la oposición entre el reino y la Iglesia en los círculos católicos romanos de hoy.[87] Como señala Levering, hasta Gerald O'Collins sugiere que la Iglesia sirve al reino.[88] Según Levering, «este lenguaje disyuntivo, que presenta a la Iglesia como servidora del reino, y por tanto, como algo que no se va a necesitar cuando llegue la plenitud del reino, interpreta a la Iglesia de una manera solamente jurídica».[89] Puesto que Dios les ofrece su gracia a todos, la revelación debe ser universal. «O'Collins rechaza toda distinción entre "sobrenaturaleza" y "naturaleza", observa Levering, «en este caso entre una revelación sobrenatural otorgada por Dios y un conocimiento de Dios puramente natural, resultado de la investigación humana».[90]

Caben pocas dudas en cuanto a que el interés en una teología más pluralista y universalista está impulsado en gran parte por las presiones a las que se enfrenta la Iglesia por parte de una cultura secular que cada vez es más hostil a cualesquiera afirmaciones religiosas que dividan unas lealtades ostensiblemente mayores y más elevadas. Levering se refiere al ejemplo de Diana Eck, quien evita la imagen del «cuerpo de Cristo» como jerárquica, prefiriendo la idea de un «hogar». «Los fundamentos subyacentes al hogar del mundo, al final tendrán que ser pluralistas», sostiene.[91] Además, «este reino de bendición divina es mucho más amplio que la Iglesia. Es el reino de Dios, no la Iglesia cristiana».[92] Levering juzga con toda razón:

La visión de Eck de una unidad–mundo basada en el reconocimiento de nuestra humanidad común descuida la necesidad humana del perdón, de

---

85. Richard P. McBrien, *Do We Need the Church?* (Londres: Collins, 1969), p. 228.

86. Ibíd., p. 161.

87. Thomas Sheehan, *The First Coming: How the Kingdom of God Became Christianity* (Random House, 1986).

88. Gerald O'Collins, *The Second Vatican Council and Other Religions* (Oxford: Oxford University Press, 2013), p. 195.

89. Levering, *Engaging the Doctrine of the Holy Spirit*, p. 14.

90. Ibíd., p. 15, en la cual menciona a O'Collins, *Second Vatican Council*, p. xi.

91. Diana Eck, *Encountering God: A Spiritual Journey from Bozeman to Banaras* (Boston: Beacon, 2003), p. 228, citada por Levering, *Engaging the Doctrine of the Holy Spirit*, p. 303.

92. Eck, *Encountering God*, p. 230, citado por Levering, *Engaging the Doctrine of the Holy Spirit*, p. 303.

la misericordia, que exigen la acción histórica del Dios viviente para vencer nuestro quebrantamiento y el daño que les hemos hecho a los demás. Necesitamos al Dios de la misericordia, en Jesucristo y el Espíritu Santo, para que él sane nuestro estado de alejamiento y establezca para nosotros una relación de amor y de justicia por medio de un don de amor que sea transformador.[93]

Además de lo anterior, para Eck la muerte es el fin; por tanto, nuestra única esperanza se encuentra en esta vida.[94] Todo lo sagrado, incluyendo al Espíritu y el reino, ha sido reducido al marco de lo inmanente. En otras palabras, ha sido secularizado.

Por consiguiente, es irónico ver cómo algunas eclesiologías postconciliares le restan importancia al significado soteriológico de la Iglesia, mientras que las iglesias de la Reforma que continúan leales a sus confesiones insisten en este punto. Para Lutero y Calvino, como para Cipriano, Agustín y todos los padres de la Iglesia, esta es la madre de los fieles, y «fuera de los límites de la Iglesia no se puede tener esperanza en cuanto al perdón de los pecados ni la salvación».[95]

## La Iglesia como el Reino en el poder del Espíritu

«El Espíritu y la novia dicen: "¡Ven!"; y el que escuche diga: "¡Ven!". El que tenga sed, venga; y el que quiera, tome gratuitamente del agua de la vida» (Apocalipsis 22.17). Juntos, el Espíritu y la iglesia están invitando al mundo al banquete de bodas del Cordero. Y la iglesia no es simplemente la mensajera, sino que es la amada que es la novia en ese banquete. Por tanto, la Iglesia no es solo la agente del reino, sino también la meta misma del reino. Es esa parte del mundo a la cual Cristo identifica como su propio cuerpo. El llamado del reino, «¡Ven!», es inseparable del ministerio y de la participación de la Iglesia visible.

Los mismos argumentos contrarios a la presentación del Espíritu y los medios creados de la gracia en una antítesis mutua tienen gran utilidad en cuanto a echar abajo también esta falsa decisión entre ambos. Si el Espíritu obrara solo de manera inmediata en los corazones de las personas individuales, la Iglesia se disolvería desde el principio hasta no ser nada más que un grupo de afinidades con unas experiencias privadas compartidas. En cambio, si el Espíritu obra a

---

93. Levering, *Engaging the Doctrine of the Holy Spirit*, p. 303.
94. Ibíd.
95. Calvino, *Institución*, 3.1.4.; cf. la Confesión de fe de Westminster 25.2.

través de medios creados que son inherentemente sociales, entonces la Iglesia es ciertamente un reino de sacerdotes (Apocalipsis 5.10), un cuerpo con muchos miembros (1 Corintios 12.12–14), ramas conectadas entre sí porque comparten la misma vid (Juan 15.1–4). Son uno en Cristo, porque el Espíritu los ha unido a Cristo por medio de la Palabra y de los sacramentos. Porque el Espíritu habita personalmente dentro de cada creyente, la unidad de la Iglesia no puede ser concebida como una «fusión de existencias», como se hace en las prominentes interpretaciones de las enseñanzas católicas romanas con las que nos acabamos de encontrar. En lugar de esto, cada miembro es escogido en Cristo, redimido, justificado, regenerado y finalmente, glorificado. Sin embargo, porque cada uno de los miembros está en Cristo, el Espíritu habita en toda la Iglesia, de la misma forma que habitaba en el templo tipológico de Jerusalén.

De forma similar, si el reino fuera simplemente una comunidad de agentes llenos del Espíritu que llevaran la liberación a los reinos de esta era, ya no sería el don del Dios Uno y Trino, sino otro movimiento sociopolítico más en la historia de esta era que va desapareciendo. ¿Qué hace que la *communio sanctorum* sea más que un simple grupo de intereses especiales más, otro campo ideológico u otro comité más de acción política? Por supuesto, presenta las características comunes de la sociedad y la organización humanas. No obstante, la Iglesia es la criatura humana que el Dios Uno y Trino ha traído a la existencia y ha unido a la humanidad deificada de Dios Hijo. Está descendiendo del cielo como una novia preparada para su esposo; no se está levantando desde sus propios fundamentos con sus propias posibilidades inherentes, como otras organizaciones y asociaciones. La Iglesia ha sido adoptada por Dios Padre con el Hijo como Cabeza suya y el Espíritu como su Señor que la regenera y la llena de energía. Por esta razón solamente es una, santa, católica y apostólica. Al mismo tiempo, si hubiera que definir a la Iglesia sin tener en cuenta el reino, y mucho menos contra la idea del reino, perdería su identidad en cuanto a su misión, convirtiéndose en una institución encerrada en sí misma, también para servirse a sí misma, a la par de otros clubes y organizaciones de voluntarios. En cualquier caso, en términos escatológicos, la Iglesia es vista menos como la creación del Espíritu, la novia que desciende del cielo para su novio, que como una sociedad humana que está evolucionando por medio de las energías de pecadores con los mismos puntos de vista, la misma moral, la misma visión y los mismos ritos.

Jesús y los apóstoles describen repetidamente al reino como un don que nosotros estamos recibiendo. El mundo va a perseguir a la Iglesia, les dijo Jesús a sus discípulos. Sin embargo, «No tengan miedo, mi rebaño pequeño, porque es la buena voluntad del Padre *darles* el reino» (Lucas 12.32, cursiva añadida). «Edificaré *mi* iglesia», prometió Jesús, «y las puertas del reino de la muerte no prevalecerán contra ella» (Mateo 16.15–18, cursiva añadida). Todos los demás imperios que nosotros hemos levantado en la historia, han podido desaparecer, y de hecho, así ha sido. En cambio, nosotros «estamos recibiendo un reino inconmovible» (Hebreos 12.28). Cristo mismo es el don, junto con su Espíritu, y porque la Iglesia–reino fue llamada a la existencia, ha sido sostenida y crece hasta los confines de la tierra por medio de la predicación del evangelio, y el bautismo y la Eucaristía, es una obra de gracia totalmente divina a través de unos medios de gracia creados. Hay un lugar para nuestra agencia: para que sigamos de forma activa el ejemplo de Cristo de humildad y amor generoso, así como de justicia. Sin embargo, hay algo mucho más valioso, más profundo que nuestro «querer y correr». Es el Espíritu Santo que nos mueve más allá de la imitación de Cristo, a la unión con Cristo. La Iglesia no repite ni extiende la encarnación de Cristo, ni tampoco su obra de redención y reconciliación. Más bien ha sido llamada en medio de toda su diferencia con respecto a Cristo a ser la entidad creada y llena de pecado que es: a dar testimonio de Cristo.

¿Qué es el reino, tal como Jesús lo enseñó? Y, ¿es este *reino* sustancialmente diferente a lo que los apóstoles describen como la *Iglesia*? Jesús describe el reino como un gran banquete para el cual «muchos vendrán del oriente y del occidente, y participarán en el banquete con Abraham, Isaac y Jacob en el reino de los cielos» (Mateo 8.11). «También se parece el reino de los cielos a una red echada al lago, que recoge peces de toda clase. Cuando se llena, los pescadores la sacan a la orilla, se sientan y recogen en canastas los peces buenos, y desechan los malos» (Mateo 13.47). El reino es «el perdón de pecados» (Lucas 24.47; Hechos 2.38; 13.38; 22.16; 26.18) y la autoridad para perdonar los pecados en el nombre del Rey era central dentro de la identidad apostólica (Mateo 16.19; 18.18). La estrecha conexión existente entre el Espíritu y el perdón de los pecados es evidente en lo que Jesús decreta cuando sopla sobre sus discípulos en preparación para su labor en el reino: «Reciban el Espíritu Santo», les dijo, añadiendo de inmediato: «A quienes les perdonen sus pecados, les serán perdonados» (Juan 20.22–23). El reino adorna a los parias con las vestiduras de bodas (Mateo 22.1–14). Es el régimen en el cual el mismo Espíritu que estuvo sobre Jesús sin medida habita dentro de los suyos, que son «piedras vivas» con las cuales se está construyendo un santuario sagrado (1 Pedro 2.5). En la iglesia, los peregrinos reunidos procedentes del este y del oeste fueron bautizados con el Espíritu Santo, que Juan el Bautista había señalado como el indicador de que había llegado el reino. Estos se reunían continuamente para compartir una comida que es un adelanto del banquete de bodas que tendrá lugar en el reino, sometiéndose a la disciplina y a la doctrina de los apóstoles y a las oraciones (Hechos 2.42). El acta constitutiva del reino, conocido como la Gran Comisión, envía a los apóstoles a proclamar el evangelio, a bautizar y a enseñar en el nombre de Jesús (Mateo 28.19; cf. Marcos 16.15–16). De hecho, el Señor le pide a Pedro que alimente y cuide a sus ovejas (Juan 21.15–17), y el principal propósito al enviar al Espíritu, según Jesús, era que sus discípulos pudieran dar testimonio de su evangelio hasta los confines de la tierra, en espera de su regreso (Hechos 1.8).

¿Acaso no son estas precisamente las cosas que eran importantes para los apóstoles, incluso (y hasta de manera especial) para Pablo? Según los Evangelios, ¿cuál es la razón de ser principal para la misión del Espíritu, sino preparar a los creyentes para el avance del reino? Ellos serán enviados como testigos al mundo entero, para que prediquen «el arrepentimiento y el perdón de pecados» (Lucas 24.45–49). ¿Acaso no es este el mismo mensaje de Pablo?

Además de esto, lejos de oponer a una comunidad carismática guiada por el Espíritu en una misión para el reino, y a una Iglesia institucional con el peso de sus doctrinas, de las Escrituras, de sus oficios y rituales, los Evangelios recogen el drama que después es desarrollado en las cartas apostólicas. Lejos de ser una fuente independiente de revelación espontánea, el Espíritu ata su ministerio a la misión de Cristo, como hemos visto en el discurso de despedida. Es el Espíritu quien inspira el canon apostólico que será el fundamento para todos los momentos y lugares, y que llama y equipa a lo oficiales y al cuerpo entero al amor mutuo y a la misión. Y cuando Jesús promete edificar su Iglesia (Mateo 16.18), él sabe que esto se logrará por medio de su Palabra y de su Espíritu.

Cuando se compara la identificación del reino en los Evangelios con la descripción de la Iglesia en las epístolas, desaparece toda separación entre un reino carismático y dinámico de los santos y la Iglesia como institución que abarca todos los tiempos y lugares. De forma coherente con su discurso de despedida, Jesús responde la última pregunta que le hacen sus discípulos: «Señor, ¿es ahora cuando vas a restablecer el reino a Israel?» (Hechos 1.6) indicándoles que esperen el derramamiento del Espíritu en el día de Pentecostés. *Esta* es la victoria: el cumplimiento del suceso que Jesús prometió como respuesta a su pregunta acerca de la restauración del reino.

A lo largo de los Evangelios, Jesús está redefiniendo el *qahal* (asamblea) de Israel y trazándole nuevas fronteras alrededor de sí mismo, como lo hace el apóstol Pablo (por ejemplo, Efesios 2.11–22). Jesús reunirá a «otras ovejas» en el rebaño del Israel verdadero, y serán un solo Pastor sobre un solo rebaño (Juan 10 como el cumplimiento de Ezequiel 34). Para el Jesús del Sermón del Monte, el reino ya no es una nación geopolítica, sino una familia mundial de Abraham que florece y vence por medio de la Palabra y del Espíritu. ¿Acaso no es esta la estructura básica del mensaje de Pablo cuando va rastreando el cumplimiento del pacto con Abraham, ahora que el pacto antiguo se ha vuelto obsoleto con el advenimiento de Cristo? ¿Y no es su manera de comprender la batalla cósmica, no «contra seres humanos» o contra las armas de este mundo (Efesios 6.12; cf. 2 Corintios 10.4), sino más bien armados solo con el evangelio y el Espíritu (por ejemplo, Efesios 6.10–18), precisamente lo que dice Jesús en su sermón?

La exhortación que Pablo hace aquí, ¿es tan diferente al informe de los asombrados setenta y dos en Lucas 10? «Cuando los setenta y dos regresaron, dijeron contentos: —Señor, hasta los demonios se nos someten en tu nombre. —Yo veía a Satanás caer del cielo como un rayo —respondió él—. Sí, les he dado autoridad a ustedes para pisotear serpientes y escorpiones y vencer todo el poder del enemigo; nada les podrá hacer daño. Sin embargo, no se alegren de que puedan someter a los espíritus, sino alégrense de que sus nombres están escritos en el cielo» (vv. 17–20).

En ambas situaciones, los seguidores de Cristo son los beneficiarios del triunfo de él sobre los poderes malignos, pero el principal motivo para el regocijo es que ellos se hallan en la lista de los elegidos. La Iglesia va a aplastar serpientes (las huestes demoníacas), triunfando sobre ellas por medio del «mensaje del cual dieron testimonio» con respecto a Jesús (Apocalipsis 12.11).

La nación–estado es desmantelada con el fin de *ensanchar* las fronteras del reino hasta los confines de la tierra. Al fin Yahvé va a ser reconocido como el único Rey de Israel. La bendición del Padre descansa sobre sus herederos, no como recompensa por su fidelidad en la tierra, sino desde el principio, como un presente para los espiritualmente indigentes (Mateo 5.1–12). La Iglesia, como «una ciudad situada sobre una colina», se debe caracterizar en su sacrificada comunión por una ética más elevada que la presente en la sociedad en general, en cuanto a la ira, la lujuria, el divorcio y los pleitos legales (vv. 14–37).

Poseedores de la seguridad de un hogar celestial y de todo buen don en Cristo, soportan la persecución, y en lugar de echar fuera a la nación, oran por sus opresores y responden con una generosidad aparentemente absurda (vv. 38–48). Asombrosamente, Jesús lanza un imperativo: «Entonces denle al césar lo que es del césar y a Dios lo que es de Dios» (Mateo 22.21). En cambio, en la iglesia los líderes no deben estar compitiendo por el poder como los gobernantes de los gentiles, sino que deben imitar al rey, quien «no vino para que le sirvan, sino para servir y para dar su vida en rescate por muchos» (Mateo 20.28).

¿Acaso todos estos imperativos no son cumplidos por los apóstoles, quienes exigen obediencia, incluso a los gobernantes malvados, que son siervos de Dios (Romanos 13.1–7; 1 Pedro 2.13–17)? Ellos deben mostrar paciencia y reacciones no violentas ante sus perseguidores, una sumisión mutua en amor, y el ajuste de sus diferencias por parte de la Iglesia, incluso en los asuntos temporales.

Jesús sopla sobre los discípulos, y estos reciben al Espíritu Santo. Les da a los apóstoles las llaves del reino, que no son otra cosa más que las marcas de la Iglesia: a base de predicar el evangelio, bautizar y enseñar a obedecer los mandamientos de él, abrirán y cerrarán las puertas del reino (Mateo 16.17–19; 18.18–20; Juan 20.22–23). En vista de estos episodios de los Evangelios, ¿cuáles pueden ser el mensaje y el ministerio del apóstol Pablo, que no sean el triunfo de Jesús sobre Satanás, la muerte, el infierno y la maldición de la ley? La familia mundial de Abraham es la que llega incluso a los tribunales mismos de Roma, mientras las naciones acuden a Sión en una sumisión voluntaria al Rey de Israel.

Por tanto, lejos de poner a la Iglesia y el reino en términos de oposición, o incluso de convertir a la Iglesia en poco más que una base para el avance del reino, el Nuevo Testamento trata a la Iglesia como el reino en esta era presente. Así lo sostiene Scot McKnight: «El reino es un pueblo gobernado por un rey», y esto describe a la Iglesia. «Jesús conecta a la iglesia presente (un pueblo) con el reino futuro (un pueblo). Conecta lo que hace Pedro ahora en la Iglesia, con lo que Dios hará entonces en el reino… Iglesia y reino se hallan indisolublemente conectados… Por tanto, la iglesia es lo presente y poblado en la realización del reino ahora».[96]

Una objeción comprensible a la identificación de la Iglesia con el reino es el supuesto de que esto limita al reino (y a las operaciones salvíficas del Espíritu) al ministerio oficial de la Iglesia reunida. ¿Debemos creer realmente que el reino de Dios no significa nada más que la reunión de los que profesan ser cristianos para adorar los domingos? No obstante, esta objeción se apoya en

---

96. Scot McKnight, *Kingdom Conspiracy: Returning to the Radical Mission of the Local Church* (Grand Rapids: Brazos, 2014), p. 87.

un malentendido. Aunque el reino es visible en el mundo actual en y como la Iglesia, este término se puede comprender de dos maneras. La Iglesia está compuesta en primer lugar y sobre todo, por las *personas*, las que profesan ser creyentes, y sus hijos. Esta congregación es *reunida* de manera oficial por el Señor de su pacto para que reciba sus buenos dones, incluyendo entre estos su instrucción, pero en especial su promesa y los sellos visibles de esta en los sacramentos; para jurarle lealtad y recordar con acción de gracias sus poderosos actos; para confesar los pecados y su fe común; para recibir su absolución y buscar su protección, y para abrazarse mutuamente en la comunión de una familia. Así bañados y alimentados, los miembros de la Iglesia son después *esparcidos* por el mundo como testigos de Cristo y como sal y luz, y sirviendo a su prójimo por medio de sus llamados respectivos. Esto es también labor de la Iglesia, pero es labor de los miembros de la Iglesia *esparcidos* por el mundo, como los agentes secretos de Dios que son peregrinos en busca de una tierra mejor.

La cristología y la eclesiología se mantienen distintas, porque Cristo sigue siendo para siempre la *cabeza*, y no el *cuerpo*. La cabeza ha sido glorificada, asegurando así la glorificación final de los santos, pero el cuerpo aún no ha sido glorificado. Y con todo, Cristo y su Iglesia–reino no están separados, porque el Espíritu Santo une los miembros a la cabeza.

## Conclusión: El Espíritu crea una Iglesia extrovertida

A pesar de las veces en que no ha sabido manifestar lo que el Dios Uno y Trino ha «expresado con palabras» sobre la Iglesia, esta es «una, santa, católica y apostólica» en Cristo, y será revelada como tal por el Espíritu en el último día. Bajo esa luz, nosotros nos seguimos esforzando en el Espíritu para «producir» su fruto y para compartir sus dones, los cuales edifican al cuerpo en la madurez y el compromiso con la comunidad. En lugar de hacer que nos adentremos cada vez más profundamente en nosotros mismos, lejos de las demás personas y de las autoridades externas, el Espíritu nos impulsa a salir de nosotros mismos por medio de una palabra y un ministerio públicos que nos hacen extrovertidos, alzando nuestra mirada a Cristo en fe, mirando al frente con esperanza, y buscando a nuestro prójimo en amor. En una era caída, empeñada en el divorcio y la dominación, el Espíritu está creando una comunidad mundial que, a pesar de todos sus fallos, es una señal de la paz, la unidad y el gozo venideros de la familia de Dios.

Como si volara con una cuerda en el pico, el Espíritu Santo está uniendo cosas que de lo contrario se harían añicos. Está estableciendo conexiones salvadoras. Primeramente, ata la eternidad al tiempo a base de unir a Cristo con nuestra humanidad y su historia de muerte, y después resucitando a Jesús más allá de la muerte como el postrer Adán escatológico. En segundo lugar, al unirnos a nosotros con Cristo, nos está uniendo al Padre y también a los miembros del cuerpo de Cristo, y nos entreteje cada vez más en comunión. Al mismo tiempo, une a las iglesias locales en asambleas más amplias de concilio y comunión. En tercer lugar, une el «ya» de la historia salvadora de Cristo con el «todavía no» de la era por venir. Él es el *arrabōn*, el depósito dado por el Padre y el Hijo como promesa de nuestra redención definitiva. ¡Son muchos los hilos que él ha reunido para sacar unidad y orden de la división y del caos!

Asombrosas en su belleza, e igualmente en su rigor bíblico, las maduras reflexiones de Agustín en su gran tratado *De Trinitate* comienzan con una reafirmación sobre la bondad de la creación. Este mundo bueno ha sufrido la depravación; esto es, la corrupción, debido a la rebelión humana. Agustín representa esto como un caer de la unidad a la división, pero los ecos de Platón y de Plotino se vuelven cada vez más débiles a medida que va interpretando esta caída en términos bíblicos y trinitarios. En su orgullo y su codicia, Adán y Eva, junto con todos sus descendientes, nos hemos vuelto inquietos. Juntos, no nos hemos adherido al Padre en la Palabra por el Espíritu, y en lugar de hacerlo nos hemos separado, como seres individuales que luchamos entre nosotros. En la redención, el Espíritu nos ata de nuevo a Cristo, no solo como la Palabra de la creación, que por su medio «todas las cosas... forman un todo coherente» (Colosenses 1.17), sino también como la Cabeza de su cuerpo, en el cual todos los miembros son sostenidos y ajustados (Efesios 4.16). Ahora, que ya no estamos esparcidos como seres aislados por el pecado, como pretendientes a convertirnos en gobernantes autónomos de nuestros propios imperios, estamos reunidos en Cristo por el Espíritu como una Iglesia, por la gracia.[97]

En gran parte de lo que se llama espiritualidad en el occidente secularizado, la meta consiste en apartarnos de los demás, del mundo físico, para «entrar en contacto con nosotros mismos», y supuestamente descubrir la divinidad en

---

97. Este es el argumento presentado a lo largo de todo el tratado, y resumido de manera maravillosa por Luigi Giuli, *The Theological Epistemology of Augustine's De Trinitate* (Oxford: Oxford University Press, 2009).

lo más íntimo de nuestra propia alma. En el drama de la Biblia es precisamente la dirección opuesta la que nos encontramos. Como observó Agustín, la esencia del pecado es estar «inclinados hacia dentro de nosotros mismos». Podemos usar la religión y la espiritualidad para profundizar este giro hacia una existencia encerrada en nosotros mismos. Esto lo vemos en el ideal estoico del sabio cuya serenidad e independencia interior crea unas defensas contra las perturbaciones exteriores, las desilusiones, e incluso el dolor que otros nos pudieran causar.

Nada podría estar más alejado de la espiritualidad del salmista, cuya dependencia misma de Dios lo provoca, no solo a la acción de gracias y la alabanza, sino a la lamentación e incluso algunas veces a la confusión y la frustración en cuanto a Dios y a sus propósitos. Llamados a salir de nosotros mismos, somos hechos vulnerables, necesitados de rendir cuentas, y puestos en una posición de decidir si nos vamos a encomendar a Dios y a la comunión de otros pecadores. Hipólito de Roma hacía las siguientes indicaciones a principios del siglo tercero: «*Festinet autem et ad ecclesiam ubi floret spiritus*; "Apresúrese a la asamblea, donde el Espíritu produce fruto" (*Trad. Apost.* 31 y 35)».[98] En realidad, solo nos volvemos más conscientes de nosotros mismos y de nuestra identidad cuando se nos saca de nuestra existencia centrada en nosotros mismos a la comunión con Dios y con las demás personas. Hasta las personas de la Trinidad son conscientes de ellas mismas precisamente en sus relaciones mutuas: la primera persona se conoce a sí misma como *el Padre*, porque tiene un Hijo eternamente engendrado, el cual se conoce a sí mismo como *el Hijo*, en y por medio de su Padre en el amor *del Espíritu*, quien se conoce a sí mismo como ese lazo de amor precisamente en y por medio de las otras personas.

La espiritualidad cristiana, tomando como ejemplo la encarnación, nos une a los demás: en primer lugar, al Dios Uno y Trino por medio de la fe, y después de forma simultánea a nuestro prójimo por medio del amor. Incluso cuando nos alejamos de nuestra rutina diaria para estar a solas con el Señor, es para ser llamados una vez más hacia fuera de nosotros mismos, con el fin de recibir un sabor renovado de esa intimidad que tenemos con el Dios Uno y Trino y la familia adoptiva a la cual él nos ha unido. Nos reunimos semanalmente, no como el alma de Cristo, sino como su cuerpo, encarnado en cada uno para los demás. No venimos como seres individuales para dedicarnos

---

98. Congar, *I Believe in the Holy Spirit*, 1:68.

juntos a nuestras devociones privadas, sino para ser sacados de nosotros mismos por la Palabra proclamada. El baño y la comida en común no son encuentros privados con nuestro espíritu interior, sino con el Hijo, el cual, por medio de su Espíritu Santo, nos une a sí mismo y los unos con los otros.

Al perdernos en Cristo, no solo ganamos a Cristo, quien nos lleva al Padre por medio de su Espíritu, sino que en este trato, nos recibimos de vuelta a nosotros mismos y recibimos a nuestro prójimo. Al escuchar en silencio la voz de otro, no somos silenciados, sino que en realidad, se nos devuelve nuestra voz realmente humana de gratitud. Debido a la ascensión, la Iglesia de la tierra es militante; esto es, en medio de la conquista sobrenatural del mundo por medio de la Palabra de Cristo y del Espíritu. Y sin embargo, no es aún triunfante, y nosotros debemos esperar el regreso corporal de su cabeza en el futuro para la renovación de todas las cosas. En el presente, la iglesia es la novia; aún no es la esposa, y a medida que crece, anhela la llegada del novio para que él sea quien escolte a su prometida hasta el banquete de bodas.

La Iglesia no es simplemente un medio de misión, sino que *es* la misión. Todos los propósitos de Dios giran alrededor de su elección de una novia para su Hijo. No se trata solamente de una plataforma de lanzamiento o un catalizador para alguna otra cosa. No es solo un instrumento de alguna causa o entidad mayor que ella. La Iglesia ha estado en el corazón de Dios durante toda la eternidad; tanto, que el Hijo asumió el papel de mediador y compró a la Iglesia con su propia sangre (Hechos 20.28). El Espíritu nos está uniendo a Cristo, no solo a través de unos medios invisibles en una Iglesia invisible, sino por unos medios visibles en una comunión visible dentro de la historia. La Iglesia es la reunión escatológica del remanente de Israel y de las naciones. Hasta en el cielo mismo, lejos de desaparecer, la Iglesia se halla finalmente en la consumada realidad que Dios ha declarado que es:

> Y entonaban este nuevo cántico:
> «Digno eres de recibir el rollo escrito
> y de romper sus sellos,
> porque fuiste sacrificado, y con tu sangre compraste para Dios
> gente de toda raza, lengua, pueblo y nación.
> De ellos hiciste un reino; los hiciste sacerdotes al servicio de nuestro Dios,
> y reinarán sobre la tierra». (Apocalipsis 5.9–10)

Aún escuchamos los ecos del sermón pronunciado en el día de Pentecostés: «La promesa es para ustedes, para sus hijos y para todos los extranjeros, es decir, para todos aquellos a quienes el Señor nuestro Dios quiera llamar» (Hechos 2.39). Y como escribió Juan, «El Espíritu y la novia dicen: "¡Ven"; y el que escuche diga: "¡Ven!". El que tenga sed, venga; y el que quiera, tome gratuitamente del agua de la vida» (Apocalipsis 22.17).

# ÍNDICE ESCRITURAL

# ÍNDICE TEMÁTICO